GENERAL NEHRING

DIE GESCHICHTE DER DEUTSCHEN PANZERWAFFE

1916 — 1945

MOTORBUCH VERLAG STUTTGART

ISBN 3-87943-320-8

Eine Abteilung
des Buch- und Verlagshauses Paul Pietsch GmbH. & Co. KG.

Druck: Verlagsdruckerei Carle, 7143 Vaihingen/Enz.
Bindung: Verlagsbuchbinderei Karl Dieringer, 7 Stuttgart.
Printed in Germany.

Dem Gedächtnis an Heinz Guderian
und seine Panzertruppe

INHALT

VORWORT DES VERFASSERS

Seit Jahren wurde der Verfasser gedrängt, sein Wissen über die Geschichte der deutschen Panzertruppe niederzuschreiben. Den ersten Anstoß dazu gaben der Militärbuchverleger Hans Henning Podzun und der amerikanische Historiker Charles B. Burdick.

Ab 1964 unterzog sich der Verfasser der mühevollen Aufgabe, die trotz vieler Erinnerungen, Quellen und Unterlagen, infolge der Vielfalt von Material und Fragestellung nur annähernd gelöst werden konnte. Einzelschriften zahlreicher Autoren, vor allem aber die vorzüglichen Divisions- und Verbandsgeschichten der Wehrmacht, auf die in Anmerkungen verwiesen wird, ergänzen die eigenen Ausführungen. Der Dank des Verfassers gebührt allen Beratern, Mitarbeitern und seiner Frau.

Bei der Konzipierung des Buches ist der Verfasser davon ausgegangen, daß der Leser in den großen Zusammenhängen über den kriegsgeschichtlichen Ablauf der Ereignisse von 1914 bis 1945 unterrichtet ist. Aus Raummangel war es nicht möglich, neben der Darstellung der Entwicklung und des Aufbaus der deutschen Panzertruppe zur Erläuterung ihrer Kampfweise, alle Panzereinsätze oder auch nur alle großen Panzeroperationen detailliert zu behandeln. Eine Reihe bedeutender Großeinsätze motorisierter und gepanzerter Großverbände sind jedoch kritisch betrachtet worden, so daß ein geraffter, zusammenfassender Überblick über den Einsatz der deutschen Panzertruppe während des Zweiten Weltkrieges gegeben wird.

Im wesentlichen sollte die Einführung von »Panzer und Motor«[1] in die neuzeitliche Kriegführung 1916/1918 dargestellt werden, um dann die schöpferische Umwandlung der *Kampfwagenwaffe* (Panzerwaffe) in die allseitig verwendbare operative *Panzertruppe* durch den späteren Generaloberst Heinz Guderian zu schildern und zu analysieren.

Die Entstehungsgeschichte der Panzertruppe war von einer langen Zeit der schwierigsten Hemmnisse und Widerstände gekennzeichnet, deren Augenzeuge der Verfasser als Erster Mitarbeiter Guderians in den Aufbaujahren von 1932 bis zum Herbst 1935 und dann unter Guderians Nachfolger, dem damaligen Oberst Friedrich Paulus, bis zum Herbst 1936 war. Die weiteren Erfahrungen sammelte er von 1937 bis 1939 als Kommandeur des Panzerregiments 5 unter dem Divisionskommandeur Generalleutnant Leo Freiherr Geyr von Schweppenburg.

Zu Beginn des Zweiten Weltkrieges erlebte der Verfasser als Generalstabschef des Panzerkorps und der Panzergruppe Guderian in Polen und Frankreich die erste Erprobung und Bewährung der neuartigen Panzertruppe. 1941 war er Kommandeur der 18. Panzerdivision in der 2. Panzerarmee Guderians * in Mittelrußland, danach Kommandierender General des Deutschen Afrikakorps unter Rommels Armeeführung in Libyen und Ägypten sowie nach seiner Verwundung bei Alamein im November/Dezember 1942 erster Befehlshaber im Brückenkopf Tunesien.

Während der letzten Kriegsjahre diente der Verfasser als Kommandierender General des 24. Panzerkorps ** in Südrußland unter den bewährten Heeresgruppen- beziehungsweise Armeebefehlshabern von Manstein, Heinrici, Hoth, Hube, Model und Raus; ab März 1945 übernahm er die bisher von Generaloberst Heinrici geführte 1. Panzerarmee in der Heeresgruppe Schörner als Oberbefehlshaber bis zum letzten Kriegstage.

Frühzeitig hat sich der Verfasser mit dem Gedanken der neuzeitlichen schnellen Truppen beschäftigt. Der Erste Weltkrieg hatte ihm als jungem Infanterieoffizier gezeigt, daß das alte und trotz aller Hilfen nicht wesentlich zu erhöhende Angriffstempo der Infanterie nicht mehr ausreichte, um operative Erfolge zu erzielen. Darauf hatte ihn besonders der Einsatz der Pariser Autodroschken im Herbst 1914 zur überraschenden Verschiebung französischer Infanterie gegen den rechten deutschen Flügel aufmerksam gemacht; ebenso die entscheidend wichtige Rolle des Lastwagens auf der »voie sacrée« zur Versorgung und zur ständig fließenden Ablösung der Verteidiger von Verdun im Jahre 1916. Das Auftreten der ersten Tanks im September 1916 beeindruckte den Verfasser besonders nachhaltig.

Etwa anderthalb Jahrzehnte später, als die Frage deutscher Kampfwagen wieder erörtert wurde, veröffentlichte er seine damals – im Zeitalter der noch immer als »Königin der Waffen« gefeierten Infanterie – sehr um-

* Der Einfachheit halber hier so bezeichnet. Die »PzGruppe Guderian« (1940) wurde in »PzGruppe 2«, ab Herbst 1941 in »2. Panzerarmee« umbenannt.

** Hier sind entgegen der in der Wehrmacht üblichen Schreibweise arabische Korpszahlen genannt, da diese leichter zu lesen sind.

strittenen Folgerungen[2], wonach »der ungeahnten und noch lange nicht abgeschlossenen Entwicklung der Technik ... (eine) ... entscheidende Bedeutung für die Kriegsführung zuzuschreiben« sei. Und der Verfasser fuhr fort: »In der Erwartung, daß die technische Entwicklung der Kampfwagen weiter fortschreiten wird, erscheint der schnelle, bewegliche, außerordentlich kampfkräftige Panzerverband ... durchaus geeignet, die derzeitige Art der Kriegführung grundlegend zu ändern ... Für den weiteren Verlauf des Krieges werden die gepanzerten Kampffahrzeuge in jeglicher Gestalt die Hauptrolle auf der Erde spielen ...« Im Herbst 1934 vertrat er in einer Studie zur Organisation moderner Streitkräfte, dem Buch »Heere von Morgen«, erneut seine Ansicht über neuzeitliche Heeresgliederungen: »Es hat den Anschein, als wenn nach dem Zeitalter des Reiters und des Infanteristen das Zeitalter des Mannes am Motor angebrochen ist ...«[3]

Bis heute haben die Ereignisse diese damals revolutionären Auffassungen des Verfassers vollauf bestätigt. General de Gaulle erwies ihm die Aufmerksamkeit, ihn in seinem Buch »L'Appel 1940–42« *, wenn auch in irrtümlicher Auslegung seiner Ansichten, zu zitieren; ferner auch S. E. Ayling in seinen »Portraits der Macht«[4].

Nachstehend wird über die Geschichte der Panzerwaffe berichtet werden. Zwei Dinge werden sich dabei vor allem herausheben. Einmal die ungewöhnliche Leistung Guderians, der weniger als Person, sondern mehr durch sein Werk geschildert wird. Für Guderian – dessen militärische Bedeutung für Generalstäbler, Historiker und informierte Publizisten längst feststeht – galt, was der Leitspruch in der Eingangshalle der »Schule der Bundeswehr für Innere Führung« fordert: »Gott gebe mir ... den Mut, Dinge zu ändern, die ich ändern kann ...« Guderian bewies diesen Mut gegenüber allen, ihm stets bewußten Widerständen aus den verschiedensten Richtungen der politischen und militärischen Führung.

Zum andern soll die Leistung der Wehrmacht, vertreten durch ihre Panzertruppe, unter ungewöhnlich schlechten Voraussetzungen dokumentiert werden. Abschließend gedenkt der Verfasser ihrer Gefallenen, die keiner Ideologie dienen wollten, sondern sich nach bestem Wissen und Gewissen für ihr Land einzusetzen glaubten.

* deutsch: »Der Ruf 1940–42«, S. Fischer Verlag, 1955, S. 18.

ERSTER TEIL

Eine neue Waffe betritt das Schlachtfeld

»Die Rolle des Neuerers in einem Heer mit ruhmvoller Vergangenheit ist eine schwierige und zugleich meist undankbare ... Darum scheuen auch sonst starke Charaktere leicht davor zurück ...«
Kgl. Preußischer Feldmarschall
Colmar Freiherr von der Goltz-Pascha

Kapitel 1 · Der Kampfwagen im Ersten Weltkrieg, 1916 bis 1918

I. *Grundsätzliche Betrachtungen*

Die Geschichte der Deutschen Panzerwaffe umfaßt die Zeitabschnitte des Ersten und Zweiten Weltkrieges sowie die wichtigen Perioden ihres Wiederaufbaues zwischen den beiden Kriegen. Diese Abschnitte sollen eingehend betrachtet werden, um aus ihnen Erkenntnisse und Lehren zu gewinnen, die für Gegenwart und Zukunft gelten. Die Geschichte wiederholt sich zwar nicht im einzelnen, aber es gibt Ähnlichkeiten, und das Grundsätzliche bleibt bestehen und läßt sich erkennen und herausschälen.

Die außerordentlichen Erfolge der deutschen Panzertruppe in den ersten Jahren des Zweiten Weltkrieges und ihr unerschütterliches Ausharren in den letzten Jahren, als das deutsche Heer längst in die Defensive gedrängt worden war, regen besonders dazu an, den Ursachen dafür nachzugehen. Es sollen aber auch die im Ersten Weltkrieg im Hinblick auf den »Tank« oder »Kampfwagen« auf beiden Seiten gemachten Fehler und Unterlassungen organisatorischer, technischer, taktischer und operativer Art untersucht werden. Beide Studienobjekte werden zeigen, daß auch überragende Führerpersönlichkeiten irren können; sie werden aber auch sichtbar machen, daß selbst im Zeitalter der Massenbildung einzelne zielbewußte Männer – wie Heinz Guderian – die Entwicklung ihrer Zeit beeinflussen können, wenn sie die Gegebenheiten geistig erfassen und energisch genug sind, ihre Gedanken in die Tat umzusetzen.

Ebenso klar wird sich zeigen, daß sich der Soldat der ständig fortschreitende Entwicklung der Technik auf allen Gebieten anpassen muß, um die neuen Mittel zweckentsprechend auszunutzen.

Bereits zu Beginn des Jahrhunderts, noch vor dem Ersten Weltkrieg, hatte in allen Streitkräften diese Evolution begonnen. Auf dem militärischen Sektor war nach der Einführung des Maschinengewehrs auch der Verbrennungsmotor, wenn auch zunächst nur in geringem Umfang, eingesetzt worden.

II. *Historischer Rückblick*

Seit 1914 sind nun schon über fünfzig Jahre vergangen, seit Ausbruch des zweiten »Großen Krieges« dieses Jahrhunderts dreißig Jahre. Somit haben wir bereits jenen Abstand gewonnen, der einen historischen Rückblick erlaubt, zugleich ist jetzt die Zeit für eine Analyse gekommen, ehe das Bild der Vergangenheit im Widerstreit der Meinungen verblaßt und sich verwischt.

Es war vor 1939 genauso schwer wie heute, sich ein zutreffendes Bild von einem neuen Kriege zu machen; aber »historische Beispiele machen alles klar«, sagt Clausewitz, »sie haben in Erfahrungswissenschaften die beste Beweiskraft«. Man muß aber hinzusetzen: mit zeitbedingter Einschränkung und Abänderung. Das Wesentliche bleibt im Grunde erhalten.

Da die der »Kriegskunst« zugrunde liegenden Kenntnisse überwiegend zu den Erfahrungswissenschaften gehören, die sich nicht auf exakte Formeln bringen lassen, müssen Soldaten, Politiker wie auch Historiker bestrebt sein, aus vergangenen Zeitabschnitten, das heißt aus der Geschichte vergangener Kriege Erfahrungen zu sammeln, Lehren zu ziehen und damit zu Schlußfolgerungen zu gelangen, die den höchsten Wirkungsgrad der eigenen Verteidigungsanstrengungen sicherstellen. Man muß neue Ideen entwickeln, um sich für die Behauptung der eigenen staatlichen Souveränität nicht auf den »Krieg von gestern«, wie der Engländer Sheppard[5] sagt, einzustellen, sondern auf mögliche, zukünftige militärische Auseinandersetzungen. Dazu aber war es vor 1939 notwendig, zunächst den vergangenen Krieg von 1914/1918 zu studieren. Man mußte überholte Ansichten abstreifen, getroffene Fehlentscheidungen nachdenklich betrachten und neu gewonnene Erkenntnisse kritisch prüfen. Daraus konnte man schließen, wohin eine neue Entwicklung der Kriegführung wohl gehen würde, um einem sorgfältigen »Wägen« im Sinne des Generals Ludwig Beck »das kühne Wagen« in eine ungewisse Zukunft hinein anzuschließen.

Als Grundlage für unsere späteren Erkenntnisse soll der Ablauf jenes großen Krieges, in dem zum ersten Mal moderne Kampfwagen aufgetreten sind, und ihre Rolle darin betrachtet werden.

Die Grundprinzipien der Kriegskunst sind unveränderlich. Heute wie in der Antike und wohl auch für die Zukunft bleiben ihre elementaren Gesetze gültig, die in der Taktik bestehen, ausreichende Kampfkraft schnell und damit überraschend zusammenzufassen, um zu rechter Zeit, an rechter Stelle die örtliche Überlegenheit über den Gegner zu garantieren[6]. Diese Wahrheit klingt einfach; aber die Durchführung dieser Taktik wird unter den mannigfaltigen Reibungen militärischer Operationen im Ernstfall erschwert. Eine wichtige Voraussetzung ist die Überraschung, die auf Beweglichkeit und Schnelligkeit beruht, und damit die Geheimhaltung der eigenen Absichten ermöglicht. Die Mittel dazu ändern sich mit den Zeiten. Es kommt darauf an, sie richtig zu erfassen und anzuwenden.

Der neuzeitliche Kampfwagen wird erfunden

In früheren Jahrhunderten gab es pferdebespannte Kampfwagen und Schlachtelefanten. Ihrer Verwendung lag die Absicht zugrunde, mit einer gewissen Kampfkraft unter leidlicher Deckung schneller als der feindliche Kämpfer zu sein, der zu Fuß fechten mußte. Der Kämpfer im Wagen oder auf dem Elefanten war also zunächst überlegen. Beide Kampfmittel verschwanden aus den Kampffronten, als sich neue, stärkere Abwehrmittel und -maßnahmen auswirkten.

Die Erfindung des *Explosionsmotors* und der *gleislegenden Kette* boten der uralten Idee von der Verbindung von Schnelligkeit und Kampfkraft neue taktische Möglichkeiten. Allerdings lehnte in Österreich das K. u. K. Kriegsministerium 1911 Konstruktionspläne des Oberleutnants Burstyn als unbrauchbar ab, ohne einen Versuchskampfwagen bauen zu lassen.

Ebenso handelte man auch in Deutschland. Der patentierte Entwurf Burstyns für die Konstruktion eines selbständig auf geländegängigen Gleisketten laufenden Kanonenwagens erlitt hier dasselbe Schicksal. Es nutzte nichts, daß die »Kriegstechnische Zeitschrift« 1912 dafür eintrat, als sie schrieb: »Jedenfalls ist es eine geistreiche Erfindung, die eines praktischen Versuches wohl wert wäre ... Möge daher der Erfinder Burstyn Entgegenkommen finden ...«*

* Burstyn wurde erst nach dreißig Jahren im Zweiten Weltkrieg durch Verleihung des Kriegsverdienstkreuzes eine späte Anerkennung zuteil.

Auch in anderen Staaten Europas stießen neue, umwälzende Ideen auf eine ähnliche Ablehnung. Dies ist rückblickend schwer verständlich, zumal gerade der russisch-japanische Krieg von 1904–1905 die Stärke der Verteidigung aufgrund der massierten Feuerkraft geschickt postierter Maschinengewehre klar bewiesen hatte. Wie sollte man diese meist versteckt eingesetzten kleinen Ziele niederkämpfen? Die nach Umfang und Intensität enorme Verstärkung des Artilleriefeuers – das dann im Ersten Weltkrieg die Schlachtfelder der Westfront umpflügen sollte – schien das Allheilmittel zu sein, unter dessen moralischer und tatsächlicher Wucht das Gebäude der Verteidigung zusammenbrechen mußte. Was hätte aber näher gelegen, als das angebotene Projekt des geländegängigen Kanonenwagens aufzugreifen und ihn als Aufspürer, Neutralisator und Zerstörer der Maschinengewehre zu verwenden? Man wäre damit der späteren Entwicklung durch den Gegner während des Krieges zuvorgekommen, wenn man sich bereits zu dieser Zeit eine Vorstellung vom Charakter kommender Kriege gemacht und danach eine Entwicklung mit anschließender praktischer Erprobung des neuartigen Projektes angeordnet hätte.

Im Gegensatz zu dieser Situation bei den Mittelmächten zog man in England schon Ende 1914 die Konsequenzen aus den ergebnislosen, blutigen Kämpfen um Flandern. Als sich die Kostspieligkeit und begrenzte Erfolgsmöglichkeit des Artillerietrommelfeuers herausstellte, griffen Philip Swinton und Winston Churchill den Gedanken eines modernen Kampfwagens auf.

Die Duplizität der Fälle wollte es, daß kurz darauf in Frankreich Oberst Estienne dasselbe Problem in Angriff nahm [7] und sich dieser Aufgabe mit der gleichen Energie widmete wie die Briten, allerdings ohne daß sich die alliierten Heeresleitungen gegenseitig über die parallelen Waffenentwicklungen verständigt hätten [8].

Beide Entwürfe waren als Erstkonstruktionen durchaus brauchbar. Naturgemäß hatten sie einige Mängel, die jedoch mit der Zeit beseitigt wurden. Es enstanden einsatzfähige Typen, deren Weiterentwicklung von beiden Heeresleitungen energisch betrieben wurde.

Aus Gründen der Geheimhaltung erhielten diese neuartigen Kampfwagen im britischen Heer den Tarnnamen »Tank«, unter dem sie in die Kriegsgeschichte eingegangen sind. Die Franzosen nannten ihre Wagen »char de combat« oder »char d'assaut«.

Das Wesen des Kampfwagens

Für beide Kampffahrzeuge war die Verbindung von starker Feuerkraft und Panzerschutz mit Beweglichkeit im Gelände durch die gleislegende Kette bei begrenztem Fahrbereich charakteristisch. Diese Eigenschaften befähigten sie, den Angriff der Infanterie zu begleiten. Beide sollten sich bald als Kampfmittel von großer moralischer und von tatsächlicher Feuer- und Walzwirkung erweisen. Durch überraschendes Auftreten in großer Anzahl konnten sie entscheidend wirken, sofern nicht ausreichende Tankabwehrmittel zur Verfügung standen. Durch einen gewissen Panzerschutz für ihre zahlenmäßig geringe Besatzung wirkten sie im Verhältnis zur Infanterie verlustmindernd.

Als Anhalt seien einige Zahlen genannt, die sich auf die Tanks von 1917/18 beziehen:

a) Der britische Tank *Mark IV* war 8 m lang und 2,5 m hoch wie breit. Sein Gewicht betrug 27 t. Der Motor leistete 100 bis 150 PS bei einer Geschwindigkeit bis zu 7,5 km/h. Er war mit zwei Kanonen vom Kaliber 5,7 cm und vier Maschinengewehren oder auch nur mit Maschinengewehren bewaffnet. Die Besatzung betrug acht Mann. Der Fahrbereich umfaßte etwa 72 km. Die Panzerung war 6 bis 15 mm stark.

b) Der britische leichte *Whippet-Tank 1918* wog nur 14 t und erzielte 12,5 km/h.

c) Der französische leichte *Renault-Wagen 1917* wog sogar nur 6,7 t, hatte eine 3,7 cm-Kanone oder ein Maschinengewehr und lief 8 km/h. Die Besatzung bestand nur aus zwei Mann.

Der erste Kampfwageneinsatz 1916

Am 15. September 1916 erhielt das bis dahin streng geheim gehaltene neue Kampfmittel des britischen Heeres seine Feuertaufe in der Somme-Schlacht. Von den 49 Tanks der »Schweren Sektion« der 4. britischen Armee gelangten zwar nur 32 Kampfwagen in ihre Sturmausgangsstellungen. Aber die Tanks, die dann zum Einsatz gelangten, erzielten beachtliche örtliche Erfolge. John Frederick Charles Fuller, der Ende Dezember 1916 zum Generalstabsoffizier des »Royal Tank Corps« ernannt wurde, hat über diesen ersten Kampfwageneinsatz berichtet:[9] »Wegen technischer Defekte und aufgrund des unwegsamen, zerschossenen und durchwühlten Schlachtgeländes gelangten damals nur wenige (Tanks) zu wirksamem Einsatz ... Doch zeigte sich, daß die taktische Beweglichkeit mit verbesserten und in Massen statt in kleinen Gruppen eingesetzten Tanks wiedergewonnen werden könnte. Das wird durch deutsche Aussagen bestätigt, nach denen ›sich die Männer gegenüber den Tanks machtlos fühlten‹, das heißt sich entwaffnet fühlten. Unglücklicherweise hat das britische Oberkommando dies nicht erkannt, denn die Tanks wurden bis zur Cambrai-Schlacht immer nur in kleinen Gruppen zum Einsatz gebracht.«

Wenn auch die Erfolge der zum ersten Einsatz bereitgestellten Tanks zunächst nicht überwältigend waren, wohl aber den deutschen Gegner warnten, so hatte man sich doch auf britischer Seite von ihrer Brauchbarkeit überzeugt und ging zur Anfertigung von 1000 Stück für die geplante große Offensive des Jahres 1917 über.

Cambrai 1917

Nach einigen Fehlschlägen im Jahre 1917, die zum Teil auf mangelhafter Einsatztaktik, zum Teil auf unzureichender technischer Durchführung beruhten, kam für die Führung der britischen Tanks beim Einsatz vor Cambrai am 20. November 1917 endlich die langersehnte Stunde der Bewährung. Die Schlacht war für die Truppe ein überwältigender Erfolg; sie ist der *Einsatz operativer Panzerverbände**. Ihr besonderer Wert liegt für die Entente nicht in dem errungenen örtlichen Sieg, sondern darin, daß man von nun ab dem bisher oft noch angezweifelten neuen Kampfmittel voll vertraute und es mit allen Kräften förderte. Diese Auswirkung der Schlacht von Cambrai sollten die Deutschen neun Monate später entscheidend zu spüren bekommen.

Der Angriff bei Cambrai kam für die deutschen Truppen außerordentlich überraschend. Die britische Führung war hier zum ersten Mal das Risiko eingegangen, auf die bisher übliche langanhaltende Artillerievorbereitung zu verzichten. Die Tanks fuhren in der Nacht bis auf Sturmausgangsentfernung heran, ohne gehört und erkannt zu werden. Es war die ideale, hervorragend vorbereitete Einleitung einer Überraschungsoffensive großen Stils.

* Bis Ende 1916 waren vier Tank-Bataillone gebildet worden. Die bisherige »Schwere Sektion« (des Maschinengewehr-Korps) wurde zum »Royal Tank Corps« unter Oberst Elles.

Am 15. Juli 1967 feierte das »Royal Tank Corps« in der Lüneburger Heide bei Celle sein fünfzigjähriges Bestehen. »Centurions« und »Mark IV« (von 1917) paradierten vor ihrer Königin mit berechtigtem Stolz.

378 Kampfwagen, in 9 Tank-Bataillone unter 3 Brigaden gegliedert, überrollten die nichtsahnenden deutschen Stellungstruppen in breiter Front, walzten Gassen durch die Drahthindernisse und kämpften die MG-Nester nieder; die britische Infanterie folgte unmittelbar nach. Kavallerie versuchte, über diese Einbruchsstellen hinauszureiten, blieb aber im Feuer einzelner Maschinengewehre der deutschen Tiefenzone stecken. Trotzdem drang der Angriff in 12 Stunden auf 13 km Breite 9 km tief vor.

Es war ein bitteres Ergebnis für die deutsche Seite. Tausende von Soldaten gerieten in britische Gefangenschaft und viele Geschütze wurden verloren, ehe es der überraschten deutschen Führung gelang, den tiefen Einbruch notdürftig aufzufangen. Bisher waren in drei Kriegsjahren derartige Angriffserfolge nur in monatelangen Artillerieschlachten unter beiderseitigen schweren Verlusten erzielt worden. Die britische Führung hatte mit einem Erfolg in diesem Ausmaß nicht gerechnet und daher keine Infanterie zum weiteren Nachstoß zur Verfügung. So kam es nicht zur sofortigen, vollen Ausnutzung dieses großen Angriffserfolges und damit nicht zum Durchbruch der deutschen Front mit seinen unabsehbaren Folgen.

Aus britischer Sicht schildert Fuller diesen Überraschungsstoß, der innerhalb von 12 Stunden einen Durchbruch durch vier Grabenstellungen ohne vorbereitenden Artilleriebeschuß bewirkte:[10] »Der Angriff begann ... um 6.20 Uhr auf einem Gelände, das nicht zerschossen war. Der Feind floh in panischem Schrecken, und um 16 Uhr war – von der Operationsbasis mehr als sieben Meilen entfernt – ein Durchbruch von knapp sechs Meilen erzielt worden. Während der dritten Ypern-Schlacht hatte man für ein gleiches Vordringen ohne Durchbruch über drei Monate gebraucht. Achttausend Gefangene und hundert Geschütze wurden erbeutet, allein die Gefangenenzahl machte das Doppelte der Verluste aus, die die zwei angreifenden Korps erlitten hatten ... Klar und deutlich hatte sich gezeigt, daß die Wiedereinführung der Panzerung auf dem Schlachtfeld – die durch den Explosionsmotor möglich geworden war – den Stillstand beenden würde, und die Schlacht von Amiens hat dies am 8. August 1918 endgültig bestätigt ...«

Für die deutsche Führung war diese örtliche Niederlage bei Cambrai die Bestätigung ihres alten Lehrsatzes, daß eine der entscheidenden Voraussetzungen eines jeden Erfolges die Überraschung ist und bleibt. Die deutsche Führung hatte jedoch nicht klar erkannt, daß der Kampfwagen aufgrund seiner Beweglichkeit fast an jedem Frontabschnitt unvermutet auftauchen konnte und damit der zuverlässigste Vermittler für den Überraschungsangriff war. Man hätte auf diesem Gebiet neuartiger Kriegführung aktiv durch Panzerbau und passiv durch Entwicklung besonderer Abwehrwaffen erheblich mehr tun müssen als tatsächlich geschah.

Der deutsche Angriff am 21. März 1918 ohne Kampfwagen und der Gegenangriff der Entente ab 18. Juli 1918 mit Kampfwagen

Der große, als Entscheidung des Krieges gedachte Durchbruchsversuch der deutschen Obersten Heeresleitung ab 21. März 1918 scheiterte, weil ihm die entscheidende Angriffskraft eigener Kampfwagen fehlte. Auf deutscher Seite waren nur zehn Kampfwagen eingesetzt worden, denn mehr waren nicht vorhanden. Man hatte sich auf ein neues Einschießverfahren der Artillerie verlassen und keine Kampfwagen gebaut. Die Entente, einschließlich Nordamerikas, rüstete jedoch nach ihrem Abwehrsieg weiter und stellte ihre Tank-Verbände für die Zeit der bevorstehenden Kriegsentscheidung bereit.

Am 18. Juli 1918 begann Marschall Foch als Oberbefehlshaber der Entente-Heere den großen Gegenangriff gegen die von der eigenen verlustreichen Offensive erschöpften deutschen Armeen zwischen Soissons und Chateau-Thierry auf einer Frontbreite von 40 km. In langen Linien rollten 600 Kampfwagen, die vielfach im hohen Getreide kaum zu sehen waren, mit der feindlichen Infanterie vor. Wie bei Cambrai, so kam auch dieser Vorstoß für die deutsche Seite überraschend. Die deutsche Infanterie fühlte sich ohne Abwehrsonderwaffen gegenüber den feuerspeienden, schnellen Maschinen verlassen und verlor die Nerven. Bald waren die Reserven verbraucht; einzelne Tanks stießen bis zu den deutschen Stabsquartieren und Trossen vor. Die gesamte Aktion der Franzosen war im Sinne der Verwendung von Tanks – ebenso wie bei Cambrai – auf Plötzlichkeit, Schnelligkeit und damit auf Überraschung eingestellt. Künstlicher Nebel, Artillerie, chars d'assaut, Infanterie und Flieger wurden in einer groß angelegten Operation zusammengefaßt, die die deutsche 9. und 7. Armee an den Rand einer Niederlage brachte. Wenn es auch bis zum Abend wieder gelang, den Durchbruch zu verhindern, so hatte doch die deutsche Oberste Heeresleitung erkannt, daß ihre Offensive von 1918 den Höhepunkt überschritten hatte und gescheitert war.

Marschall Foch setzte sein Bemühen, die Deutschen vernichtend zu schlagen, fort. Menschen, Material und vor allem Tanks sowie chars d'assaut standen ihm genügend zur Verfügung. Ununterbrochen griffen seine Armeen an, und immer wieder erging der Befehl: »*Tanks an die Front!*« Unter ihrem massiven Druck wichen die Deutschen schrittweise nach Osten zurück.

Die moralische und tatsächliche Widerstandskraft der durch ständigen Kampf personell und materiell stark geschwächten deutschen Divisionen nahm schnell ab. Der »Tankschrecken« breitete sich wie eine Epidemie aus. Bitter rächte sich jetzt die ursprüngliche Geringschätzung dieser neuartigen Waffe.

»Die Katastrophe des 8. August 1918« *

Am 8. August 1918 traf die 2. deutsche Armee bei Amiens ein neuer schwerer Schlag der Entente. Australier, Kanadier und Franzosen traten südlich der Somme beiderseitig Villers-Bretonneux auf 30 km Frontbreite zum Angriff an, der mit den gleichen Mitteln wie am 18. Juli geführt wurde. Nur war seine Wirkung noch verheerender.

Bei Cambrai hatte das alliierte Oberkommando erstmalig fast 400 Kampfwagen, in 9 Tankbataillonen zusammengefaßt, geschlossen und ohne vorbereitenden Artilleriebeschuß zum überraschenden Angriff durch vier deutsche Grabenstellungen angesetzt und dabei beachtliche örtliche Erfolge erzielt. Im Juli 1918 erzwang Marschall Foch bei Chateau-Thierry mit etwa der doppelten Anzahl gepanzerter Kampfwagen ähnliche örtliche Erfolge. Drei Wochen später traf die deutschen Verbände des Generals von der Marwitz bei Villers-Bretonneux erneut der überraschend geführte Stoß massierter Kampfwagenkräfte, die die Infanteriestellungen im Nebel schnell überwanden und schon nach einer halben Stunde mitten in den Batteriestellungen standen, deren Geschütze kaum zum Schuß kamen.

Ein deutscher Bericht bemerkt hierzu: »Ungeordnete Haufen deutscher Soldaten gehen durch die Artillerielinie zurück. Panischer Schrekken vor den Tanks und Kampfüberdruß lassen sie aus den Händen ihrer Offiziere gleiten ... Ein Unglückstag, ein schwarzer Tag ...[11]«

Diese Schilderung mag fünfzig Jahre später sehr pathetisch klingen.

* Zitat aus J. F. C. Fuller, »Die entartete Kunst Krieg zu führen 1789 bis 1961«, S. 25.

Fügen wir deshalb noch einen kurzen Auszug aus der Truppengeschichte des am 8. August 1918 bei Villers-Bretonneux in die Frontlücke geworfenen Reserve-Infanterie-Regiments 227 an. In dem Bericht der Hallenser Infanteristen[12] heißt es:

»In den frühen Morgenstunden des 8. August ist der Feind südlich der Somme zu beiden Seiten der großen Römerstraße bei Villers-Bretonneux mit einem ungeheuren Tankeinsatz tief eingebrochen. Die betroffenen deutschen Stellungsdivisionen sind bis auf winzige Reste gefangen, die gesamte Stellungsartillerie ist verloren. Der Alarmruf der 2. Armee reißt jäh die abgekämpfte 107. Inf. Div. aus der kaum begonnenen Ruhe heraus. Von mittags ab rattern die Lastautokolonnen heran, um uns in die drohend gähnende Bresche zu werfen.

Res.Inf.Rgt. 227 richtete sich bis zum 8. August abends mit 3 Bataillonen beiderseits der Römerstraße bei Faucaucourt zur Verteidigung ein. Am Vormittag des 9. August setzt um 12.15 Uhr schlagartig Artillerietrommelfeuer ein. Starke feindliche Kräfte gehen zum Angriff gegen Rainecourt vor. Sie werden zunächst restlos abgewiesen. Aber weiter südlich ist der Feind mit Tanks in Rozières eingedrungen ... Das Dorf Vauvillers geht der linken Nachbardivision verloren. Unsere linke Flanke ist gefährlich bedroht.

Die Blöße nutzt der Feind aus. Gegen 6 Uhr nachmittags wälzt sich die erste Welle von acht Tanks aus südlicher Richtung gegen unsere offene Flanke. Wie ausgerichtet kommen sie auf breiter Front mit je 100 m Zwischenraum über die Höhe gekrochen, nach rechts und links heraus feuernd. Ein wundervolles Bild, wenn es nicht bitter ernst gewesen wäre. In den Räumen zwischen den Tanks und in ihrem Schutz dicht hinter ihnen gehen dünne Infanterielinien vor. Dahinter rattern noch zwei bis drei Wellen Tanks heran, bereit, in die Bresche zu treten, wenn einer der vorderen zerschossen wird. Unsere Minenwerfer und Maschinengewehre sind machtlos gegen die gepanzerten Kolosse, zumal da die Maschinengewehre mit ihren feuchten Papiergurten alle Augenblicke Hemmungen haben. Schrittweise, unter schweren blutigen Verlusten geht das II. Batl. auf Framerville zurück. Unsere Minenwerfer schießen noch auf 50 m Entfernung auf die Tanks, ohne sie niederzukämpfen. Framerville und Rainecourt werden von der ersten Tankwelle überrannt.

Inzwischen ist auch die übrige Front beiderseits der Römerstraße bis zur Bayern- und Kaminschlucht zurückgedrängt. Auf der Höhe östlich der Kaminschlucht gelingt es, unter besonders tatkräftigem Einfluß des Rittmeisters von der Schulenburg, unsere dünne Linie wieder zum Stehen zu bringen. Aber wie lange? Kein Kraut schien gegen diese gepanzerten Kriegsmaschinen gewachsen zu sein. Doch nun sind sie in den Wirkungsbereich unserer Batterien geraten. Die Geschütze der 4./221 fahren den Tanks entgegen, protzen in offener Feuerstellung ab und setzen sie in direktem Schuß außer Gefecht.«

Werfen wir noch abschließend einen kurzen Blick auf Fullers Notizen über die Schlacht von Amiens:

»Hier führten 462 Tanks im Zusammenwirken mit Flugzeugen drei Korps der britischen 4. Armee unter General Sir Henry Rawlinson in die Schlacht. Wieder gelang die Überraschung, der Gegner floh in wilder Panik und die deutsche Front wurde durchbrochen ... ›Als die Sonne am 8. August über dem Schlachtfeld unterging, war die größte Niederlage, die die deutsche Armee seit Kriegsbeginn erlitten hat, eine vollendete Tatsache.‹ * Es war mehr der Schrecken, den die Tanks allmählich verbreiteten, als ihre Macht zu töten, der den Autor veranlaßte, seiner Monographie den Titel »Die Katastrophe des 8. August 1918« zu geben. Dieser Schrecken bewirkte keinen geordneten Rückzug ..., sondern eine sofortige kampflose Flucht – und das war die unvermutete Neuheit. Ohne den Tank wäre keine Überrumpelung gelungen, es war die Plötzlichkeit des Angriffs, die die Panik auslöste[13].«

Die Schlacht der »letzten 100 Tage«

In kurzen Pausen erfolgten jetzt die Angriffe der Entente. Es begann die »Schlacht der letzten 100 Tage«. Unaufhörlich rollten ihre Tanks und die chars d'assaut nach vorn an die Front.

Zwischen Oise und Aisne überrannten Feuerwalze, gepanzerte Geschwader und Jagdflieger die Stellungen der 9. Armee. General Ludendorff[14] schreibt über diese neue Niederlage:»... auch der 20. August war

* schreibt laut Fuller der Autor der offiziellen deutschen Monographie über diese Schlacht; zit. in der British Official History, 1918, Bd. IV, S. 88.

wieder ein schwarzer Tag ... die Truppe ertrug nicht mehr ... den ... Tankansturm.«

Am 2. September wurde die Wotan-Stellung von Tanks durchbrochen und mußte aufgegeben werden. Eine Hiobsbotschaft folgte der anderen. Immer wieder stießen die feindlichen Kampfwagen vor und rissen ihre eigene Infanterie vorwärts, dem Siege entgegen. Standen der Infanterie jedoch nur eine geringe Anzahl von Panzerwagen und Kampffliegern zur Seite, so waren ihre Erfolge zwar gering, aber auf die Dauer begannen diese neuzeitlichen Kampfmittel das deutsche Heer zu erschüttern, das viereinhalb Jahre lang dem Ansturm von Armeen aus fast der ganzen Welt standgehalten hatte. Das ungeheure Material, das die Gegner geschickt, energisch und einfallsreich in neuartige Kampfmittel umzusetzen verstanden hatten, schien ihren Erfolg zu garantieren.

Einige Urteile aus sachverständigen deutschen Quellen sollen diese Entwicklung an der Westfront illustrieren:

General Ludendorff schreibt in seinen Kriegserinnerungen[15]:

> »Der Tank gewann in seiner Massenverwendung ... unheilvollen Einfluß auf den Gang der kriegerischen Ereignisse ... Masseneinsatz von Tanks und künstlichem Nebel blieben auch weiterhin unsere gefährlichsten Feinde ... Die Truppe ertrug nicht mehr den Tankansturm ... Der 8. August stellte den Niedergang unserer Kampfkraft fest ... Das Kriegführen nahm damit, wie ich damals ausdrückte, den Charakter eines unverantwortlichen Hasardspieles an, das ich immer für verderblich gehalten habe. Das Schicksal des deutschen Volkes war mir für ein Glücksspiel zu hoch. Der Krieg war zu beendigen.«

Man mag die Objektivität der Erinnerungen Ludendorffs anzweifeln, aber Fuller* erkennt die vorstehenden Aussagen als zutreffend an: »Ludendorff hat die Lage, die der Tank geschaffen hatte, ganz richtig beurteilt«. Das Reichsarchiv stellt im Band 36 der »Schlachten des Weltkrieges« fest:

> »Die Truppe war im wahrsten Sinne des Wortes am Rande ihrer Kräfte.«

Ergänzend bemerkt Generalmajor Erich Petter in seiner Studie »Kampfwagenabwehr im Weltkrieg 1914/1918«:

* J. F. C. Fuller, »Die entartete Kunst Krieg zu führen«, a. a. O., S. 195.

»Die feindlichen Kampfwagen hatten ganze Arbeit gegen uns getan; nicht nur moralisch, sondern auch tatsächlich ...[16]

Trotz der fast untragbar gewordenen Belastung hielt sich die Front unter äußerster Anspannung der letzten Kräfte in langsamer Absetzbewegung bis zum Tage des Waffenstillstandes am 9. November 1918. Es gelang Marschall Foch nicht, einen entscheidenden Durchbruch zu erzielen, um endlich zu dem erstrebten Bewegungskrieg großen Stils zu kommen, die deutschen Armeen einzukesseln, damit das Heer in seiner Gesamtheit zu schlagen und einen klaren Sieg in der Feldschlacht herbeizuführen.

Man fragt sich nach den Gründen dieser für die Alliierten negativen Feststellung. Es gibt wohl nur diese eine Erklärung: Auch die Truppen des Gegners waren erschöpft. Was sie noch vorwärtsbrachte, war die tatsächliche und moralische Unterstützung durch ihre zahlenmäßig weit überlegenen Kampfwagen-Verbände und ihre starken Fliegerkräfte, soweit diese die Deutschen niederhielten oder vernichteten. Feuerte auch nur noch ein Maschinengewehr oder eine Batterie auf deutscher Seite, so kam der Angriff meist schon in den Anfängen zum Stehen.

Die Situation sah also folgendermaßen aus: Kämpften die Kampfwagen in enger Verbindung mit ihrer Infanterie, dann halfen sie ihr zwar vorwärts, aber das Tempo des Angriffs war dann auf die im feindlichen Feuer nur sehr langsam vorankommende Infanterie abgestellt. Der deutsche Verteidiger hatte Zeit, in der Tiefe des Gefechtsfeldes Gegenmaßnahmen zu treffen und den Angreifer aufzuhalten oder mindestens sein Vorgehen zu verzögern. Das bedeutete, daß sich der Einbruch nicht zum entscheidenden Durchbruch ausweitete.

Brachen die Kampfwagen aber allein, ohne Infanteriebegleitung in die deutsche Tiefenzone ein, so wurden sie bald ein Opfer der Verteidiger, da sie ohne schützende Infanterie dem entschlossenen Nahkämpfer unterlegen waren, soweit dieser das feindliche Unterstützungsfeuer überlebte, seine Nerven behielt und Panzervernichtungsmittel zur Hand hatte oder von vorgezogenen Geschützen der Artillerie unterstützt wurde*.

Die Kampfwagen konnten also taktisch einbrechen, aber weder das eroberte Gelände halten noch allein in die Tiefe der Verteidigung erfolgreich vorstoßen. Sie waren nicht in der Lage, operativ zu wirken. Ihnen fehlten die gepanzerten und motorisierten unterstützenden und ergän-

* Vgl. Bericht Res. Inf. Rgt. 227, a. a. O.

zenden Waffengattungen alter Art: Infanterie und Artillerie. Es ist rückblickend erstaunlich, daß man damals nicht eine Lösung dafür gefunden hat. Versuche mit Kavalleriebegleitung scheiterten bereits bei Cambrai 1917 und bei Villers-Bretonneux 1918, da die taktische und operative Beweglichkeit zu Pferde im Zeitalter moderner Feuerwaffen schon seit 1914 illusorisch geworden war. Man hätte jedoch auf den Tankpanzer selbst zurückgreifen können, dessen ältere Modelle groß genug waren, um Begleitinfanterie befördern zu können. Zu dieser Zeit schienen jedoch noch die gedanklichen Voraussetzungen für eine Realisierung dieses Projektes zu fehlen.

Es kann auch sein, daß Foch sich mit seiner bisherigen, zwar langsamen und schematischen, aber doch erfolgreichen Angriffsmethode begnügen wollte, um sicher zu gehen und seine Truppen nicht dem Risiko eines Rückschlages auszusetzen, zumal die deutsche Abwehrkraft bis zum letzten Tage sehr hoch eingeschätzt, wahrscheinlich überschätzt wurde.

Kampfwagenpläne der Entente für 1919

Die Überschätzung der deutschen Abwehrkraft durch den Gegner wird durch Pläne, den Krieg im kommenden Jahr durch noch größere Tankeinsätze zu beenden, bestätigt. Nach dem Vorschlag des weitsichtigen britischen Colonel Fuller, des Stabschefs des Tankkorps, sollten Tausende von Kampfwagen die deutschen Linien in großer Breite überfluten und darüber hinaus auf etwa 100 km in die operative Tiefe der Verteidigung bis zu den Quartieren der höheren Stäbe, zur Artillerie, zu den Flugplätzen und zu den operativen Heeresreserven vorstoßen, um die gesamte Zone des deutschen Widerstandes schlagartig zu lähmen und kampfunfähig zu machen.

Hatten die Briten im Sommer und Herbst 1918 etwa 2000 Tanks und die Franzosen etwa 4000 chars d'assaut eingesetzt, so wollte die Führung der Entente für 1919 mehr als 8000 Kampfwagen für die Entscheidungsschlacht bereitstellen, dazu 10 000 geländegängige Schlepper für Truppentransport und Nachschub.

Nach dem Bericht Sheppards[17] forderte Churchill im September 1918 in seiner Eigenschaft als Munitionsminister von Premierminister Lloyd George ein Tankkorps in Stärke von 100 000 Mann, »da die Tanks ein entscheidender Faktor im Kampf wären ... und die taktische Überlegenheit gäben, ohne die die besten operativen Pläne nichts wert seien«.

Etwa zur gleichen Zeit (am 2. Oktober 1918) trug der Beauftragte der deutschen Obersten Heeresleitung *(OHL)* den Parteiführern des Deutschen Reichstages den Entschluß der *OHL* vor, zu erklären, daß ein siegreicher Ausgang des Krieges nicht mehr zu erwarten sei. Er sagte wörtlich: »Entscheidend für den Ausgang sind vor allem zwei Tatsachen:

1. *Die Tanks.* Der Gegner setzt sie in unerwartet großen Mengen ein ... Dem Feinde gleiche Massen deutscher Tanks entgegenzustellen, waren wir nicht in der Lage. Sie herzustellen, ging über die Kräfte unserer aufs äußerste angespannten Industrie, oder andere wichtige Dinge hätten liegenbleiben müssen.

2. *Die Personalersatzlage* ...« (konnte die entstehenden Verluste nicht mehr ausgleichen – der Verf.) [18].

Kapitel 2 · Der Kampfwagen auf deutscher Seite, 1916 bis 1918

I. *Auswertung des Kampfwageneinsatzes aus deutscher Sicht*

Stellungnahme des Generals der Infanterie Hermann von Kuhl

Was hatte die deutsche Heeresführung nach dem Auftauchen der Tanks und chars d'assaut auf feindlicher Seite nun unternommen?

Hierzu äußerte sich der General der Infanterie Hermann von Kuhl, der nach 1918 Gutachter des Untersuchungsausschusses des Reichstages für Kampfwagen und Kampfwagenabwehr war, in seinem Werk »Der Weltkrieg 1914–18«. Hermann von Kuhl war der Auffassung, daß die deutsche OHL »die Bedeutung des neuen Kampfmittels nicht frühzeitig in ihrem ganzen Umfang erkannt hat ... *Das Auftreten der Tanks* in dieser Form (bei Cambrai) *war das große Kriegsereignis* ... Wir waren nicht mehr in der Lage, diesen Vorsprung einzuholen ... zeitraubende Versuche ... die Industrie infolge der Durchführung des (im Herbst 1916 angelaufenen) Hindenburgprogramms stark überlastet. Es fehlte an Fabriken, Arbeitskräften und Rohstoffen ... Tanks notgedrungen in das große Rüstungsprogramm eingefügt ... Von seiten der Industrie wird allerdings behauptet, daß sie die Herstellung von Tanks hätte leisten können, wenn ihr rechtzeitig nachdrücklich und klar die Aufgabe bezeichnet worden wäre ... Endlich wurde das Kampfwagenwesen 1917 dem Chef des Feldkraftfahrwesens einheitlich unterstellt ... Erst Anfang

1918 wurden die ersten Wagen fertig ... Im Sommer entschloß man sich, mit der Massenherstellung neuer, leichter Tanks zu beginnen (800 Stück) ... Sie kamen vor Kriegsende nicht mehr in Betracht ... wir sind zweifellos auf diesem Gebiet rückständig geblieben ...[19]«

Unterschätzung des Kampfwagens und seiner Möglichkeiten

Es ist schwer zu verstehen, weshalb der Kampfwagen als neues Kampfmittel so stark unterschätzt worden ist. Auch wenn es dafür wichtige Gründe zu geben schien, so war es jedoch nur ein schwacher Trost, daß der Tank auch bei den Entente-Mächten zunächst in gleicher Weise unterschätzt und abgelehnt wurde.

»Die neue Waffe hatte ungezählte Feinde«, berichtet Sheppard[20] nach dem unglücklichen Ausgang der blutigen Flandernschlacht im Herbst 1917; aber der Erfolg von Cambrai, der am 20. November des gleichen Jahres unter persönlichem Einsatz und Führung des Generalmajors Hugh Elles errungen worden war, führte den Umschwung in der Bewertung des Royal Tank-Corps herbei und machte somit den Weg zum Endsieg der Alliierten frei ...

Werturteile über den Kampfwagen und seine Abwehr

Wie beurteilten damals Führung und Truppe auf deutscher Seite das neuartige Kampfmittel, das seit Cambrai auch im engen Zusammenwirken mit der Luftwaffe eingesetzt wurde? Wir bringen zur Beantwortung dieser Frage eine Reihe dokumentarischer Aussagen in zeitlicher Reihenfolge aus den Jahren 1917 und 1918. Die Unterlagen zeigen die schwankende Beurteilung des Wertes der Tanks durch Kommandobehörden und Fronttruppe und als Folgeerscheinung eine Unentschlossenheit in der Beurteilung der Notwendigkeit der Herstellung eigener Tanks und der Verbesserung der Bekämpfung feindlicher Wagen durch die Oberste Führungsstelle. Bemerkenswert ist, daß auch die Fronttruppe unterschiedlicher Meinung war. Man muß wohl der Ansicht der OHL vom 22. Juli 1918 zustimmen, wonach »vereinzelte Erfolge gegen Kampfwagen im Hochgefühl des Erfolges verallgemeinert wurden und zur Unterschätzung dieses starken Kampfmittels führten«. Diese zu späte Erkenntnis der OHL[21] wurde immer klarer, je mehr Tanks auf der Gegenseite auftraten und den Ausgang des Krieges entscheidend beeinflußten.

Die Auszüge der folgenden Dokumente stammen aus der bereits erwähnten Studie »Kampfwagenabwehr« von Erich Petter*:

1. Verfügung des Preußischen Kriegsministeriums vom 21. Oktober 1916 nach dem ersten Einsatz von Tanks an der Somme-Front:
»Die englischen Kampfwagen haben sich als eine Waffe erwiesen, die nicht zu unterschätzen ist...
Noch wichtiger erscheint die Herstellung geeigneter Abwehrmittel... Wenn es auch gelang..., so wird im allgemeinen die Kampfartillerie nur schwer Erfolg erzielen können. Eine artilleristische Hilfe für die Infanterie, die dem Kampfwagen gegenüber ziemlich machtlos ist, ist unbedingt erforderlich.«
2. Auszug aus dem Bericht des Generalkommandos 25 vom 15. April 1917 über den englischen Kampfwagenangriff bei Bullecourt (11. April 1917):
»Das Generalkommando hält die Kampfwagengefahr für überwunden und äußert über ihre Abwehr nichts Neues. Zwei Kampfwagen seien von schweren Feldhaubitzen gruppenweise beschossen und mit dem 22. bis 30. Schuß zerstört worden.«
3. Bericht der 27. Infanterie Division über dasselbe Gefecht:
»Der moralische Eindruck der Kampfwagen auf die Infanterie ist sehr groß. Die tatsächliche Wirkung ist nicht zu unterschätzen. Kampfwagenabwehrgeschütze sind nicht zu entbehren. Am zweckmäßigsten erscheinen kleine von der Infanterie selbst bediente Grabenkanonen, die nicht viel weniger handlich sein dürfen als Maschinengewehre. Reichliche Ausstattung damit würde das Ende der Kampfwagenangriffe bedeuten.«
4. Bericht des Infanterie Regiments 123 über dasselbe Gefecht, in welchem das Regiment nur einen einzigen Tank außer Gefecht setzte:
»Der 11. April 1917 hat gelehrt, daß die Kampfwagen keine allzu gefährlichen Waffen sind, vielmehr, daß uns Mittel in die Hand gegeben sind, sie unschädlich zu machen.«
In den Verfügungen vom 18. November 1917, »Wichtige Grundsätze für den Stellungsbau«, und vom 20. November 1917, »Ausbildung der Truppe im Winter« (beide aus der Zeit v o r der Schlacht von Cambrai), werden Kampfwagen nicht erwähnt!

* GenMaj. Erich Petter war bis 1924 Chef des Stabes der Inspektion der Kraftfahrtruppen s. S. 48 f.
Vgl. auch Nehring, Walther K., »Panzervernichtung« (vorher »Pz-Abwehr«). Berlin, 1936/37 und 1941.

Verfügung vom 24. November 1917 (nach der Schlacht von Cambrai):

»Die Kampfwagen sind ein nicht zu unterschätzendes Kampfmittel. Ihre Angriffe sind aber hauptsächlich durch Überraschung wirksam. Bei rechtzeitigem Erkennen und genügender Sorgfalt der Vorbereitungen sind die Abwehrmittel ausreichend ... Hält die Infanterie ihre Stellung, auch wenn diese durchbrochen ist, so verlieren die Kampfwagen ihren Schrecken *.«

6. Bericht der Heeresgruppe Herzog Albrecht vom 12. Dezember 1917 an die OHL:

   »Die Heeresgruppe ist der Ansicht, daß die Frage der Kampfwagenbekämpfung erst dann als gelöst betrachtet werden kann, wenn die Infanterie allein mit ihr zur Verfügung stehenden Mitteln in der Lage ist, sie erfolgreich zu lösen.«

7. Erfahrungsbericht des Generalkommandos 54 über Cambrai (20. November 1917):

   »... Der Bau von Hindernissen lohnt nicht, besser ist gründliche Bekämpfung ...«

8. Bericht der 119. Infanterie Division über Versuchsschießen vom 12. Dezember 1917:

   »... Eine mit diesen Waffen (Handgranaten, Minenwerfer, Stahlkernmunition, leichte Minenwerfer) wohlausgebildete Infanterie braucht einen Kampfwagenangriff größten Stils nicht zu scheuen ...«

9. Bericht der 78. Infanterie Division über die Schlacht von Soissons am 18./19. Juli 1918, wobei die Division 9 km zurückgehen mußte und große Teile ihrer Artillerie verlor:

   »... Kampfwagen wirken nur moralisch ... Ihr Auftreten überhaupt ist eine Folgeerscheinung der gesunkenen Nervenkraft der Truppe. Regimenter von 1914 hätten Kampfwagen nicht benötigt ...«

10. Verfügung der OHL vom 22. Juli 1918 nach der Schlacht von Soissons:

    »... Der Kampfwagenbekämpfung ist erhöhte Aufmerksamkeit zuzuwenden. Unsere früheren Erfolge gegen Kampfwagen haben

* Vgl. auch die »Ausbildungsvorschrift für die Fußtruppen im Kriege«, Januar 1918, Ziff. 416/19.

zu einer gewissen Mißachtung dieses Kampfmittels geführt. Wir müssen aber jetzt mit stärker gepanzerten, kleineren und beweglicheren Kampfwagen rechnen, die gefährlicher sind. Auch die sind zu überwinden ... Letzten Endes ist in erster Linie die Wachsamkeit und die Kampfkraft der Infanterie ausschlaggebend für erfolgreiche Abwehr ...«

11. Brief des Kommandeurs des Infanterie-Regiments 16 an General Ludendorff im Juli 1918:

    »... Die feindlichen neuen kleinen Kampfwagen haben große tatsächliche und ungeheuere moralische Wirkung auf unsere Truppen ...«

    Die Antwort: »Die Herstellung von Kampfwagenabwehrwaffen wird mit allen Mitteln betrieben ...«

12. Verfügung der OHL vom 11. August 1918 nach der Katastrophe des 8. August 1918, die den Entschluß zum Waffenstillstandsangebot auslöste:

    »Weit mehr als bisher muß für ... die Kampfwagenabwehr verlangt werden ... In der Kampfwagenbekämpfung sind noch viele Truppen ungeschickt. Wir müssen hierin noch lernen ...«

13. Der Gegenangriff einer Division der 17. Armee am 31. August 1918 wird nicht durchgeführt, weil die ihr zugeteilte eigene Kampfwagentruppe infolge mehrfacher technischer Betriebsstörungen nicht eingreifen konnte.

14. Der Bericht der 40. Division vom 6. September 1918, in dem die Erbitterung der Truppe darüber zum Ausdruck kommt, daß auf deutscher Seite keine Kampfwagen verwendet wurden.

15. Die Agentennachricht von Ende September 1918, in der mitgeteilt wird, daß man auf französischer Seite das Gelingen der letzten Angriffe den in großer Zahl eingesetzten kleinen und schnellen chars de combat Renault zuschreibt.

16. Das Schreiben des Generals von Wrisberg im preußischen Kriegsministerium vom 18. Februar 1918 an Abteilung A 2 des Ministeriums:

    »Mit Bedauern stelle ich fest, daß trotz meines Druckes bis Ende März keine Waffe gegen die Tanks geschaffen werden wird ...«

17. Merkblatt der italienischen Heeresleitung über Kampfwagenangriffe der Entente vom August 1917:

    »... Die englischen Tanks sind fast nie in der Bewegung getroffen worden ... Die Stahlkerngeschosse der Deutschen haben die Panzerung so gut wie nie durchschlagen! ... Günstige Bedingungen für den Angriff: im Morgengrauen, in der Abenddämmerung, bei Mondlicht oder Nebel ... Die feindlichen Beobachtungsstellen sind durch Nebelbeschuß zu blenden ... Begleitung des Angriffs durch Flugzeuge unentbehrlich: Deckung, Sicherung, Aufklärung, Verbindung ... Am 5. Mai 1917 Tanks eingesetzt. Nur ein Tank von feindlicher Artillerie getroffen ... die englische Tankverwendung ist besser als die französische ... der Engländer operiert taktisch besser ... Beide Heeresleitungen haben Vertrauen zu den Tanks.«

Abschließend sei noch auf zwei weitere Stimmen der Gegenseite hingewiesen: So schreibt der damalige britische Oberstleutnant Geoffrey le Q. Martel in seinem Buch »In the Wake of the Tank«:

»Der Feind verwendete bis zu dreißig Prozent seiner Feldartillerie für Kampfwagenabwehr*, die damit ihrer eigentlichen Aufgabe für den Artilleriekampf entzogen waren ...« Und Sheppard glaubt, daß »sich die deutsche Tankabwehr als vollkommener Versager herausstellte[22]«, womit er wohl insgesamt recht hat.

II. Der deutsche Kampfwageneinsatz

Bau und Einsatz deutscher Kampfwagen von 1916 bis 1918

Nach dem ersten Auftreten britischer Tanks am 15. September 1916 forderte die deutsche OHL beim Kriegsministerium den Bau eigener Tanks. Im November 1916 wurde der Chefingenieur Vollmer aus der Abteilung A 7 V mit der Konstruktion eines »Sturmpanzerwagens« beauftragt, der als »A 7 V«-Kampfwagen entwickelt wurde. Der Auftrag zum Bau von 100 Kampfwagen wurde allerdings erst im November 1917 erteilt. Darüber hinaus wurde der Bau von zwei Groß-Kampfwagen von 150 t Gewicht mit je vier Kanonen 7,5 cm-Kaliber angeordnet, von denen Ende 1918 erst zwei Stück fertiggestellt waren.

Mit Erfolg wurden auf deutscher Seite auch britische Beute-Tanks eingesetzt, nachdem deren Lenkung durch deutsche Konstrukteure wesentlich verbessert worden war.

* Ein hervorragendes Beispiel für erfolgreichen Einsatz dieser Art gab am 30. November 1917 der Unteroffizier Theodor Krüger, der mit seinem Geschütz 16 Tanks abschoß. Nach ihm wurde 1966 die Artillerie-Kaserne der Bundeswehr in Kusel/Pfalz benannt.

A 7 V Tank 1918 (Bauart Vollmer)

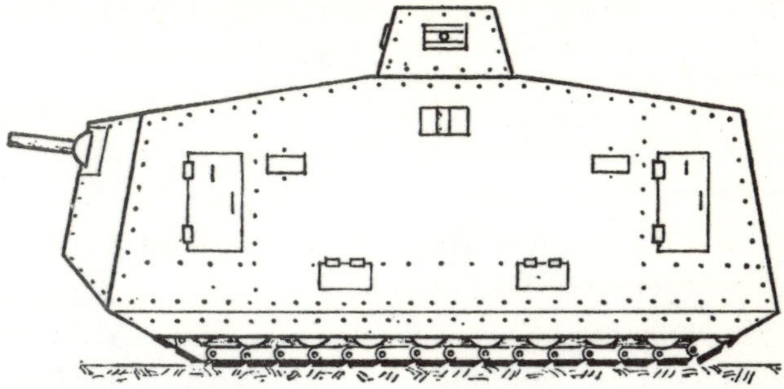

Gefechtsgewicht:	35 t	Bewaffnung:	1 Kanone 5,7 cm, 6 MG
Höchstgeschwindigkeit:	16 km/h	Länge:	7,30 m
Fahrbereich:	80 km	Breite:	3,05 m
Panzerung:	15/30 mm	Höhe:	3,04 m

Der »A 7 V«-Wagen war bei 30 mm Panzerstärke etwa 35 t schwer, hatte eine 5,7 cm-Kanone und sechs Maschinengewehre sowie 22 bis 26 Mann Besatzung. Sein Motor leistete 200 PS, womit eine Höchstgeschwindigkeit von etwa 16 km/h erreicht wurde. Seine Geländegängigkeit war für damalige Verhältnisse befriedigend. Der Kampfwagen »A 7 V« entsprach in seiner Art etwa den feindlichen Tanks, war diesen jedoch in Geschwindigkeit, Bewaffnung und Panzerung überlegen. Hätte man diesen Kampfwagen in größerem Umfang produziert, so wäre er eine wesentliche Hilfe für die deutsche Führung geworden. Leider gelang es nur zwanzig Stück herzustellen. Hinzu kamen dann noch etwa 25 Beute-Tanks. Sie alle wurden ab Februar 1918 in den »schweren Kampfwagenabteilungen« Nr. 1 bis 9 zu je fünf Kampfwagen zusammengefaßt.

Absichten der OHL für 1919

Inzwischen waren auch die leichten Typen »Lk I« und »Lk II« (Gewicht 17 t, Geschwindigkeit 18 km/h, drei Mann Besatzung) entwickelt worden. Der Bau von 800 Stück lief mit nunmehr angeordneter »Dringlichkeitsstufe 1« an. Diese Kampfwagen sollten im Frühjahr 1919 fertig werden. Man wollte sie in Abteilungen zu je drei Kompanien zu dreißig Stück und den Stab mit zehn Stück gliedern.

Kampfwageneinsätze 1918

Über die Einsätze der »schweren Abteilungen« berichtete der damalige Leutnant in der Kampfwagenabteilung 11, Ernst Volckheim (im Auszug):

»Am 21. März 1918 kämpften zwei Abteilungen erfolgreich bei St. Quentin, am 24. April drei Abteilungen südlich Villers-Bretonneux, wobei es erstmalig zum Kampf Panzer gegen Panzer kam.«

Am 1. Juni 1918 wurde ein Angriff mit begrenztem Ziel durchgeführt, am 9. Juni im Raum von Montdidier gekämpft und am 11. Oktober nördlich von Avesnes le Sec das Absetzen der eigenen Infanterie durch einen Gegenstoß bis zu 8 km Tiefe ermöglicht. Am 1. November fand der letzte Einsatz statt. Major Sheppard bestätigt die deutschen Erfolge in sachlicher Weise und betont den nachhaltigen Eindruck, den die deutschen Panzer auf seine Truppe gemacht hätten.

»Obwohl sehr gering an Zahl, gewann die Kampfwagentruppe schnell das Vertrauen der eigenen Infanterie und die Anerkennung der vorgesetzten Führungsstellen. Das Verlangen nach ihrer bewährten Unterstützung war groß, aber infolge ihrer geringen Anzahl meist nicht zu befriedigen. Die Verzögerungen der Jahre 1916/17 waren nicht mehr aufzuholen. Die deutschen Unterlassungen auf dem Gebiet des Kampfwagens und der Kampfwagenabwehr waren nicht mehr gutzumachen [23].«

Zu diesem Thema hat sich Klietmann 1967 geäußert: »Es kann leicht nachgewiesen werden, daß die deutsche militärische Führung trotz zahlreicher Fehlschläge alle Anstrengungen unternommen hat, im Ersten Weltkrieg und vor allem in der letzten Phase des Krieges den alliierten Vorsprung im Bau von Kampfwagen beziehungsweise Tanks einzuholen [24].«

Der Verfasser steht dieser Ansicht skeptisch gegenüber. Er weiß, daß mehr hätte getan werden können und müssen: 25 deutsche Kampfwagen und etwa die gleiche Anzahl erbeuteter Tanks oder chars d'assaut, die bei Kriegsende mehreren Tausend feindlichen Kampfwagen gegenüberstanden, sind gewiß nicht alles gewesen, was die OHL damals hätte tun können.

Eine britische Ansicht

Sheppard schreibt in seinem Buch »Tanks in the next war«[25]: »Wir haben gesehen, daß das britische Kampfwagenkorps seine Existenzberechtigung gegen die oberste Truppenführung und gegen die Truppe selbst genauso schwer erkämpfen mußte, wie es den Widerstand der Deutschen zu überwinden hatte ... Die Tanks konnten den Krieg zwar nicht allein gewinnen, aber ohne Tanks wäre dieser Krieg eben nicht gewonnen worden...«

Eine Ansicht, der man wohl zustimmen kann. Ob sich jedoch die deutschen Führungsstellen dieser Meinung nach 1918 anschließen würden, blieb trotz der vorliegenden Tatsachen länger als zehn Jahre eine offene Frage. Man glaubte, daß der Kampfwagen gegenüber einer neuzeitlichen, technisch hochwertigen Panzerabwehr seine historische Rolle ausgespielt habe. Auch in England traten erneut Zweifel auf.

III. Artikel 171 des »Versailler Vertrages«

Den Schlußpunkt unter den Meinungsstreit deutscher Fachkreise zur Kampfwagenfrage setzte dann am 28. Juni 1919 das harte Diktat des Vertrages von Versailles. Der Artikel 171 war nicht nur eine Friedensvertrags-Klausel, die das Angriffspotential des besiegten Gegners begrenzen sollte, sondern dieser Artikel sollte, im Zusammenspiel mit anderen Klauseln, Deutschlands effektive Verteidigungsfähigkeit als souveräner Staat für immer ausschalten. Denn hiermit wurden ihm »die wirksamsten Waffen der neuesten Technik – die dem Völkerrecht nicht widersprechen – aus der Hand geschlagen, die Panzerwagen und Tanks, die Unterseeboote und Luftfahrzeuge (Art. 171, 181, 198)[26]«.

Der Artikel 171 legte fest:

> *»Desgleichen ist die Herstellung in und die Einfuhr nach Deutschland von Panzerwagen, Tanks oder irgendeines anderen ähnlichen Materials, das Kriegszwecken dienen kann, verboten.«*

Diese Verbotsklausel des Versailler Vertrages bedeutete das Ende der deutschen Kampfwagentruppe von 1918.

Der Vertrag von Versailles ist von den Vereinigten Staaten völkerrechtlich nicht anerkannt worden; der Senat hatte seine Ratifizierung mit überwiegender Mehrheit abgelehnt. Die Vereinigten Staaten haben sich allerdings in dem 1921 mit dem Deutschen Reich geschlossenen Friedensvertrag »alle Vorrechte aus dem Versailler Vertrag zusichern lassen[27]«.

Zur Frage der moralischen Qualifikation des Friedensvertrages zwischen den Hauptkontrahenten von 1918 soll hier nur ein gewichtiges Urteil aus dem Lager der damaligen Kriegsgegner Deutschlands zitiert werden. Fuller schreibt in seiner Arbeit über die Entwicklung der zwischenstaatlichen Beziehungen seit 1789:

»Der Versailler Vertrag wurde von den Deutschen am 28. Juni 1919 in der kritischsten Situation der Blockade unterzeichnet und war somit moralisch nichtig.«[28]

ZWEITER TEIL

Aufbau und Organisation der deutschen Panzertruppe nach dem Ersten Weltkrieg, 1926 bis 1945

> *»Der Krieg hat sich verfeinert. Neue mörderische Einrichtungen haben die Schwierigkeiten vergrößert. Wir müssen sie durchdenken, damit wir nach genauer Untersuchung des Systems unserer Feinde und der Schwierigkeiten, vor die sie uns stellen, die geeigneten Mittel zu ihrer Überwindung finden.«*
>
> *Friedrich der Große*

Kapitel 1 · Die »panzerlose Zeit« von 1919 bis 1934

I. *Die Übergangszeit der Ära Seeckt, 1919 bis 1926*

Die ersten schweren Jahre nach der Unterzeichnung des Versailler Vertrages wurden von der ständigen Gefahr eines völligen Verfalls des Deutschen Reiches gekennzeichnet.

In dieser Notlage wurde dem im Felde hoch bewährten Generalmajor Hans von Seeckt im März 1920 die Leitung der noch vorhandenen militärischen Machtmittel übertragen, soweit diese den Waffenstillstand und den politischen Umbruch von 1918/19 überdauert hatten oder im »Grenzschutz Ost« neu geschaffen worden waren.

Die Bildung des Reichsheeres

Hans von Seeckt – der im Ersten Weltkrieg an der Ostfront unter anderem als Generalstabschef des Heeresgruppenkommandos von Mackensen und zuletzt als Chef des Generalstabes des türkischen Feldheeres gedient hatte – war nach kurzer Tätigkeit bei der OHL (Kolberg) und beim Grenzschutz-Oberkommando Nord im April 1919 auf Beschluß des Reichskabinetts zum Leiter der militärischen Vertretung bei der deutschen Friedensdelegation ernannt worden. Als Chef des Truppenamtes wurde Seeckt im März 1920 nach dem Scheitern des Kapp-Putsches zum Oberbefehlshaber der Reichswehrgruppe Nord und kurz darauf von Reichspräsident Friedrich Ebert zum Chef der Heeresleitung ernannt.

Seeckt gab dem neu zu bildenden Reichsheer sein Profil. Zusammen mit dem Reichswehrminister Otto Geßler hat er der Reichswehr »über alle Kabinettswechsel hinweg ... eine konstante und stabile Entwicklung ... gesichert[1]«. Es gelang Seeckt, aus den Resten der alten kaiserlichen Armee und aus den etwa 400 selbständigen, zum Schutz von Staat und Regierung gebildeten Freikorps bis zum 1. Januar 1921 im Rahmen der Reichswehr (Heer und Marine) das neue *Reichsheer* aufzustellen. Sechs schwere Jahre lang war es seine Aufgabe, die Fundamente für einen späteren, umfassenderen Wiederaufbau der Wehrmacht zu legen. Nach Seeckts Auffassung sollte das Reichsheer »eine Brücke vom Alten zum Neuen, zu einer besseren Zukunft« sein. Der Vertrag von Versailles bot dazu eine Handhabe, denn er enthielt keine Bestimmung über Art und Umfang der Ausbildung des erlaubten kleinen Heeres von 100000 Berufssoldaten. Hier setzte Seeckt an. Er schuf ein Führer- und Kaderheer und erzog dieses Heer in einem Geiste, dessen Grundlage trotz verbotener und daher fehlender moderner Waffen die Schulung für die Aufgaben einer großen Armee neuzeitlicher Prägung war.

Mit dieser Aufbauleistung unter innen- und außenpolitischen sowie vor allem wirtschaftlichen Schwierigkeiten wurde der neue Chef der Heeresleitung zum anerkannten Schöpfer des Reichsheeres.

Unter den Augen der »Interalliierten Kontrollkommission« (I.M.K.K.), die bis zum Februar 1927 in Deutschland tätig war, bemühte sich Seeckt um den Aufbau einer modernen Armee. »Tun wir alles, was wir können«, sagte er, ohne jedoch die harten Bestimmungen von Versailles zu verletzen. Er war sich der großen Gefahr bewußt, die von Frankreich und von Polen[2] her ständig drohte, um nicht durch militärische Verstöße den Bestand der Reichswehr und des Reiches leichtfertig zu gefährden. Seine Planungen blieben aus Gründen der Vernunft und des beiderseitigen Kräftepotentials eindeutig defensiv, soweit überhaupt von einer deutschen Verteidigungsmöglichkeit gesprochen werden konnte, da es an modernen Waffen fehlte.

Das Reichsheer wurde eine große Führerschule, die sich später hervorragend bewähren sollte. Führerauswahl, Menschenführung, taktisches und operatives Denken wurden nach Kräften gefördert; es wurde eine Kadertruppe für schnelle Ausweitung, aber ohne Verlust an militärischer Schlagkraft geschaffen. Seeckt war besonders darum bemüht, seine Offiziere mit den Ansichten des Auslandes vertraut zu machen. Dazu gab das Reichswehrministerium die Zeitschrift »Wehrgedanken des Auslandes« heraus, die wertvolle Anregungen, besonders im Hinblick auf die theoretische Kenntnis verbotener Waffen bot.

Seeckt und der Kampfwagen

In dem von Seeckt für die Reichswehr aufgestellten Ausbildungsprogramm wurde besonderer Wert auf technische Fertigkeit und Waffenkenntnisse, auf das Zusammenwirken aller Waffen und auf die in der preußischen Armee zur Tradition gewordene Beweglichkeit gelegt. Gordon A. Craig hat hierzu in seiner Arbeit über die preußisch-deutsche Armee geschrieben: »Der Versailler Vertrag legte ihm (Seeckt) natürlich hierbei schwere Hindernisse in den Weg, da er Deutschland die Verwendung von Angriffswaffen ... untersagte. Doch innerhalb der durch den Vertrag gesetzten Grenzen ließ sich vieles zustande bringen ... Offiziere wurden nach Berlin auf die Technische Hochschule geschickt, um sich mit den neuesten technischen Fortschritten zwecks möglicher militärischer Anwendung vertraut zu machen. Man förderte das Studium der Waffenkoordinierung und des Verkehrs- und Nachrichtenwesens, um es dann in umfangreichen, praktischen Übungen zu erproben. Schon im Jahre 1921 fanden im Harz Manöver mit motorisierten Einheiten statt. Und im Winter 1923/24 veranstaltete Oberstleutnant Walther von Brauchitsch, der spätere Oberbefehlshaber des Heeres, Manöver zu dem Zweck, die Möglichkeiten des Zusammenwirkens von motorisierten Truppen und Flugzeugen zu eruieren ...[3]«

Im Jahre 1927 äußerte sich Seeckt über das Problem »Neuzeitliche Kavallerie«: »Das Kraftfahrzeug hat zwei militärische Hauptaufgaben: *eine neue, eigene Waffe zu liefern* und (ferner) als *Transportmittel* für Menschen, Geschütze und Heeresbedürfnisse zu dienen. Die *Kampfwagen* wachsen sich zu einer *besonderen Truppe* neben Infanterie, Kavallerie und Artillerie ... aus[4]«. Zwei Jahre nach seinem Ausscheiden als Chef der Heeresleitung bekannte sich Seeckt 1928 in seiner Arbeit »Moderne Heere« zu der Idee der Schaffung eines *sehr beweglichen, kleineren Heeres,* dessen Kampfwert durch die Flugwaffe wesentlich erhöht werden kann.[5] Der damalige Colonel Charles de Gaulle hat diese Idee 1934 in seinem Buch »Vers l'armée de métier«[6] ebenfalls vertreten, in dem er den Vorschlag einer gepanzerten und motorisierten Berufsarmee eingehend behandelt.

Besonders ist hervorzuheben, daß unter Seeckts Verantwortung die oft kritisierte Ausbildung deutscher Soldaten und Ingenieure mit Flugzeugen und Kampfwagen in der UdSSR durchgeführt worden ist. Dieses interessante und problematische Kapitel der deutsch-sowjetischen Zusammenarbeit soll hier kurz in seiner Bedeutung für den späteren Aufbau der deutschen Panzerwaffe skizziert werden.

»Kama« – Einrichtung einer deutschen Kampfwagenschule bei Kasan

In den ersten Nachkriegsjahren führten gemeinsame außenpolitische Interessen die Regierungen des Deutschen Reiches und der UdSSR in Auswirkung des für beide Staaten unglücklichen Ausgangs des Ersten Weltkrieges zusammen. Man hoffte damals, die wirtschaftlichen Beziehungen zu verbessern und gegenüber den Westmächten in wichtigen Fragen durch gemeinsames Auftreten die eigenen außenpolitischen Möglichkeiten erweitern zu können. Daher schlossen Deutschland und die UdSSR 1922 den Vertrag von Rapallo, dem der Berliner Freundschaftsvertrag vom 24. April 1926 folgte.

Carl H. Hermann hat zu der damals erfolgten Kontaktaufnahme mit der UdSSR darauf hingewiesen, daß »die Rückendeckung im Osten bis 1890 ein wichtiger Bestandteil der Bismarckschen Außenpolitik gewesen« war; daß dieses außenpolitische Erbe noch lebendig und eines der drängendsten Gegenwartsprobleme der Jahre 1919/20 war, baldmöglichst »wieder eine Verhandlungsposition zu gewinnen, nachdem die Siegermächte von Versailles sich darin gefielen, Deutschland zunächst auch weiterhin als Spielball zu behandeln. Die Chance, ... die diffamierenden Bestimmungen des Friedensvertrages zu umgehen, ohne vertragsbrüchig zu werden, verlockten ... Die Soldaten sahen von diesem Blickwinkel aus im Bau von Rüstungsbetrieben, in der theoretischen Beschäftigung mit und in der Ausbildung an verbotenen Waffen ... eine vertretbare Konzeption, wobei sie damals absolut nicht die einzigen Verfechter einer solchen prorussischen Doktrin waren. Alle Beteiligten erkannten schon zu diesem Zeitpunkt das mögliche Risiko einer derartigen Aktion und gingen in den Bindungen über ein bescheidenes Maß nicht hinaus [7].«

Generaloberst von Seeckt wirkte bei dem Abschluß des Rapallo-Vertrages nicht mit; in seinem Auftrag vereinbarten jedoch später Generalmajor Hasse und Oberst von Schleicher die entscheidenden Einzelheiten einer von beiden Seiten gewünschten Ausbildungshilfe [8]. 1921 erfolgten im Rahmen der Aufnahme außenpolitischer Beziehungen zwischen dem Reich und der UdSSR, die auf Lenins direkte Initiative zurückging, bei Verhandlungen über einen Handelsvertrag erste sondierende Gespräche. Sie führten nach weiteren Verhandlungen vom 8. Dezember 1921 zu klaren, dem Reichskanzler und dem Auswärtigen Amt bekannten Abmachungen: im Reichswehrministerium wurde eine Sondergruppe »R« unter Leitung des Obersten Nicolai geschaffen, die in der sowjetischen Hauptstadt eine Filiale, die »Zentrale Moskau«, unterhielt, welcher der Oberst von der Lieth-Thomsen mit seinem Mitarbeiter, dem Oberst Ritter von Niedermayer, vorstand.

Während die rüstungsindustriellen Vorhaben in der Sowjetunion wenig Erfolg zeitigten, ging »die militärische Zusammenarbeit zwischen Reichswehr und Roter Armee reibungslos vonstatten ... An der Fliegerschule in Lipezk und an der Panzerschule Kasan nahm die Ausbildung von Luftwaffen- und Panzerspezialisten sowie die Erprobung, Auswertung und Entwicklung von Waffen und Fahrzeugen feste Formen an. Die zur Dienstleistung nach Rußland Kommandierten hatte die Reichswehr allerdings aus ihrem Dienstverhältnis vorübergehend entlassen. Höhere deutsche und sowjetische Offiziere inspizierten in Abständen die Ausbildungsstätten ...[9]«

Über die Entwicklung dieser Zusammenarbeit zwischen Reichswehr und Roter Armee liegt seit 1953 eine hochinteressante Schilderung von Helm Speidel vor, in welcher der spätere Fliegergeneral vor allem die Bedeutung dieses Programms für den Aufbau der Luftwaffe ab 1933/34 schildert[10].

Neben der Einrichtung des Flugplatzes Lipezk und dem Aufbau einer Schule für Ausbildung und Technik des Gaskampfes in der Nähe von Saratow stellte die UdSSR für die Errichtung einer deutschen Kampfwagenschule bei Kasan Übungsgelände, Unterkünfte, Gerät und Hilfskräfte zur Verfügung. Nach der Lage des Kampfwagenübungsplatzes am Fluß Kama erhielt dieses deutsche Kampfwagen-Ausbildungszentrum die Tarnbezeichnung »Kama«. International wurde es als »Panzerschule Kasan« bekannt.

Diese drei Ausbildungszentren bildeten die deutschen militärischen Basen für personelle Ausbildung und technische Erprobung der Reichswehr in der UdSSR. Sie bestanden bis zur Beendigung der deutsch-sowjetischen Zusammenarbeit im Jahre 1933. Die Russen stellten zur Ausbildung am Kampfwagen neben Übungsgelände und Truppen – als Hilfskräfte und Lehrgangspersonal – auch das erste Panzergerät zur Verfügung (die Kampfwagen-Typen »MS I« und »MS II« mit einer

3,7-cm-Kanone). Der deutsche Beitrag bestand aus Ausbildern, Ingenieuren, Technikern und Gerät. Die sowjetischen Offiziere erhielten die Berechtigung, an Lehrgängen und Übungen im Reich teilzunehmen.

Diese Vorgänge sind nach 1945 in der Öffentlichkeit und Publizistik erörtert, gelegentlich auch kritisiert worden – wenn auch häufig in falscher Beleuchtung. Die Ausbildung am Kampfwagen begann ab Mitte der zwanziger Jahre. Von deutscher Seite nahmen eine Reihe jüngerer Offiziere und Ingenieure teil, die ab 1933 wertvolle Ausbilder der deutschen Panzertruppe wurden. Unter ihnen befanden sich die Offiziere Haarde, Koll, Kraeber, Kretschmer, Linnarz, Nedtwig, Sieburg, Stephan, Ritter von Thoma und Thomale, ferner von 1929 bis 1933 Oberingenieur Baumann, Dr. Mertz und Ingenieur Engel. Stationsleiter waren von 1927 bis 1929 Direktor Mahlbrand, von 1929 bis 1931 Major Ritter von Radlmaier und anschließend bis 1933 Major Harpe.

Oberst Guderian war 1932 mit General Lutz zu einem vorübergehenden dienstlichen Besuch an der Kampfwagenschule Kasan, wo nicht nur die künftigen Panzerführer ausgebildet, sondern auch die ersten deutschen Kampfwagen-Prototypen erprobt wurden[11].

Von sowjetischer Seite waren neben Marschall Tuchatschewski auch einige der im Zweiten Weltkrieg bekanntgewordenen sowjetischen Generäle und Heerführer, wie zum Beispiel Schukow, zu Lehrgängen an Truppenschulen und taktischen Übungsreisen nach Deutschland kommandiert. Das Verhältnis zwischen den Offizieren der Reichswehr und der Roten Armee war gut. Der spätere Generalmajor Theodor Kretschmer, der 1933 an dem letzten, nach wenigen Monaten abgebrochenen Lehrgang »Kama« teilgenommen hat, berichtet, das Ende dieses Panzer-Kurses im August 1933 sei »von den Russen als sehr betrüblich« bezeichnet worden[12]. Die Beendigung des letzten Lehrgangs in Kasan erfolgte im Herbst 1933 fast reibungslos. Nur die Abwicklung der gemeinsamen Ausrüstung und Ausbildungshilfsmittel brachte einige Komplikationen mit sich, besonders für General Lutz, dem es vor allem um die sichere Rückführung der deutschen Kampfwagen-Prototypen ging. Doch zuletzt konnte auch dieses »Problem« nach persönlicher Intervention bei Marschall Tuchatschewski zufriedenstellend gelöst werden.

Der sowjetische Oberst der Ingenieurtruppen Mostowenko schildert in seinem Buch »Panzer gestern und heute« (1961) die Ergebnisse der damaligen deutsch-sowjetischen Gemeinschaftsarbeit und stellt fest, daß »... auf dem Gebiet der Militärtechnik in den Jahren

1924–28 eine gewaltige Arbeit geleistet wurde ... In den Jahren 1928–31 ermittelte die sowjetische Militärwissenschaft die für jene Zeit wirksamste Organisationsform der motorisierten und der Panzertruppen. Im Jahre 1929 begann man motorisierte Verbände zu schaffen, die für selbständige Operationen vorgesehen waren ...«* In gleicher Weise berichtet die sowjetische Zeitschrift »Technika i Vooruženie (Nr. 9/1966) über die Entwicklung des russischen Kampfwagenbaues ab 1920[13].

Das »Unternehmen Kama«[14], das den Westmächten bald bekannt wurde, stellte keine Verletzung des Versailler Vertrages dar, da in Kasan weder Kampfwagen hergestellt, noch von dort aus – vor Austritt Deutschlands aus dem Völkerbund und der damit verbundenen, offiziell wieder eingeleiteten Aufrüstung – »Tanks oder ähnliches Material nach Deutschland eingeführt« worden sind. Darüber hinaus hätte dies angesichts der damaligen tatsächlichen Machtverhältnisse auch keine wirkliche Erhöhung des deutschen Kampfwagenpotentials bedeutet.

Auch ausländische Publizisten haben keinen Zweifel daran gelassen, daß es ein legitimes Bestreben der deutschen politischen und militärischen Führung sein mußte, mit den einseitigen Beschränkungen der deutschen Souveränität durch den Versailler Vertrag ebenso fertig zu werden, wie dies Preußen gegenüber Napoleon I. unter Führung von Scharnhorst und Gneisenau mit Erfolg gelungen war. Der britische Publizist Basil Henry Liddell Hart stellt in seiner Arbeit über Stellung, Einfluß und Leistungen deutscher Generale zwischen 1920 und 1945 fest, es sei ganz natürlich gewesen, daß Seeckt sich mit aller Energie der Aufgabe gewidmet hätte, die Fesseln des Versailler Vertrages zugunsten Deutschlands zu lockern »und den Weg dafür vorzubereiten, daß Deutschland seine militärische Stärke zurückgewinne – wie dies jeder Soldat eines jeden Landes unter ähnlichen Umständen getan haben würde[15].«

Der Wert des »Unternehmens Kama« bestand darin, daß es eine Vorbereitung für die spätere Reorganisation des Heeres war. Eine praktische Verwertung der Lehren und Erfahrungen der Kampfwagenlehrgänge von Kasan war in Deutschland zunächst nicht möglich, weil es hier vor 1935 keine Panzertruppe gab. »Kama« hat jedoch die Schaffung eines gut ausgebildeten Stammes von Lehroffizieren ermöglicht, ohne die die schnelle Aufstellung der ersten Lehreinheiten von 1934/35 kaum möglich gewesen wäre.

Zwischen den militärischen Führungsspitzen beider Länder sind keine

* Vgl. Bibliographie, S. (46).

Verträge geschlossen worden; es gab nur Vereinbarungen. Reichsregierung und Reichspräsident hatten ihr Einverständnis erklärt und wurden laufend unterrichtet. Vorwürfe gegen Seeckt, eigenmächtig gehandelt zu haben, haben sich als gegenstandslos erwiesen. Die Reichsregierung, die frühzeitig erkannt hatte, daß die Alliierten offensichtlich nicht bereit waren, ihr allgemeines Abrüstungsversprechen gemäß der Präambel zu Teil V des Versailler Vertrages zu beachten, billigte daher das Verhalten der Heeresleitung. Im Kabinett Cuno wurde Anfang Januar 1923 sogar die Meinung vertreten, daß der Versailler Vertrag durch die Besetzung des Ruhrgebietes einseitig gebrochen und das Deutsche Reich deshalb nicht mehr an ihn gebunden sei.

Seeckt, der dem Bolschewismus ablehnend gegenüberstand, hatte es verstanden, aus der Not einschneidender Souveränitätsbeschränkungen eine pragmatische Tugend zu machen. Einer seiner Nachfolger, General Curd Freiherr von Hammerstein-Equord, von 1931 bis 1934 Chef der Heeresleitung, erläuterte seine Auffassung am 24. April 1931 vor den Offizieren des Gruppenkommandos 2 in Kassel:

> »... Die deutsche Außenpolitik ist in den letzten Jahren in absolut gerader Linie geführt worden. *Sie sucht Anlehnung an Moskau, solange der Westen nicht bereit ist,* etwas ähnliches wie Gleichberechtigung zu gewähren. Das Verhältnis zu Moskau ist ein Pakt mit Beelzebub; aber wir haben keine Wahl ... Folgerungen für die Heeresleitung: Sie wird unbeirrt von allen Einflüssen die Interessen des Heeres vertreten. Keine Ausbaumöglichkeit wird verpaßt werden ...«[16]

Die im Interesse der Landesverteidigung gebotene Geheimhaltung gab leider zu unbegründeten, objektiv falschen Vermutungen und zu Vorwürfen gegenüber Seeckt Anlaß. So enthalten nach Harold J. Gordon[17] die Memoiren Carl Severings viele Irrtümer, weil dieser als Mitglied der preußischen Regierung über die Vorgänge nicht unterrichtet war und daher einseitig urteilte.

Sensationell wirkten sich auch die »Enthüllungen« Philipp Scheidemanns am 16. Dezember 1926 im Reichstag über das vermeintliche »Bündnis der Reichswehr mit den Russen« aus. Sie waren allerdings auch die Ursache für den späteren Abgang Scheidemanns, dessen Wehrpolitik heftig umstritten blieb.

Das Reichsheer und der Kampfwagen, 1921 bis 1926

Im Reichsheer waren Kampfwagen und damit auch eine Kampfwagentruppe aufgrund des Versailler Vertrages verboten. Die Reste der ehemaligen »Schweren Kampfwagenabteilungen« des Kriegsheeres hatten in Wiesbaden demobil gemacht. Es hatte auch die »Freiwillige Kampfwagenabteilung Vetter« gegeben, die bei den Kämpfen gegen die Spartakisten in Berlin eingesetzt worden war. Hierbei fiel als letzter Offizier der Kampfwagentruppe Leutnant Schäfer[18].

Die Erinnerung an den Kampfwagen lebte damals lediglich in der Kraftfahrtruppe fort, die von der »Inspektion der Verkehrstruppen / Abteilung für Kraftfahrtruppen (In 6)« betreut wurde. Im übrigen unterstanden die vorhandenen sieben Kraftfahrabteilungen (Kf 1–7) truppendienstlich jeweils den sieben Divisionen, aus denen sich das Reichsheer zusammensetzte.

Ähnlich wie man 1921 zur Kavallerie zahlreiche frontbewährte jüngere Offiziere der Infanterie versetzte (wie die späteren Generäle der Panzertruppe Dietrich von Saucken und Hermann Balck), um die infanteristische Ausbildung der Kavallerie zu fördern, verfuhr die Heeresleitung auch bei der Neugliederung der Kraftfahrtruppe. Man führte ihr damals und in späteren Jahren jüngere Kräfte aus der kämpfenden Truppe zu, um im Rahmen des durch Versailles zahlenmäßig sehr beschränkten Offizierskorps der Reichswehr erfahrene Frontoffiziere zu erhalten.

Man griff vorzugsweise auf die Infanterie zurück, aber auch auf Flieger, Pioniere, Angehörige der Eisenbahntruppe, Kavallerie und Artillerie – eine Mischung, die sich bewährte. Die neugebildete Kraftfahrtruppe erhielt sogar die Tradition der Flieger- und Luftschiffertruppe, die der Reichswehr durch Versailles verboten worden war. Von den Offizieren dieser Kraftfahrtruppe trugen in der 7. (bayrischen) Abteilung allein drei Offiziere den höchsten bayrischen Tapferkeitsorden: Bruno Ritter von Hauenschild, Ludwig Ritter von Radlmaier, Wilhelm Ritter von Thoma – spätere Kommandeure der Panzertruppe. Bekannt wurden später in der Aufbauzeit der Kraftfahrkampftruppe beziehungsweise im Zweiten Weltkrieg als Ausbilder oder Kommandeure der Panzerwaffe Georg von Bismarck, Dransfeld, Erler, Fichtner, Fronhöfer, die Brüder Haarde, Harpe, von Hartlieb, Koll, Koreuber, Krafft, Linnarz, Nedtwig, Stahl, Stephan und viele andere, deren Namen noch genannt werden sollen.

Daß man bei dieser Neu- und Umgliederung schon an einen späteren Ausbau der Kraftfahrtruppe zur Kraftfahrkampftruppe gedacht hat, ist nicht wahrscheinlich. Diese Konzeption setzte sich erst gegen Ende der zwanziger Jahre durch, als die Ausbildung in den Lehrgängen des Unternehmens »Kama« und die allmähliche Umgliederung der Kraftfahrabteilungen in Kraftradschützen-Kompanien und Kampfwagen-Nachbildungskompanien (Panzerspäh- und Kampfwagenattrappen) wirksam wurden. Erst einige Jahre später sollte die Kraftfahrtruppe durch die Initiative ihrer Inspekteure und Kommandeure sowie aufgrund ihrer eigenen Tatkraft die Keimzelle einer damals noch ungeahnten Entwicklung werden.

Unter den jungen Offizieren der Kraftfahrtruppe befand sich auch der Leutnant Ernst Volckheim, der 1918 als Zugführer bei einer deutschen Kampfwagenabteilung im Gefecht eingesetzt gewesen war und damit über wertvolle praktische Kampferfahrung verfügte, die er auszuwerten und weiterzugeben verstand. Im Jahre 1922 veröffentlichte er das Lehrbuch »Die deutschen Kampfwagen im Weltkrieg« und 1923/24 das wichtige Werk »Der Kampfwagen in der heutigen Kriegführung«, das wohl im engen Einvernehmen mit der Heeresleitung verfaßt worden war.

Volckheim befaßte sich hier mit Zukunftsfragen, die äußerst modern wirken und in den vergangenen vierzig Jahren größtenteils bejahend und positiv beantwortet worden sind. Er gab mit seinem Buch nicht nur der Kraftfahrtruppe gute Unterlagen zur eigenen Aus- und Fortbildung, sondern vor allem auch den anderen Waffengattungen ausgezeichnete Hinweise für die Schulung in der Abwehr feindlicher Kampfwagen, was für ein panzerloses Heer von entscheidender Wichtigkeit war.

Der erste Inspekteur der Kraftfahrtruppen des Reichsheeres und seine Mitarbeiter

Für die Kraftfahrtruppe begann unter ihrem ersten Inspekteur, dem Oberst und späteren General Erich von Tschischwitz eine moderne Entwicklung. Chef des Stabes war Major Erich Petter, der aus dem Grenadierregiment 5 (Danzig) stammte, später Lehrer an der Königlich Preußischen Militär-Akademie wurde und somit ein besonders qualifizierter Fachmann war. Zu beider Unterstützung holte man im Frühjahr 1922 den damaligen Hauptmann Heinz Guderian als Generalstabsoffizier in die Inspektion der Kraftfahrtruppen; Tschischwitz wollte den reinen

Nachschubdienst einschränken, dafür aber das Arbeitsgebiet und den Aufgabenkatalog der Inspektion durch taktische und operative Truppentransporte zeitgemäß erweitern, um die Möglichkeiten des amputierten Heeres im Sinne der Pläne Seeckts »für eine bessere Zukunft« zu überprüfen und weitestgehend auszunutzen.

Hauptmann Heinz Guderian stammte, wie viele auf diesem Gebiet später hochbewährte Generäle der Panzertruppe, aus der Infanterie*. Obwohl damals technisch nicht vorgebildet, wurde er mit Stellungen betraut, die weitgehend mit der Motorisierung zusammenhingen. Zweifellos war Guderian technisch interessiert und begabt; denn schon 1912/13 wurde er zum Telegraphenbataillon Nr. 3 kommandiert, ein für damalige Zeiten seltener Fall. In den ersten Kriegsjahren unterstand ihm die Führung einer Funkentelegraphie-Station bei der 5. Kavallerie-Division an der Westfront. Guderian hatte dabei eingehend Gelegenheit, Vor- und Nachteile der Heereskavallerie kennenzulernen. Anschließend war er in höheren Stäben tätig, ab April 1917 in Generalstabsstellen. Im Februar 1918 wurde er in den Generalstab versetzt. Nach Kriegsende diente Guderian im Grenzschutzkommando Ost in Oberschlesien, später im Gruppenkommando Nord (Baltikum). Mit der endgültigen Formierung der Reichswehr zum 100 000-Mann-Heer wurde er ab 1. Januar 1921 Kompaniechef im Jägerbataillon Nr. 10 in Goslar.

Am 16. Januar 1922 trat in Guderians militärischer Laufbahn der entscheidende Wendepunkt ein: mit diesem Tage wurde er zunächst zur Unterweisung zur 7. (bayrischen) Kraftfahrabteilung kommandiert, um Wesen und Betrieb der Kraftfahrtruppe kennenzulernen. Am 1. April wurde Guderian dann in das Reichswehrministerium, Inspektion der Kraftfahrtruppen – kurz In 6 genannt – versetzt. Entgegen seiner Erwartung wurde er hier nicht mit Fragen der Taktik und Organisation beschäftigt, sondern mit rein kraftfahrtechnischen Dingen, deren eingehende Kenntnis ihm später viel genützt hat.

Eine Studie über Truppentransporte auf Kraftwagen, die Guderian vom Inspekteur übertragen worden war, veranlaßte ihn, sich mit den Verwendungsmöglichkeiten motorisierter Truppen auseinanderzusetzen. Er begann sich mit den Büchern und zahlreichen Aufsätzen der fortschrittlich denkenden britischen Militärschriftsteller Fuller, Liddell Hart

* aus dem Königlich Preußischen Jägerbataillon 10.

und Martel zu beschäftigen, die aus dem »Tank« des Ersten Weltkrieges schon damals mehr machen wollten, als eine an die Infanterie fest angebundene, taktische Hilfswaffe. »Sie wurden damit die Bahnbrecher einer neuartigen Kriegführung großen Stils« – schreibt Guderian in seinen »Erinnerungen«.

In ihrem eigenen Land gelang es diesen drei britischen Autoren damals jedoch nicht, ihre richtungweisenden Vorschläge zu realisieren. Der erste Band von Liddell Harts Lebenserinnerungen ist hierfür ein beredtes Zeugnis. Trotz vieler Vorstöße und ungeachtet mehrerer, für damalige Zeiten äußerst moderner Versuchsübungen, setzten letzten Endes die konservativen Elemente des Generalstabs der Britischen Armee ihre zögernde oder ablehnende Haltung noch jahrelang fort, bis 1931 versuchsweise die erste Tank-Brigade zusammengestellt wurde[19].

Durch seine, obwohl rein theoretische, Beschäftigung mit diesen neuzeitlichen Problemen errang Guderian bald den Ruf eines »Sachverständigen« auf dem Gebiet der Verwendung motorisierter Truppen. Erfolgreich verlaufene Planübungen und kleinere Gefechtsübungen mit der Kraftfahrtruppe festigten diesen Ruf. Auf seine vorsichtige Erwägung und Frage, ob man aus der Kraftfahrtruppe nicht eine Kampftruppe machen sollte, antwortete ihm sein neuer Inspekteur, Generalmajor von Natzmer (In 6 1924/26), mit den Worten: »Zum Teufel mit der Kampftruppe! Mehl sollt Ihr fahren!«

Mit dieser Erinnerung an die Inspektion der Kraftfahrtruppen beendete Guderian 1924 den ersten Abschnitt seiner Tätigkeit bei der In 6 und ging nach Stettin, wohin er zum Stab (Generalstab) der 2. Division als Lehrer für Führergehilfen (Generalstabsanwärter) versetzt worden war.

Major Lutz war der Kommandeur der 7. (bayrischen) Kraftfahrabteilung, als Hauptmann Guderian vorübergehend dorthin zur Unterweisung über Aufgaben und Organisation der Kraftfahrtruppe kommandiert wurde. Lutz, der aus der bayrischen Eisenbahnpioniertruppe stammte und 1915/1916 zum Kommandeur der Kraftfahrtruppen der 6. Armee ernannt worden war, hatte später, 1917/1918, im Stabe des Feldeisenbahnchefs Dienst getan, der auch die Anfänge der deutschen Kampfwagentruppe zu betreuen hatte. Er war ein Mann mit großer kraftfahrtechnischer Erfahrung und Organisationsgabe, der mit Interesse und Sorge die unzulängliche Förderung der deutschen Kampfwagentruppe in den Jahren 1916 bis 1918 verfolgt hatte.

Major Lutz bemühte sich, den sehr aufgeschlossenen und an Fragen einer schnellen Truppe sehr interessierten Außenseiter Guderian in die diesem noch fremde Truppengattung »Kraftfahrtruppe« einzuführen und ihm die Grundlagen für seine zukünftige Tätigkeit in der In 6 zu verschaffen.

Die Wege von Heinz Guderian und Oswald Lutz sollten sich nach zwei Jahren, im Frühjahr 1924, im Reichswehrministerium erneut vorübergehend kreuzen, um sich dann wieder ab Dezember 1929 im Ministerium zu treffen. Ab Oktober 1931 sollten beide Offiziere gemeinsam und endgültig jenen Weg beschreiten, der in vier Jahren harter Arbeit unter Überwindung des Widerstandes höchster Dienststellen zur Aufstellung der ersten drei Panzerdivisionen des deutschen Heeres und kurz darauf dann zum Aufbau der deutschen operativen Panzertruppe führen sollte.

Das Ende der Ära Seeckt

Im Herbst 1926 fand mit dem Rücktritt des Generalobersten von Seeckt als Chef der Heeresleitung die als »Ära Seeckt« bezeichnete Aufbauperiode des Reichsheeres ihren Abschluß. Soweit im Rahmen der nach wie vor einengenden Bestimmungen des Versailler Vertrages möglich, war das zahlenmäßig kleine Reichsheer fest geformt. Moral und Ausbildung waren vorzüglich, die Führung gefestigt und alle grundsätzlichen Probleme der Anfangsjahre glücklich überwunden. Daß es damals Gefahr lief, als »Staat im Staate« angesehen zu werden, wie heute so gern behauptet wird, lag wohl weniger an Seeckt oder der jungen Truppe, als vielmehr an der uninteressierten Haltung der Gesellschaft. Und wohl auch daran, daß sich Offizierskorps und Truppe angesichts der auch noch Mitte der zwanziger Jahre anhaltenden staatlichen Zerrissenheit und unsicheren außenpolitischen Lage »auf den Standpunkt schweigender Pflichterfüllung zurückgezogen« hatten, »während der Massenradikalismus im Diktatfrieden und Verhalten der Alliierten nach 1918 die Argumentation fand, welche er brauchte und die die ehrliche Bemühung der Verantwortlichen und eine stabile Demokratie zunehmend entwertete«[20]. Aber wie man auch immer das Verhalten des Chefs der Heeresleitung deuten mag, Seeckt hatte sein Ziel erreicht, für die Verteidigung des Reichs das Reichsheer zur »Brücke in eine bessere Zukunft« aufzubauen. Es war ein erster Schritt – mehr nicht.

Wie sah es damals im Reich aus?

Noch hatte das Heer keine schweren Verteidigungswaffen; noch immer hatte der ehemalige Gegner territoriale Faustpfänder besetzt; noch immer fehlte die vertraglich zugesicherte Durchführung einer allgemeinen Abrüstung auch auf »der anderen Seite«; noch begnügte man sich auf deutscher Seite mit Kampfwagenattrappen aus Leinwand, die, auf Rädern von Soldaten geschoben oder auf leichten PKW-Fahrgestellen aufgesetzt, zur Darstellung von Kampfwagenangriffen eingesetzt werden mußten; noch saß die »Internationale Militär-Kontrollkommission« (I.M.K.K.) im eigenen Lande und hatte überall freien Zutritt und oft auch eigene Landsleute als Spitzel und Zuträger, um die Durchführung der Abrüstung auf deutscher Seite zu kontrollieren ...

Bénoist-Méchin, der sachkundige französische Historiker, fragt im Hinblick auf diese Situation: »War Deutschland wirklich entwaffnet?« und gibt die Antwort: »Deutschland hatte auf dem Papier alle Klauseln des Vertrags durchgeführt; es war zu dieser Zeit nicht kriegsbereit ...«[21]

II. *Die Zeit der stillen Entwicklung, 1927 bis 1931*

Dieser Zeitabschnitt des Neuaufbaues deutscher Streitkräfte unter den Chefs der Heeresleitung Wilhelm Heye (1926–1930) und Curt Freiherr von Hammerstein-Equord (1931–1934) brachte geistige und praktische Fortschritte in der Entwicklung der zukünftigen Panzertruppe und der allgemeinen Heeresmotorisierung. Die in- und ausländische Literatur sowie die Fachpresse beschäftigten sich nun intensiver mit der allgemeinen Motorisierung der Heere und mit dem neuartigen Kampfmittel, das Tank oder Kampfwagen genannt wurde. Das Offizierskorps der Kraftfahrtruppe, betreut von der In 6, wurde auf beide Aufgaben eingestellt. Die allgemeinen Ausbildungsgrundsätze des Heeres verlangten die Beachtung der durch den Versailler Vertrag verbotenen Kampfmittel und ihrer Waffenwirkung in Theorie und Übungspraxis. Es begann das Zeitalter von Attrappen aller Art, die in taktischer und operativer Hinsicht einen gewissen Ausbildungsersatz boten. Dagegen konnte die Besatzung der Attrappenfahrzeuge in der Besatzungsausbildung nicht geschult werden, da das echte Gerät – wie beispielsweise die Ausbildung an der Panzerkanone und am Maschinengewehr im Drehturm – bei der Attrappe fehlte.

Der neue Inspekteur der Kraftfahrtruppen, Oberst von Vollard Bockelberg

Oberst im Generalstab (i. G.) Alfred von Vollard Bockelberg war ab Oktober 1926 als Nachfolger des Generalmajors von Natzmer dritter Inspekteur der Kraftfahrtruppen (In 6) geworden. Von Bockelberg vertrat über Panzer und Motorisierung sehr positive Ansichten und war entschlossen, diese auch in die Tat umzusetzen. Von ihm stammt der später allgemein gebrauchte Begriff »Kraftfahrkampftruppe«. Es war sein Ziel, die Kraftfahrtruppe auf die Kraftfahrkampftruppe umzustellen. Nach etwa zweieinhalbjähriger Tätigkeit als Inspekteur übernahm von Bockelberg am 1. April 1929 unter gleichzeitiger Beförderung zum Generalleutnant die Leitung des Heereswaffenamtes, wo er die von ihm vertretenen modernen, fortschrittlichen Ideen technisch bis Ende Dezember 1933 fördern konnte. Unter seinem Einfluß war 1926 das erste Motorisierungsprogramm des Reichsheeres entwickelt worden[22].

Von Bockelberg wurde damit zu einem verdienstvollen Wegbereiter der deutschen Panzertruppe, unter dessen Regie ab 1932/33 die deutschen leichten Panzerkampfwagentypen I und II entwickelt wurden. Einer seiner Mitarbeiter im Waffenamt war der damalige Major Johannes Streich in der Abteilung Prüfwesen (Wa Prüf 6), der die panzertechnische Entwicklung von 1930 bis 1935 als Referent betreute.

Stellenbesetzung der In 6 von 1929 bis 1931

In diesem Zusammenhang sei ein kurzer Blick auf die Stellenbesetzung der In 6 erlaubt; sie gibt interessante Hinweise auf die später führenden Persönlichkeiten der Panzertruppe. Dem Stabe der Inspektion der Kraftfahrtruppen (In 6) gehörten damals unter anderen an: Als Inspekteur (ab 1. 4. 1929) Generalmajor Otto von Stülpnagel; Chef des Stabes war Oberst Oswald Lutz; Referenten waren Major Ludwig Ritter von Radlmaier und Major Werner Kempf, Hauptmann Josef Harpe und Hauptmann i. G. Hans Baehsler.

1930 kamen die Hauptleute Friedrich Kühn und Irmisch hinzu, während Major Ritter von Radlmaier im Frühjahr 1929 die Station »Kama« übernommen hatte; am Jahresende 1929 noch der Oberleutnant Walter Chales de Beaulieu als Nachfolger des Hauptmanns Baehsler.

Chales de Beaulieu hat den Gesamteindruck bei der In 6 in jenen Tagen so geschildert, daß man sich dort nicht mehr als »reine Kraftfahrinspektion« fühlte, sondern wohl die Bezeichnung »Kraftfahrkampftruppeninspektion« anstrebte, aber den neuen Kurs, der hinter diesem Namen stehen müßte, noch nicht kannte[23]. Von einer Panzertruppe sprach man zu dieser Zeit noch nicht. Die damals in der Inspektion energisch vorwärtstreibende Kraft war Major Werner Kempf. Er war der »Erfinder« des Sechsrad-Panzerspähwagens (der ersten Ausführung in »Sarg«-Form) und des leichten Panzerspähwagens. Maßgeblich für diese beiden Konstruktionen war die Forderung nach Ausnutzen von handelsüblichen Fahrgestellen – und zwar des LKW für den Sechsrad –, des PKW für den leichten Spähwagen. Man glaubte, auf diese im Krieg beziehungsweise in Krisenzeiten zurückgreifen zu müssen, da Sonderkonstruktionen für militärische Zwecke zu teuer schienen. Lediglich die dritten Achsen für das zusätzliche Räderpaar des schweren Panzerspähwagens wollte man im Frieden beschaffen.

Im üblichen Wechsel zwischen Stabs- und Frontverwendung sollte Kempf damals die Kraftfahrabteilung 7 in München übernehmen, sobald sein Nachfolger Walther K. Nehring die Kompaniechefzeit bei der Kraftfahrabteilung 6 (Kf. 6) beendet haben würde.

Der Haushalt des Reichswehrministeriums

Es dürfte in diesem Zusammenhang interessieren, die Höhe der nach Bénoist-Méchins Untersuchungen für das Reichswehrministerium (Heer und Marine) vom Reichstag zur Verfügung gestellten jährlichen Haushaltsmittel[24] zu erfahren. Mit diesen Haushaltsmitteln, die sich 1924 auf 459 Millionen Mark; 1927 auf 706 Millionen Mark und 1930 auf 788 Millionen Mark beliefen, mußten sämtliche Ausgaben für Personalkosten, Gerät, Fahrzeuge aller Art, Pferdeersatz, Waffen und Munition, Übungsplätze, Unterkünfte, Entwicklungen, Versuche und Erprobungen bestritten werden. Die Haushaltsmittel waren so gering bemessen, daß auch die kleinste materielle Vorbereitung auf den möglichen Verteidigungsfall praktisch ausgeschlossen war.

Die Entwicklung der Kraftfahrtruppe zur Kraftfahrkampftruppe, 1927 bis 1931

Von Vollard Bockelberg hatte sich entschlossen, einen Anfang zu machen, um den Status der Fahrtruppe (Nachschubtruppe) zu verlassen und allmählich zur Bildung einer Kraftfahrkampftruppe überzugehen. Er begann damit, innerhalb der Kraftfahrabteilungen alle nach dem »Soll« bei den Kompanien vorgesehenen Kraftradfahrer und ebenso alle gepanzerten Mannschaftstransportwagen zu einer Übungseinheit zusammenzufassen und somit einheitlich gegliederte Kompanien aufzustellen. Im Frühjahr 1929 erhielt daraufhin die bei Versuchen bereits bewährte Kraftfahrabteilung 6 (Kf. 6) in Münster/W. den Auftrag, sich in eine Kraftradschützenkompanie (getarnt: 1. Kp. Kf. 6 bezeichnet), eine Panzerspäh-Nachbildungskompanie (3. Kp. Kf. 6) und in eine Kampfwagen-Nachbildungskompanie (2. Kp. Kf. 6) umzugliedern. Die Kampfwagen-Nachbildungskompanie (2./Kf. 6) war bereits 1927 unter Hauptmann Fritz Kühn aufgestellt worden.

Unter dem Kommandeur der Kf. 6, Oberstleutnant Erler, waren die Chefs dieser drei Kompanien die Hauptleute Walther K. Nehring * (1./Kf. 6), Hero Breusing ** (2./Kf. 6) und Johannes Nedtwig *** (3./Kf. 6).

Die oben skizzierte Versuchsgliederung bewährte sich. Indem man die beiden Kompanien der I. und 3./Kf. 6 zusammenfaßte, wurde der Grundstock für die Gliederung einer motorisierten Aufklärungsabteilung für taktische und für operative Aufklärung durch die bisherige Kraftfahrtruppe gelegt. Für progressiv denkende Soldaten war es recht schwer zu verstehen, daß sich die Kavallerie diese Möglichkeit, neue Aufgaben zu übernehmen, entgehen ließ. Das Diktat der Beschränkungen des deutschen Wehrpotentials durch die Bestimmungen des Versailler Vertrages konnte ein solches Beharren auf alten Auffassungen nicht rechtfertigen.

Ende der zwanziger Jahre war man endgültig zu der Erkenntnis gelangt, daß im Zeitalter des Verbrennungsmotors und der Maschinenwaffen die Rolle des Pferdes in der Fernaufklärung und erst recht auf dem Gefechtsfeld ausgespielt war. Organisatorisch und personell wäre es der Kavallerie als alter, angesehener und einflußreicher Waffengattung leicht gewesen, ihre Wünsche und Absichten durchzusetzen, wenn solche bestanden hätten. Offenbar war dies aber damals nicht der Fall. Man wollte zwar die Vorzüge des Motors auswerten, aber auf das im Schlachtfeld überholte Fortbewegungsmittel Pferd nicht verzichten. Zwar stellte die Inspektion der Kavallerie beim Reiterregiment 4 in Potsdam 1929 mit Unterstützung durch die Inspektion der Kraftfahrtruppen auch eine motorisierte Aufklärungsschwadron auf leichten PKW (»Dixi«),

* Stammwaffe Infanterie
** Stammwaffe Artillerie
*** Stammwaffe Infanterie

die 3./R.R. 4 unter Oberleutnant Oskar Munzel auf, doch blieb dies nur eine Anfangslösung.

Die 2. Kompanie Kf. 6 führte als Kampfwagen-Nachbildungskompanie die theoretische und taktische Ausbildung durch, soweit Gerät und Gelände dies ermöglichten. Ferner stand diese Kompanie den Truppenteilen der 6. Division für die Schulung der Abwehr von Kampfwagen zur Verfügung. Die Kompanie wurde eine Keimzelle der Panzertruppe. Die Kampfwagen-Nachbildungskompanien wurden erstmalig bei der »Großen Rahmenübung der Heeresleitung 1930« eingesetzt.

Während sich die 1. Kompanie Kf. 6 sofort zu einer voll einsatzfähigen Kraftfahrkampftruppe entwickelt hatte, ließ sich die 3. Kompanie Kf. 6 aus Mangel an Panzerspähwagen zunächst ebenfalls nur als Nachbildungseinheit verwenden.

Es war nun Aufgabe der Kraftfahrinspektion, zusammen mit dem Heereswaffenamt das notwendige Kampfgerät zu beschaffen.

Aufgrund der guten Ergebnisse bei der Kf. 6 in den »Herbstübungen 1929« der 6. Division und des Gruppenkommandos 2 entschloß man sich 1930 im Reichswehrministerium, auch die übrigen Kraftfahrabteilungen im gleichen Sinne umzustellen.

Guderian bekennt sich 1929 zur Idee der operativen Panzertruppe

Wenn wir uns jetzt der Untersuchung zuwenden, welche Bedeutung Guderian in jenen Jahren für die Entwicklung der Panzertruppe hatte, so wird man unwillkürlich an die Bemerkung von Dragomirow* von 1866 über Graf Moltke erinnert:

> »Er gehörte aber zu der Zahl derjenigen großen und seltenen Männer, denen ein tiefes theoretisches Studium fast die Praxis ersetzt hat.«

Während seiner Lehrtätigkeit im Generalstab der 2. Division hatte Guderian Gelegenheit, den Feldzug Napoleons von 1806 und die Geschichte der deutschen und französischen Kavallerie vom Herbst 1914 mit seinen Lehrgangsteilnehmern zu studieren und Lehren daraus zu ziehen. Diese Lehren waren für den Verfechter einer beweglichen Truppenführung von hohem Interesse und bestärkten Guderian in seinem Entschluß, die Ausnutzung taktischer wie operativer Beweglichkeit und Schnelligkeit auch in dem völlig auf Defensive eingestellten Reichsheer voranzutreiben, um seine Einsatzmöglichkeiten zu vervielfachen.

* Russischer General und Militärhistoriker.

Als man im Truppenamt (Generalstab) des Reichswehrministeriums nach einem geeigneten Bearbeiter für die Vorschrift »Truppentransporte auf Kraftwagen« suchte, wurde Guderian dafür vorgeschlagen und am 1. Oktober 1927 dorthin versetzt, nachdem er am 1. Februar im Alter von 39 Jahren zum Major i. G. befördert worden war.

Ab Oktober 1928 gab Guderian, neben seiner Arbeit im Ministerium, beim Kraftfahrlehrstab in Berlin-Moabit, der dem Oberstleutnant Stottmeister unterstand und eigentlich Kraftfahrtechnik lehrte, Unterricht in Panzertaktik, obwohl er noch niemals einen »Tank« gesehen hatte. Inzwischen war jedoch eine umfassende ausländische Fachliteratur über den Einsatz der Tanks und chars de combat 1917/18 und über ihre technische Weiterentwicklung nach dem Ersten Weltkrieg entstanden. Auch deutsche Berichte und Stellungnahmen erleichterten Guderian die zunächst schwierige Aufgabe. Die »vorläufige englische Vorschrift für gepanzerte Kampffahrzeuge« von 1927 diente lange Jahre hindurch offiziell als theoretischer Leitfaden für die deutsche Entwicklung. Ihre »Einfuhr nach Deutschland« war durch den Artikel 171 des Vertrages von Versailles nicht verboten worden.

Praktische Lehrübungen wurden zusammen mit dem Spandauer 3. Bataillon des Infanterie-Regiments 9 unter Einsatz von motorisierten Kampfwagen-Blechattrappen durchgeführt, die gewisse Schlußfolgerungen für Einsatz und Abwehr von Kampfwagen erlaubten. Adjutant dieses Bataillons war der damalige Oberleutnant Walther Wenck, der später hochbewährte Generalstabsoffizier und General der Panzertruppe. Kommandeur dieses Bataillons war Oberstleutnant Ernst Busch.

Ein Kommando im Jahre 1929, das Guderian für vier Wochen nach Schweden schickte, wo noch der letzte deutsche Panzer »Lk II« aus dem Ersten Weltkriege lief, regte Guderians Vorstellungskraft sehr an. Ähnlich erging es dem Verfasser mit einem, wenn auch wesentlich späteren Kommando zur italienischen Kampfwagentruppe, den carri armati.

In diesem Jahr hatte Guderian erkannt, daß Panzer allein oder in Bindung an die Infanterie niemals zu entscheidender Bedeutung gelangen können. »Das Studium der Kriegsgeschichte, die Übungen in England (1927 und 1928) und die eigenen Erfahrungen mit unseren Attrappen festigten mich in der Ansicht, daß die Panzer zur Höchstleistung nur dann befähigt waren, wenn die anderen Waffen, auf deren Hilfe sie immer angewiesen blieben, in bezug auf Geschwindigkeit und Geländegängigkeit mit ihnen auf den gleichen Nenner gebracht würden. Die Panzer mußten in diesem Verbande aller Waffen die erste Geige spielen, die anderen mußten sich nach den Panzern richten. Man durfte nicht Panzer in Infanterie-Divisionen stecken, sondern mußte Panzer-Divisionen errichten, in denen alle Waffen enthalten waren, deren die Panzer zu wirkungsvollem Kampf bedurften.« [25]

Diese Sätze enthalten Guderians Lehre über die Art des Einsatzes von Panzerkampfwagen in einem neuzeitlichen Heer. Diese Lehre, die sich gegen ungewöhnliche Widerstände höher und unterer Dienststellen durchsetzte, hat im Zweiten Weltkrieg den erwarteten Erfolg gebracht. Beim Gegner traf diese neuartige Lehre in den Jahren 1939/41 auf eine überholte Verteidigung alten Stils, deren Organisatoren sich hatten überraschen lassen. Die deutsche Panzertruppe errang dadurch trotz erheblicher zahlen- und teilweise auch gerätemäßiger Unterlegenheit (1940/41) Erfolge, an die auf der eigenen Seite nur wenige geglaubt und die viele angezweifelt hatten.

Später ist dem Schöpfer der deutschen Panzertruppe gelegentlich der Vorwurf gemacht worden, die schutzlose Infanterie vernachlässigt zu haben. Dieser Vorwurf trifft aus mehreren Gründen nicht zu:

Guderian war sich als alter Infanterist bewußt, daß der von ihm oft scherzhaft zitierte »Wollrock« des Infanteristen im neuzeitlichen Gefecht durch besondere Kampfmittel unterstützt werden müsse, um die Infanterie beim Angriff oder in der Verteidigung nicht zu überfordern.

Er war der Auffassung, daß man der Infanterie am besten dadurch helfen und sie entlasten könne, daß man den Feind schwerpunktmäßig mit zusammengefaßten Panzerkräften schlagen würde.

Lutz und Guderian schufen auf ihrem Arbeitsgebiet die neuartige *»Panzerabwehrwaffe«*, die damals in keinem anderen Heer vorhanden war. Daß ihre panzerbrechende Leistung später nicht genügte, war nicht Schuld der Organisatoren, sondern von der Technik zu verantworten [26].

Für die Entwicklung einer weiteren wirksamen Unterstützungswaffe der Infanterie (etwa nach dem Muster der späteren bewährten *Sturmgeschütze*) hielten sich die Inspektionen der Infanterie und Artillerie für zuständig. Um ihre Entwicklung hat sich der spätere Feldmarschall Erich von Manstein verdient gemacht. Es gelang Guderian nicht, Einfluß auf Produktion und Verteilung dieser Unterstützungswaffen zu gewinnen.

Von ihrem Standpunkt aus mußten Lutz und Guderian fordern, daß ihr Machtmittel, die Panzer, nicht »verkleckert« und unkoordiniert eingesetzt wurden, solange nicht eine genügend große Anzahl von ihnen für Panzerdivisionen und zugleich für die Infanterie zur Verfügung standen.
Diese Einschränkung ergab sich aus der zunächst geringen Produktionsmöglichkeit und den begrenzten finanziellen Mitteln.

Zweifel des eigenen Waffeninspekteurs

Zunächst aber verbot der damalige Inspekteur der Kraftfahrtruppen, Generalmajor Otto von Stülpnagel, 1929 auf einer taktischen Besprechung im Gelände dem leitenden Major Guderian, das Thema Panzerdivision zu behandeln, da diese eine Utopie wäre. Da er irrtümlicherweise seiner eigenen Kraftfahrtruppe nichts zutraute, untersagte er auf den Übungsplätzen gemeinsame Übungen mit fremden Truppenteilen. Die Kraftradschützenkompanie 1./Kf. 6 des Verfassers, die fahrzeugmäßig und fahrtechnisch bereits einen hohen Entwicklungsstand erreicht hatte, mußte bei der Manöverparade 1931 zu Fuß an Feldmarschall von Hindenburg vorbeimarschieren, da die Paradeleitung eine Gefährdung der militärischen Ordnung befürchtete. Die Krafträder mußten weit abseits in Deckung abgestellt werden. Als schwacher Trost gab der Rundfunk beim Vorbeimarsch dann bekannt: »Soeben marschiert als beste Formation des Tages die Kraftfahrabteilung 6 vorbei ...!«[27]

Guderian als Kommandeur der Kraftfahrabteilung 3

Am 1. Februar 1930 übernahm Guderian die Kraftfahrabteilung 3 in Berlin-Lankwitz für mehr als anderthalb Jahre, um dann nach siebenjähriger Abwesenheit von der Inspektion als Chef des Stabes in diese zurückzukehren. Bei der Kf. 3 lagen etwa die gleichen Verhältnisse vor wie bei der Kf. 6. Nur verfügte die Kf. 3 noch über eine weitere, die 4. Kompanie, die mit Holzgeschützen als Panzerabwehr-Nachbildungskompanie organisiert war. Ein Offizier der Kf. 1 (Hauptmann Hildebrandt) hatte herausgefunden, daß die Flugbahnen des Geschosses des Infanteriegewehres Modell 98 und der als Panzerabwehrgeschütz vorgesehenen 3,7 cm-Kanone dieselben waren. Halte- und Treffpunkt waren also bei beiden Waffen gleich. Man konnte daher die Schießausbildung* praktisch mit der Holzkanone durchführen, auf deren Holzrohr ein Infanteriegewehr aufgesetzt war.

Guderians Tätigkeit in der Truppe brachte beiden Teilen wertvolle Anregungen. Im Frühjahr 1931 schied sein Inspekteur, Otto von Stülpnagel, aus dem Dienst. Zum Abschied dämpfte er erneut Guderians Be»geisterung für die Panzeridee, indem er feststellte: »Sie sind zu stürmisch. Glauben Sie mir, wir beide werden nicht mehr erleben, daß deutsche Panzer rollen.« Er sollte aber nicht recht behalten.

III. *Die »Gründerzeit der Panzerwaffe«, Herbst 1931 bis 1934*

Lutz und Guderian an der Spitze der In 6 und ihre Mitarbeiter

Am 1. April 1931 war Generalmajor Lutz aus der Stellung des Chefs des Stabes in die des Inspekteurs der Kraftfahrtruppe versetzt und zugleich zu seinem neuen Dienstgrad befördert worden. Oberstleutnant Guderian, der als neuer Chef des Stabes vorgesehen war, übernahm diesen Dienstposten jedoch erst am 1. Oktober.

Beide Männer ergänzten sich in ihrer Arbeit und ihren Plänen überaus glücklich als vorbildliche und einmalige Organisatoren der deutschen Panzerwaffe. Oswald Lutz war der Vater der Heeresmotorisierung, Heinz Guderian der Schöpfer der Panzertruppe. Für Guderian war es dann ein ganz besonderes Erleben, daß er seine eigene Panzertruppe persönlich im Felde führen und die Wahrheit seiner vielfach noch umstrittenen Grundsatzthesen im vollen Umfang bestätigt sehen konnte.

Ihre Mitarbeiter in der Inspektion der Kraftfahrtruppen waren unter anderen: Major i. G. Werner Kempf als erster Generalstabsoffizier für Fragen der Organisation vom 1. 10. 1928 bis Januar 1932, danach Kommandeur der Kf. 7 in München; ab Januar 1932 Major i. G. Walther K. Nehring, bisher Chef 1./Kf. 6 in Münster (Kraftradschützen). Hauptmann Walter Chales de Beaulieu als zweiter Generalstabsoffizier für Fragen der Ausbildung; sein Nachfolger wurde ab Herbst 1933 der Hauptmann i. G. Walther von Hünersdorff; die Hauptleute Hermann Breith und Bruno Ritter von Hauenschild fungierten als Referenten für Kampfwagen und Panzerspähwagen, Hauptmann Werner als Personalreferent und Hauptmann Irmisch für Kraftfahrtechnik.

* Vgl. HDv 470/6 vom 2. Januar 1935, Ziff. 62 (Ausbildung der Panzerabwehreinheiten).

Wenn man den späteren Werdegang der obengenannten Offiziere auf organisatorischem und taktischem Führungssektor verfolgt, so muß man ungeachtet der hohen Ränge und Auszeichnungen schon hier die vorzügliche Auswahl anerkennen, die Generalmajor Lutz und das Heerespersonalamt im Interesse des bevorstehenden Aufbaues der Kraftfahrtruppe getroffen hatten.

Die Jahre 1931/32

Pläne der Inspektion der Kraftfahrtruppen

Drei Aufgaben stellten sich den Offizieren der In 6 in den folgenden Jahren:

1. Der Aufbau der *motorisierten Aufklärung*. In einer Aussprache mit dem Inspekteur der Kavallerie, Generalmajor Freiherr von Hirschberg, verzichtete die Kavallerie auf die Betreuung der *motorisierten operativen Erdaufklärung* und überließ sie der bereits seit 1929 auf dieses Gebiet umgeschalteten Kraftfahrtruppe.

2. Die zweckmäßige Organisation für den künftigen Kampfwageneinsatz. Über diese zweite Aufgabe waren sich Lutz und Guderian seit längerem einig geworden. Ihr organisatorisches Aufstellungsziel war zunächst die Panzerdivision, später das Panzerkorps. Man wollte eine nicht nur taktisch im Rahmen des Infanterieangriffs einzusetzende Unterstützungswaffe, sondern vor allem eine operativ einsatzfähige und damit entscheidende neue Waffe schaffen, die in der Lage war, selbständige Aufgaben durchzufechten.

Es war sehr schwierig, den Chef der Heeresleitung und die Vertreter der »alten Hauptwaffen« für diese Idee zu interessieren, da kaum jemand neuzeitliche Kampfwagen, ihre Leistungen und Möglichkeiten kannte. General Ritter von Thoma, einer der ältesten Mitarbeiter von Guderian und Lutz, hat in einem Gespräch mit Captain Liddell Hart über den Aufbau der deutschen Panzerwaffe erklärt, daß die Aufstellung deutscher Kampfwagenverbände auf erheblich mehr Widerstand von seiten der höheren deutschen Generalität gestoßen sei, als Liddell Hart dies über die Britische Armee berichtet habe.

»Die älteren Generäle hatten Bedenken, solche Kampfwagenverbände schnell zu entwickeln und aufzustellen – da sie selbst die Grundsätze des Panzerkriegs nicht verstanden und sich bei der Handhabung eines solchen neuartigen Kampfmittels unsicher fühlten. Bestenfalls kann man wohl sagen, daß sie zwar interessiert, aber auch von Zweifeln befangen und vorsichtig waren. Wir hätten bei einer anderen Einstellung sehr viel schneller vorgehen können.« [28]

Die neuartige Idee und die hohen Kosten wirkten von Anfang an abschreckend. Auch traute man den »Kraftfahrern, einer Nachschubtruppe,« nicht zu, auf taktischem oder gar operativem Gebiet nützliche Ideen zu entwickeln oder gar eine solche neuartige, ungewöhnliche Waffengattung aus sich heraus zu schaffen. In Erinnerung an die großen Erfolge, die man 1918 trotz fehlerhafter Verwendung der Tanks und chars d'assaut auf feindlicher Seite erzielt hatte, war man jedoch bereit, die Kampfwagen als schwere Infanteriewaffe – etwa nach Art der Minenwerfer – zuzulassen. Man war aber nicht bereit, sie als neue Hauptwaffe anzuerkennen. Diese Auffassung wurde durch die offiziell herrschende Doktrin des französischen Generalstabs bestärkt.

3. Die Aufstellung motorisierter Panzerabwehrabteilungen zur Eingliederung in die Infanteriedivisionen, um diese in die Lage zu versetzen, dem schnellen feindlichen Kampfwagen mit mindestens der gleichen Geschwindigkeit von seiten der eigenen Panzerabwehrwaffen entgegentreten zu können.

Die Entwicklung des erforderlichen Großgeräts an Kampfwagen, Panzerspähwagen und motorisierten Panzerabwehrkanonen (Pak) war problematisch, da sich hierbei naturgemäß die Einschränkungen des Versailler Vertrages auswirken mußten.

Für die Durchführung dieses umfangreichen Programms fehlten jedoch, von der Wehrhoheit und Wehrfreiheit angefangen, vorläufig noch fast alle Voraussetzungen.

Neue Kampfwagenkonstruktionen

Die in Verbindung mit dem »Unternehmen Kama« entwickelten, etwa ab 1928 verfügbaren Kampfwagen-Versuchstypen entsprachen nicht mehr den militärischen Forderungen taktischer und technischer Art, um einen neuzeitlich ausgerüsteten Angreifer erfolgreich bekämpfen zu können. Es mußten daher neue Modelle gefertigt werden, wie sie später in den Panzerkampfwagen III und IV verwirklicht worden sind. Da diese Typen aber aus Konstruktions- und Produktionsgründen nicht vor 1933/36 als serienreif erwartet werden konnten, entschloß man sich, zunächst einen leichten Kampfpanzer von etwa 5 bis 6 t Gewicht mit MG-

Bewaffnung nach dem Muster des Carden-Lloyd-Fahrgestells zu entwickeln, der bereits ab Herbst 1934 der Truppe geliefert werden konnte. Für die endgültige Ausstattung des Heeres wurden zwei Kampfwagentypen vorgesehen: ein Kampfpanzer mit panzerbrechender Kanone (Kaliber 3,7 cm) und ein Panzer mit einer kurzen Kanone von größerem Kaliber (7,5 cm) zur Bekämpfung von Infanteriezielen aller Art, zugleich geeignet zur Bekämpfung von leichtgepanzerten Kampfwagen. Beide Kampffahrzeuge sollten auch koaxial gelagerte MG zum Einsatz gegen ungepanzerte Ziele erhalten.

Da mit einer Verstärkung der Panzerung ausländischer Panzerkampfwagen zu rechnen war, verlangte man bei der In 6 ein Kaliber für Kampfwagenkanonen (KwK) von 5 cm statt des bisher vorgesehenen Kalibers von 3,7 cm. Die Inspektion drang jedoch mit dieser Forderung nicht durch, da man im Reichswehrministerium die panzerbrechende Wirkung der 3,7 cm-Kanone als ausreichend ansah, außerdem die in der Entwicklung befindliche 5 cm-Kanone noch nicht serienreif war. Immerhin gelang es Guderian, den Turmdrehkranz des geplanten Kampfwagens (später als P III bezeichnet) mit größerem Durchmesser für einen etwaigen späteren Einbau der 5 cm-Kanone konstruieren zu lassen. Diese Maßnahme war 1940/41 von großem Nutzen, als sich die Unzulänglichkeit des Kalibers von 3,7 cm gegenüber den feindlichen Panzern herausstellte und eine Umbewaffnung auf 5 cm-KwK notwendig wurde.

Bei diesen ballistischen Konstruktionsgesprächen * hatte es nun eine Stelle in dem großen Apparat des Ministeriums durchgesetzt, die Rohre der neuen 5 cm-KwK verhältnismäßig kurz zu konstruieren, um sie auch auf engen Wegen, zum Beispiel in Waldstücken oder im Ortskampf, um 180 ° schwenken und dann unbehindert nach den Seiten oder nach rückwärts feuern zu können[29]. Mit dieser taktischen Einschränkung verzichtete man aber auf eine wesentlich höhere Leistung in panzerbrechender Wirkung und an größerer Reichweite, wie längere Geschützrohre sie ermöglichen – was 1941 bitter empfunden wurde[30]. Ähnlich nachteilig erwies sich allerdings auch die Forderung Guderians, aus Gründen der Gewichtsersparnis und damit höheren Geschwindigkeit sowie Beweglichkeit die Stärke der Panzerung zu beschränken[31].

* Vgl. Teitz, »Vergleichsschießen mit Panzerkampfwagen« in »Wehrtechnische Hefte« Nr. 5/1954.

Es wird in diesem Zusammenhang interessieren, wie damals im Falle eines Entwicklungs- oder Konstruktionsauftrages die verschiedenen Dienststellen und Abteilungen des Reichswehrministeriums zusammenarbeiteten. Federführend war die betreffende *Waffeninspektion,* die ihren Vorschlag (die militärische Forderung) über das vorgesetzte *Wehramt,* das für die Kosten zuständig war, dem *Truppenamt* (Generalstab) vorlegte. Nach Prüfung auf Brauchbarkeit für die Truppe und Aussprache ging der Vorschlag dann als Auftrag an das *Heereswaffenamt,* das ihn nunmehr technisch prüfte, Verbesserungen vorschlug, ihn ablehnte oder bei Zustimmung dann einer Firma zur Entwicklung in Auftrag gab. Es wurden dann die Konstruktionszeichnungen und Modelle aus Holz oder Blech angefertigt; dann kamen Versuchsstücke, die vorher vom Waffenamt eingehend geprüft und verbessert worden waren, zur Erprobung in die Versuchstruppe der auftraggebenden Waffengattung. Im Frieden erfolgte dann noch eine weitere Erprobung in der Truppe selbst, ehe die Fertigung der (Normal-) Serie anlief[32].

Es war ein langwieriger, konfliktreicher, vielleicht auch umständlicher Weg, der je nach Auftrag und Bedeutung Jahre dauerte, aber in Friedenszeiten wohl kaum wesentlich verkürzt werden konnte.

Die Rolle der Kavallerie

Aufgabe und Ansichten der Kavallerie in jenen Jahren sollen hier kurz umrissen werden, da sie sich für den Aufbau der Panzertruppe maßgeblich auswirkten.

Die Kavallerie war Anfang der dreißiger Jahre der Auffassung, ihre alte historische Aufgabe als berittene Schlachtenkavallerie mit Erfolg beibehalten zu können. Sie war allerdings bereit, die neuen motorisierten Kampfmittel zur Stärkung ihrer eigenen Kampfkraft organisch in die Truppe einzugliedern oder in arteigenen Verbänden anzugliedern. Diese Überlegungen führten zu der Erkenntnis, daß ein großer Kavallerieverband, der organisch über berittene und motorisierte Truppen verfügt, abzulehnen ist, da der schnellere Verband durch den langsameren gehemmt und ein einheitlicher Einsatz beider Teile sehr erschwert wird. Es blieb also nur der artreine Reiterverband übrig, dem das Pferd lediglich als Beförderungsmittel diente, da seine Rolle als Kampfmittel im Zeitalter moderner Feuerwaffen überholt war. Das typische Merkmal schlachtentscheidender Kavallerie war früher der Kampf zu Pferde gewesen, der Überraschung durch überlegene Geschwindigkeit und die

Kampfkraft des Soldaten mit der Wucht des galoppierenden Pferdes verband. Diese Zeiten waren lange vorbei.

Dafür bot sich jetzt der Motor an, den Kampf in gleicher oder ähnlicher Weise, aber sicher wirkungsvoller vom gepanzerten Fahrzeug aus fortzusetzen. Das heißt, vom Panzerkampfwagen aus oder als Panzergrenadier vom Schützenpanzerwagen aus, beide zusammengefaßt und unterstützt von den entsprechend ausgerüsteten Divisionstruppen neuer Art in der idealen Panzerdivision, wie sie sich von 1938 bis 1943 endgültig geformt hat und unter gewissen, waffenmäßig bedingten Abänderungen auch heute in den Panzer- oder PzGrenDivisionen besteht. Es bestand damals die Möglichkeit für die Kavallerie, die Zeichen der Zeit zu erkennen und sie im Sinne des Scharnhorst-Wortes: »Tradition ist es, an der Spitze des Fortschritts zu bleiben« rechtzeitig zu deuten.

Dieses Problem hat überzeugte Anhänger der Kavallerie bewegt. Von Senger und Etterlin, ein junger kriegserfahrener Front- und Generalstabsoffizier, der aus der Kavallerie stammt, schneidet diesen Komplex an: »Es ist eine sehr schwer zu ergründende Frage, warum bei dieser Sachlage damals von seiten der Kavallerie als naheliegende Lösung nicht der Schützenpanzer geschaffen worden ist ...«[33]

Die jüngeren Offiziere der Kavallerie waren bereit, jetzt »umzusitzen«; aus ihren Reihen sind später viele hochbewährte Panzerführer hervorgegangen. Die psychologischen Hemmungen einer in Jahrhunderten bewährten Kavallerie, die ihre Stellung als eine der drei Hauptwaffen gefährdet sah, waren für die ältere Reitergeneration offenbar solange unüberwindlich, bis sie durch die Weisung der obersten militärischen Führungsstellen dann ausgeschaltet wurden.

Die Fachliteratur

Die einschlägige Fachliteratur zeigte häufig widerspruchsvolle Ansichten; doch brachte sie damit auch neue Anregungen oder gab Gelegenheit, darauf zu antworten. Wenige ausgesuchte Auszüge seien hier angefügt.

Über die Kavallerie: Im September 1931 prüft der als Kavallerist und Militärschriftsteller anerkannte Fachmann Major Moritz Faber du Faure im »Militär-Wochenblatt« die Verwendung von Panzer, Motor und Kavallerie im französischen Manöver von 1931. Er stellte fest: »Das Pferd ist zu langsam!« Faber du Faure regt an, die Ziffern über die »Aufklärung« in der damals gültigen deutschen Vorschrift »F. u. G.«

(Führung und Gefecht) für den Einsatz motorisierter und gepanzerter Aufklärungskräfte umzuarbeiten.

Über Panzer und Panzerabwehr: In der Zeitschrift »Kavalleristische Gegenwartsgedanken« betont General a. D. Emil Fleck, daß die Verwendung der Tanks in der »Leere des Schlachtfeldes« als *»Scheunentorziele«* nicht möglich sei, aber »vielleicht gibt es bei der großen Tiefe moderner Schlachtfelder noch wichtigere Aufgaben (für die Tanks!) hinter der Front.«

Dagegen warnte bereits 1931 Oberst A. Fischer im »Militär-Wochenblatt« vor mangelhaften Leistungen der Panzerabwehrkanonen, da die modernen Panzer nach Angaben des Fachmanns Heigl stärker gepanzert würden. Das Kaliber 4,7 cm sei kaum ausreichend, um eine Wirkung auf 1000 m zu erzielen. Man forderte für die sehr dringliche Abwehr von Kampfwagen wirksame *Nahkampfmittel* für die Infanterie.

Über Organisation: Ein anonymer Verfasser entwickelte im »Militär-Wochenblatt« 1932 Vorschläge über »Zeitgemäße Organisation«: Die Heereskörper, die alle Waffengattungen umfassen, sollten laufend kleiner gemacht werden, um wendiger zu werden. Vom Korpsverband sollte man auf die Division zurückgehen, die ihrerseits als höheres Führungsorgan über zwei bis vier selbständige Regiments- oder Brigadegruppen aller Waffen sowie über Divisionstruppen für die Bildung eines Schwerpunktes verfügen könne; neuzeitliche Kampf- und Nachrichtenmittel erlaubten diese Gliederung.

1932 wurde im »Militär-Wochenblatt« das Buch »Operations between mechanized Forces« des britischen Generalmajors Fuller kritisch, aber auch sachlich besprochen. Fuller hatte zusammen mit Liddell Hart und anderen seit Jahren eine Revolutionierung der Kriegführung durch den Motor vorausgesagt. Der Kritiker ließ eine Stellungnahme zu dieser Frage zwar offen. Aber er forderte, man solle die Selbständigkeit und die *selbständige Verwendung der Panzertruppe* anerkennen. Dazu seien jedoch Unterstützungstruppen aller Art erforderlich, die, ebenso wie der Kern der Panzertruppe, die Panzerkampfwagen, in einem bestimmten Rahmen *gepanzert und geländegängig* sein müßten.

Über die Luftwaffe: In der »Revue des Forces aériennes« vom August 1932 bezeichnete der französische General Armengaud, Mitglied des »Obersten Verteidigungsrates«, das Schlachtflugzeug als gefährlichen Gegner des Kampfwagens. Bei dieser Feststellung eines militärischen Fachmannes vermißt man den Hinweis auf die revolutionierende Wirkung der Zusammenarbeit von Flugwaffe und Panzertruppe im modernen Gefecht.

Es erschien angebracht, diese zum Teil sehr widerspruchsvollen Stellungnahmen hier wiederzugeben, die das Thema »neuzeitliche Waffen und ihre Möglichkeiten« von verschiedenen Standpunkten aus beleuchten. Es sollte damit gezeigt werden, welche Verantwortung Lutz und Guderian auf sich nahmen, wenn sie die von ihnen als richtig erkannten Pläne für den Aufbau einer deutschen Panzertruppe aus Überzeugung nachdrücklich und unbeirrt verfochten.

Nicht weniger schwierig war es für die Heeresleitung, hier zu einer richtigen, weil richtungweisenden Entscheidung zu kommen, zumal man damals in den Generalstäben aller ausländischen Streitkräfte eine insgesamt konservative Einstellung feststellen mußte. Carl von Clausewitz weist auf diese schwerwiegende Problematik hin, wenn er Soldaten und politischer Führung zuruft: »Die Zeit ist Euer; was sie sein wird, wird sie durch Euch sein!«

Truppenübungen im Jahre 1932

1932 brachte *die erste motorisierte Aufklärungsübung der In 6* in Schlesien. In den Jahren 1931/32 bearbeitete der damalige Generalmajor Ludwig Beck in Dresden die neue Dienstvorschrift »Truppenführung« (T.F.), über die mit allen interessierten und sachlich betroffenen Stellen, so auch den Inspektionen, häufig Rücksprachen stattfanden. In 6 hatte im Sinne ihrer Aufgaben die motorisierte Aufklärung, die Panzer- und die Panzerabwehrwaffe zu vertreten. An den Tagungen der »Großen Prüfungskommission« in Berlin für den Entwurf dieser Vorschrift nahmen daher auch Guderian und seine Generalstabsoffiziere Nehring und Chales de Beaulieu teil.

Zur Erprobung des erstmalig theoretisch bearbeiteten Entwurfs einer Vorschrift über motorisierte Aufklärung hatte die Heeresleitung die »motorisierte Aufklärungsübung 1932« in Schlesien genehmigt. Chales de Beaulieu berichtete dem Verfasser darüber am 9. 4. 1963 aus seinen Unterlagen:

»Die Übung diente der praktischen Prüfung der zunächst theoretisch erarbeiteten Gedanken über operative Aufklärung, für die auf der Erde nur noch die motorisierte Waffe in Frage kommen konnte, weil die Kavallerie zu langsam geworden war. Ein Aufklärungsregiment, bestehend aus zwei flügelweise, also nebeneinander angesetzten Aufklärungs-Abteilungen, sollte aus der Gegend westlich Liegnitz nach Westen (mit Schwerpunkt nördl. des Zobten-Berges) Richtung Görlitz aufklären. Nachdem in dieser Richtung gewisse Klarheit über Feind und Feindverhalten gewonnen war, sollte ein neuer, operativer Gegner von Norden her zu radikaler Umgruppierung der mot. Aufklärungskräfte mit neuem Schwerpunkt Norden zwingen. Neben zweckmäßigstem Ansatz der Aufklärungsteile (Zusammensetzung der Spähtrupps nach schweren und leichten Fahrzeugen, Sammeln von Erfahrungen über Zeitdauer sowie zweckmäßigste Art der Meldeübermittlung) kam es darauf an, festzustellen, ob die organisatorische Zusammensetzung der Aufklärungsabteilung (bzw. des Regiments) auch der radikalen Änderung des operativen Aufklärungsauftrags gewachsen sein würde, und wie man alle diese Aufklärungsaufgaben am zweckmäßigsten durchführen könnte. Denn zu berücksichtigen war, daß einmal eingesetzte Aufklärungsteile verausgabt bleiben, man dem neuen Auftrag also nur aus den noch vorhandenen Aufklärungsreserven gerecht werden konnte. Der »Feind« war bei dieser, über große Entfernungen laufenden Übung nur teilweise durch Truppen dargestellt (so – neben anderen Einlagen – durch das Görlitzer Inf.Bataillon bei und nördlich Görlitz an der Görlitzer Neiße), sonst mußte von Annahmen Gebrauch gemacht werden. Das erforderte einen umfangreichen Schiedsrichter-Apparat unter Leitung von Major Nehring und für ihn ein ausgedehntes Leitungsnetz, das von der Nachrichtentruppe vorzüglich geschaltet worden war. Ich erinnerte hierbei an die Frage, welche Stundenleistung im Aufklärungseinsatz man der mot. Aufklärung zeitlich zugrunde legen sollte. Die Infanterie leistete 4, die Kavallerie 6–8 km je Stunde; das waren erprobte »Begriffe«. Für uns lagen keine Erfahrungen vor! Ich war für 20, höchstens 25 km. Guderian war (beim ersten Vortrag) für 40 km. Das war praktisch nicht zu leisten. Er hat sich dann beeinflussen lassen, und 20 km wurden festgesetzt. Diese Feststellung war vor allem für Ausbau und Schalten des neutralen Netzes wesentlich. Bei 40 km Stundenleistung hätten die neutralen »Querlinien« (an die man ja gebunden war) die doppelte Entfernung voneinander haben müssen. 20 km bestätigten sich später bei der Übung als richtig. Als Ergebnis der theoretischen Überlegungen und dieser (praktischen) Übung wurde die Gliederung einer mot. Aufklärungs-Abteilung mit 2 Panzerspähkompanien, 1 Kradschützen- und 1 schweren Kompanie (Pi.Zug, Pz.Abw.Zug, le.I.G.Zug) in Aussicht genommen und zum Herbst 1934 durch Aufstellung entsprechend zusammengesetzter »mot. Aufklärungs-Abteilungen« in die Tat umgesetzt. Mein damaliges Bedenken war die Schwäche der Kampfkraft der Abteilung mit nur einer Schützenkompanie, was bei der Übung ohne Feind natürlich nicht zur Geltung kommen konnte. Ich war damals für eine weitere Schützenkompanie (wie die 3./Reiterregiment 4 auf ihren Dixi-PKW); eventuelle Zusammenfassung der Pz.Späh-Fahrzeuge in einer Kompanie, wenn man nicht über 4 Kompanien im Abteilungsverband hinausgehen wollte. Dies war auch mein Vermächtnis an meinen Nachfolger von Hünersdorff 1933. Meine diesbezüglichen Gedanken haben sich, glaube ich, im Kriege bestätigt.«

Die endgültige Fassung der neuen »T.F.« deckte sich dann später bei ihrer Ausgabe 1933 mit den Überlegungen und Erfahrungsabsichten der In 6.

Das Jahr 1932 brachte auch *Übungen mit Kampfwagen-Nachbildungen.* Im Frühjahr 1932 hielt die Inspektion mit Genehmigung der Heeresleitung je drei Kampfwagen-Nachbildungsübungen auf den Truppenübungsplätzen Jüterbog und Grafenwöhr ab.

Die Übungsthemen waren jeweils verschieden, um vielerlei Erfahrungen über Anmarsch, Bereitstellung, Befehlserteilung, Befehlsübermittlung und Panzerabwehr durch die Infanterie zu sammeln. Die Vorbereitungen waren sehr mühsam, da die Übungsverbände teilweise ja erst aus Kraftfahrabteilungen zu motorisierten Panzer- oder Aufklärungsabteilungen umgebildet und entsprechend vorbereitet werden mußten. Auch die Organisation des Schiedsrichterdienstes mußte für diese Art schnellaufender motorisierter Übungen vor allem im Hinblick auf die Verbindungsmittel neu geschaffen werden, um den Übungszweck zu erfüllen.

Es folgten die Herbstübungen der Heeresleitung. Die Manöver fanden im Raum um Frankfurt/Oder statt. Der Leitungsstab des Oberbefehlshabers des Heeres bestand aus der Ausbildungsabteilung (T 4) des Truppenamtes unter Leitung von Oberstleutnant i. G. Wever. Als Vertreter der In 6 war Major Nehring zugeteilt worden.

Die Themen der Übung waren: Ansatz eines Kavalleriekorps gegen eine Infanterie-Division und *Durchführung motorisierter Aufklärung;* Übergang der Kavallerieverbände über die Oder und ihr Ansatz in der Schlacht. Es zeigte sich, daß die motorisierte Aufklärung auf beiden Seiten ihre Aufgaben spielend löste.

Kampfwagen-Nachbildungskompanien waren ebenfalls eingesetzt worden, ebenso eine Übungs-Kraftradschützenkompanie und schließlich die ersten zwei Panzerabwehrkompanien mit echten 3,7 cm-Geschützen. Der Verfasser entsinnt sich noch der bezeichnenden Tatsache, daß der damalige Kommandeur der 1. Kavallerie-Division, Generalleutnant Freiherr von Fritsch, auf seinen Fahrten auf dem Gefechtsfeld stets von einer motorisierten Panzerabwehrkanone als Sicherung gegen überraschend auftretende feindliche motorisierte Kräfte begleitet war.

Zugeständnisse der Abrüstungskonferenz

Noch im November 1930 hatte die Genfer Abrüstungskonferenz »une fois pour tous« erklärt, daß die Abrüstung Deutschlands »définitif« sei. Am 10. 12. 1932 gelang es aber den unablässigen Bemühungen der Reichsregierung unter General von Schleicher als Reichskanzler, eine gewisse Lockerung der harten Bestimmungen des Versailler Vertrages zu erreichen, wobei General von Blomberg in Genf die militärischen Interessen des Reichs vertrat; diese Lockerung wirkte sich erst im April 1933 durch Erhöhung der bisherigen Sollstärken aus.

Als Ergebnis der stetigen, unermüdlichen Bemühungen Stresemanns, Brünings und Schleichers hatte die bisher starre Ablehnung seitens der Abrüstungskonferenz mit Zustimmung der Genfer Versammlung eine gewisse Modifizierung erfahren, was ein großes Verdienst der deutschen politischen Führung vor Hitler bedeutete. Man konnte damals hoffen, auf diesem Wege weitere Fortschritte zu erzielen.

IV. *Die Jahre ab 1933*

Hitler, seine Generale und Oberst Guderian – der Kampf um die operative Panzerlehre

Hitlers Berufung zum Reichskanzler veränderte die militärische und die politische Lage grundlegend. Er fühlte sich in militärischer Hinsicht zunächst tastend vor, um dann festen Boden für sein späteres Eingreifen in die militärischen Vorgänge zu gewinnen. Guderian urteilt in seinen »Erinnerungen«, daß der neue Reichskanzler für die Heeresmotorisierung und für die Panzertruppe Interesse zeigte. Ebenso fanden Guderians Ideen bei dem neuen Reichswehrminister von Blomberg und bei seinem ersten Mitarbeiter, Oberst von Reichenau, Verständnis und erleichterten die vorbereitende Arbeit. Es erwies sich damals als schwierig, diese Gedanken an den Reichskanzler heranzutragen, da sie von den maßgeblichen Persönlichkeiten des Generalstabes des Heeres weitgehend abgelehnt wurden[34].

General Ludwig Beck

Diese Schwierigkeiten verstärkten sich, als Ludwig Beck am 1. 10. 1933 das Truppenamt übernahm. Ein Soldat, den Guderian als klugen Generalstabsoffizier der alten Schule schildert, »der aber für die moderne Technik kein Verständnis«[35] hatte. Beck lehnte die kühnen, weitreichenden Pläne für eine Panzertruppe als neuer Waffengattung und damit die Errichtung von Panzerdivisionen ab. Er wollte die Panzer nach Art der französischen Armee, die als beispielhaft galt, nur als Hilfswaffe der Infanterie und der Kavallerie gelten lassen. Es ist verständlich, daß sich die Kluft zwischen beiden Männern vertiefte, zumal Beck sich naturgemäß mit Mitarbeitern umgab, die seine Ansichten vertraten. Guderian glaubte, sich vor einer »Mauer der Reaktion in der Zentrale des Heeres« in hoffnungsloser Lage zu befinden. Der Verfasser hat in jenen Jahren als erster Mitarbeiter Guderians einen ähnlichen Eindruck gehabt, aber man muß beide Parteien hören, um ihnen gerecht werden zu können. Dabei sei auf Wolfgang Foersters ausgezeichnetes Buch »Generaloberst Ludwig Beck« hingewiesen. Danach lehnte Beck die Schaffung »einer nach Guderians Worten operativ verwendbaren Angriffswaffe großen Stils« ab, weil »er darin eine Gefährdung von Sinn und Zweck der ganzen Aufrüstung« erblickte, die doch »nur eine ausreichende Verteidigungsfähigkeit Deutschlands« sicherstellen sollte.

Im Zusammenhang hiermit ist in der Nachkriegsliteratur, neben Wolfgang Foerster unter anderem auch von Gerhard Ritter, die Frage aufgeworfen worden, ob sich Beck der Schaffung einer operativen Panzerwaffe aus politisch-ethischen Gründen widersetzt habe, weil er der von ihm vermeintlich schon sehr früh erkannten aggressiven Politik Hitlers keinen Vorschub leisten wollte.

Hubertus Senff hat in einer eingehenden Untersuchung[36] zu dieser Auffassung Stellung genommen. Er ist aufgrund des ihm heute zugänglichen Materials zu dem Ergebnis gekommen, es sei zweifelhaft, daß sich der Chef des Generalstabs des Heeres schon vor 1937, also in den entscheidenden Aufbaujahren des Heeres zwischen 1933 und 1936, »über die damit verbundenen politischen Ziele im klaren sein konnte. Erst mit Beginn der neuen Phase deutscher Politik 1937«, schreibt Senff,

»wurde die Wehrmacht, die bis dahin in entschuldbarer Unkenntnis über die Eroberungsabsichten Hitlers einzig Maßnahmen für die Verteidigung des Reiches getroffen hatte, angewiesen, sich auf einen Krieg vorzubereiten. Gleichzeitig damit begann auch die entschiedene Opposition Becks gegen Hitlers Pläne. Die erste Entscheidung über Art und Stärke der Panzertruppe im deutschen Heer«, fährt Senff fort, »fiel aber bereits mit der Aufstellungsanweisung für das Jahr 1935, die die Errichtung der 1. bis 3. Panzerdivision vorsah. Es ist daher falsch und muß als eine der historischen Forschung widersprechenden Legende bezeichnet werden, wenn behauptet wird, Beck habe aus politisch-ethischer Weitsicht dem schnellen Aufbau der Panzerwaffe in dem geforderten Umfange widersprochen und damit Hitler das für seine Politik notwendige militärische Instrument versagen wollen. Die Grenze zwischen Angriffs- und Verteidigungswaffen war auch schon zu jener Zeit zumindest fließend. Auch in der Abwehr, die beweglich geführt werden soll, braucht ein Heer alles, was es zur Führung eines Angriffs benötigt. Hierauf aus politischen Gründen verzichten zu wollen hätte bedeutet, die angestrebte Sicherheit nach außen nicht zu erreichen.«

Hier kann Senff aus Kenntnis der damaligen Verhältnisse nur zugestimmt werden. Darüber hinaus lag aber auch der klare Auftrag der politischen Leitung des Reichs, die Weisung des Reichskanzlers vom 1. Februar 1934 an den neuen Chef der Heeresleitung, General der Artillerie Werner Freiherr von Fritsch, vor: »Schaffen Sie ein Heer in größtmöglicher Stärke und innerer Geschlossenheit und Einheitlichkeit auf dem denkbar besten Ausbildungsstand.«

Mit Nachdruck tritt der damalige Chef der Organisationsabteilung, Oberstleutnant i. G. Otto Stapf, für General Beck ein. Er schreibt an Wolfgang Foerster: »Die ersten organisatorischen Studien über die Aufstellung von *Panzerdivisionen* und *leichten Divisionen* sind im Winter 1933/34 vom Truppenamt dem Reichswehrminister von Blomberg vorgelegt worden. Der Anstoß zur Aufstellung *motorisierter Infanteriedivisionen und selbständiger Panzerbrigaden* für das unmittelbare Zusammenwirken mit der Infanterie ist durch den Generalstab erfolgt ...« Der springende Punkt bei dieser Stellungnahme ist aber gerade der, daß Guderian allein von diesen vier Vorhaben die drei letztgenannten in dieser Form als unzweckmäßig ablehnte, womit er im Laufe der Zeit recht behalten sollte [37].

Ausgleichend äußert sich der spätere Feldmarschall Erich von Manstein, der von 1935 bis Ende Februar 1938 Abteilungschef und Oberquartiermeister im Truppenamt (Generalstab) war: »... nicht zu bestreiten, daß es zwischen Beck und Guderian erhebliche Gegensätze gegeben hat. Beide waren völlig verschiedene Naturen... Vor allem darf nicht übersehen werden, daß Guderian eben nur seine Panzerwaffe sah, während Beck doch die höhere Aufgabe hatte, an den Aufbau der ganzen Armee zu denken...«[38]

Die skeptische Haltung, die Beck gegenüber den Plänen Guderians, selbständige, operative Panzerverbände zu schaffen, einnahm, begründet Hubertus Senff in seiner Studie folgendermaßen: »Wenn er (Beck) auch die Bedeutung der Technik für die zukünftige Kriegsführung ausdrücklich anerkennt, so geht es ihm jedoch andererseits nicht in erster Linie um die Frage: Selbständige Panzertruppe oder Panzer zur Unterstützung der Infanterie, sondern um das Erfordernis, die Stoß- und Abwehrkraft des ganzen Heeres durch die Zuteilung von Panzern zu erhöhen. Nur so ist auch seine Forderung nach vermehrter Aufstellung von Panzerabteilungen zu verstehen.« Abschließend bemerkt Senff: »Dennoch ist dem Generalstabschef ein gewisses konservatives Denken nicht abzusprechen, weil in seinen Vorstellungen und Planungen die aus dem technischen Fortschritt zu ziehenden Konsequenzen nur in einem Umfange berücksichtigt wurden, der ein Ausschöpfen aller Möglichkeiten für das Heer nicht zuließ. Dazu gehörte vor allem die Erkenntnis, daß in einer selbständigen Panzertruppe doch mehr verborgen lag als nur der Wert einer neuen Unterstützungswaffe«[39].

Beck selbst nahm in seiner 1938 erschienenen »Grundsätzlichen Betrachtung über Deutschland in einem kommenden Krieg« Stellung zum Thema »Panzer«:

»Ob an anderen Stellen Kampfwagen und Flieger das Tempo der Angriffshandlungen wieder beschleunigen ... liegt im Dunkel der Zukunft...[40] Zweifellos können sogenannte Vertreter des Fortschritts auf solche Faktoren hinweisen, so vor allem auf die vermehrte Motorisierung, auf die Panzertruppe und auf die Luftwaffe. Aber erst die Kriegswirklichkeit wird zeigen, ob sie den Erwartungen in dem erhofften Umfang entsprechen...«[41]

Ähnlich dachte damals auch die französische Heeresleitung.

Generaloberst Werner Freiherr von Fritsch

Am 1. Februar 1934 löste der General der Artillerie, Freiherr von Fritsch, den bisherigen Chef der Heeresleitung ab. Der neue »Chef HL« war nach Guderians Urteil stets bereit, neue Gedanken vorurteilsfrei zu prüfen und – wenn sie ihm einleuchteten – anzunehmen; er unterstützte also die Pläne von Lutz und Guderian. Bereits in den Jahren 1927/28 hatte er als Chef der Operationsabteilung (T 1) großes Interesse an der Entwicklung von Panzer und Motor gezeigt. Verhandlungen mit ihm über die Entwicklung der Panzertruppe waren, wie Guderian schreibt, »angenehmer als mit allen anderen Angehörigen des OKH.«

Oberst Friedrich Fromm

Auch Oberst Fromm, der am 1. Februar 1933 zum Chef des Wehramtes (ab 1935 Allgemeines Heeresamt genannt) ernannt wurde, stand den Plänen Guderians ablehnend gegenüber. Oberst Fromm waren die Waffeninspektionen (mit Ausnahme der Inspekteure) unterstellt, wodurch er eine sehr einflußreiche Position inne hatte. Das »Nein« des Allgemeinen Heeresamtes war häufig nicht zu überhören. Auch hier mußte Guderian ständig um Anerkennung kämpfen.

Oberstleutnant Walter Model

Es sei noch auf Model, einen der jüngeren aus der Infanterie stammenden Generalstabsoffizier des OKH hingewiesen. Bereits im Jahre 1930 war ihm von General Adam, dem damaligen technisch interessierten Chef des Truppenamtes, die Leitung der »Gruppe für Kriegstechnik« in der Ausbildungsabteilung (T 4) übertragen worden, wo er sehr aktiv tätig war. Schon damals trat er für die Heeresmotorisierung ein, im Gegensatz zu seinem Abteilungskameraden Major Mieth, der später zu Anfang des Krieges Stellvertretender Chef des Generalstabes war. Im Sommer 1931 unternahm Model eine waffentechnische Studienreise zur Roten Armee, über die er sich nach seiner Rückkehr sehr anerkennend äußerte. Model wurde im Oktober 1935 Leiter der neugebildeten (8.) *Abteilung für technische Fragen* aller Art, die dem Chef des Generalstabes (damals General Beck) zur Verfügung stand. Leider wurde diese Abteilung im Frühjahr 1938 aus unbekannten Gründen aufgelöst.

Adolf Hitler

Trotz des Interesses, das Hitler an der Panzertruppe zeigte, waren die Begegnungen zwischen ihm und Guderian bis zum Kriegsausbruch nur selten und vorübergehend. Es war schwierig, der Versuchung zu widerstehen, den Dienstweg aus Gründen sachlicher Notwendigkeit nicht einzuhalten. Zwischenstellen verbarrikadierten die Möglichkeit, Gedanken entscheidender, zwingender Notwendigkeit an richtungweisender Stelle vorzutragen. Wohl aber bestand zwischen von Reichenau und Guderian eine lose dienstliche Verbindung von früheren Zeiten her.

Der Historiker Helmut Heiber schreibt über Hitler: »... Er hatte ein Einfühlungsvermögen in die Einsatzmöglichkeiten moderner Waffen, das nicht nur einmal die Fachleute in Erstaunen versetzt hat ... Man kann wohl ohne Übertreibung sagen, daß er einer der kenntnisreichsten militärischen Spezialisten seiner Zeit und dabei von einer erstaunlichen Vielseitigkeit gewesen ist.«[42]

Hans Adolf Jakobsen charakterisierte »Hitlers Gedanken zur Kriegsführung« in der »Wehrwissenschaftlichen Rundschau« (1955) mit Hitlers Worten: große Bedeutung habe »vor allem die Panzerwaffe«. Sie müsse so eingesetzt werden, daß sie *»unter Berücksichtigung ihrer Wesensart«* den größten Erfolg erziele. Ihre Aufgabe sei es, die *»operative Vorwärtsbewegung* des Heeres in Fluß zu halten«[43]. Diese Ansicht entsprach der Guderians und seiner Mitarbeiter.

Auch der spätere Generalfeldmarschall von Manstein stellte fest, daß »Hitler mit verblüffender Kenntnis über die militärischen Neuerungen auch in den Feindstaaten sprach« und »daß er auf dem Gebiet der Rüstung vieles mit Verständnis und außerordentlicher Energie vorangetrieben hat«. Mansteins Memoiren entnehmen wir aber auch, daß »die waffentechnischen Grundlagen bereits vor seinem (Hitlers) Amtsantritt durch das Oberkommando des Heeres geschaffen ... (und) alle neuen Waffen bereits vor der ›Machtübernahme‹ entwickelt waren«[44] – bis auf das von Manstein geforderte, später so erfolgreiche Sturmgeschütz, das »die Infanterie im Feuerbereich zu begleiten in der Lage war«. Für jede Division sollte daher bis zum Herbst 1939 eine Sturmgeschützabteilung zu 12 Geschützen auf dem Fahrgestell des Panzers III aufgestellt werden, wodurch die Streitfrage »Infanteriepanzer oder Panzer für den operativen Einsatz« zur Zufriedenheit aller hätte beigelegt werden können. Leider wurde dieser entscheidend wichtige Aufstellungsbefehl nach dem Stellenwechsel vom 4. Februar 1938 durch den neuen Oberbefehlshaber des Heeres, General von Brauchitsch, aus unbekannten Gründen aufgehoben.

Taktische Aufgabe Nr. 8

Auf Wunsch der Ausbildungsabteilung des Truppenamtes bearbeitete Major Nehring im »Militär-Wochenblatt«[45] in mehreren Fortsetzungen eine taktische Aufgabe (Nr. 8) mit dem vom Truppenamt gestellten Thema: *»Die Panzerbrigade im Rahmen des Kavallerie-Korps.«* Verlangt wurden Lagebeurteilung, Anordnungen des verstärkten Kavallerie-Korps, Befehle des Führers der Panzerbrigade für Marsch und Angriff. Die Gliederung der Panzerbrigade entsprach in etwa derjenigen der späteren Panzerdivision, jedoch ohne Schützen (Panzergrenadiere), deren Rolle die abgesessenen Kavallerie-Regimenter zu übernehmen hatten. Diese Aufgabe wurde nur aufgrund theoretischer Überlegungen ohne jede praktische Erfahrung bearbeitet.

Der nachstehend abgedruckte allgemeine Teil der Schlußbesprechung aus dem »Militär-Wochenblat« (Nr. 2, 1933) zeigt, wie der Gedanke der Schaffung, Gliederung und Verwendungsmöglichkeit der Panzerdivision (damals der Tarnung wegen noch Panzerverband genannt) bereits lange vor 1933 bestanden hat, ehe er dann im Oktober 1935 realisiert worden ist:

»Was ist unter *Panzerverband* zu verstehen? Nach Auslandsnachrichten ist der Panzerverband eine operative Einheit, deren Kern aus Kampfwagen besteht, dem andere motorisierte Truppen ständig oder vorübergehend zugestellt sind. Ein Panzerverband untersteht im allgemeinen den obersten Kommandobehörden zu selbständiger Verwendung; doch kann auch seine vorübergehende Unterstellung bis zur Division herab erfolgen, wenn die Lage es erfordert. Charakteristisch für den Panzerverband ist die Verbindung von starker Feuerkraft und Panzerschutz mit hoher Geschwindigkeit und Beweglichkeit auf Straßen und im Gelände. Seine Bewegungsfähigkeit beruht ausschließlich auf Maschinenkraft, die Truppe braucht ihr Fortbewegungsmittel zum Kampf nicht zu verlassen. Er stellt ein neues Kriegsmittel von höchster Kampfkraft dar, das geeignet ist, die Kriegführung beweglicher zu machen und vor Erstarrung zu bewahren. Seine Gliederung muß dem angepaßt werden. Es kommt dabei darauf an, einen handlichen, wendigen, beweglichen Verband mit großem Fahrbereich zu schaffen, der schnell eingesetzt werden kann und damit die überraschende Bildung eines Schwerpunktes sicherstellt.

Umfassender Einsatz gegen Flanke und Rücken des Gegners – abgesetzt von anderen, langsameren Verbänden – ist die Hauptaufgabe des

Panzerverbandes; doch kann er auch im frontalen Durchbruch entscheidende Bedeutung haben. Zur Verfolgung eingesetzt, kann er die Auflösung des weichenden Feindes herbeiführen. Dagegen ist er wenig befähigt, gewonnenes Gelände nachhaltig zu behaupten; hierzu wird meist Zuteilung motorisierter Infanterie mit Artillerie notwendig werden.

Das Wesen seiner Kampfführung ist nicht die Führung langdauernder Kämpfe, sondern der Einsatz zu kurzen, zeitlich und räumlich begrenzten Operationen mit eng gefaßten Aufträgen. Sein Einsatz beruht auf dem Grundsatz der Schwerpunktverwendung von Kampfwagen, das heißt der Konzentrierung höchster Kampfkraft an der entscheidenden Stelle; ferner auf der richtigen Beurteilung des Geländes für den Einsatz dieser Kampfwagen und besonders auf dem überall gültigen Prinzip der Überraschung, um die feindliche Abwehr nicht oder möglichst wenig zur Geltung kommen zu lassen.

Neuzeitliche Heere werden ohne Panzerverbände, für deren Zusammensetzung es kein Schema gibt, kaum entscheidend operieren können, wenn ihnen ein Gegner gegenübersteht, der über solche Verbände verfügt. Diese Feststellung läßt die Frage auftauchen, in welchem Umfange Panzerverbände aufzustellen sind. Die Gedanken über diese Frage sind in der Auslandsliteratur noch nicht abgeschlossen. Vielerorts wird auf den Ersatz der bisher für erforderlich gehaltenen Kavallerie-Divisionen hingewiesen, deren Aufgaben in fast jedem Gelände von voll geländegängigen Panzerverbänden übernommen werden könnten mit der Erweiterung, daß letztere unvergleichlich schneller, kampfkräftiger und wirkungsvoller sind.

In der Erwartung, daß die technische Entwicklung der Kampfwagen weiter fortschreiten wird, ergibt sich noch ein Blick in die Zukunft: Schnelle Panzerverbände, gekoppelt mit starken Luftstreitkräften, bieten sich als wirkungsvolles Kriegsmittel an, das geeignet erscheint, als selbständiger operativer Verband mit der Lösung selbständiger operativer Aufgaben betraut zu werden.«

Am 12. November 1933 verließ Deutschland den Völkerbund, da seine Ansprüche auf Gleichberechtigung in der militärischen Rüstung nicht anerkannt worden waren. Damit entstand eine neue politische Lage, deren Entwicklung vorerst kaum zu übersehen war.

Die deutsche Reichsregierung legte daher Wert darauf, schneller verteidigungsfähig zu werden. Ein etwaiger Angriff oder sonstige Sanktionen von außen her sollten für den Angreifer ein Risiko bedeuten.

Der Entschluß zur Aufstellung von drei Panzerdivisionen, 1934/35

Auch im folgenden Jahre hielten die außenpolitischen Spannungen an. Das Jahr 1934 brachte daher einschneidende Maßnahmen für das zahlenmäßig kleine Reichsheer und damit auch für die Inspektion der Kraftfahrtruppen sowie für die von ihr zu betreuenden Truppen. Da im April desselben Jahres Generalleutnant Lutz und Oberst Guderian abwesend waren, wurde Major Nehring völlig unerwartet, unter Umgehung aller Dienstwege, zum Chef des Ministeramtes, Generalmajor von Reichenau, gerufen. Es ging um die Frage, ob der Aufbau der Panzertruppe durch die In 6 aus der Kraftfahrtruppe entweder unter Zuführung einzelner Truppenteile aus dem gesamten Reichsheer oder unter Unterstellung und sofortiger Umbildung der 3. Kavallerie-Division als einem geschlossenen Truppenkörper erfolgen sollte. Der zweite Vorschlag war überraschend, da diese Lösung im Rahmen der In 6 bisher nie erörtert worden war, allein schon wegen der bestehenden Rivalität zur In 3, der Inspektion der Kavallerie. Die Begründung von Reichenaus dafür war aber so einleuchtend, daß der Verfasser der letzteren Lösung zustimmen konnte.

Diesem Entschluß folgte am Pfingstsonnabend 1934 überraschend der Erlaß der 3. Umbauverfügung für die Vergrößerung des Heeres. Sie sah statt einer langfristigen Heeresvermehrung auf 21 Friedensdivisionen und Heerestruppen gemäß der 2. Umbauverfügung vom Dezember 1932 einen beschleunigten Heeresaufbau ab 1. November vor, mindestens in Rahmenverbänden, um das Ausland über den Schwächezustand des Heeres irrezuführen. Die Zielsetzung blieb die gleiche. Die Nummernbezeichnungen der Truppenteile entfielen, alle Verbände wurden aus Tarnungsgründen mit dem jeweiligen Ortsnamen ihres Standorts bezeichnet[46].

Für die Panzertruppe sah der Aufstellungsbefehl die ersten drei Panzerdivisionen vor, für die außer theoretischen Überlegungen und dem Stammpersonal aus »Kama« nichts vorhanden war. Hatte die Heeresleitung bisher aus mancherlei Gründen gezögert, so war nunmehr ein Wettersturz eingetreten, der zu größter Eile zwang. Es wurde vorübergehend sogar erwogen, in den vorgesehenen neuen Standorten Geschäftszimmer für die geplanten beziehungsweise neu aufzustellenden Verbände der Panzerdivisionen zu mieten und mit Schildern zu versehen, um vorzutäuschen, was nicht da war.

Die aufstellende Kommandobehörde

Um für die Aufstellung freie Hand zu haben, wurde die bisherige Inspektion (In 6) am 1. 6. 1934 in das „Inspektion (Inspekteur) der Kraftfahrkampftruppen« umbenannt, wobei sie aber zur Tarnung ihren alten Namen beibehielt. Der Erfolg dieser und der anderen Tarnmaßnahmen des Heeres war so durchschlagend, daß auch heute noch in der Literatur keine völlige Klarheit besteht. So wird zum Beispiel ein »*Kavallerie-Kraftfahrkorps*«* genannt, das niemals existierte. Es gab nur die oben erwähnte neubenannte Inspektion, die außerhalb des Ministeriums als »selbständige Kommandostelle« alle Aufstellungsmaßnahmen durchführte und am 27. 9. 1935 die offene Bezeichnung »Kommando der Panzertruppe« erhielt. Also nicht wie üblich »Generalkommando« oder auch nur »Korpskommando«, obwohl dem Kommando ab 15. 10. 1935 drei Panzerdivisionen (1.–3.) unterstellt waren. Es war einer der zahlreichen Seitenhiebe gegen den »Parvenü« Panzertruppe.

Im Ministerium wurde dafür eine *neue* Waffeninspektion (In 6) mit der Bezeichnung »Inspektion für Heeresmotorisierung und der Panzertruppe« eingerichtet und mit Oberstleutnant Kempf als Chef des Stabes besetzt. Inspekteur beider Inspektionen war Generalleutnant Lutz. Der Stab der bisherigen, nur neu benannten Inspektion verblieb unter seinem Chef Oberst Guderian und bearbeitete den praktischen Umbau der Truppe zur Panzertruppe, wobei Guderian seinen Einfluß im Reichswehrministerium geltend machen konnte.

Der erste Kavalleriekommandeur, der sich für eine Vorbereitung auf seine neue Aufgabe – die Umstellung vom Pferd auf Panzer und Motorfahrzeuge – beim Verfasser einfand, war Oberstleutnant Heinrich von Prittwitz und Gaffron, Kommandeur des Reiterregiments 7 (später Panzerregiment 2), der 1941 als Kommandeur der 15. Panzerdivision in Nordafrika gefallen ist.

Die Aufstellung der Truppenstämme ab 1934

Nachstehend werden einige eindrucksvolle Originalberichte über die Aufstellung der Kaderverbände aus Soldaten der alten Kraftfahrtruppe gebracht, die dem Verfasser von damaligen Angehörigen der aufstellenden Einheiten zur Verfügung gestellt wurden. Der Tarnname war

* Vgl. Georg Tessin, »Formationsgeschichte der Wehrmacht 1933 bis 1939«, Boldt Verlag, 1959, S. 55.

»Kraftfahrlehrkommando«, in Anlehnung an den offiziell in der Heeresrangliste geführten »Kraftfahrlehrstab«. Dieser hatte ursprünglich andere Aufgaben, wurde aber später mit Teilen Stab der Berliner 3. Panzerbrigade und hat mit Teilen auch die Panzertruppenschule aufgebaut.

Es gab damals insgesamt sieben Kraftfahrabteilungen mit nur je 14 Offizieren und 454 Mannschaften und Unteroffizieren, denen eine große Aufbauleistung durch laufende Zellteilung für Neuaufstellungen zugemutet werden sollte.

Bericht von Oberst a. D. Hans Bonatz über das *»Kraftfahrlehrkommando Zossen«:* »Nach Auflösung des ›Kama-Lagers‹ wurde (bereits) am 1. 11. 1933 der erste Verband einer neuen deutschen Panzerwaffe in Zossen aufgestellt. Der Stamm wurde aus Offizieren, die am ›Lehrgang Kama‹ teilgenommen hatten, und aus Abstellungen aller sieben Kraftfahrabteilungen gebildet. Aus Tarnungsgründen wurde der Name ›Kraftfahrlehrkommando Zossen‹ gewählt und die Uniform der Kraftfahrabteilung Nr. 3 getragen.

Dieser Gründungsverband bestand zunächst aus dem Stab Kraftfahrlehrkommando Zossen (Kommandeur Major Harpe) mit dem Sitz in Berlin-Moabit und einem ›Lehrtrupp‹ (Chef Hauptmann Conze) im Lager Zossen bei Berlin.

An Ausbildungs- und Kraftfahrgerät standen vorerst nur geländegängige Räder-Kraftfahrzeuge aller damals bekannten Typen sowie einige handelsübliche Raupenschlepper zur Verfügung. Das Schwergewicht wurde im Winterhalbjahr 1933/34 auf die Heranbildung von Fahrlehrern für die kommende Neuaufstellung gelegt.

Am 1. 4. 1934 siedelte auch der Stab des Kraftfahrlehrkommandos (Kf.-Lehr-Kdo.) Zossen von Berlin-Moabit nach dem Truppenübungsplatz Zossen über; gleichzeitig wurden zwei weitere ›Lehrtrupps‹ (Kompanien) unter den Hauptleuten von Köppen und Thomale gebildet.

Zu gleicher Zeit begann ein Kommando unter Hauptmann Baumgart auf der Halbinsel Wustrow/Mecklenburg die Ausbildungsmöglichkeiten für Panzer-Schießlehrgänge zu schaffen, die später nach Fertigstellung der Kasernen auf den neugebildeten Truppenübungsplatz Putlos bei Oldenburg/Holstein verlegt wurden.

Im Laufe des Frühjahrs und Sommers 1934 wurden die ersten Fahrgestelle des zukünftigen Panzers I geliefert, so daß nunmehr mit der eigentlichen Gelände-Fahrausbildung auf dem dazu sehr geeigneten Truppenübungsplatz Zossen begonnen werden konnte.

Im Frühsommer 1934 erfolgte auch die Aufstellung des ›Kf.Lehr-Kdos. Ohrdruf‹. Im Herbst 1934 wurde das bisher eine Abteilung starke ›Kf.Lehr-Kdo. Zossen‹ auf zwei Abteilungen vergrößert. Kommandeur des ›Kommando-Stabes‹ wurde Oberstleutnant Zukertort, Kommandeur der I. Abteilung Oberstleutnant Harpe (ab 1. 5. 1935 Major Streich), der II. Abteilung Major Breith. Jede Abteilung bestand aus einem leichten Panzer-Zug, einem Nachrichten-Zug und vier Kompanien.

Ende des Jahres 1934, nachdem die Serienanfertigung des Panzers I angelaufen war, begann die Ausstattung aller Einheiten mit diesen Fahrzeugen, so daß eine intensive Einzel- und Kompanie-Ausbildung und im Frühjahr 1935 schon Kompaniebesichtigungen durchgeführt werden konnten. Anschließend fanden zur Vorbereitung der im August auf dem Truppenübungsplatz Munsterlager geplanten ›Lehrübung‹ größere Übungen im Abteilungs-Verband statt.

Zum ersten Male zeigte sich das Kf.Lehr-Kdo. Zossen anläßlich des Marsches nach Döberitz im Juni 1935 in der Öffentlichkeit. Auf dem Rückmarsch fand dann im Lustgarten in Potsdam die denkwürdige Parade des ersten deutschen Panzer-Regimentes vor General Lutz statt. Ende Juli 1935 wurde die neue Panzertruppe anläßlich einer Übung mit dem ›motorisierten Infanterie-Regiment Meiningen‹ und einer Stuka-Staffel dem Reichskanzler und dem Oberbefehlshaber des Heeres auf dem Truppenübungsplatz Zossen vorgeführt.

Im Oktober 1935 wurde das Gründungskommando der deutschen Panzertruppe in ›*Panzer-Regiment* 5‹ umbenannt und in die inzwischen neuerbauten Kasernen nach Zehrensdorf-Wünsdorf verlegt.«

Hiermit schloß sich der Kreis der historischen Entwicklung der Panzertruppe. Sie war wieder dorthin zurückgekehrt, wo im Oktober 1918 die Kampfwagen-Ersatzabteilung des kaiserlich-deutschen Heeres aufgestellt worden war.

Bericht von Rudolf Volker über das »*Kraftfahrlehrkommando Ohrdruf*«: »Das Kommando wurde ab 1. 7. 1934 aufgestellt; es bestand zuerst nur aus dem Stammpersonal, das auf die neue Aufgabe vorbereitet wurde. Die Rekruten trafen am 1. 11. 1934 ein.

Gliederung des Lehr-Kdo. Ohrdruf: Regimentskommandeur Oberstleutnant Ritter von Radlmaier, Kdr. I. Abt. Oberstleutnant Fritz Kühn, Adjutant: Oberleutnant Klingspor, Kdr. II. Abt. Major Ritter von Thoma, Chef 1. Lehrtrupp Hauptmann Materne, Chef 2. Lehrtrupp Hauptmann von Drabich-Wächter, Chef 3. Lehrtrupp Hauptmann Stephan.

Von den anderen Lehrtrupps ist mir nur noch der Chef des 7. Lehrtrupps, Hauptmann Hochbaum, in Erinnerung. Schon die Einkleidung der Rekruten bereitete große Schwierigkeiten, denn es fehlte an Bekleidung. Es gab erst eine Montur. Die richtige Einkleidung konnte erst Mitte Dezember erfolgen. Jeder Lehrtrupp hatte nur 1 LaS (das war ein Fahrgestell des leichten Panzers I ohne Aufbau, getarnt als ›landwirtschaftlicher Schlepper‹). Die Ausbildung konnte daher zunächst nur rein infanteristisch erfolgen. Lediglich mit der Fahrschulausbildung an Krad, PKW und LKW konnte auf Kraftfahrzeugen älterer Bauart (Kulissenschaltung, Spitzkühler usw.) begonnen werden. Die Panzerfahrlehrer befanden sich noch in Ausbildung. Ende Februar 1935 erhielt das Kraftfahrlehrkommando seinen ersten Panzer-Kampfwagen I (Krupp). Im Juni 1935 hatte jeder Lehrtrupp neun Panzer-Kampfwagen, im Juli 16 Stück. Die Wagen waren ohne Funkausstattung, die Führung erfolgte durch Flaggensignale. Ausbildungsvorschriften waren keine vorhanden, es gab nur ›Anweisungen‹, die vom Regiments-Stab vervielfältigt herausgegeben wurden. Als Anhalt galt die englische ›Tank-Vorschrift‹ von 1927.

Die Kraftfahrlehrkommandos Ohrdruf und Zossen waren ab 1. 10. 1934 unter dem Kf.Lehrstab (Stab/Pz.Brig.) zusammengefaßt, dessen Kommandeur Generalmajor Ernst Fessmann war.

Der Panzer-Verbandsausbildung waren auf dem sehr kleinen Truppenübungsplatz Ohrdruf enge Grenzen gesetzt. Anfang August erfolgte die Verlegung nach Munsterlager zur Teilnahme an den Versuchs- und Lehrübungen.

Am 1. Oktober 1935 wurde das Kf.Lehrkommando aufgeteilt in die Panzer-Regimenter 1, 2, 3 und 4 ...«

Der damalige Feldwebel Richard Krebs berichtet ergänzend über das »Kraftfahrlehrkommando Zossen«:

»Ich war vom ersten Tage an beim Kf.Lehrkommando Zossen, dem u. a. Hauptmann Conze, Leutnant von Trotha (1. Komp.); Hauptmann Thomale, Oberleutnant Hennig, Leutnant Kauffmann (2. Komp.) angehörten. Ich gehörte zur 2. Kompanie, deren Stärke bis zum 11. April 1934 3 Offiziere, 18 Unteroffiziere, also 21 Mann betrug, die am 1. 3. 1934 in Zossen zusammengestellt worden waren. Am 11. April 1934 bekam jede Kompanie 150 Rekruten. An Fahrzeugen hatte jede Kompanie 5 ›Rübezahl‹-Schlepper, später eine Krupp-Wanne (das ist das Fahrgestell des späteren Panzers I ohne Panzer und ohne Turm);

bei der 1. Kompanie gab es ein Carden-Lloyd-Fahrgestell, im September je einen Panzer I. Die gesamte Schießausbildung erfolgte mit einem Panzer I. Ab Frühjahr 1935 wurden je Kompanie 21 Stück Panzer I für 3 Züge zu 7 Panzern geliefert, der 4. Zug behielt Attrappen. Ende Juni 1934 gaben wir und andere Kraftfahrabteilungen Stammpersonal für die Aufstellung des Kf.Lehr-Kommandos in Ohrdruf ab. Ab August 1934 war ich zum Schießlehrgang beim Kraftfahrsonderlehrgang in Wustrow kommandiert; Leiter war Hauptmann Köhn. Zur Verfügung standen auch die schweren (23 t) Panzer aus ›Kama‹ ... Ich habe so die ganze Entwicklung als Feldwebel bei dem späteren General Thomale miterlebt.«

Der weitere Aufstellungsverlauf

Während in der oben skizzierten behelfsmäßigen Art und Weise durch sachverständige Männer der ehemaligen Kraftfahrtruppe der organisatorische Grundstein für die Panzertruppe gelegt wurde, bereiteten sich die Reiterregimenter 4 (Potsdam), 7 (Breslau) und 12 (Dresden) vor, abzusatteln und umzusitzen, um gemeinsam mit den Kraftfahrlehrkommandos die ersten sechs Panzerregimenter aufzustellen. Damit wurde jene Synthese aus Technik, Taktik und Tradition, aus Lernen, Wissen und Können herausgebildet, die die deutsche Panzertruppe charakterisieren sollte.

Im Frühjahr 1935 wurden die Pferde abgegeben. Am 15. 5. 1935 wurde die I. Abteilung des späteren Panzer-Regiments 3 aus dem Reiter-Regiment Dresden (früher 12), die II. Abteilung aus Einzelabstellungen der Reiter-Regimenter Potsdam (früher 4), Breslau (7), Paderborn (15), Bamberg (17) und Cannstatt (18) gebildet. Regimentskommandeur wurde Oberstleutnant Josef Harpe, bisher Kommandeur im Kf.Lehr-Kommando Zossen.

Die Abteilungskommandeure, Major Gothsche und Kraeber, stammten ebenfalls aus der Kraftfahrtruppe; ebenso die Hauptleute von Köppen, Bonatz und Stephan.

Die Tarnbezeichnung des Regiments blieb vorerst »Reiter-Regiment Dresden«. Die Standorte waren für den Stab und die I. Abteilung Dresden, für die II. Abteilung Kamenz. Die Umschulung auf Panzerkampfwagen und Motorisierung wurde im Sommer 1935 durchgeführt.

Am 15. 10. 1935 erhielt das Regiment seinen offiziellen Namen: Panzer-Regiment 3. Es gehörte zur 2. Panzerdivision, deren Kommandeur Oberst Guderian geworden war.

Bereits ein Jahr später (1936) mußten die 3. und die 6. Kompanie zur Aufstellung des Panzer-Regiments 8 nach Zossen abgegeben und diese beiden Kompanien aus sich heraus aufgefüllt werden. 1937 erfolgte eine weitere Abgabe von drei Kompanien, ebenfalls unter eigener Auffüllung an die neuzubildenden Panzer-Regimenter 11 und 25. 1938 wurden in gleicher Weise drei weitere Kompanien abgegeben.

Es ist erstaunlich, was man der neuen Waffengattung zumuten konnte, ohne ihren Zusammenhalt zu gefährden. Hier wie bei den anderen Truppenteilen wirkte sich die Schule des Reichsheeres Seecktscher Prägung aus.

An Kampfgerät verfügten die ersten Panzerkompanien bei der Aufstellung etwa über 8 Pzkpfw. (Panzerkampfwagen), 1936 über etwa 22. Erst im Sommer 1937 wurde der erste Panzerkampfwagen II vorgeführt, der eine 2 cm-Maschinenkanone und ein Turm-MG 34 besaß, was gegenüber den bisherigen Panzern I mit 2 MG 08/15 eine wesentliche Verbesserung bedeutete. Außerdem war von erheblichem Vorteil, daß etwa zur gleichen Zeit der Panzer vom »Typ Ia« gegen die motorstärkere Type »Ib« ausgetauscht wurde. Auch war man dabei, die Wagen mit Sprechfunkgerät auszustatten, um die wendige und gesicherte Führung zu gewährleisten.

Personalveränderungen 1934

Nach diesem Vorgriff in die Zeit bis 1938 kehren wir in das Jahr 1934 zurück. In diesem Jahr sattelten nicht nur die Reiter um, sondern auch ein Teil der Generalstabsoffiziere: Der spätere Feldmarschall Friedrich Paulus, Oberstleutnant und Lehrer an den Generalstabslehrgängen, übernahm am 1. April Guderians alte Kraftfahrabteilung 3; Oberstleutnant Kurt Brennecke von der Ausbildungsabteilung des Truppenamtes übernahm bereits am 1. Januar die Kf. 2 in Stettin und Oberstleutnant Otto Stapf von der Organisationsabteilung des Truppenamtes, einer der engsten Mitarbeiter des Generals Beck, am 1. Juli die bayrische Kf. 7 in München. Sein Vorgänger Werner Kempf wechselte als Chef des Stabes der neuen Waffeninspektion »Heeresmotorisierung und Panzertruppe« wieder in das Allgemeines Heeresamt zurück.

Das Jahr brachte noch eine Reihe weiterer Personalveränderungen, die für die Panzertruppe eine Rolle spielen sollten: Am 1. 1. 1934 wurde der bewährte General der Artillerie Alfred von Vollard Bockelberg als Leiter des Heereswaffenamtes durch Oberst Liese ersetzt, ebenso am

1. Februar der Chef der Heeresleitung, Generaloberst Curt Freiherr von Hammerstein, durch den General Werner Freiherr von Fritsch. Oberst Ernst Fessmann, Kommandeur des Kraftfahrlehrstabes, wurde am 1. Januar zum Generalmajor befördert. Ihm folgte am 1. Februar zu diesem Dienstgrad Oberst Walter von Reichenau, Chef des Ministeramtes. Major Wilhelm Philipps wurde am 1. Februar Leiter der wichtigen Abteilung »Prüfwesen« im Heereswaffenamt (Wa Prüf 6).

Im Stabe Guderians wurde Hauptmann i. G. Chales de Beaulieu am 1. 10. 1933 zum Reiterregiment 2 und im folgenden Jahre zur Kraftfahrabteilung 1 in Königsberg versetzt, während Hauptmann i. G. Walther von Hünersdorff dessen Arbeitsgebiet übernahm und die Ausbildung der Panzertruppe tatkräftig unterstützte. Leider sollte dieser befähigte Offizier im Sommer 1943 an der Spitze der 6. Panzerdivision bei Charkow fallen.

Die Fachliteratur

Die Literatur dieser entscheidenden Aufbaujahre wurde von Colonel Charles de Gaulles Gedanken beherrscht, die er 1934 in seinem Buch »Vers l'armée de métier« niedergeschrieben hatte. De Gaulle forderte eine gepanzerte Berufsarmee für Frankreich, um sein Land *durch Gegenangriffe zu verteidigen,* deren Richtung je nach der Lage sich tief nach Belgien hinein oder den Main aufwärts auf die Tschechoslowakei oder über Düsseldorf in das Ruhrgebiet erstrecken sollte.

Die Gliederung seiner »division de choc« (Panzerdivision) entsprach etwa den Vorstellungen Guderians über gepanzerte Verbände aller Waffen, die Guderian bereits seit 1929 entwickelt und ständig vertreten hatte. Als Oberstleutnant Nehring 1934/35 sein Buch »Heere von morgen« schrieb, um diesmal über die allgemeine Heeresmotorisierung aufzuklären, bezog er sich auch auf de Gaulles Vorschläge. Denn es war aus Gründen der Geheimhaltung unmöglich, die offiziellen deutschen Pläne öffentlich zu besprechen.

Daher hat ihn General de Gaulle in seinen »Mémoires de Guerre-l'Appel 1940/42« irrtümlich als Kronzeugen dafür aufgeführt, daß seine Vorschläge von den Deutschen übernommen worden seien. Guderians Pläne stammten aber aus dem Jahre 1929 und waren 1934 bereits in der Durchführung, als de Gaulles Gedanken bekannt wurden.

Im Gegensatz zu Guderian ist es dem damaligen Colonel de Gaulle nicht gelungen, seine klugen und kühnen Vorschläge durchzusetzen.

Die geistige Auseinandersetzung um die Themen des Tages war außerordentlich lebhaft: »Panzer und Motor« oder »Heereskavallerie« im Sinne der von den Generälen Ludwig Beck und Heinrich von Stülpnagel bearbeiteten, am 17. 10. 1933 herausgegebenen Vorschrift »Truppenführung«, war die große Frage.

Panzer im selbständigen gemischten Verband aller Waffen oder als unselbständige schwere Hilfswaffe der Infanterie eingegliedert?

Aktive Befürworter der Panzerwaffe waren der österreichische General a. D. Ludwig Ritter von Eimannsberger, General a. D. Wetzell, 1917/18 rechte Hand Ludendorffs und 1925/26 Chef des Truppenamtes, in den dreißiger Jahren Schriftleiter des »Militär-Wochenblattes« und die Engländer Fuller, Liddell Hart, le Martel und Sheppard.

Zum obigen Thema stellte 1934 der Kavallerist Oberst Faber du Faure im »Militär-Wochenblatt« in Spalte 1044 fest: »Die Kavallerie hat sich (1914) erfolglos aufgezehrt, ohne operativen Lorbeer pflücken zu können, der ihre Stellung gefestigt hätte. Nach 1920 hat sie die Umwandlung in berittene Infanterie abgelehnt, heute ist sie dabei, sich selbst aufzugeben und freiwillig dem Motor das Feld ihrer Tätigkeit zu überlassen ...«

Oberst Guderian nahm in Nr. 34/1935 des »Militär-Wochenblatts« eingehend Stellung zu früheren Ausführungen des Generals der Kavallerie a. D. von Poseck: »... Beim Heranziehen kriegsgeschichtlicher Vergleiche scheint es mir erforderlich, bei beiden Parteien neuzeitliche Bewaffnung anzunehmen, sonst kommt man leicht zu Trugschlüssen. Ein Heer, welches in einem zukünftigen Kriege über keine Panzertruppe und über keine Luftstreitkräfte verfügt, befindet sich einem hochgerüsteten Gegner gegenüber in einer noch hoffnungsloseren Lage, als wir es 1918 bei Soissons und bei Amiens waren. Es kann sich ohne diese Waffen heutzutage überhaupt nicht verteidigen ... Der Wirkungsgrad aller Waffen, also auch der Flieger und der Panzertruppe, ist natürlich Änderungen unterworfen, weil sich die Abwehrmittel ändern. Die Kunst der Führung besteht darin, jede Waffe ihrer Wirkungsmöglichkeit entsprechend auszunutzen ... Zum Schluß möchte ich zum Ausdruck bringen, daß die Kraftfahrkampftruppe in allen hochgerüsteten Heeren eine neue Hauptwaffe geworden ist und nicht zur Heereskavallerie gehört. Das hindert nicht, enges Zusammenwirken mit den anderen Waffen herbeizuführen, wenn der Gefechtszweck es erfordert.«

In Nr. 26/1935 des »Militär-Wochenblatts« schlug Rittmeister Carl Wagener eine neue Heeresgliederung vor:

1. *Angriffs oder Durchbruchstruppen*
   in Form starker Kampfwagen-Divisionen,
2. *Umfassungs- oder bewegliche Truppen*
   in schnellen, leichten Panzer-Divisionen,
3. *Abwehrtruppen*
   in Form der bisherigen Infanterie-Divisionen, dazu übliche Heerestruppen.

Das stehende Heer sollte nur aus Divisionen der 1. und 2. Gruppe bestehen, während alle Reservisten zur 3. Gruppe gehören und im Kriegsfall mobilgemacht werden sollten.

In Nr. 43/1935 des »Militär-Wochenblatts« forderte General der Kavallerie a. D. von Poseck erneut das Beibehalten der berittenen Kavallerie: »Wir brauchen eine Kavallerie, die auf allen Kriegsschauplätzen verwendungsfähig ist... Ich hoffe nur, daß im Interesse der nationalen Verteidigung die Pferde-Kavallerie nicht vermindert werden wird«.

In Nr. 48/1935 des »Militär-Wochenblatts« verwahren sich »die ewigen Kavalleristen« dagegen, daß eine Waffe zugunsten der Motorisierung zerschlagen wird, und »daß ihre Existenz vernichtet wird aufgrund eines Wechsels, von dem es ungewiß ist, ob er in der Zukunft eingelöst werden kann...«

Die Erörterungen sollen mit Ausführungen Guderians aus Nr. 41/1935 der gleichen Zeitschrift beschlossen werden: »Mit Recht bezweifelt aber der Fachmann auf nachrichtentechnischem Gebiet, Oberst Fellgiebel, ob das ›*Problem von 1935*‹ als gelöst zu betrachten sei, das technische Problem der Führung motorisierter Verbände und der Luftstreitkräfte. Diese Verbände spielen in neuzeitlichen Heeren nicht mehr, wie 1914 bis 1918, die Rolle von Hilfswaffen. Sie entwickeln sich vielfach zur Hauptkampf- und Stoßkraft. *Sie sind der Kern der Heere.* Auf ihre richtige Verwendung kommt es in erster Linie an... Das Problem ihrer Führung wird bedingt durch den Umstand, *daß sie in der Bewegung fechten*... Bei beiden Waffen erfordert die außerordentlich bewegliche Kampfweise eine ebenso bewegliche Führung. Nur Führer, die ihren Verbänden tatsächlich und buchstäblich vorausfliegen oder -fahren, werden in der Lage sein, den erforderlichen Einfluß auf den Gang des Gefechts zu behalten*. Alle großen Fliegerführer haben im Krieg so ge-

* Vgl. die Forderung des Verfassers in: »Heere von Morgen«, S. 68 f.

handelt, und General Elles hat bei Cambrai den englischen Kampfwagenangriff persönlich geführt...«

Die »Augustübung 1935«

Am 16. März 1935 hatte die Reichsregierung die Wehrhoheit wieder hergestellt. Der Umbau des Reichsheeres in das neue Wehrpflichtheer war in vollem Gange, wenn auch weiterhin getarnt. Für August hatte Generalleutnant Lutz vierwöchige Übungen mit einer »Übungs-Panzerdivision« auf dem Übungsplatz Munsterlager angesetzt, die aus den bisher in der Umstellung begriffenen Einheiten gebildet war. Die Führung der Division hatte Generalleutnant Maximilian Freiherr von Weichs, der spätere Feldmarschall, mit dem Stabe der 3. Kav.Division. Die Übungsdivision wurde systematisch auf die Darstellung von vier verschiedenen taktischen Gefechtsbildern geschult. Es waren typische »Lehr- und Versuchsübungen« mit fest umrissenem Lehrzweck. Es kam dabei nicht auf das Fassen und Prüfen selbständiger Entschlüsse der Truppenführer an, sondern Lutz und Guderian wollten beweisen, daß Bewegung und Kampf großer Panzermassen im Zusammenwirken mit ihren Ergänzungswaffen aller Art möglich sei.

Die Vorbereitung und Leitung der Übung war mühsam, da es sich erstmals um eine Übung vollmotorisierter Verbände handelte, die fest in der Hand der Leitung bleiben mußte, sollte nicht der Übungszweck gefährdet werden. Für Leitung und Schiedsrichterdienst war erstmalig ein kompliziertes, aber trotzdem wendiges Draht- und Funk-Nachrichtennetz zu schaffen, das der beweglichen und schnellen Truppe jederzeit ein richtiges Lagenbild vermitteln konnte. Auch Fliegerkräfte unter der Leitung des späteren Feldmarschalls Ritter von Greim wirkten mit und gaben Hinweise für die spätere Zusammenarbeit.

Das Kampfwagengerät war noch immer zahlenmäßig unzureichend; daher waren auch Nachbildungen eingesetzt. Die Truppe selbst befand sich noch in der Umschulung.

Mißtrauen und Kritik gegenüber dem, was gezeigt werden sollte, beherrschten vorgesetzte Dienststellen und dienstliche Zuschauer. Der Zweck der Übungen wurde verzerrt und ohne Prüfung abgewertet.

Ein Bericht des späteren Generalobersten Hans Reinhardt über die »Versuchsübung 1935« ist charakteristisch für den Kampf um die Panzertruppe zu jener Zeit. Reinhardt war damals Oberst und Chef der Ausbildungsabteilung des sehr kritischen Generalstabes des Heeres.

An der Übung wollte der Oberbefehlshaber des Heeres, General der Artillerie Freiherr von Fritsch, teilnehmen, ebenso wurde ein großer Kreis von Generalen dazu befohlen, um sich mit der neuen Truppe und ihrer Eigenart bekannt zu machen. General Freiherr von Fritsch hatte sich entschlossen, während der Durchführung des geplanten schulmäßig vorgeübten Durchbruchangriffs in den Übungsverlauf mit einer überraschenden taktischen Einlage einzugreifen. Für diesen Entschluß waren mehrere Gründe maßgebend. Zuerst wollte er prüfen, was die neue Truppe tatsächlich schon leisten konnte. Dann wollte er der Truppe auch Vertrauen zu sich und ihrem Können einflößen. »Schließlich sprach mit«, schreibt Reinhardt[47], »daß unter den vielen Zuschauern viele sein würden, die dem Sinn und Wert einer operativen Panzertruppe noch recht argwöhnisch gegenüberstanden und mit einer ›vorgeübten Lehrvorführung‹ wohl kaum zu überzeugen waren.«

Es wurde also auftragsgemäß durch Oberst Reinhardt eine Einlage vorbereitet, bei der die ganze Übungs-Panzerdivision rasche Befehlsübermittlung und Befehlsaufnahme, Zusammenwirken und Wendigkeit aller ihrer Teile zeigen sollte. Der Übungsbefehl für diese Einlage sah daher vor, daß die Division nach dem gelungenen Durchbruch, mit dem die Schulübung eigentlich enden sollte, überraschend nach der Flanke gegen neu in Anmarsch gemeldeten Feind abdrehen sollte.

Diese Aufgabe war nicht einfach. Der Befehl dafür sollte die Truppe gerade in einem Zeitpunkt der Schwäche erreichen, wenn sie stark aufgelockert in die Tiefe der feindlichen Kampfzone zu stoßen im Begriff war.

Die vorgesehene Schulübung verlief zunächst wunschgemäß und zeigte das vorbereitete lehrhafte Bild. »Um so überraschender und eindrucksvoller wirkte nun das Eingreifen des Generals von Fritsch ... Der Erfolg des Übungsverlaufes aufgrund der nun für alle völlig überraschend gekommenen Einlage war verblüffend. Alles gelang einwandfrei. In kürzester Frist erreichten die Befehle des Generals Freiherr von Fritsch ihre Ziele, in kürzester Frist fuhr die Panzeraufklärung mit neuen Aufträgen in die neue Richtung, und bald fädelte sich die Truppe in mehreren Marschgruppen in die neue Richtung ein ... Lob und Anerkennung durch den Oberbefehlshaber des Heeres ... Staunen bei allen Zuschauern über diese Leistungen der neuen Panzertruppe ...«[48]

Hitler hatte an der Übung nicht teilgenommen. Nach Auffassung von Guderian und anderen wurde sein Besuch durch den passiven Widerstand seiner Heeresadjutantur verhindert.

Die ersten drei Panzerdivisionen

Mit dieser »Lehr- und Versuchsübung 1935« war der Höhepunkt der Arbeit des Jahres 1935 überschritten. Die Aufstellung der drei ersten Panzerdivisionen wurde mit Wirkung vom 15. Oktober dieses Jahres durchgeführt:

1. *Panzerdivision:*	Kommandeur Generalleutnant Maximilian Reichsfreiherr von Weichs (Kav.)
(Stab in Weimar)	Ia Major i. G. Hans Baehsler (Inf./Kf.)
2. *Panzerdivision:*	Kommandeur Oberst Heinz Guderian (Inf./Kf.)
(Stab in Würzburg)	Ia Hauptmann i. G. Walter Chales de Beaulieu (Art./Kav./Kf.)
3. *Panzerdivision:*	Kommandeur Gen.Major Ernst Fessmann (Kav./Kf.)
(Stab in Berlin)	Ia Hauptmann i. G. Hans Röttiger (Art./Kf.)

Die 3. Panzerdivision umfaßte die ältesten Aufstellungen der Panzertruppe, da ihr Stab aus dem lange bestehenden »Kraftfahrlehrstab« gebildet worden war. Ebenso war ihr Panzerregiment 5 der älteste geschlossene Verband der neuen deutschen Panzerwaffe, da es aus dem erstaufgestellten Kraftfahrlehrkommando für Kampfwagen in Zossen – ab November 1933 die Keimzelle aller neuen deutschen Panzereinheiten – entstanden war. Die Schöpfung der Panzertruppe war eindeutiges Verdienst der alten Kraftfahrtruppe unter ihren Generalen Erich von Tschischwitz, Alfred von Vollard Bockelberg, Oswald Lutz und Oberst Heinz Guderian.

Bereits am 27. September 1935 war die bisherige »Inspektion der Kraftfahrtruppen« (Tarnname) in das *Kommando der Panzertruppe* umgebildet worden.

Am 1. November wurde Generalleutnant Lutz zum (ersten) General der Panzertruppe befördert und zu ihrem (ersten) »Kommandierenden General« ernannt. Gleichzeitig blieb er »Inspekteur der Kraftfahrkampftruppen und für Heeresmotorisierung« im Kriegsministerium. Damit war die zweckmäßige enge Bindung zwischen der Kommandobehörde als Außenstelle und dem Ministerium als Verwaltungsstelle gesichert.

Der bisherige Chef des Stabes, Oberst Guderian, erhielt die Stellung eines Divisionskommandeurs. Damit fehlte Guderian aber als treibender und unbequemer Mahner in der Zentralstelle des Heeres.

Guderian schied aus seiner Stellung als Chef des Generalstabes mit Bedenken hinsichtlich einer weiteren zweckmäßigen Entwicklung der in den Anfängen stehenden jungen Panzertruppe. Nach seiner Ansicht war »mit vermehrter Gegnerschaft aus den Reihen des Generalstabes des Heeres zu rechnen«, und es bliebe fraglich, ob sein Nachfolger, Oberst Friedrich Paulus, gerade »diesen Einflüssen gegenüber stark genug bleiben« und genügend Erfahrung auf dem Gebiet des Kampfes um Organisation und Verwendung schneller Truppen haben würde.

Der neue Kommandostab des »Kommandos der Panzertruppe« war schon vorher um einige Offiziere verstärkt worden: IIa (Adjutant) war Major Fronhoefer, IIb (Personal) Major Freiherr von Lüttwitz; Abt V (Technik) Hauptmann Goerbig; Ordonnanzoffiziere die Hauptleute Kappis (Ib) und Langer (Ia). Geblieben waren der Ia, Oberstleutnant i. G. Nehring und der Ib, Hauptmann i. G. von Hünersdorff. Ingenieuroffizier war Oberstleutnant Essers.

Spätere erste Generalstabsoffiziere (Ia) im Kdo. d. Panzertruppe waren Oberstleutnant i. G. Baehsler; Oberstleutnant i. G. Heim; dann der inzwischen beförderte Oberstleutnant i. G. Chales de Beaulieu.

Kapitel 2 · Die neue Panzertruppe von 1936 bis zum 1. September 1939*

I. *Das Jahr 1936*

Die Truppe

Die Truppe setzte ihre Aufstellung der Kaderverbände fort.

Im Jahre 1936 wurden die Panzerregimenter Nr. 7 und 8 aus Abgaben der bereits gebildeten sechs Regimenter aufgestellt. Im übrigen sollten sich die neuen Verbände in sich festigen. Der Schwerpunkt ihrer Arbeit lag also in der Truppenausbildung. Die Ausstattung mit Waffen, Kampfgerät, Kraftfahrzeugen lief langsam weiter.

Im März wurden die drei Panzerdivisionen ohne ihre Panzerbrigaden auf im Westen gelegene Truppenübungsplätze verlegt, um einen operativen Aufmarsch zur Sicherung der Rheinlandbesetzung vorzutäuschen. Der Oberbefehlshaber des Heeres war sich über den nicht vorhandenen

* Vgl. Anhang, S. (13) f.

Kampfwert dieser Rekrutenverbände ohne Kampfgerät völlig klar. Es war eine rein politische Maßnahme, die immerhin einen gewissen Zweck nicht verfehlt hat.

Die Fachliteratur

Im Winterhalbjahr 1935/36 bearbeiteten Oberst Guderian und Oberstleutnant Nehring auf Wunsch der Schriftleitung der vom Generalstab des Heeres neu herausgegebenen amtlichen »Militärwissenschaftlichen Rundschau« die Themen: »Die Panzertruppen und ihr Zusammenwirken mit den anderen Waffen« und »Panzerabwehr«, um das Offizierskorps des erheblich angewachsenen Heeres mit diesen wichtigen Fragen vertraut zu machen.

In seinem Aufsatz »Panzerabwehr« forderte Nehring bereits damals einen *Panzerjäger* *, wie er dann etwa 1942/44 geschaffen wurde: Panzerabwehrkanone bis zu Kaliber 10 cm; Fahrvermögen wie das der zu vernichtenden Panzerkampfwagen bei geringerem Panzerschutz, also etwa wie das spätere Sturmgeschütz III oder IV oder der „Jagdpanzer IV« oder der »Hetzer«. Ebenso war der Hinweis auf die Verwendung von *Kanonen-Flugzeugen* gegen Panzerkampfwagen sowie auf die Schaffung operativ verwendbarer *Panzersperrverbände* im Hinblick auf die spätere Entwicklung beachtlich. Zum Schluß stellte der Verfasser fest, daß die Frage »Panzergeschwader oder Panzerabwehr« nur damit beantwortet werden könne, daß »man beide braucht, wie Schwert und Schild, jedes an der ihm zukommenden Stelle und in entsprechendem Ausmaß«. Aufgabe der verantwortlichen Führer wäre es, über »Stelle« und »Ausmaß« zu entscheiden.

Im Winter 1936/37 verfaßte Generalmajor Guderian im Auftrage von General Lutz das ausgezeichnete Buch »Achtung – Panzer!«, das auf eingehenden historischen Kenntnissen aus den Jahren 1917/18 aufbaute und erstmalig Einzelheiten über die neue deutsche Panzerwaffe brachte.

Die Panzerfertigung

Die Auslieferung der leichten 6 t-Panzer vom Typ I begann anzulaufen, so daß die Truppe ausgebildet werden konnte. Die Produktion bis Ende

* Eine Erläuterung des Wesens dieser Waffe findet sich im »Jahrbuch des deutschen Heeres«, 1940, in dem bebilderten Bericht »Panzerjäger an die Front«, S. 114–124.

1936 betrug ca 3000 Stück. In diesem Jahr griff – nach Angabe von Offizieren der Abteilung Wa Prüf 6 an den Verfasser – der Generalstab des Heeres vorübergehend in die bereits seit 1934 laufende Entwicklung der größeren Kampfwagentypen III und IV ein, deren Gewicht von etwa 18 t ihm unnötig hoch erschien. Man glaubte im Generalstab, mit der Gewichtsklasse des Panzertyps »P II« (etwa 9 t) auskommen zu können. Dieser »Sturm im Wasserglas« legte sich zwar bald wieder, aber er beleuchtet die technischen Schwierigkeiten für den Aufbau der Panzertruppe sowie die Meinungsdifferenzen. Er zeigte auch das geringe technische Verständnis mancher Sachbearbeiter anderer Dienststellen für die schwierige und langwierige Arbeit des Heereswaffenamtes und der beteiligten Industrie, die ohne großen Zeitverlust nicht von heute auf morgen umgestellt werden konnte. Er war ebenso ein Hinweis auf das oft fehlende Einfühlungsvermögen in die waffentechnischen Forderungen an das Kampfgerät der neuen Waffengattung. Den Fachleuten war von vornherein klar, daß im Sinne der internationalen Weiterentwicklung schwerere Panzerkampfwagen von etwa 20 t Gewicht gebaut werden mußten, wenn man dem vermutlichen Gegner eine Waffe mit ausreichender Kampfkraft unter gewissen Panzerschutz bei genügender Schnelligkeit, Beweglichkeit und Reichweite entgegenstellen wollte.

II. *Das Jahr 1937*

Die Truppe, Aufstellungen und Wehrmachtmanöver

Im Herbst 1937 wurden drei Panzer-Regimenter sowie drei Panzer-Abteilungen neu aufgestellt. Ferner wurden nach den Plänen des Generalstabes vier Inf.Divisionen (Nr. 2, 13, 20, 29) vollmotorisiert sowie die *1. leichte Brigade* gebildet und die Aufstellung von weiteren drei *leichten Divisionen* – nach dem Vorbild der französischen »Division légère mechanique« – vorbereitet.

Im Herbst 1937 fanden erstmalig große Wehrmachtmanöver in Mecklenburg im Raum um Neustrelitz statt, bei denen auch die neue Panzertruppe mit der 1. und 3. Panzerbrigade eingesetzt wurde. Am letzten Manövertag wurde den Gästen (u. a. Mussolini, Marschall Badoglio, dem britischen Feldmarschall Sir Deverell und Hitler) ein »gestellter«, das heißt vorgeplanter Angriff von etwa 800 Panzerkampfwagen unter Führung des Generalmajors Guderian vorgeführt. Der Anblick dieser

Vorführung, die den Angriff von Panzern im Zusammenwirken mit starken Fliegerkräften demonstrierte, war eindrucksvoll, obwohl damals nur leichte Panzerkampfwagen vom Typ I und II vorhanden waren.

Der Verfasser hatte damals den Auftrag, für die Manöverleitung (Generalfeldmarschall von Blomberg, General Keitel und Oberst Jodl) zusammen mit je einem Stabsoffizier der drei Wehrmachtteile die »Schlußbesprechung« vorzubereiten und zu verfassen. Der Leitungsstab war groß, und man konnte viele Ansichten hören. Erschreckend war die ablehnende Einstellung gegenüber der Panzertruppe – nicht bei der Leitung, wohl aber bei einem Teil der Generalstabsoffiziere. Nachschub und Instandsetzung der Panzereinheiten hatten tatsächlich ungenügend gearbeitet: Hier lagen Panzer ohne Betriebsstoff, dort technisch ausgefallene Schadpanzer fest. Es fehlte bei den sehr schnell aufgestellten Truppen noch an Organisation und Erfahrung. Mit negativer Befriedigung wurde diese Tatsache festgestellt, besprochen, ironisiert und in bezug auf die ganze neue Waffengattung verallgemeinert.

Die Fachliteratur

Unter dem Eindruck dieses Manövers schrieb Guderian in einer militärischen Zeitschrift erneut über »unsere Ansichten« zur Panzerfrage, um etwaigen Gegenströmungen zu begegnen: »Unsere Ansichten wirkten bei objektiven Lesern bereits damals so überzeugend, wie sie später durch die harten Erfahrungen des Krieges bestätigt werden sollten.«[49]

Im »Militär-Wochenblatt« brachte General von Eimannsberger 1937 wieder einen ausgezeichneten Aufsatz über »Panzertaktik«. In den Spalten 1780/82 (1937) unterstützte ihn treffend ein anderer Verfasser mit der Feststellung: »Der Kampfwagen ist ein *Kampf*-Wagen, der nicht in ein Ziel hineinfährt, sondern sich dorthin *durchkämpft.*«

In den Spalten 2078/81 (1937) der gleichen Zeitschrift charakterisierte der damalige Oberleutnant Kauffmann * sehr plastisch die Gefechtsführung der Kampfwagen: »... *falsch,* Attacke zu fahren! *Feuerschutz aufbauen* ... *in Stellung gehen,* um Feuerkraft voll ausnutzen zu können! ... Feindliche Panzer anlaufen lassen! ... Eigenen Panzerangriff grundsätzlich durchführen wie Angriff der Infanterie ... nur schnelleres Tempo! ...«

* Olt Kauffmann (PzRgt. 8) – heute BrigGeneral und Waffeninspizient in der Bundeswehr.

Ab 1. Januar 1937 erschien eine neue militärische Zeitschrift für die Truppenpraxis: »Die Kraftfahrkampftruppe«. Der »Inspekteur der Kraftfahrkampftruppen und für Heeresmotorisierung«, Oberst Werner Kempf, begrüßte darin »die jüngste Waffe des Heeres, die Kraftfahr*kampf*-truppe«. In ihrer Aprilnummer urteilte wiederum der Oberleutnant Kauffmann eingehend über die »Eignung des Panzerkampfwagens als Schießgestell«: Sie ist unter anderem abhängig von der Auflagelänge der Gleisketten, dem gut gefederten und gestützten Laufwerk, der Lagerung der Waffen im Schwerpunkt, der Vibration des Motors und dem toten Gang der Richtmaschine.

Der britische Panzertheoretiker Captain Basil Henry Liddell Hart stellte in seinem Buch »Europe in Arms« im selben Jahre fest, daß die deutsche Panzertruppe nach seiner Meinung gegenüber einem Lande mit offenen Grenzen und ungenügender Panzerabwehr eine furchtbare Waffe bei Kriegsbeginn sei.

Die »Legion Condor«

Der »Legion Condor«, dem deutschen Freiwilligenverband im spanischen Bürgerkrieg 1936/39, stellte das Heer die *Panzerabteilung 88* mit Stab, drei Lehrkompanien (mit PzKpfWgn. I und II) und einer Transportkolonne unter Führung des Oberstleutnants Ritter von Thoma zur Verfügung. Der Tarnname war »Drohne«. Die Kompanien stammten aus dem Panzerregiment 6 der 3. Panzerdivision. Sie wurden durch Freiwillige aus den ältesten Panzerabteilungen ergänzt. Die Pz.Abt. 88 sollte in Burgos als Lehrtruppe für die spanische Armee dienen und ein etwaiger Einsatz der Panzerkampfwagen nur mit spanischer Besatzung erfolgen. Die Einsatzerfahrungen unterstrichen die Forderung der Truppe nach kanonenbewaffneten, stärker gepanzerten Panzerkampfwagen vom Typ III und IV gegenüber einem gleichartigen Gegner.

Andererseits hatte der abschließende Bericht von Thomas, der sich negativ über die Möglichkeiten aussprach, Funkgeräte in Panzer einzubauen und für ihre Führung wie Verbindung einzusetzen, erhebliche Konsequenzen für die Verfolgung von Guderians Ideen; sie gefährdeten zeitweise dessen Auffassungen über den weiteren Ausbau einer operativen Panzertruppe.

Es zeigte sich, daß Erfahrungen aus einseitigen und örtlich begrenzten Verhältnissen zu falschen Folgerungen führen können. Die Russen verzichteten sogar aufgrund ihrer vermeintlichen Erfahrungen beim

Einsatz sowjetischer Kampfwagen in Spanien auf den Aufbau einer operativen Panzertruppe[50].

III. *Das Jahr 1938*

Die Truppe

Das Tempo der Aufstellungen wurde wieder lebhafter. Es wurden bis zum Spätherbst aufgestellt oder die Aufstellung befohlen: 4. und 5. Panzerdivision; die selbständigen Panzerbrigaden 4 und 6; die leichten Divisionen Nr. 1 bis 4 sowie Panzerabwehr-Abteilungen.

Die Aufstellung der selbständigen Panzerbrigaden sowie der leichten Divisionen und der bereits 1937 motorisierten vier Inf.Divisionen entsprach dem Vorschlag des Generalstabs des Heeres *. Aber gerade diese Zersplitterung in der Organisation der Kraftfahrkampftruppe widersprach der Ansicht Guderians, der mit der Panzertruppe einen wirklichen Schwerpunkt schaffen wollte und nicht Versuchsverbände vielfacher Art. Mit diesen Neuaufstellungen trat jener Zustand ein, den Guderian bei seinem Weggang aus Berlin, 1935, befürchtet hatte. Im übrigen waren alle drei Typen praktisch wenig brauchbar: die *mot. Inf. Division,* weil man sie rein schematisch in ihrer vollen Stärke motorisiert hatte, wobei sie durch die übergroße Zahl von Fahrzeugen zu schwerfällig wurde; die *leichten (mot.) Divisionen,* weil es ihnen für den Kampf an organisch zugehöriger, gepanzerter Kampfkraft fehlte, während sie für operative Aufklärung einen unnötigen Kräfteeinsatz bedeuten mußten; die *selbständigen Panzerbrigaden,* weil sie nicht selbständig einsatzfähig, sondern nur im engen Anschluß an die Infanterie verwendungsfähig waren, etwa im gleichen Maße wie die Artillerie im Rahmen der Infanteriedivision. Das Kampf-, vor allem das Angriffstempo blieb trotz des Panzereinsatzes das der Infanterie. Die zwangsläufige Folge waren später eine Verkleinerung der *mot. Inf.Division* von drei auf zwei mot. Inf.Regimenter und die Aufteilung der beiden Panzerbrigaden zur Aufstellung der 10. Panzerdivision und zur Umgliederung der leichten Divisionen nach dem polnischen Feldzug in 6. bis 9. Panzerdivision.

Im Februar 1938 stellte man endlich drei mot. Generalkommandos

* Vgl. Foerster, Wolfgang, »Generaloberst Ludwig Beck«, a. a. O., S. 36.

auf: Nr. 14 für die vier mot. Inf.Divisionen unter General Gustav von Wietersheim; Nr. 15 unter General Hermann Hoth für die vier leichten Divisionen; Nr. 16 für die ersten drei Panzerdivisionen unter General Oswald Lutz (bisher »Kommando der Panzertruppe« genannt). Alle drei Stäbe waren dem *Heeresgruppenkommando 4* unter General Walther von Brauchitsch unterstellt, so daß Führung und Ausbildung einheitlich ausgerichtet werden konnten.

Aufgrund der oben geschilderten Aufsplitterung wurden auch die Waffenfarben der neuaufgestellten Verbände der Panzertruppe bis in die letzten Kriegsjahre hinein wiederholt gewechselt. Die bisher einheitliche Waffenfarbe der Panzertruppe (rosa), blieb für die Panzer- und Panzerabwehreinheiten bestehen. Die Panzeraufklärungsabteilungen erhielten zuerst goldgelb, die Farbe der Kavallerie; dann wurden sie braungepaspelt als selbständige Waffengattung, um ab 1943 wieder rosa Vorstöße zu tragen. Die Schützen und die Kraftradschützen der Panzerdivisionen bekamen die grüne Farbe, die Schützeneinheiten der leichten Divisionen die gelbe Kavallerie-Farbe und den Namenszusatz »Kavallerieschützen«, während ihre Hauptleute »Rittmeister« genannt wurden. Die mot. Infanterie behielt ihre weiße Waffenfarbe.

Resignierend schreibt Guderian in seinen »Erinnerungen« aus dem Blickpunkt seines abseits von Berlin gelegenen Standortes Würzburg: »Ich habe die Zersplitterung der Kräfte auf dem Gebiet der Motorisierung und der Panzer sehr bedauert, konnte aber nicht verhindern, daß die Entwicklung zunächst diesen Weg ging. Sie konnte später nur teilweise wieder in die richtige Bahn gelenkt werden.«

Der 4. Februar 1938

Die in Auswirkung der »Blomberg-Fritsch-Krise« am 4.2.1938 abschließend vollzogene strukturelle Veränderung in der Spitzengliederung der Wehrmacht führte auch ein personelles Revirement herbei, dessen Auswirkungen damals in der Fronttruppe wohl kaum in ihrer ganzen Tragweite zu übersehen waren. Dieser Tag brachte neben vielen anderen unerwarteten Personalveränderungen auch die Verabschiedung des ersten Kommandierenden Generals der deutschen Panzertruppe, des Generals Oswald Lutz, aus dem aktiven Dienst. Zusammen mit Guderian und seinen übrigen Mitarbeitern war es Lutz gelungen, die *deutsche operative Panzertruppe zu schaffen,* die später im Kriege alle Heere nachahmen sollten. Seine unermüdliche Arbeit förderte die Ideen

Guderians, formte sie und half entscheidend mit, ihre Ausführung dort in die Tat umzusetzen, wo Guderian zuweilen an »Mauern geistiger Ablehnung« zu scheitern drohte.

Um so überraschender war der unerwartete Abgang von General Lutz. Die Gründe hierfür waren nicht in seiner Person zu finden, sondern in militärpolitischen Entschlüssen Hitlers, die in ähnlich kränkender Weise eine Reihe verdienter älterer Generäle trafen – die ihm auf seinem Weg, sich an die Spitze der bewaffneten Macht zu stellen und diese für seine außenpolitischen Pläne bedingungslos einzusetzen, unbequem erschienen.

Guderian bezeichnet mit Recht diesen Tag neben dem 30. Juni 1934 als den »zweiten schwarzen Tag« des Oberkommandos des Heeres [51], obwohl er ihm die vorzugsweise Beförderung zum Generalleutnant und die Ernennung zum besonders geeigneten Nachfolger des Generals Lutz als Kommandierender General des 16. (Panzer-)Korps brachte. Die ihm unterstellten Divisionen führten jetzt:

die 1. Panzer-Division	Generalleutnant Rudolf Schmidt (Stammwaffe Inf./Nachr./Genst.)
die 2. Panzer-Division	Generalmajor Rudolf Veiel (Stammwaffe Kavallerie)
die 3. Panzer-Division	Generalleutnant Leo Freiherr Geyr von Schweppenburg (Stammwaffe Kav./Genst.)

Der Einmarsch in Österreich am 12. März 1938

Hier soll der politische Vorgang der Besetzung und des Anschlusses Österreichs an das Reich nur in großen Zügen geschildert werden, soweit er die Panzertruppe mitbetroffen hat. Guderian und die beteiligte 2. Panzer-Division (Würzburg) wurden von der Absicht Hitlers, Österreich militärisch zu besetzen, völlig überrascht. So befanden sich sämtliche Kommandeure der 2. Pz.Division auf einer taktischen Besprechung im Raum von Trier und mußten erst von dort in den Standort Würzburg zurückgeholt werden, um dann anschließend mit ihren Truppen 700 km Kolonnenmarsch nach Wien zurückzulegen. Es gab dafür weder Generalstabskarten von Österreich, noch war der Betriebsstoff im notwendigen Umfang rechtzeitig bereitgestellt. Auch gab es keine Nachschubkolonnen für den Transport des benötigten Treibstoffs, sie waren lediglich als Mob.-Verbände vorgesehen; ebenso wenig gab es eine ausreichende Ersatzteilorganisation und auch nur eine sehr unzureichende Organisation der Instandsetzungsdienste, da die schlechten Erfahrungen im »Wehrmachtmanöver 1937« noch nicht ausreichend ausgewertet worden waren. Der Einsatz der Panzerverbände war improvisiert und zeigte daher Schwächen auf, die bei den grundsätzlichen Gegnern und bei schlecht informierten militärischen Laien zu heftigen Kritiken führten, die jedoch sachlich ungerechtfertigt waren.

In Wirklichkeit war der Einmarsch ein Erfolg für die junge Truppe. Sie hatte bewiesen, daß ihr operativer Einsatz über sehr erhebliche Entfernungen möglich war und daß man, bedingt durch die hohe Marschgeschwindigkeit, mehr als eine motorisierte Division auf einer Straße bewegen konnte, wie sich beim Einsatz der motorisierten »Leibstandarte« beim Marsch von Passau auf Wien ergeben hatte.

Erwartungsgemäß war es zu keinen Kampfhandlungen gekommen. Die Erfahrungen bezogen sich also nur auf schnelle Bereitstellung der Truppe, ihre Marschbewegungen und auf ihre Versorgung auf allen Nachschubgebieten; sie waren wertvoll für die Zukunft.

Winston Churchill* bringt in seinen Memoiren ein verzeichnetes Bild des Einmarsches: »Die deutsche Kriegsmaschine war schwankend über die Grenze gerumpelt und in der Nähe von Linz zum Stillstand gekommen.« Es ist erstaunlich, daß ein Mann in seiner damaligen Stellung, der wohl über viele Nachrichtenquellen verfügen konnte, eine derart falsche Auffassung hatte. Allerdings erklärt sie auch die Überraschung des Auslandes über die Erfolge von 1939/41.

In Wirklichkeit erreichte die Mehrzahl der Panzer trotz Regen und Schneesturm und ungeachtet weitreichender Straßenreparaturen ohne jeden Zwischenfall Wien, wobei bemerkenswert ist, daß die Truppe fast nur über leichte Panzer I und II verfügte.

Übungen in der Lüneburger Heide im August 1938

Im August befand sich der Verfasser mit seinem Panzer-Regiment 5 (Standort Wünsdorf bei Berlin) auf dem Übungsplatz Bergen-Hohne. Das Regiment verfügte bereits seit 1937 über die neuen Panzer III (ca 20 t; 3,7 cm-Kanone) und seit Frühjahr 1938 über einige Panzer IV (ca 23/25 t; 7,5 cm-Kanone kurz).

Aus jenen Übungstagen sollen drei Abschnitte herausgegriffen wer-

* Churchill, Winston, »Der Zweite Weltkrieg«, Bd. I, 1949, S. 331.

den. Zunächst eine Gefechtsübung, bei der scharf geschossen wurde. Die Übung war von Major Gerhard Wendenburg, dem Chef der 4. Kompanie, angelegt worden und zeigte das neuzeitliche Kampfverfahren der Panzer. Sie fuhren nicht sinnlos als Zielscheibe in den Feind, sondern kämpften sich mit Feuer und Bewegung unter gegenseitigem Feuerschutz vorwärts, wobei sich leichte MG- und mittlere Kanonenpanzer ergänzten. Die Übung war sehr eindrucksvoll und wirklichkeitsnah.

Es gab eine Reihe von Übungen im ganzen Regiment, an denen der Divisionskommandeur Freiherr von Geyr teilnahm, der sehr modern dachte und das Zusammenwirken aller Waffen besonders betonte. Kommandeur und Stab (Oberleutnant Kühlein, Leutnant Voß u. a.) holten alles heran, was damals möglich war: das zu gleicher Zeit übende Infanterie-Regiment 17 unter Oberst Neumann, eine Panzerabwehr-Abteilung, Artillerie und vor allem die Luftwaffe aus einem in der Nähe gelegenen Fliegerhorst, dazu Nebel, Kanonenschläge und andere Übungsbehelfe. Die Leitung dieser Übung war nicht einfach. Es gelang aber, alles aufeinander abzustimmen, sogar mit Funk das Eingreifen der Flieger, so daß der Übungszweck erreicht wurde.

Schließlich bleibt noch eine Gefechtsübung mit größerem Anmarsch der Panzer zu erwähnen. Die beiden Abteilungen des Regiments 5 (I. Abt. Major Schäfer, II. Abt. Oberstleutnant Breith) wurden mit einem verschlossenen Befehl in Marsch gesetzt, der erst an einer bestimmten Stelle zu öffnen war und dann große Eile erforderte. Dabei war ein bewaldeter, angeblich panzersicherer Höhenzug zu überschreiten, um die feindliche Flanke aus der Bewegung heraus zu umfassen.

Bei der Schlußbesprechung erörterte der Regimentskommandeur als Übungsleitender des längeren die Grundsätze des Panzereinsatzes – weil viele Offiziere anderer Waffengattungen anwesend waren –, wobei er von seinem Brigadekommandeur, Generalmajor Stumpff, unterstützt wurde. Abschließend äußerte sich dann der Kommandierende General des II. Armee-Korps, General der Artillerie Ulex, mit den Worten: »Was der Herr Oberst soeben gesagt hat, mag schön und gut sein. Wenn es aber einmal zu einem Einsatz im Ernstfall kommen sollte, werden wir die Panzer so verwenden, wie wir es für richtig halten ...« Das bedeutete also, als Hilfswaffe seiner Infanterie.

Ähnliche Übungen wurden bei allen Divisionen durchgeführt; sie brachten Anregungen und Erfahrungen für die Weiterentwicklung von Taktik, Organisation und Ausbildung.

Der Einmarsch in das Sudetenland aufgrund des »Münchner Abkommens« bedeutete, vom Standpunkt der motorisierten Verbände aus gesehen, wiederum nur eine lehrreiche Versammlungs- und Marschübung ohne Zwischenfälle. Sie wurde im Volksmund als »Blumen-Krieg« bezeichnet, da die Truppen der sudetendeutschen Bevölkerung als Befreier erschienen. Es wurden erneut wertvolle Erfahrungen gesammelt, die die Verbände schulten. Der Chef des Generalstabes, General Ludwig Beck, hatte vor dem Einmarsch seinen Abschied erbeten, da er Hitlers Pläne ablehnte.

Die neue Waffengattung »Schnelle Truppen«

Bald danach forderte Hitler die Zusammenfassung aller »schnellen Truppen«, also der motorisierten Verbände und der restlichen Kavallerie, unter einer einheitlichen Dienststelle. Beim Oberkommando des Heeres hatte man dafür den General Hans von Kluge vorgesehen, sich dann aber Hitlers Wunsch angepaßt und Guderian nach einigem Zögern zum »Chef der Schnellen Truppen« ernannt. Guderian hatte Bedenken dagegen vorgebracht, da er diese Stellung mit Recht nur als eine Art von »Inspizienten-Stellung« ohne Unterstellung der von ihm zu betreuenden Truppen ansah. Auch hatte er aufgrund seiner früheren Erfahrungen Bedenken wegen der grundsätzlichen Einstellung des neuen Oberbefehlshabers des Heeres, Generaloberst Walther von Brauchitsch, und des Generalstabes des Heeres zu den Entwicklungsproblemen der Panzertruppe. Die Koppelung mit der Kavallerie erfolge, so meinte Guderian, außerdem »gegen den Willen dieser alten Waffe, die in ihm ihren Widerpart« sähe.

Hitler gab jedoch nicht nach und Guderian trat sein neues Amt am 20. November unter Beförderung zum General der Panzertruppe an. Sein Nachfolger als Kommandierender General des 16. A.K. (mot.) wurde Generalleutnant Erich Hoepner. Guderians Generalstabsoffiziere zu jener Zeit waren Oberstleutnant von le Suire (Stammwaffe Geb. Jäger) und Major Röttiger (Artl./Kraftfahrtruppe), sein Adjutant wurde Oberstleutnant Riebel (Kavallerie); dazu gab es je einen Referenten für die zu betreuenden Teile der »Schnellen Truppen« (Panzer; Panzerabwehr; Panzeraufklärung; mot. Schützen; Kavallerie).

Die Aufstellungsvorhaben für 1938 waren zu diesem Zeitpunkt bereits abgeschlossen und eine Änderung nicht mehr möglich.

Guderian stand damit Mitte 1938 auf dem Höhepunkt seiner Erfolge als Organisator der deutschen Panzertruppe. Er hatte mehr erreicht als aufgrund der gegebenen Voraussetzungen zu erwarten gewesen war. Er war Inhaber der höchsten Dienststelle für Organisation und Ausbildung seiner Waffe im Frieden. Er war sich aber genau der Schwächen der jungen Truppe bewußt. Es waren dies: Ihre noch immer recht mangelhafte *Ausrüstung* mit vollwertigen Panzerkampfwagen und sonstigem Kampfgerät; ihre noch nicht einheitlich ausgerichtete *Ausbildung* auf taktischem Gebiet; die Unruhe, die in der Truppe durch fortgesetzte *Abgaben für Neuaufstellungen* herrschte.

Ihre große Stärke lag in dem Unteroffizier- und Offizierskorps, das aus der Synthese zwischen der bisherigen Kraftfahrtruppe und den Verbänden der abgesessenen Kavallerie hervorgegangen war, ergänzt durch viele hervorragende Männer aus den anderen Waffengattungen. Die »Berufsblindheit« einer Einzelwaffe konnte dadurch vermieden oder überwunden werden. Man sah und dachte weiter und handelte sowohl großzügiger wie auch schneller. Das »Zeitalter des Mannes am Motor«[52] war angebrochen; man konnte sich seinen Forderungen nicht entziehen. Guderian und die Panzertruppe waren auf dem richtigen Wege. Die Schwächen waren tragbar, da die Zeit helfen würde, sie zu überwinden, und ein Krieg nach Ansicht der militärischen Führung aufgrund der neugeschaffenen Verteidigungsfähigkeit des Reiches nicht mehr in Betracht kommen konnte. Der Gedanke eines eigenen Angriffskrieges schien absurd, da dafür neben den politischen auch fast alle militärischen Voraussetzungen fehlten.

Die Fachliteratur

Nachdem das Thema »Panzer und Motor« seit etwa zehn Jahren in der militärischen Fachwelt eine Rolle gespielt hatte und sich gewisse Vorstellungen darüber gebildet hatten, sollen nachstehend die Ansichten damaliger Generalstabsoffiziere aus drei Generationen noch einmal aufgeführt werden.

Der Hauptmann Johann Adolf Graf von Kielmansegg * äußerte sich 1938 in der halbamtlichen Zeitschrift »Die Wehrmacht« sehr eingehend und bejahend über das taktische Verfahren einer Panzerdivision beim überraschenden Durchbrechen einer leichtbefestigten ständigen Front[53].

* Bis zum 31. März 1968 NATO-Oberbefehlshaber Europa Mitte.

Oberst Walther K. Nehring (damals Kommandeur eines Panzerregiments) behandelte in der gleichen Ausgabe den operativen Durchbruch starker infanteristischer, gepanzerter und motorisierter Kräfte durch eine tiefgegliederte Verteidigungsfront[54]:

»... Worauf kommt es also beim Durchbruch an? Darauf, den einmal laufenden Angriff und Einbruch nicht durch physische Erschöpfung zum Halten kommen zu lassen, sondern mit mindestens der gleichen Geschwindigkeit, die dem Verteidiger zur Verfügung steht, aber mit stets zunehmender Angriffskraft durchzubrechen und dabei den Durchbruch nach Tiefe und Breite so zu erweitern, daß er sich operativ auswirkt. Dabei ist noch überlagernd zu fordern, daß aus Gründen der Überraschung die Masse der Angriffstruppen erst im Laufe der letzten Nacht versammelt werden darf. Nach neuzeitlicher Auffassung ermöglichen es die Fortschritte der Technik, durch Zusammenwirken der bisherigen Waffengattungen mit motorisierten und gepanzerten Kräften sowie mit der Luftwaffe das bisherige langsame ›Durchnagen‹ durch die Stellung durch einen gleichzeitigen Stoß in die ganze Tiefe des Durchbruchsraumes zu ersetzen, das Gebäude der Verteidigung schlagartig zu erschüttern und den Erfolg an sich zu reißen, ehe es der Abwehr gelingt, Reserven in genügendem Umfang heranzubringen. Man will folgendes Kampfverfahren anwenden: Zunächst Durchbruch der Front, dann Kampf in der operativen Tiefe durch Vernichtung der operativen Reserven des Gegners und schließlich operative Verfolgung.

Die *Infanteriedivisionen* der ersten Welle tragen dazu den Angriff vor, unterstützt durch Heeresartillerie und vorgerissen durch starke Panzerverbände der Heeresreserve, die erst im Laufe der Nacht an die Angriffsfront herangezogen worden sind. Mit Beginn des Argriffs rollen von weit rückwärts her die *Panzerdivisionen* heran. Sie halten sich bereit, überschlagend vorzugehen, wenn die Infanteriedivisionen das Hauptkampffeld des Verteidigers eingedrückt haben, um nun die heraneilenden feindlichen operativen Reserven und die oberen Führungsstäbe zu vernichten und dann zur Verfolgung überzugehen. Zu gleicher Zeit fahren aus über hundert Kilometer zurückliegenden Bereitstellungsräumen die *motorisierten Infanteriedivisionen* an, um in wenigen Stunden die Front zu erreichen, auf geländegängigen Fahrzeugen zu durchschreiten und zusammen mit weiteren Verbänden den gepanzerten Divisionen zur Ausnutzung des Erfolges nachzurollen. Hinter diesen gepanzerten und motorisierten Wellen folgen weitere Infanteriedivisionen, um aufzuräumen, festzuhalten und den Erfolg auszubauen. Über dem gesamten Angriffsraum fliegen und begleiten den Angriff die Geschwader der *Luftstreitkräfte.* Sie greifen in den Erdkampf ein, ziehen Nebelwände, bekämpfen vor allem weitreichende Fernkampfartillerie, verhindern durch Masseneinsatz das Heranführen operativer Reserven, unterbrechen durch Bombenabwurf das Zentralnervensystem der oberen Führung, umfassen die Front durch Luftlandetruppen im engen Zusammenwirken mit den frontal angesetzten Erdtruppen, bringen Verwirrung in das Hinterland bis zum weitgesteckten Angriffsziel und erleichtern durch ihre Mitarbeit ausschlaggebend das Ringen der schnellsten erdgebundenen Waffen um den gemeinsamen Sieg ... Wir sind damit am Ende unserer Ausführungen. Die Panzerwaffe marschiert, da ist kein Zweifel möglich ... Entscheidend ist die Tatsache der allgemeinen Erkenntnis vom schöpferischen Wesen des Motors[55], das sich für die Kriegführung in gleicher Weise auswirken wird, wie einst die Erfindung des Schießpulvers und der Dampfmaschine. Bei längerer Dauer des Krieges werden die mehr oder weniger gepanzerten motorisierten Kampf- und Beförderungsfahrzeuge in jeglicher Gestalt auf Gleisketten oder auf Rädern die Hauptrolle auf der Erde spielen, sei es als organischer Teil der unentbehrlichen Infanterie und Artillerie und als Nachschubfahrzeuge auf dem Schlachtfelde, sei es vor allem in der *Form gepanzerter Divisionen* als selbständig operierende neue Hauptwaffe ...« [56]

Freunden und Gegnern der Panzertruppe erschienen diese Gedanken damals wohl als übertriebene Phantasie, wobei auf die »Studien« des Generals Beck aus den Jahren 1937/38 hingewiesen werden darf, der die Ansichten »sogenannter Vertreter des Fortschritts« als zweifelhaft hinstellte. Die Erfolge vom Mai 1940 auf der Angriffsachse Koblenz – Sedan – Amiens – Kanalküste (bei der Operation »Sichelschnitt«, wie Winston Churchill schreibt) haben aber wohl den »Fortschrittlern« recht gegeben.

Als Vertreter der älteren Generation sprach der bekannte General der Infanterie a. D. Waldemar Erfurth durch sein Buch »Die Überraschung im Kriege«* vom *Motor und Panzer* neben anderen Mitteln als *wichtigen Überraschungsfaktoren.* In gleicher Weise unterstreicht auch seine Arbeit »Der Vernichtungssieg«** das Thema *von der raumverkleinernden Wirkung des Motors* im Verlauf kriegerischer Operationen, das vor dem Zweiten Weltkrieg noch nicht geistiges Allgemeingut war. Erfurth erinnerte abschließend an Graf Schlieffens Wort: »Will man große Erfolge haben, so bleibt immer etwas zu wagen übrig.«

IV. *Das Jahr 1939*

In diesem Jahr wurden bis zum Ausbruch des Krieges keine neuen Verbände in der Panzertruppe aufgestellt. Das Jahr sollte nach den Plänen ihrer Führung der weiteren Festigung des übereilten Aufbaues dienen. Bei der Panzertruppenschule wurde in Wünsdorf das *Panzer-Lehrregiment,* an das vor allem das Pz.Rgt. 8 neben anderen Verbänden Personal abgab, gebildet; in Wien entstand das neugebildete *Generalkommando 19 (mot.)* – dem die 2. Pz.Division und die (österreichische) 4. leichte Division unterstellt wurden – sowie in Prag der Stab der *10. Panzerdivision.*

Der Einmarsch in Böhmen-Mähren

Die dramatischen Ereignisse des 15. März 1939 im Zuge der militärischen Besetzung Böhmen-Mährens sollten außenpolitisch schwerwiegende, nachteilige Folgen für das Reich und sein Ansehen in der Welt nach sich ziehen. Für die Panzertruppe, soweit sie überhaupt beteiligt war, bedeutete dieser Einsatz militärisch eine völlig unvermutete, hier und dort mit einigen Problemen verbundene Probemobilmachung – was sich unschwer den Truppengeschichten ihrer Divisionen entnehmen läßt. In politischer Hinsicht wurden innerhalb der Truppe schon in jenen Tagen erhebliche Bedenken gegen diesen Schritt der Reichsregierung geäußert, die angesichts des rücksichtslos praktizierten Primats der Politik bedeutungslos blieben.

Beim Panzerregiment 5 (dessen Kommandeur der Verfasser damals war) fand gerade eine Sandkastenübung im Panzerfunkverkehr unter

* September 1938.
** September 1939.

Leitung des Hauptmanns Gierga statt. Als der Befehl eintraf, eine Abteilung unter Major von Wilcke marschfertig zu machen, hielten die Offiziere ihn für eine Übungseinlage, da er nicht als ernstgemeint angesehen werden konnte. Sechs Stunden später saßen Gierga und seine 1. Kompanie im Transportzug mit unbekanntem Ziel; er sollte mit seinen politischen Bedenken später recht behalten.

Panzerübungen und Paraden

Im Mai fanden mehrere größere Panzerübungen im Divisionsrahmen unter Leitung von General Hermann Hoth auf dem Übungsplatz Döberitz statt, die Versuchen aller Art dienten. Dabei führte Oberstleutnant Hermann Breith vertretungsweise das Panzerregiment 5. Die Stimmung der militärischen Zuschauer war interessiert und günstiger als bisher. Es ließ sich nicht mehr abstreiten, daß etwas Neues geschaffen war, dessen Brauchbarkeit als selbständiger operativer Verband gegeben zu sein schien.

Am 20. April und am 6. Juni 1939 wurden große Militärparaden in Berlin abgehalten, letztere vor dem Prinzregenten Paul von Jugoslawien. Das Wünsdorfer Panzer-Regiment 5 war dazu mit Panzerkampfwagen III und IV aus anderen Panzerdivisionen auf den Sollstand aufgefüllt worden. Das Vorbeirollen der unübersehbaren Kolonnen von Panzern und Kraftfahrzeugen beeindruckte die Zuschauer stark. Dieses militärische Schauspiel, das auch die Aufmerksamkeit aller ausländischen Militärattachés sowie der interessierten Militärschriftsteller und Experten unter den Journalisten aus aller Welt auf sich zog, sollte wohl als Teil des damals bereits inszenierten Nervenkrieges dienen, wie der britische Historiker Taylor meint[57].

Ausstattung mit Panzerkampfwagen

Ende August 1939 verfügten die Panzerabteilungen über je 69 Panzerkampfwagen, die im Frieden in Stab und vier Panzerkompanien gegliedert waren; im Mobilmachungsfall in Stab und drei Panzerkompanien: *Stab* mit 1 Pz.Befehlswagen III, 1 PzKpfWg. II, 4 PzKpfWg. I, *1.* und *3. Komp.* mit je 4 PzKpfWg. III (3,7 cm-Kanone) (KwK), 8 PzKpfWg. II (2 cm-KwK), 9 PzKpfWg. I (7,9 mm-MG/Zwilling); *4. Komp.* mit 16 PzKpfWg. IV (7,5 cm-KwK/kurz), 5 PzKpfWg. II. Insgesamt je Pz.Abteilung: 22 P I, 22 P II, 9 P III, 16 P IV.

Die Panzerkampfwagen I sollten aufklären und sichern; die Panzerkampfwagen II und III kämpfen, vor allem gegen feindliche Kampfwagen und schwere Abwehrwaffen; die Panzerkampfwagen IV den Kampf der anderen Kampfwagentypen überwachen und unterstützen. Alle verfügten über Funksprechgeräte für die Verbindung untereinander. Ferner verfügte jede Kompanie für kleinere Aufgaben der Wartung und Instandsetzung über eine Instandsetzungsgruppe (I-Staffel) und ergänzend, für größere Instandsetzungsaufgaben, jede Panzerabteilung über einen Werkstatt-Zug. Das Panzer-Regiment hatte damals bei zwei Panzerabteilungen einschließlich des Regimentsstabs etwa 150 Panzerkampf- und Befehlswagen aller vier Typen; die Panzerdivision mit einem Panzer-Brigadestab und zwei Panzer-Regimentern sollmäßig 324 Panzer bei einer Gesamtkopfstärke von 11 792 Mann.

V. *Ansichten der Heeresleitungen des benachbarten Auslands über den Einsatz von Panzerkampfwagen vor Ausbruch des Zweiten Weltkrieges*

Frankreich

Die französische Heeresleitung wollte die Verteidigung ihres Landes nach den Grundsätzen von 1918 führen. Infanterie und Artillerie waren die Hauptwaffen. Die Panzertruppe blieb »Hilfswaffe der Infanterie«, zu der sie organisatorisch gehörte. Sie bestand Ende 1932 aus 74 Panzerkompanien, die in fünf artreinen Brigaden zu je zwei Panzerregimentern zu je zwei Abteilungen zusammengefaßt waren. In Deutschland gab es zu jener Zeit keine Panzereinheiten. Die vorhandenen fünf französischen Kavalleriedivisionen waren durch Panzerspähwagen und je ein Bataillon »dragons portées« (auf LKW verlastete Dragoner) teilmotorisiert.

Ab 1933 begann man neu zu organisieren und neue Panzertypen zu bauen, hielt aber an den alten Einsatzgrundsätzen fest.

Die *Masse der Kampfwagen* (33 von 61 Abteilungen) war 1939/40 im Rahmen der Infanterie als Hilfswaffe eingesetzt; hieran änderte auch die Erfahrung aus dem polnischen Feldzug nur wenig.

Sieben Infanteriedivisionen (Nr. 1, 2, 5, 9, 12, 15, 25) waren zwar teilmotorisiert; das hieß aber nur, ihre Infanterie sollte durch Transportverbände der Heerestruppen (nach Art von Eingreifverbänden hinter einer festen Front) verschoben werden. Praktisch mußte also ihr Einsatz im Bewegungskrieg häufig zu spät kommen.

Die fünf Kavalleriedivisionen waren nach wie vor nur teilmotorisiert. Sie verfügten lediglich über Panzerspähwagen und leichte Aufklärungspanzer, waren also wenig kampfkräftig.

Die drei »divisions légères mechaniques« waren zwar mit Somua- und H 35-Kampfwagen ausgestattet, insgesamt aber – wie die deutschen »leichten Divisionen«, denen sie Vorbild gewesen waren – für Kampfaufgaben zu schwach und daher nur bedingt einsatzfähig für die Schlacht mechanisierter Kräfte.

Die vorgesehenen vier Panzerdivisionen waren – von der Gliederung her gesehen – ziemlich brauchbar, obwohl sie neben den anderen Waffengattungen nur über ein Bataillon Begleitinfanterie verfügten – was für eine operativ selbständige Verwendung zu wenig sein mußte. Praktisch war dieser Divisionstyp daher nur für einen begrenzten Gegenangriff geeignet. Außerdem war es nicht gelungen, diese vier Divisionen bis zum 10. Mai 1940 voll einsatzbereit zu machen.

Der zweckmäßige Vorschlag des Colonel de Gaulle von 1934 hatte sich gegenüber den Auffassungen des französischen Generalstabs nicht durchsetzen können. Auch hier war nur halbe Arbeit geleistet worden.

Dagegen waren brauchbare Panzertypen entwickelt und ab 1935 bis Mai 1940 gebaut worden:

Leichte Panzer von 10 t Gewicht mit einer 3,7 cm-Kanone, einer Panzerung bis zu 40 mm Stärke und mit einer Geschwindigkeit von etwa 20 km/h; insgesamt 2665 Stück;

Kampfwagen (chars de bataille) zur Unterstützung der leichten Panzer und zur Bekämpfung feindlicher Panzer, 1530 Stück. Sie waren durch ihre Panzerstärke und ihre Waffe den deutschen Kampfwagen und der deutschen Panzerabwehr voll gewachsen beziehungsweise überlegen.

Ihre Zusammenfassung und Führung in operativen Verbänden hätte den deutschen Erfolg von 1940 erheblich erschweren können, da ihnen unter den eingesetzten 2574 deutschen Wagen nur 627 deutsche Panzer III und IV gegenüberstanden, die ihnen nach Panzerung und Bewaffnung etwa gleichwertig waren.

Großbritannien

In England divergierten die Meinungen über den Kampfwageneinsatz seit 1918. Trotz aller Hinweise der Panzerexperten Fuller, Martel und Liddell Hart auf die Möglichkeit und Zweckmäßigkeit der Verwendung neuzeitlicher, schnellfahrender »Tanks« behielt die britische Heeresleitung ihre konservative Einstellung, die Kampfwagen nur im Rahmen der Infanterie zu verwenden, trotz mehrerer Versuchsübungen im gemischten Panzerverband bei. 1931 wurde daher die artreine 1. Tankbrigade aufgestellt, die als größter Panzerverband im Schwerpunkt der Schlacht eingesetzt werden sollte. Ähnlich dachte auch der deutsche Generalstab, während Guderian in dieser Art der Organisation und Verwendung von Panzern eine Verzettelung der immer nur zahlenmäßig beschränkt zur Verfügung stehenden Panzerkräfte sah.

Der Gedanke operativ selbständiger Panzerverbände blieb jedoch in England lebendig. Das »Expeditionskorps« wurde 1935 motorisiert, wobei jede der neun Infanteriedivisionen eine Tankabteilung zu 60 leichten Kampfwagen erhielt. Ab 1939 entstand dann endlich auch die erste Panzerdivision (»Armoured Division«), nachdem man die Entwicklung in Deutschland sorgfältig beobachtet hatte.

Die Sowjetunion

Ihre Heeresführung teilte vor 1939 etwa die französische Auffassung, den Panzerkampfwagen im Rahmen der großen Infanterieverbände einzusetzen.

Ursprünglich war sie geneigt gewesen, sich aufgrund der deutsch-sowjetischen Zusammenarbeit bis 1933 in »Kama« den deutschen Ansichten der Verwendung selbständiger Panzerverbände anzuschließen, ohne jedoch die »Nahunterstützung der Infanterie« durch Panzerkampfwagen, also nach deutschen Begriffen durch Sturmgeschütze, aufzugeben.

Die vermeintlichen Erfahrungen im spanischen Bürgerkrieg ab 1936 bewogen die sowjetische Führung aber, sich wieder der französischen Auffassung über den Einsatz von Panzerkampfwagen anzuschließen. Im Panzerbau begann man mittlere und schwere Kampfwagen zu entwickeln. So entstanden die neuen Kampfwagentypen »T 34« und „KW I«, sowie »KW II« mit der Kampfwagenkanone vom Kaliber 7,62 cm, die 1941/42 den damaligen deutschen Panzerkampfwagen vom Typ II bis IV nach Panzerung und Bewaffnung überlegen waren.

Es ist festzustellen, daß der Panzerbau auf sowjetischer Seite seit etwa

1920 in Anlehnung an englische und amerikanische Entwicklungen energisch und erfolgreich vorwärtsgetrieben worden ist. Der zahlenmäßige Bestand an Panzerkampfwagen der Roten Armee war beachtlich, die Möglichkeit ihrer verstärkten Fertigung im Kriegsfall vorbereitet. Daß diese Verstärkung auch klappte, mußten die Soldaten des deutschen Heeres während des Feldzuges gegen die UdSSR nach anfänglichen sowjetischen Rückschlägen bald erfahren.

Über die Entwicklung der sowjetischen Panzertruppe und ihren Einsatz im Verlauf des Zweiten Weltkrieges wird später berichtet werden. Man vergleiche hierzu auch die Übersicht im Anschluß an die operativen Betrachtungen über die deutsche Operation »Zitadelle« im Sommer 1943 *.

Kapitel 3 · Die Panzertruppenschule von 1925 bis 1945

Die Chronik der Panzertruppenschule bis zur Auflösung in Bergen/Celle, im Jahre 1945, ist ein Spiegelbild der Entwicklung der Panzertruppe. Die Schule hat die Ausbildungsgrundlagen und den Ausbildungsstand des Führerpersonals ihrer Waffengattung entscheidend mitgeformt, verbessert und bis zum Kriegsende in bester Form erhalten. Besonders hervorzuheben ist das besondere Verdienst der Schule bei der schnellen und erfolgreichen Umstellung der 1. Kav.Division im Winter 1941/42 zur 24. Pz.Division sowie der Aufstellung der Panzer-Lehr-Division in den Jahren 1943/44.

I. Die Geschichte der Panzertruppenschule begann mit den *Technischen Lehrgängen,* die Anfang der zwanziger Jahre durch die »Inspektion der Kraftfahrtruppen« (In 6) in Berlin-Moabit zunächst behelfsmäßig eingerichtet worden waren. Leiter der Technischen Lehrgänge war 1925 bis 1929 Oberstleutnant Stottmeister, der diese erste Schule der späteren Panzertruppe ab 1928 wesentlich erweiterte.

Als Lehrstabsoffiziere dienten hier ab 1928: Major i. G. Heinz Guderian und Hauptmann Johannes Nedtwig (für Taktik); Hauptmann Johannes Streich (für Kf.Technik). Aufgabengebiet der Lehrgänge war ursprünglich Kf.Technik, ab 1928 aber auch Taktik der motorisierten

* Dritter Teil, Kap. 3, S. 291 ff., 306 ff. Vgl. auch Anhang, S. (36) f.

und, theoretisch noch, der gepanzerten Truppen. Als Teilnehmer wurden Stabsoffiziere der Kraftfahrtruppe kommandiert, andere Offiziere und technische Beamte der Kraftfahrtruppe und auch Offiziere anderer Waffengattungen. Diese technischen Lehrgänge wurden dann Ende der zwanziger Jahre in »Kraftfahrlehrstab« umbenannt. Unter Oberst Paul Genée wurden sie erweitert. Von 1932 bis 1934 war der bayrische Oberst Ernst Fessmann Kommandeur, seine nächsten Mitarbeiter waren die Majore Hans Haarde, Georg von Bismarck und Friedrich Kühn.

Dem Kraftfahrlehrstab wurde der Kraftfahr-Versuchsstab Döberitz unter Hauptmann Paul von Mühlenfels neu unterstellt, dessen praktische kraftfahrtechnischen Versuche und Erprobungen für die weitere Entwicklung der neuzubildenden Panzertruppe von großem Wert waren.

Vorübergehend, aber auch aus Gründen der Tarnung gegenüber dem Ausland, wurde am 1. November 1933 im Rahmen des Lehrstabes das Kraftfahr-Lehrkommando I, Zossen, gebildet. Aus diesem Lehrkommando wurde zusammen mit dem Lehrkommando II (Ohrdruf) der Ausbilderstamm der gesamten neuen deutschen Panzertruppe entwickelt. Seine Auflösung erfolgte bis Herbst 1935 mit Abschluß der Aufstellung der ersten drei Panzerdivisionen.

Ebenso wurden dem Lehrstab zeitweilig die im April 1934 neu eingerichteten »Schießlehrgänge beim Kraftfahr-Sonderlehrgang«, Wustrow (Ostsee), unterstellt. Leiter der Schießlehrgänge waren Hauptmann Baumgart, später Köhn. Als Ausbildungsgerät stand zunächst Gerät aus »Kama«, darunter die ersten Versuchskampfwagen, zur Verfügung.

Aufgabe dieser Lehrgänge war es, die Schießausbildung voranzutreiben, die Entwicklung neuer Schießverfahren und neuer Ausbildungshilfen zu fördern. Außerdem hatten sie sich mit Panzeraufklärung, Panzerabwehr, der Mitarbeit an der Schießvorschrift der Panzerwaffe und der Ausbildung von Schießlehrern der jungen Truppe zu befassen.

II. Die *Schießlehrgänge* und ihre Entwicklung zur Schießschule. Ende Juli 1935 wurden die Lehrgänge auf den nahen Schießplatz Putlos (Ostsee) verlegt. Es wurde dann eine Panzer-Schießlehrkompanie aufgestellt. 1942 kamen eine Panzerjäger- und 1943 eine Panzeraufklärungs- und zwei Panzergrenadier-Kompanien hinzu. Diese Lehrkompanien waren in zwei Lehrgruppen unter den Hauptleuten von Bennigsen und Weber zusammengefaßt, die zeitweise bis zu 1000 Lehrgangsteilnehmer der verschiedenen Waffengattungen betreuten. Dieser »Schießschule« stand praktisch das Gerät einer modernen Panzerdivision – außer Artillerie – zur Verfügung. Von ihren Lehroffizieren hat sich besonders der Hauptmann von Kempski durch seine Arbeit an der Schießvorschrift der Panzertruppe und um ihre Schießausbildung verdient gemacht.

Neben diesen normalen Lehrgängen liefen auch die Ausbildung der Unterwasserpanzer-Besatzungen für die 1940 geplante Landung in England, die Ausbildung von Panzer-Warten und waffentechnischem Personal, Kurse für Kommandeure sowie Erprobungen von deutschem und erbeutetem Kampfgerät. Beachtlich waren 1944 erfolgreiche Nachtschießversuche mit Scheinwerfern, deren infrarote Strahlen unsichtbar waren, jedoch das Ziel für die hinter einer besonderen Optik sitzenden Richtschützen anleuchteten.

Die Kommandeure der »Schießlehrgänge« beziehungsweise der späteren »Schießschule« waren:

1. Major/Oberstleutnant Baumgart (1934 bis 1938);
2. Oberstleutnant/Oberst Kraeber (1. 11. 1938 bis 30. 4. 1943, unterbrochen durch mehrfache längere Verwendung als Kommandeur eines Panzerregiments an der Front);
3. Oberstleutnant Bonatz (ab 1. 5. 1943);
4. Oberst von Köppen (1943?);
5. Oberst von Bodenhausen (?);
6. zuletzt Major Fechner (August 1944 bis Mai 1945).

Da die Aufgaben der neubenannten *Schießschule der Panzertruppen* 1943/44 inzwischen zu umfangreich geworden waren, um in der alten Form einer Dependance der Truppenschule weitergeführt werden zu können, schied sie 1944 aus dem Verband der Panzertruppenschule aus. Sie wurde jetzt dem neugebildeten *Kommandeur der Schulen der Panzertruppe* unmittelbar unterstellt.

III. Die Aufgaben des erweiterten Kraftfahr-Lehrstabes erforderten 1934 den Ausbau zur *Heereskraftfahrschule Berlin*. Sie wurde 1935 nach Wünsdorf verlegt und im Herbst 1936 in *Kraftfahrkampftruppenschule* und am 1. 10. 1937 in *Panzertruppenschule* umbenannt.

Die *Panzertruppenschule* war am 15. 10. 1935 gegliedert in: Vorschriftenstelle (Majore Brunn, Volckheim, 1938 bis 1943 Oberst Theiß). Taktische Lehrgänge (Major Cuno). Technische Lehrgänge (Major Spaeth). Schießlehrgänge Putlos (Major Baumgart 1934 bis 1938).

Der Schule waren unterstellt: 1935 die Kraftfahr-Lehr- und Versuchsabteilung* (Döberitz Elsgrund); 1936 die nach Wünsdorf verlegte und dabei geteilte Abteilung mit: Kraftfahrkampftruppen-Lehrabteilung zu fünf Kompanien und Kraftfahrkampftruppen-Versuchsabteilung zu drei Kompanien.

Aus der Lehrabteilung gingen im Oktober 1937 hervor: die Panzer-Lehrabteilung (Major von Lewinski) – ergänzt aus Abgaben des Pz.Rgt. 8 –, Panzerabwehr-Lehrabteilung (Major von Tippelskirch), während die Kraftfahr-Versuchsabteilung in eine Versuchsabteilung für Heeresmotorisierung (Major von Mühlenfels) umbenannt wurde.

Am 4. 7. 1939 wurde zum Abschluß der Aufstellung der Lehrtruppen das Panzer-Lehrregiment in Wünsdorf aus oben genannten zwei Lehrabteilungen, aus dem neu unterstellten 2. (mot.) Infanterie-Lehrbataillon der Infanterie-Schule Döberitz und aus einem Regimentsstab gebildet. Dazu trat noch vor dem 1. 9. 1939 die Aufklärungs-Lehrabteilung.

IV. Am 1. 2. 1940 wurden die Technischen Lehrgänge einschließlich der Höheren Technischen Lehranstalt und die Lehrabteilung für Heeresmotorisierung als »*Schule für Heeresmotorisierung*« selbständig und aus der Panzertruppenschule herausgenommen, um diese von rein technischen Aufgaben zu entlasten, die der allgemeinen Heeresmotorisierung dienten.

V. Ab 24. 11. 1938 war die neue Waffengattung »*Schnelle Truppen*« unter dem »Chef der Schnellen Truppen« gebildet worden. Zu ihr gehörten alle schnellen Truppen einschließlich der Kavallerie sowie die »Inspektion der Kavallerie« und die »Inspektion für die Panzertruppe und für Heeresmotorisierung« mitsamt ihren Schulen und Lehrtruppen. Am 11. 6. 1941 wurde die Panzertruppenschule daher umbenannt in Schule für Schnelle Truppen Wünsdorf und die bisherige Kavallerieschule in Schule für Schnelle Truppen Krampnitz (Standort Potsdam-Krampnitz).

VI. Mit dem 1. 4. 1943 wurde die Waffengattung »Schnelle Truppen« aufgelöst und die neue Waffengattung »*Panzertruppen*« geschaffen.

Im August 1943 wurde im Zuge der zunehmenden Luftangriffe auf das Zentrum des Reichsgebiets, um den ungestörten Fortgang des Lehrbetriebes zu gewährleisten, die Panzertruppenschule Wünsdorf nach Bergen und Fallingbostel in der Lüneburger Heide verlegt.

Am 17. 12. 1943 wurden beide Panzertruppenschulen in Panzertrup-

* Als Kf.-Versuchsstab seit dem 1. Januar 1929 aus 2./Kf. 3 gebildet.

penschule I Wünsdorf und Panzertruppenschule II Krampnitz umbenannt

Am 1. 3. 1944 wurde die Ortsbezeichnung Wünsdorf letztmalig umgeändert. Die Schule I hieß nunmehr Panzertruppenschule I Bergen.

Der Schulbetrieb wurde auch durch die fortwährenden personellen Abgaben und Wechsel nicht nachhaltig in seiner für die Fronttruppe sehr wertvollen Ausbildungsarbeit beeinträchtigt. In die letzten 18 Monate fällt vor allem die Arbeit an der Nacht-Schießausbildung und die Aufstellung der Nachtschieß-Versuchsabteilung, die in den letzten Kriegstagen noch zu praktischer Erprobung in den Kämpfen ostwärts Berlin und am Plattensee gelangte, um sich dann in den Schlußkämpfen in der Lüneburger Heide im April 1945 durch beachtliche Abschußerfolge zu bewähren.

VII. Das *Panzer-Lehrregiment* wurde im Januar 1944, anderen Verbänden der Lehrtruppen folgend, zur Aufstellung der Panzer-Lehrdivision nach Frankreich verlegt. Nach kurzer, kriegsnaher Ausbildung unter dem erfahrenen Panzerkommandeur, Generalleutnant Fritz Bayerlein*, zum bestausgerüsteten Panzerverband des Jahres 1944 geworden, haben sich das Panzer-Lehrregiment und die Panzer-Lehrdivision in den Kämpfen der Jahre 1944/45 wiederholt hervorragend bewährt.

VIII. Die *Kommandeure der Panzertruppenschule* (außer der Schule Krampnitz) waren: 1925/29 Oberstleutnant Stottmeister, 1929/31 Oberst Genée, 1932/34 Oberst Fessmann, 1934/37 Oberst Haarde, 1937/38 Oberst Ritter von Radlmaier, 1938/40 Oberst Kühn, 1940 Oberst Harpe, 1941/43 Oberst Nedtwig, 1943 Oberst Kraeber, 1944/45 Oberst Munzel.

Oberst Munzel – der zahlreiche Frontverwendungen fand – wurde von Oberst Grosan als ständigem Vertreter unterstützt. In gleicher Eigenschaft war Oberst von Holtzendorff 1938/39 und 1942/43 tätig.

Kapitel 4 · Deutscher Kampfwagenbau von 1925 bis 1945

Ein Überblick über die Geschichte der Panzerwaffe wäre unvollständig ohne einen Blick auf ihre Waffen und Ausrüstung, ihre Entwicklung und Fertigung.

* Ia Oberstlt. i. G. Kauffmann (heute BrigGeneral der BWehr).

*Das Heereswaffenamt**

Aufgrund der Erfahrungen des Ersten Weltkrieges wurde im Reichswehrministerium 1928 ein zentrales Heereswaffenamt[58] gebildet, dessen Aufgabe die Entwicklung von Waffen, Munition und Gerät war. Über seine Arbeitsweise und die Zusammenarbeit mit den anderen Ämtern des Reichswehrministeriums ist schon vorher berichtet worden. Für die Entwicklung von Kampfwagen und anderen gepanzerten Fahrzeugen war die »Kraftfahr- und Motorisierungsabteilung (Wa Prüf 6)« zuständig, die der »Amtsgruppe für Entwicklung und Prüfung (Wa Prüf)« unterstand. Die Mitarbeiter waren Frontoffiziere, Hochschuloffiziere (»technischer Generalstab«), Fachingenieure und technische Beamte. Sie konstruierten nicht selbst. Auch griffen sie nicht mit konstruktiven Wünschen in die laufende Entwicklung ein. Das war Sache der beauftragten Firma. Die wehrtechnischen Führungskräfte sollten vielmehr nur Aufgaben stellen, prüfen, Werturteile fällen, Anregungen und Hinweise geben. Ihr Arbeitsgebiet litt bis 1933/34 unter dem Mangel an Geldmitteln und unter den einengenden Bestimmungen des Versailler Vertrages. Dennoch haben sie im Wechsel zwischen Dienst in der Truppe und Arbeit im Heereswaffenamt Hervorragendes geleistet. Als Chef des Amtes haben sich die Generäle Max Ludwig, Alfred von Vollard Bockelberg, Karl Becker und Emil Leeb um die vorbildliche Ausrüstung der Truppe verdient gemacht.

Die ersten Kampfwagen

Die ersten Nachkriegs-Kampfwagen wurden unter der Tarnbezeichnung »Traktor« etwa ab 1925 entwickelt und im Herbst 1928 nach »Kama« gebracht, wo bereits eine »technische Station« bestand. Es waren sechs »Groß-Traktoren« von etwa 23 t Gewicht mit einer 7,5 cm-Kanone und drei »Leicht-Traktoren« von 10–12 t Gewicht mit einer 3,7 cm-Kanone, die 1933 alle nach Deutschland zurückgebracht werden konnten. Da es 1925 noch keine starken Fahrzeugmotore gab, erhielten die »Groß-Traktoren« einen BMW-Flugzeugmotor von 300 PS Stärke, der wegen mangelnder Drehzahlelastizität kaum als Behelf geeignet war. Ihre Geschwindigkeit betrug bis zu 36 km/h.

Durch die riesige Entfernung von »Kama« nach Deutschland und den dadurch bedingten Zeitverlust, durch die mangelnde Aussprache mit

* Vgl. Anhang, S. (7) f.

den technischen Führungskräften in Deutschland und durch die strenge Geheimhaltung verzögerte und erschwerte sich die Auswertung der in »Kama« gemachten Erfahrungen – zumal es ja vor Anfang 1934 auch keine ausreichende Lehrtruppe der Panzerwaffe für die praktische Auswertung und Erprobung im Truppenversuch gab. Immerhin gab es – neben der Ausbildung von taktischem und technischem Personal – wertvolle Erkenntnisse: So zum Beispiel zur Gestaltung von Laufwerk und Ketten, Vorder- oder Hinterradantrieb, Fragen der Lenkung, der Motorstärke je Tonne Gewicht, entscheidende Bedeutung einer hohen Anfangsgeschwindigkeit (Vo) der Panzerkanone, Fragen der Abfeuerung, Gestaltung der Optiken, Einflüsse des Fahrgestells auf die Schießleistung der verschiedenen Waffen, die Möglichkeit der Führung durch Funkverbindung und Unmöglichkeit der Schwimmfähigkeit von schweren Kampfwagen. Dadurch wurden vieljährige Vorarbeiten erspart, die in Deutschland vor 1933/34 nicht zu leisten waren.

Das sogenannte *»Neubaufahrzeug« (Nb-Fz)* entstand aufgrund von Anregungen in »Kama«, die General Lutz und Oberst Guderian bei ihrem dortigen Besuch vorgetragen worden waren. Es sollte ein verbesserter »Groß-Traktor« werden. Der Konstruktionsauftrag ging an die Firma Rheinmetall. Im Frühjahr 1934 fand die erste Fahrerprobung in Unterlüß statt, die aber noch viele Mängel aufzeigte. Das Fahrzeug hatte eine 7,5 cm-Kanone und eine 3,7 cm-Kanone, ferner fünf MG, sieben Mann Besatzung, ein Gewicht von 25 t bei nur 14,5 mm-Panzerung aus Flußstahl. Angeblich sollen sechs Stück dieses Typs gebaut und sogar 1940 bei der Operation »Weserübung« in Oslo gelandet worden sein; aber nur ein »Nb-Fz« wurde 1937/38 bei einer Parade in Berlin gezeigt. Es soll von diesem Typ noch ein ähnliches Muster mit einer 10,5 cm-Kanone gegeben haben; nähere Angaben hierzu liegen jedoch nicht mehr vor.

Die neuen Kampfwagen-Typen ab 1932

Der neue »Klein-Traktor« (Kl.Tr.)
oder »LaS« – später P I – genannt

Im Herbst 1931 lagen die abgeschlossenen Konstruktionszeichnungen der Firma Krupp für einen in Auftrag gegebenen »Klein-Traktor« bei Wa Prüf 6 vor. Die Konstrukteure der Firma Krupp waren die Ingenieure Hagelloch und Woelfert. Etwas später konnten zwei englische Carden-Lloyd-Fahrgestelle gekauft werden – durch sowjetische Vermittlung für »Kama« beschafft –, deren wichtigste Baugruppen manche Erkenntnisse lieferten. Bereits ab Juli 1932 konnte der erste »LaS« (Abkürzung für die Tarnbezeichnung »Landwirtschaftlicher Schlepper«) in Essen abgenommen werden. Dieser Zeitpunkt ist die *Geburtsstunde des ersten Kampfwagens der neuen deutschen Panzertruppe*. Die Typenbezeichnung »P I« erfolgte erst später, als er zur Truppe kam. Ebenso wurde erst etwa 1934 der neue Name »Panzerkampfwagen« in Anlehnung an die ältere Bezeichnung »Panzerspähwagen« eingeführt.

Um die Jahreswende 1932/33 wurde nach eingehender Erprobung auf dem Versuchsgelände Kummersdorf des Heereswaffenamtes eine kleine »O-Serie« von fünf verbesserten »LaS« aufgelegt, die im September 1933 der In 6 (General Lutz und Oberst Guderian) auf dem Truppenübungsplatz Münsingen erfolgreich vorgeführt wurden. Als Dauerbelastung verlangte Guderian damals noch die Rückführung der »LaS« nach Kummersdorf im Straßenmarsch. Mit Recht, wie sich dann herausstellen sollte, da sich dadurch die Notwendigkeit zur Verbesserung der Lenk- und Fahrbremsen ergab.

Mit fortschreitender Aufrüstung überstürzten sich dann die Forderungen der In 6. Sie verlangte zunächst sofort 150 »LaS«, eine Zahl, die mehrfach aufgestockt wurde (ca 1000 Stück), obwohl von Truppenreife noch keine Rede sein konnte und Wa Prüf 6 große Bedenken hatte.

»LaS 100« – P II

Man erwog damals schon Entwicklung und Bau eines verbesserten, vor allem stärkeren Kampfwagentyps (Tarnbezeichnung »LaS 100«) mit leistungsfähigerem Motor und einer 2 cm-Maschinenkanone im Drehturm. Die In 6 wollte für die Entwicklung dieser Konstruktion Zeit lassen. Das ging aber dann doch nicht, da die Aufrüstung nach dem Austritt aus dem Völkerbund sprungartig beschleunigt wurde. Als Konstruktionsfirma wurde vom Heereswaffenamt die Firma MAN ausgewählt. Im Frühjahr 1935 wurden die ersten Prototypen des »LaS 100« den Vertretern der In 6 vorgeführt. Bezeichnend für das hektische Tempo der damaligen Wiederaufrüstungsbemühungen aufgrund drängender Forderungen der politischen Führung ist die Tatsache, daß so erfahrene und umsichtige Fachleute wie die Offiziere und Ingenieure der In 6 auf einem beschleunigten Verfahren bestehen mußten, obwohl der neue Kampfwagentyp noch kaum die ersten Fahrversuche hinter sich gebracht hatte. Aufgrund dieser Vorführung der ersten »LaS 100« erklärte General Lutz, daß er sofort eine erhebliche Zahl von »LaS 100« für die Truppe in Auftrag geben werde. Als die zuständigen Vertreter von Wa Prüf 6 mit technischen Argumenten eingriffen und sich nachdrücklich gegen den Wunsch von Lutz aussprachen, ergriff Guderian den verantwortlichen Referenten von Wa Prüf 6 am Arm, führte ihn außer Hörweite und sagte zu ihm: »Machen Sie bitte keine Schwierigkeiten; ich brauche diese Fahrzeuge unbedingt!«

Die Umstellung der Kavallerie war im Gang – die großen Versuchsübungen in Munsterlager waren für August 1935 vorgesehen – die ersten drei Panzerdivisionen sollten im Oktober 1935 aufgestellt werden. Die Sorgen der In 6 waren also verständlich.

Als der betreffende Ingenieur noch einmal auf seine technischen Gründe hinwies, erklärte Guderian, daß er diese zwar einsehe, aber unmöglich dem Generalstab erklären könne, das Gerät sei noch nicht truppenreif. Man würde ihm dann antworten: *»Na, sehen Sie nun endlich ein, daß aus dieser Sache nie etwas werden wird?«*

Guderians Gegenargumente wurden mit seiner ausdrücklichen Genehmigung im Heereswaffenamt vorgetragen. Die Wagen wurden gebaut. Es gab Klagen aus der Truppe, aber die Kampfwagen waren da und erfüllten ihren Zweck. Sie wurden ständig verbessert. In seinen »Erinnerungen« bezeichnet Guderian die leichten Typen lediglich als »Exerzierpanzer«, was untertrieben erscheint, da sie noch 1941 (sogar noch 1943)* eingesetzt wurden. Sie waren aber nicht vollwertige »Kampfwagen«, da sie jedem kanonenbewaffneten Wagen unterlegen waren, wie sich im spanischen Bürgerkrieg ab 1936 herausgestellt hatte.

Aus diesem Grunde waren auch 1940 die französischen und britischen Kampfwagen den deutschen leichten Kampfwagen nicht nur an Zahl, sondern auch an Kampfkraft überlegen. Überlegen waren dagegen auf deutscher Seite die bessere Führungsmöglichkeit durch Optik und Funkgerät, die Organisation und die Verwendung der Panzerverbände im operativen Sinn.

Panzerkampfwagen III (P III) und IV (P IV)

Die ersten Versuchsstücke dieser mittleren Kampfwagentypen – getarnt mit »mittlerer Traktor« oder Zugführerwagen (ZW) beziehungsweise

* Vorhanden bei den Panzer-Ersatzabteilungen sowie bei Pz.-Pionier-Kompanien.

Bataillonsführerwagen (BW) bezeichnet – wurden noch im Jahre 1934 bestellt. Gleichzeitig erhielt die Firma Maybach einen Entwicklungsauftrag für einen 300 PS-Fahrzeugmotor für diesen Typ. Als Gewicht der Panzer waren 16 t vorgeschrieben, es wurden jedoch mehr. Konstruktionsfirmen waren Krupp, Daimler und MAN. Die Erprobungen begannen etwa Ende 1935. In die Truppe kamen die ersten P III im Jahre 1937 (3,7 cm-KwK), die P IV dann 1938.

Die Friedenskonstruktionen P I bis P IV haben sich im Kriege bewährt; sie wurden den Erfahrungen entsprechend ständig verbessert.

Der *P I* (5,6 t) hat sich als MG-Wagen bewährt. Im Feldzug gegen die Sowjetunion, 1941, wurden noch 180 Stück eingesetzt, vornehmlich bei Panzerpioniereinheiten.

Der *P II* (9,5 t) hat sich mit seiner 2 cm-Maschinenkanone in seiner Art bewährt, bis er durch die stärker bewaffneten Kampfwagen vom Typ P III (3,7 bzw. 5 cm-KwK) ersetzt wurde. Am 1. 7. 1941 wurden im Heer noch 746 P II eingesetzt (in den leichten Zügen oder zum Schutz der P IV). Sein Fahrgestell wurde auch für andere Konstruktionen ausgenutzt, so zum Beispiel für den Pz.Flammwerferwagen, für den Pz.Spähwagen »Luchs« ab 1943, für den Panzerjäger auf Selbstfahrlafette (SFL) »Marder«, für das Infanteriegeschütz 33 (SFL) und für die 10,5 cm-Pz.Feldhaubitze vom Typ »Wespe«.

Der *P III*[59] war ein gut durchgebildetes Panzerfahrzeug von etwa 23 t Gewicht, das bis 1941 den mittleren feindlichen Kampfwagentypen an Feuerkraft und Beweglichkeit überlegen war. Seine 3,7 cm-KwK wurde 1940/41 durch die neue 5 cm-Kanone mit größerer panzerbrechender Wirkung ersetzt, die aber dem sowjetischen mittleren Panzer »T 34« gegenüber noch nicht genügte[60]. Das Fahrgestell des P III wurde ebenfalls weitgehend für andere Konstruktionen ausgenutzt: Pz. Befehlswagen, Sturmgeschütz, Sturmpanzer, Flammwagen, Bergepanzer.

Der *P IV* war und blieb das Rückgrat der Panzerverbände bis zum Kriegsende, nachdem die unzureichende kurze 7,5 cm-Kanone 1942 durch die lange 7,5 cm-KwK (L 48) ersetzt wurde, die dem sowjetischen Panzer »T 34« mit seiner ausgezeichneten 7,62 cm-KwK endlich gewachsen war[61]. Auch das P IV-Fahrgestell fand vielseitige Verwendung als Jagdpanzer IV, Bergepanzer, Munitionspanzer IV, Panzerflak (SFL), 15 cm-Pz.Feldhaubitze »Hummel« und schwerer Sturmpanzer.

Kriegskonstruktionen 1939–1945

Außer den technischen Forderungen, die an einen gepanzerten Kampfwagen gestellt werden mußten (starker, elastischer Motor mit gut gefederter, geländegängiger Schießplattform), gab es auch eine Anzahl taktischer Forderungen, die zu berücksichtigen waren.

Taktische Forderungen

Ihre Reihenfolge, der Wichtigkeit ihrer Bedeutung nach aufgezählt, war: Feuerkraft – Beweglichkeit – dann erst die Stärke der Panzerung und schließlich auch die Frage eines niedrigen Aufzuges der im Drehturm gelagerten Hauptwaffe, um ein niedriges, kleines Ziel zu bieten.

Um Gewicht zu sparen, wurde daher im Frieden beim Panzerschutz nur Sicherheit gegen Stahlkerngeschosse (SmK) gefordert, was sich aber im Kriege bald als zu gering erwies – zumal man jetzt mit den wesentlich stärkeren Kampfwagentypen der Franzosen und Russen konfrontiert wurde. Daraufhin wurde der Panzerschutz behelfsmäßig (durch Aufschweißen von zusätzlichen Stahlplatten oder Vorlegen von Kettenpaketen) oder durch Neukonstruktionen erheblich verstärkt, zumindest an den besonders gefährdeten Stellen (Front und Turm). Der Nachteil der Gewichtsvermehrung mußte in Kauf genommen werden. Erst die beiden letzten Ausführungen des Panzerkampfwagens III waren an Bug und Turm gegen stärkere Geschosse (Kaliber 2 cm) ausreichend gepanzert, ebenso die des P IV ab Typ P IV (F 1 bis J).

Der »Panther« (P V) war von vornherein entsprechend gepanzert, ebenso alle Modelle der »Tiger-Serie« (P VI). Sehr wichtig für den Panzerschutz war der Neigungswinkel der Panzerplatten – was den deutschen Panzermännern erstmalig beim Zusammentreffen mit sowjetischen »T 34« bewußt wurde –, da die Durchschlagskraft von Panzergeschossen bei kleinerem Auftreffwinkel des Geschosses sehr schnell abnimmt. Unter 45° Neigungswinkel wird das Geschoß meist ohne ernsthafte Beschädigung der getroffenen Panzerplatte abgelenkt, ohne erhebliche Wirkung für die Turmbesatzung zu bewirken.

Die Geschwindigkeit der Panzer betrug 40 bis 50 km/h, der Fahrbereich je nach Typ 150 bis 300 km.

Pz.Kpfw. IV J, (Sd.Kfz. 161/2)
Typ P IV lang (ab Frühjahr 1942)

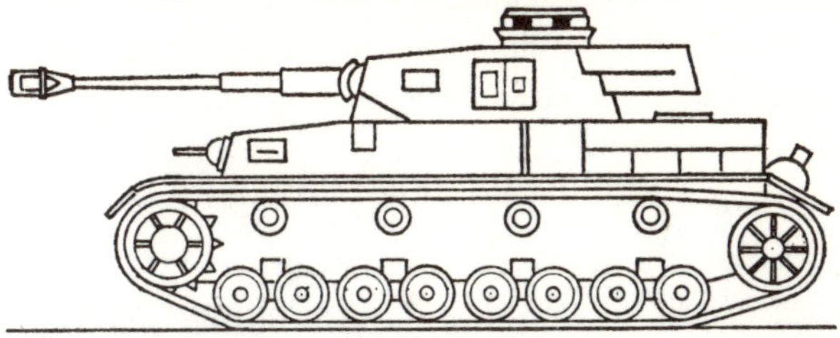

Gefechtsgewicht: 25 t; Höchstgeschwindigkeit: 45 km/h; Fahrbereich: 300 km; Panzerung (Front): 85 mm/80°; Bewaffnung: 1 Kwk 40/L, 48–75 mm, 2 MG 7,9 mm; Munitionsausstattung: 75 mm 87 Schuß, 7,9 mm 3150 Schuß; Größte Nutzleistung des Motors (DIN): 300 PS bei 3000 U/min; Länge: 589 cm, mit Kwk 739 cm; Höhe: 260 cm; Breite: 329 cm; Besatzung: 5 Mann.

Pz.Kpfw. Panther (Sd.Kfz. 171)
Typ P V (ab 1943)

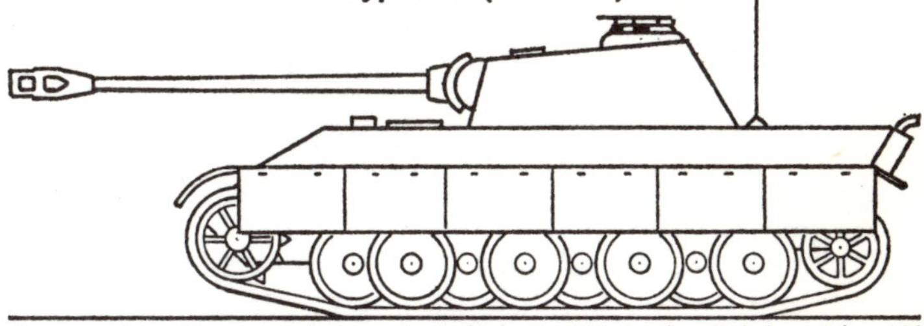

Gefechtsgewicht: 46 t; Höchstgeschwindigkeit: 55 km/h; Fahrbereich: 200 km; Panzerung (Front): 80 mm/35°; Bewaffnung: 1 Kwk 42/L, 70–75 mm, 3 MG 7,9 mm; Munitionsausstattung: 75 mm 79 Schuß, 7,9 mm 4500 Schuß; Größte Nutzleistung des Motors (DIN): 700 PS bei 3000 U/min; Länge: 687 cm, mit Kwk 866 cm; Breite: 342 cm; Höhe: 310 cm; Besatzung: 5 Mann.

Pz.Kpfw. Tiger II B (Sd.Kfz. 182)
(ab 1943)

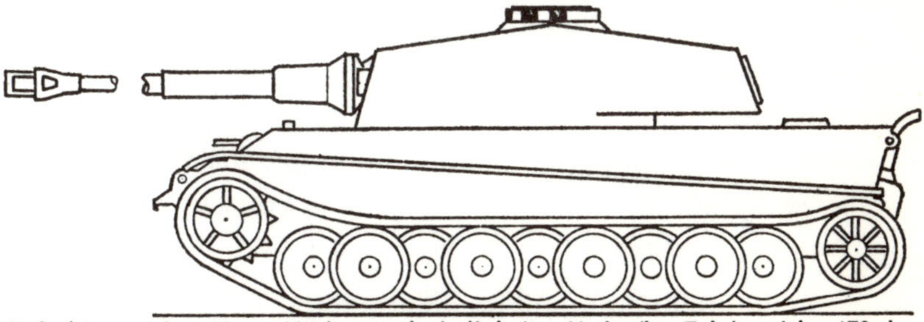

Gefechtsgewicht: 70 t; Höchstgeschwindigkeit: 41 km/h; Fahrbereich: 170 km; Panzerung (Front): 150 mm/40°; Bewaffnung: 1 Kwk 43/L, 71–88 mm, 3 MG 7,9 mm; Munitionsausstattung: 88 mm 84 Schuß, 7,9 mm 5850 Schuß; Größte Nutzleistung des Motors (DIN): 700 PS bei 3000 U/min; Länge: 726 cm, mit Kwk 1026 cm; Breite: 375 cm; Höhe: 309 cm; Besatzung: 5 Mann.

Technische Forderungen und Entwicklungen

Die Erfahrungen der Feldzüge ab 1940 zwangen dazu, sich dem Gegner anzupassen und auch in technischer wie waffenmäßiger Hinsicht entsprechend besser »vorzuhalten«. So wurde

der Panzer VI (»Tiger«) als Reaktion auf den »T 34« entwickelt und gebaut. Seine Konstruktion war bereits seit 1936 bei der Firma Henschel bearbeitet worden. Er war daher bereits seit Herbst 1942 mit ersten Stücken einsatzbereit. Seine starke Panzerung machte ihn sehr schwer (57 t) und daher taktisch wenig beweglich. Seine 8,8 cm-KwK war von hervorragender Wirkung.

Der *P VI B* (»Tiger II«, auch »Königstiger« genannt) war eine Weiterentwicklung des P VI. Seine zweckmäßigere Formgestaltung ähnelte dem P V (»Panther«). Der P VI B war eine gelungene Neukonstruktion eines schweren Panzerkampfwagens. Sein Gewicht von 69,7 t bedingte, daß er taktisch noch weniger beweglich war als der »Tiger I« und einen sehr hohen Verbrauch an Betriebsstoff hatte. Dieser Panzer wurde – nicht ganz zutreffend – als »Traumwagen der Panzertruppe« bezeichnet.

Der P V (»Panther«) wurde erst im Kriege neu entwickelt und seit 1943 als Ergänzung des P IV eingesetzt. Seine überaus günstige Formgebung, die sehr gute Schußwirkung seiner überlangen 7,5 cm- (oder 7,62 cm-)Panzerkanone und genügende Panzerung machten den »Panther« zum *besten mittleren Panzerkampfwagen* des Zweiten Weltkrieges, der den sowjetischen Typen »T 34«, »Kw I« und »Josef Stalin« überlegen war. Das Gewicht des P V betrug 43 t.

Die tschechischen Panzerkampfwagen III vom Typ 35 (t) und 38 (t) waren brauchbare Konstruktionen von 1938/39 mit guten Fahreigenschaften, gefälliger Formgebung und einer hervorragenden 3,7 cm-KwK – die jedoch schon im Westfeldzug 1940 gegen die stärkeren französischen Kampfwagen vom Typ B 2 kaum noch panzerbrechende Wirkung erzielten. Die P 35 (t) und 38 (t) waren in ihrer Kampfstärke etwa zwischen die deutschen P III (3,7 cm-KwK) und P IV (7,5 cm-KwK) einzureihen und haben noch im Feldzug gegen die UdSSR gute Dienste (bei der 6.–9. Pz.Div.) geleistet, bis sie durch P III und P IV mit der 5 cm-KwK ersetzt werden konnten.

1940 waren etwa 20 Prozent der Panzertruppe mit Panzern vom Typ 35 (t) und 38 (t) ausgestattet; sie bildeten einen brauchbaren Behelf.

Es ist erstaunlich, was in den fünfeinhalb Kriegsjahren auf der schmalen Anfangsbasis des Panzerbaues alles geschaffen worden ist. Aber leider, typenmäßig, auch »zu viel«, da hier, wie auf vielen anderen Gebieten, die ausgleichende Hand fehlte – wodurch sich eine recht nachteilige Zersplitterung der deutschen Kräfte ergab. So führte von Senger und Etterlin in seinem Handbuch »Die deutschen Panzer 1926–1945« etwa 230 Typen auf:

94 Typen Panzerwagen; 6 Typen Sturmpanzer; 10 Typen Jagdpanzer; 1 Typ Flakpanzer; 42 Typen Schützenpanzer; 19 Typen Panzerspähwagen; 13 Typen Panzerjäger; 9 Typen Artillerie- und Infanteriegeschütze (gep.); 12 Typen Panzerflak; 2 Typen Panzerwerfer; 10 Typen Waffenträger; 2 Typen Wehrmachtschlepper; 8 Typen Sonderpanzer. Wenn auch viele dieser Typen nicht unter den in der Truppe gebrauchten Begriff »Panzer« fallen oder über den Prototyp nicht hinauskamen, so stand doch über den meisten dieser Typen das Wort »zu viel« oder, was schwerer wog, »zu spät«.

Bereits am 29. November 1941 hatte sich Hitler in einer Besprechung über Rüstungsfragen zur Panzerfertigung wörtlich geäußert: »... Das Zeitalter des Panzers kann bald vorbei sein* ... Typenbegrenzung ist erstes Erfordernis ... Es ist notwendig, sich auf drei Typen zu beschränken ... Es muß also viel weitgehender bei den Konstruktionen auf die Produktion Rücksicht genommen werden ... (Hitler lehnte dann ab,) daß die Phantasie Kriegsmaschinen erdenkt, die nicht in Massen produziert werden können.«[62]

In der gleichen Besprechung forderte Hitler jedoch andererseits einen »überschweren Typ«, den Ferdinand Porsche entwickeln sollte. Es war dies eine utopische Forderung, die auch in der Entwicklung des Fahrzeuges nicht mehr als eine Utopie blieb. Es war der sogenannte schwere Panzer vom Typ »Maus«, von ca 170 t Gewicht, der niemals gelaufen ist.

Abschließend sei noch ein kurzer Überblick über die Zahlen der bei Ausbruch und während des Zweiten Weltkrieges verfügbaren Panzer und Sturmgeschütze gegeben:

* Wegen der panzerbrechenden Wirkung des neuen Hohlladungsgeschosses.

Bestand an Panzern 1939/45 *

	1.9.39	10.5.40	22.6.41	10.6.43	1.3.44	5.1.45
Pz. I	928 (?)	523	180	–	–	–
Pz. 35 (t)	202	106	106	–	–	–
Pz. II	1231	955	746	–	–	–
Pz. 38 (t)	98	228	772	–	–	–
Pz. III	148	349	965	?	888	–
Pz. IV	213	278	439	?	1822	–
Pz. V	–	–	–	ca 150?	1339	?
Pz. VI	–	–	–	?	504	?
Pz.Bef.Wgn.	160	135	230	?	460	?
Pz. zus. ca.	2980	2574	3438	ca 3000	5013	5327
			+ 106		(Ostfront)	3748
StuGesch.	0	6	250	?	ca 3000	3726
						(incl. PzJäger)

Nachdem 1938 die sollmäßige Friedensausstattung der Panzerregimenter mit dem P IV in Auftrag gegeben war, drosselte man die Produktion dieses Typs so stark, daß 1939 nur 45 P IV hergestellt wurden. Ähnlich wurde zunächst nach dem Frankreichfeldzug verfahren, da Hitler den Krieg für beendet hielt. Erstaunlich bleibt trotz allen Schwankungen in Planung und Fertigung, welche Stückzahlen an Panzerfahrzeugen die deutsche Industrie trotz aller Handicaps der Front zur Verfügung stellen konnte.

* Diese Zahlen sind den Angaben bei Spielberger/Wiener, »Die deutschen Panzerkampfwagen III und IV«, München, 1968, S. 160 entnommen. Vgl. dazu Anhang, S. (8) f.

DRITTER TEIL

Die Panzertruppe im Rahmen des Zweiten Weltkrieges, 1939 bis 1945

Der Ausbruch des Zweiten Weltkrieges beendete vorzeitig den langfristig konzipierten, friedensmäßigen Aufbau der Schnellen Truppen, der nach Ausbildungsstand und Gerät noch keineswegs abgeschlossen war. Das deutsche Heer war also, nüchtern betrachtet, am 1. September 1939 nicht kriegsbereit[1], als sich die deutsche politische Führung entschloß, die Lösung des Konflikts mit Polen und dessen Verbündeten auf militärischem Wege zu suchen. Die Schnellen Truppen bestanden damals aus Versuchsverbänden: der *Panzerdivision* in ihrer noch bescheidenen Ausstattung – der *leichten Division,* die nur ein verstärkter Aufklärungs- und Sicherungsverband nach französischem Muster war – und der taktisch wie operativ unhandlichen *mot.Inf.Division* mit drei mot. Infanterieregimentern.

Wie sind trotzdem die großen Anfangserfolge der Wehrmacht in den Jahren 1939 bis zum Sommer 1942 zu erklären? Ihr Geheimnis war nicht die Zahl und Stärke der eigenen Kampfwagen und Luftwaffenverbände, denn schon im Feldzug gegen Frankreich, 1940, waren die deutschen Panzer zahlenmäßig und zu beträchtlichem Teil auch gerätemäßig (Panzerung, Bewaffnung) unterlegen. Ebensowenig waren diese Erfolge auf sonstige technische Überraschungen zurückzuführen, sondern vielmehr auf Guderians grundlegende Gedanken über Zusammenfassung und Verwendung neuzeitlicher Kampfwagen in operativ selbständigen Verbänden im Zusammenwirken mit starken Luftwaffenkräften. Es bleibt das Verdienst der deutschen Heeresführung, diesen Gedanken trotz mancher Bedenken und im Gegensatz zur Auffassung des Auslandes positiv ausgewertet zu haben. Und es bleibt auch das Verdienst der Truppe, die die Absichten Guderians und ihrer Heeresleitung ungeachtet mancher Schwierigkeiten im Frieden und im Kriege erfolgreich in die Tat umgesetzt hatte, bis auch sie im Laufe der Kriegsjahre der Überzahl der Gegner und den groben Fehlern ihres Obersten Befehlshabers, des Führers und Reichskanzlers Adolf Hitler, erliegen sollte.

In geradezu klassischer Weise bewies Guderians Theorie ihre Richtigkeit, als es der deutschen Führung im Mai 1940 gelang, unter schwerpunktartigem Einsatz ihrer zehn Panzerdivisionen, in denen alle Panzer zusammengefaßt waren, das alliierte Heer vernichtend zu schlagen: Streitkräfte, deren Kampfwagen an Zahl und Panzerstärke etwa um 30 Prozent überlegen, jedoch von Dünkirchen bis zur schweizerischen Grenze zersplittert eingesetzt worden waren.

Über den Verlauf der wichtigsten Operationen berichten die nachstehenden Kapitel.

Kapitel 1 · Zusammenfassende Übersicht zum Einsatz der Panzertruppe

Der Feldzug gegen Polen (1939)

Die Operationen im September 1939 stellten für die junge, überraschend schnell aufgebaute deutsche Panzertruppe ihre praktische Erprobung dar und erwiesen ihre hohe Leistungsfähigkeit, die nach den zutreffenden Worten des Generals Alfred Jodl vom 7. November 1943 damals »die ganze Welt zum Aufhorchen brachte«.

Der *Operationsplan* war ohne wesentliche Einmischung Hitlers vom Oberkommando des Heeres (Generaloberst von Brauchitsch, Chef des Generalstabes Gen. der Artl. Halder) entworfen worden. Er beruhte auf eingehenden Studien und Planungen und brachte erstmals die Panzertruppe zum entscheidenden operativen Einsatz.

Charakteristisch für den deutschen Operationsplan war das Durchbrechen der feindlichen Mitte durch starke Panzerkräfte aus Schlesien in Richtung auf die mittlere Weichsel, denen Infanterieverbände naheauf folgten. Weitere schnelle Kräfte griffen die polnischen Flügel aus der Slowakei her und im »Polnischen Korridor« an, durchbrachen sie ebenfalls und stießen dann in die Tiefe des polnischen Raumes vor, wobei sie sich von Süden und Norden her umfassend einander näherten. Damit fiel die Entscheidung dieses Feldzuges in unerwartet kurzer Zeit, da die Polen nur über wenige Panzerkampfwagen und über eine ungenügende Panzerabwehr bei ihren Divisionen verfügten.

Die deutsche Führung war mit ihrer Planung ein kühnes, doch wohlerwogenes Risiko eingegangen, da die französische Armee mit erdrükkender Übermacht angriffsbereit an ihrer Westfront stand – wo nur schwache deutsche Kräfte zur Verteidigung eingesetzt waren *.

Am 17. Kampftage marschierten sowjetische Kräfte von Osten her nach Polen ein. Damit war das Schicksal der Republik Polen bis auf weiteres entschieden. Die Sowjetunion und Deutschland erhielten mit der Demarkationslinie vom September 1939 wieder eine gemeinsame Grenze wie vor dem Ersten Weltkrieg, wenn auch nach Stalins Willen in anderer Linienführung.

Am 22. September 1939 übergab General Guderian nach einer gemeinsamen deutsch-sowjetischen Feldparade Stadt und Festung Brest Litowsk an den Kommandeur einer sowjetischen Panzerbrigade, General Kriwoschein. Es war die erste Begegnung deutscher und sowjetischer Panzerverbände, der ab 22. Juni 1941 viele weitere folgen sollten, wenn auch ganz anderer Art ...

Hitler hatte während der Kämpfe in Polen in die militärische Führung nicht eingegriffen, war aber vom Erfolg der Panzertruppe und Luftwaffe stark beeindruckt, dessen Ausmaß er als militärischer Laie infolge des geradezu planmäßigen Ablaufes des Feldzuges überschätzte, während er ihn als Führungsleistung unterschätzte.

Guderian bezeichnete den Feldzug als »die Feuerprobe für seine Verbände«. Er war überzeugt, »daß die an ihre Errichtung gewendete Mühe sich gelohnt« hatte [2].

Der Feldzug gegen Frankreich (1940)

Die Operationen gegen die Verbündeten Polens sollten nach dem Willen Hitlers sofort im Anschluß an den Sieg in Polen durchgeführt werden. Hitler begriff nicht die großen Schwierigkeiten und den Zeitbedarf einer solchen naturgemäß großräumigen Operation, wobei ein Millionenheer aus dem polnischen Ostraum an die deutsche Westgrenze zu verlegen und aufzufrischen sowie eine ausreichende Nachschubbasis einzurichten war, insbesondere auch für die Bedürfnisse der motorisierten Truppen.

Hitler, der Oberste Befehlshaber der Wehrmacht, war vom Gelingen der neuen Operation im Gegensatz zum OKH fest überzeugt. Letzteres schätzte die Widerstandskraft Frankreichs und seines britischen Verbündeten zu hoch ein; auch wollte es politisch eine Ausweitung des Krieges

* Vgl. S. 142 f.

zum Zweiten Weltkrieg vermeiden. Aus dieser verschiedenartigen Auffassung der politischen und militärischen Führung ergaben sich vor und während des Feldzuges Schwierigkeiten.

Am 5. November 1939 setzte Hitler den Angriffstermin auf den 12. November fest, um ihn aufgrund der für die Luftwaffe ungünstigen Wetterlage am 7. auf den 15. November zu verschieben. Dieses nervenbeanspruchende Verfahren wurde bis zum endgültigen Angriffstag, am 10. Mai 1940, durch Hitler neunundzwanzigmal angewandt. Es störte jegliche Planung, besonders in der notwendigen Ausbildung der übereilt aufgestellten Infanterieverbände. Es hatte aber den Vorteil, die Ausrüstung der schnellen Verbände in der gewonnenen Zeit erheblich verbessern und die Kampfhandlungen in die günstigere Jahreszeit verlegen zu können. Erstaunlicherweise wurde dadurch auch die Überraschung des Verteidigers gefördert, der die ihm verratenen[3] ständig geänderten Angriffstermine lediglich als Teil des Nervenkrieges ansah.

Die Operationsidee für den Westfeldzug 1940 stammte vom Chef des Generalstabes der Heeresgruppe A, dem Generalleutnant von Manstein.

Durchbruch fast aller schnellen, gepanzerten Kräfte über ein scheinbar panzersicheres Waldgelände hinweg (an der Nordflanke der Maginot-Linie durch die unwegsamen Ardennen und über den Maas-Abschnitt Richtung Westen vorstoßend) mit dem Angriffsziel Amiens-Abbéville, um durch Erreichen der Kanalküste das alliierte Heer in zwei Teile zu zerreißen und diese so getrennten Teile dann einzeln zu vernichten.

Dieser Durchbruch zur Kanalküste war erfolgreich. Etwa 15 km südlich von Dünkirchen jedoch mußten die nach Nordwesten eingedrehten schnellen Verbände der Heeresgruppe A dann am 24. Mai aufgrund persönlicher Intervention Hitlers angehalten werden, um erst einige Tage später wieder Dünkirchen angreifen zu können. Durch diese Weisung des Obersten Befehlshabers der Wehrmacht wurden, so bemerkte Liddell Hart später lakonisch, »die deutschen Panzerkräfte außerhalb von Dünkirchen festgehalten – dem letzten Einschiffungshafen, der der britischen Armee noch zur Verfügung stand«[4]. Hitler ermöglichte durch sein Eingreifen somit der Masse des britischen Expeditionskorps und den schwächeren alliierten Verbänden ein kaum noch für möglich gehaltenes Entkommen über See in die britischen Kanalhäfen.

Die vor Dünkirchen führenden Panzerkorps haben an diesem fatalen Führerbefehl vom 24. Mai 1940 keinen Anteil. Eine »Anregung« hierzu kann weder aus etwaigen Bemerkungen im KTB der schnellen Korps über die »hemmende Wirkung des nassen Poldergeländes Flanderns auf Panzerbewegungen« noch aus einigen zu den betreffenden Tagen vorliegenden »Meldungen über abfallende Panzerstärken« herausgelesen werden – worauf unten noch näher einzugehen sein wird[5].

Aber was auch immer Hitler zu seinem Eingreifen bei der H.Gr.A veranlaßt haben mag – die feindliche Schwerpunktgruppe war mit dem Fall von Dünkirchen jedenfalls ausgeschaltet und der Rücken der Angriffsverbände des Deutschen Heeres frei für die bevorstehende Entscheidungsschlacht um Frankreich in Richtung Süden. Dieser Angriff begann am 5. Juni 1940.

Die Divisionen der Panzertruppe griffen zunächst auf der ganzen Front an, auf dem rechten Flügel zunächst mit wechselndem Erfolg. Am 11. Juni setzte dann das OKH zwei Panzergruppen unter von Kleist und Guderian nebeneinander beiderseits von Reims nach Süden an. Dieser gewaltige Panzerkeil brachte erneut, wie im Norden, die Entscheidung. Bereits am 17. Juni wurde die schweizerische Grenze erreicht, womit die französische Armee in Frankreich wiederum in zwei Teile aufgespalten worden war. Ihre militärische Lage wurde hoffnungslos. Am 18. Juni 1940 erbat die französische Regierung den Waffenstillstand, der gegenüber Deutschland am 25. Juni 1940 in Kraft trat[6].

Wiederum war in kurzer Zeit – in knapp sechs Wochen – ein militärischer Erfolg erzielt worden, »der in der Kriegsgeschichte kaum seinesgleichen aufzuweisen hat«[7]. Dabei war die Panzertruppe, deren Wert noch bei Feldzugsbeginn auf eigener Seite von einzelnen Führungsstellen angezweifelt worden war, wiederum entscheidend beteiligt. Wagemut der Panzerführer – vor allem des an entscheidender Stelle führenden Schöpfers der neuen Waffengattung, Guderian – und erste operative Fehler Hitlers beim Einsatz der Panzertruppe waren erkennbar geworden.

Hitlers Selbstbewußtsein war auch auf militärischem Gebiet durch seine intuitiv richtige Beurteilung Frankreichs und durch sein Hinwirken auf die Durchführung des Mansteinschen Operationsplanes außerordentlich gewachsen. Er war im Begriff, aus dem strategisch-politischen Hintergrund in den operativen Vordergrund zu treten, obwohl ihm für diese Rolle jegliche Vorbildung, Schulung und darüber hinaus auch die notwendige sachliche Nüchternheit fehlten. Er verlor jetzt nach den Erfolgen dieses Feldzuges, die er sich selbst zuschrieb, bald jeden Maßstab für die Möglichkeiten militärischer Unternehmen. Er glaubte an seine Unfehlbarkeit wie an ein Dogma; er wurde überheblich, sowie Warnungen gegenüber blind und ablehnend. Gefährlich wurde vor allem, daß nun zunehmend auch seine engsten Berater beeindruckt wurden und oft an der Richtigkeit ihrer eigenen Meinung und sachbegründeten Einwänden zu zweifeln begannen[8].

Noch während der Operationen in Frankreich entschloß sich Hitler daher zum Angriff auf die UdSSR, der er sich intuitiv in jeder Hinsicht überlegen fühlte. Im Spätsommer und Herbst des Jahres 1940 befahl er dazu die Verdoppelung der Panzerdivisionen von zehn auf zwanzig Großverbände mit den Nummern 11 bis 20. Aus Mangel an Panzerkampfwagen wurde dabei die bisherige Sollstärke an Panzern halbiert. Je Panzerdivision wurde nur noch ein Panzerregiment zu zwei oder drei Panzerabteilungen vorgesehen. Nach Ansicht des Verfassers war diese Verminderung kein Nachteil, da die Panzerdivision dadurch wendiger wurde.

Der Feldzug in Nordafrika (Februar 1941/Mai 1943)

Die deutsch-italienischen Operationen in Libyen wuchsen sich mit Eingreifen des deutschen Afrikakorps durch Rommels Energie und Aktivität von einer bescheidenen Aufgabe als *Sperrverband* im Rahmen der italienischen Afrika-Armee noch im ersten Jahr zu einer operativen, ja zu einer strategischen *offensiven Aufgabe* auf einem fremden Kontinent aus, mit dem Auftrag, so weit wie möglich nach Osten vorzugehen.

Rommels Anfangserfolge wurden durch das für schnelle Verbände häufig ideale Gelände, durch die mangelhafte britische mittlere Führung sowie durch das vorzeitige Abziehen britischer Truppen nach Griechenland im April 1941 begünstigt.

Diese Erfolge täuschten über die wahre Lage hinweg. Die Führung eines Feldzuges in Nordafrika war vom Nachschub noch abhängiger als in Europa, da es in der Wüste keinerlei Selbstversorgung gab. Der Nachschub war wiederum abhängig vom Transportproblem über See oder mit Flugzeugen. Zur Lösung dieses Problems war die eigene See- und Luftherrschaft erforderlich. Beide Voraussetzungen wurden nicht erfüllt, außer im April 1942, als Malta durch die Luftwaffe vorübergehend ausgeschaltet wurde.

Daher war die deutsche Kampfführung in Afrika immer nur ein Improvisieren. Sie wurde naturgemäß um so schwieriger, je mehr Truppen hinübergeschafft wurden. Um so bewundernswerter sind die Leistungen der deutschen Verbände, die zunächst ohne koloniale Erfahrung und entsprechende Ausrüstung kämpften. Sie erfüllten ihre Aufgabe, starke britische Truppen zu binden, die den Suezkanal decken mußten. Andererseits bot sich den Engländern hier die Möglichkeit, ihre Ausbildung, ihr Kampfverfahren und ihre Erfahrungen im Kampf wesentlich zu verbessern, wozu bisher, außer 1940 bei Dünkirchen, keine Gelegenheit gewesen war. Die britischen Generäle haben in Nordafrika viel gelernt. Dort war der englische Hauptkriegsplatz; für Deutschland ein Nebenkriegsschauplatz, der viel leisten sollte, aber nur wenig unterstützt wurde.

Rommels Temperament litt unter der Vorsicht des italienischen Oberkommandos, dem er unterstellt war. Es kam zu Reibungen, da der General oft überraschend und eigenmächtig, wenn auch erfolgreich handelte. Sein Ruf war bei den Verbündeten wie auch bei den feindlichen Truppen legendär.

Die eigene Truppe war stolz, dem Deutschen Afrikakorps (DAK) anzugehören, das sich als Panzertruppe, wie auf den anderen deutschen Kriegsschauplätzen, besonders bewährte. Panzerkampfwagen, Panzerspähwagen, 8,8 cm-Flak und weitreichende Artillerie waren die idealen Waffen in der Wüste *.

Der Balkanfeldzug (1941)

Der Balkanfeldzug im Frühjahr des Jahres 1941 war ein Musterbeispiel deutscher Generalstabsschulung und -arbeit für einen in kürzester Zeit zu improvisierenden Aufmarsch.

Der *Operationsplan* wurde vom Chef des Generalstabes des Heeres, Generaloberst Halder, entworfen. Er sah für den Angriff Umfassung und Durchbruch vor. Der geschickte Einsatz schneller Truppen stellte Überraschung und Schnelligkeit des Handelns sicher.

Die Verteidiger waren weder nach Ausbildung noch nach Ausrüstung oder Kriegserfahrung gleichwertige Gegner.

Der Erfolg des Feldzuges binnen weniger Wochen war auch hier nach Zeit und Umfang ungewöhnlich groß, die eigenen Verluste gering – wenn auch eine erhebliche Zeiteinbuße im Hinblick auf den folgenden Feldzug eintrat. Strategisch gesehen wirkte er sich daher insgesamt gegen Hitlers Pläne aus. Jugoslawien hatte sich nicht umsonst geopfert.

* Vgl. S. 184ff.

Die Panzertruppe hatte sich auch im schwierigen, leicht zu sperrenden Gebirge erneut bewährt *.

Der Feldzug gegen die UdSSR (1941 bis 1945)

Die Operationen des Rußlandfeldzuges wuchsen sich entgegen den Erwartungen Hitlers zu einem erbitterten vierjährigen Ringen beider Großmächte aus.

Hitlers Entschluß zum Angriff gegen die UdSSR beruhte auf grober Unterschätzung der großen aktiven und passiven Kräfte des sowjetischen Reiches, das sich über zwei Erdteile erstreckte und nach anfänglichen Rückschlägen zu unerwartetem nationalen Widerstand aller Völkerschaften zusammenwuchs.

So richtig wie Hitler die politische und militärische Lage Frankreichs 1940 beurteilt hatte, so gründlich irrte er sich hier in der Beurteilung der Möglichkeiten der UdSSR. Er lehnte alle Warnungen ab, von denen wenigstens die des Großadmirals Raeder, der deutschen Diplomaten und Militärs in Moskau sowie des Staatssekretärs im Auswärtigen Amt, von Weizsäcker, beachtenswert gewesen wären. Soweit heute erkennbar, war Hitlers Entschluß damals nicht mehr abzuändern.

Der Feldzug von 1941

Der *Operationsplan* für den Feldzug gegen die Sowjetunion beruhte auf ausdrücklichen Weisungen Hitlers. Er sah einen Durchbruch dreier starker Panzerkeile vor, die von vornherein zu weit voneinander getrennt waren. Während die südliche Panzergruppe von Kleist (H.Gr. Süd) auf Kiew angesetzt wurde, sollten die beiden anderen Panzerkeile der Heeresgruppe Mitte und Nord (Panzergruppen Guderian, Hoth, Hoepner) das Baltikum mit Leningrad nehmen, um erst dann von Norden her die Angriffsoperation auf Moskau fortzuführen.

Das OKH war anderer Ansicht. Es hielt Moskau für das wichtigste, schnell zu erreichende Ziel, wofür es gute Argumente geltend machte. Aus diesen verschiedenartigen Auffassungen Hitlers und des OKH ergaben sich bald und laufend Reibungen operativer und persönlicher Art, die das seit Dünkirchen schwankende gegenseitige Vertrauen endgültig zerbrachen. Dazu kamen Führungsfehler Hitlers, der wehrwirtschaftliche Ziele anstrebte, ehe der neue Gegner militärisch endgültig geschlagen

* Vgl. S. 175 ff.

war. Der in der Mitte der Front gebildete Schwerpunkt von schnellen Kräften wurde verwässert. Die Heeresgruppe südlich des Pripjet führte eine Art von Sonderfeldzug, der zwar erfolgreich war, aber exzentrisch geführt wurde.

Der unerwartete sowjetische Widerstand, der vorzügliche, überlegene sowjetische Panzer T 34 sowie die weite Trennung der eigenen vorgeworfenen Panzerverbände von der ihnen folgenden Infanterie, die erst Ende Juli zur Unterstützung herankam, nutzte die schnellen Verbände sehr ab. Die weiten Entfernungen, das kaum vorhandene Verkehrsnetz, die Herbstschlammperiode, das Nachschubproblem, die Überforderung der Truppe sowie der sowjetische Gegenangriff im Winter 1941, mit neu um Moskau aufgestellten und mit herangebrachten sibirischen Divisionen ab 5. Dezember, führten auf deutscher Seite zu einer Krise, die nur mit großer Mühe gemeistert werden konnte. Die Kampfkraft der Panzerverbände hatte sich im ständigen Einsatz vorzeitig verzehrt*.

Der Feldzug 1942

Der Verlauf des Feldzuges von 1942 wurde zunächst durch das Fortsetzen der sowjetischen Winteroffensive bestimmt, die beiden Seiten große Opfer auferlegte. Trotz zahlloser feindlicher Ein- und Durchbrüche gelang es, die deutsche Front dank der Einsatzbereitschaft der Truppe zu halten. Am 24. Januar 1942 gewann bei der Heeresgruppe Mitte die *18. Panzerdivision* sogar im Gegenangriff unter Führung des Verfassers die Verbindung zu der seit dem 3. Januar etwa 60 km tief im Feinde eingeschlossenen Besatzung von Suchinitschi und befreite sie**. Die Division verfügte dabei nur noch über ein Dutzend einsatzbereiter Panzerkampfwagen[9].

Kurz vorher hatten die Russen mit zwei Armeen einen tiefen Einbruch bei Isjum, südlich von Charkow, erzielt. Erst ab 17. Mai 1942 konnte die deutsche 1. Panzerarmee von Süden her zum Gegenangriff antreten. Bis zum 28. Mai gelang es im Zusammenwirken mit der 6. Armee von Norden her, die sowjetischen Kräfte unter Generaloberst Watutin einzuschließen und drei feindliche Armeen fast zu vernichten. Über 200 000 Gefangene, über 1200 vernichtete Panzer und über 2000 erbeutete Geschütze waren das Ergebnis. Mit diesem ungewöhnlichen Erfolg schien die Kampfkraft der deutschen Verbände wieder hergestellt zu sein[10].

* Vgl. S. 214ff.
** Vgl. Tagesbefehl der 18. Pz.Div. vom 28. Januar 1942, Anh., S. (32)f.

Bereits am 15. März, dem »Heldengedenktag 1942«, hatte Hitler die Vernichtung der sowjetischen Armee im Sommer des Jahres öffentlich angekündigt. Am 5. April erließ er seine »Weisung 41« zur Vorbereitung dieser Vernichtungsoffensive, die den Decknamen »Operation Blau« erhielt und ab 30. Juni 1942 in »Operation Braunschweig« umbenannt wurde.

Ihr Ziel war, zum Kaukasus durchzubrechen, die Ölgebiete und den Übergang über den Kaukasus zu gewinnen. Den verfügbaren beschränkten Panzerkräften wurden wieder zu große Aufgaben übertragen.

Die *Operation »Blau«* lief am 28. Juni an, litt aber von vornherein unter Unstimmigkeiten in der Truppenführung und sehr stark unter Treibstoffmangel. Dazu kamen Führungsfehler Hitlers, während die Russen sehr geschickt handelten und erstmals Gelände aufgaben, um damit ihre Kampfkraft zu retten. Hitler zog daraus falsche Folgerungen und entschloß sich am 23. Juli, seine Kräfte exzentrisch auf den Kaukasus und auf Stalingrad anzusetzen, um damit seinen Wunschträumen nachzugehen.

Aus dieser Teilung der Kräfte erwuchs das Unglück von Stalingrad, während im Kaukasus keine lohnenden Erfolge erzielt wurden.

Die Russen begannen ihrerseits im November 1942 eine große Winteroffensive und brachten den gesamten Südflügel des deutschen Heeres in die Gefahr, abgeschnitten und vernichtet zu werden.

Dank der Tatkraft des Feldmarschalls von Manstein gelang es, diese Gefahr durch den Einsatz von wenigen Panzerdivisionen nördlich des Don und der 4. Panzerarmee südlich des Don sowie im Februar 1943 zwischen Donez und Dnjepr noch einmal zu bannen *.

Das Jahr 1942 hatte erneut härteste Prüfungen und volle Bewährung der Panzertruppe gebracht.

Der Feldzug 1943

In der Mitte dieses Jahres zeigte der Ausgang der Operation »Zitadelle« den Höhepunkt des Krieges an.

Die Entwicklung der Lage in der Sowjetunion und in Nordafrika bis zum Frühjahr 1943 sowie die zu erwartende alliierte Invasion aus Afrika und auch von England her, hatten Hitler zu der Erkenntnis gezwungen, daß er jetzt im Mehrfrontenkrieg zur strategischen Defen-

* Vgl. S. 276 ff.

sive übergehen müsse. Gleichzeitig setzte der alliierte Bombenangriff mit voller Wucht gegen Deutschland ein. Die strategische Wende zeichnete sich ab.

Während es bis Ende März 1943 südlich von Charkow gelungen war, die Ausgangslage vom 28. Juni 1942 wieder herzustellen, war nördlich von Charkow ein weiter russischer Bogen in der früheren deutschen Front bestehen geblieben. Aus politischen und operativen Gründen wollte Hitler diese Einbuchtung im Frontbogen um Kursk nach Ablauf der Frühjahrsschlammperiode durch einen begrenzten, doppelt umfassenden Panzerangriff von Norden und Süden her beseitigen und der feindlichen Führung zugleich einen empfindlichen Schlag versetzen, um ihre Pläne zu stören. Seine militärischen Berater und auch die Frontführung stimmten unter der Bedingung zu, daß die »Operation Zitadelle« frühzeitig nach kurzer eigener Auffrischung durchgeführt werde, ehe die Russen nach den Anstrengungen und Verlusten ihrer Winteroffensive wieder einsatzfähig waren und sich ihre große zahlen- und materialmäßige Überlegenheit auswirken konnte.

Hitler hatte deshalb den Angriffstermin auf den 3. Mai festgelegt, verschob ihn dann aber trotz ständiger Warnungen der Generale mehrere Male bis zum 5. Juli, um die neu aus der Fertigung kommenden Panzer vom Typ »Panther« einsetzen zu können, von denen er sich Wunder zu versprechen schien.

Mit dieser zweimonatigen Verschiebung war die ursprüngliche Voraussetzung für das Gelingen des Angriffs mindestens verwässert worden. Was Anfang Mai in schnellem Zufassen der Panzerdivisionen noch durchführbar erschien, war jetzt durch Zuführen von etwa 4000 Panzern und Ausbau eines gewaltigen Verteidigungssystems auf der Feindseite zweifelhaft geworden.

Dazu fehlte es an eigenen Infanteriedivisionen, um den Panzerdivisionen den Einbruch zu ermöglichen oder wenigstens zu erleichtern, damit diese dann unverbraucht zum Durchbruch in die Tiefe der sowjetischen Stellungen stoßen konnten.

So kam es, daß die operativen Panzerkräfte fast allein vor eine taktische Aufgabe gestellt wurden, für die sie nicht geschaffen waren. Darin lag die tiefere Ursache des Mißlingens dieser großartigen Panzerkonzentration, bei der auf beiden Seiten zusammen mehrere tausend Panzer eingesetzt waren, eine Konzentration, wie sie später nicht mehr durchgeführt worden ist.

Das Ergebnis stand auf des Messers Schneide. Es wurde dadurch entschieden, daß es der »Stawka« möglich war, mit weiteren sowjetischen Kräften den deutschen Frontbogen von Orel erfolgreich anzugreifen und damit den Rücken der südlich davon fechtenden Angriffsgruppe der H.Gr. Mitte für die Operation »Zitadelle« entscheidend zu gefährden. Damit fiel diese Gruppe für den weiteren Angriff auf Kursk aus.

Am 10. Juli landeten die Alliierten von Tunesien her auf Sizilien. Hitler entschloß sich daher am 13. Juli, die Operation einzustellen. Die zu lange geplante Schlacht blieb also unentschieden. Praktisch war sie in ihrer Auswirkung aber verloren *.

Sie war der Schlußpunkt einer zweijährigen Entwicklung unter Hitlers eigenwilliger persönlicher Führung, für die er fachlich nicht geeignet und erst recht nicht sachgemäß vorbereitet war.

Diese Entwicklung deckte sich mit Hitlers späterer richtiger Erkenntnis gegenüber Guderian: »Ich weiß nicht, weshalb seit zwei Jahren bei uns alles mißlingt.«[11]

Aus diesem Fehlschlagen des eigenen Angriffs entwickelte sich ab 3. August 1943 aus der Nachhand die sowjetische große Sommeroffensive. Sie zwang Hitler zur »elastischen Verteidigung«, wie der Wehrmachtsbericht vom 29. Juli meldete; aber am 27. August beharrte Hitler dem Feldmarschall von Manstein gegenüber darauf, überall stehenzubleiben, »bis der Feind von der Nutzlosigkeit seiner Angriffe überzeugt« sei[12], um dann am 15. September die Genehmigung zum Absetzen auf die Dnjepr-Linie zu geben.

Manstein charakterisierte Hitlers Verhalten als Oberster Befehlshaber in jenen schweren Monaten 1943/44 als einen ständigen »Kampf (mit Hitler) um die rechtzeitige Anerkennung operativer Notwendigkeiten ..., (damit) das Unvermeidliche nicht immer zu spät getan würde ...«

Über die Panzertruppe schreibt von Manstein, daß es »immer wieder darauf ankam, (mit ihr) Durchbrüche des Gegners aufzufangen und dabei ... Blößen ... zu Gegenschlägen auszunutzen«[13]. Ein Verfahren, das schon um die Jahreswende 1942/43 zwischen Don und Donez erfolgreich angewandt worden war. Die Möglichkeit zu wirklichen Panzeroperationen großer Verbände war nicht mehr gegeben. Das Blatt hatte sich gewendet. Den schnellen Truppen war seit »Zitadelle« die neue Aufgabe einer starken und schnellen Reserve im taktischen oder

* Vgl. S. 306ff.

gelegentlich auch operativen Rahmen zugefallen. Es entstand der Begriff des *Einsatzes nach Art einer »Feuerwehr«*, um feindliche Einbrüche schnell aufzufangen und zu zerschlagen.

Umgekehrt übernahm aber die sowjetische Führung mit großem Erfolg die bisherigen deutschen operativen Ansichten in der Führung großer Panzerverbände. Sie war aufgrund ihrer ungewöhnlichen zahlenmäßigen Überlegenheit dazu in der Lage; sie verfügte neben ihren hohen Panzerzahlen auch über geeignete Führerpersönlichkeiten.

Sie hatte das von Hitler erstrebte »Gesetz des Handelns« übernommen. Stalin hatte damit den Kampf um die Existenz seines sozialistischen Staates gewonnen. Nun trat er zum zweiten Akt des »Vaterländischen Krieges« an: Zur Befreiung der Heimat.

Nach Unterlagen des schweizerischen Historikers Eddy Bauer griffen die Russen zwischen dem 5. Juli 1943 und dem 24. April 1944 an 250 Tagen an, während die Deutschen auf nicht mehr als 46 Angriffstage zurückfielen[14].

Am 6. November überquerten die Russen den Dnjepr bei Kiew und stießen mit ihren Panzerkorps schnell nach Westen/Südwesten auf Schitomir und Fastow durch. Herangeführte deutsche Panzerdivisionen aus Generaloberst Hoths 4. Panzerarmee und aus der Heeresgruppen-Reserve stießen in ihre südliche Flanke, eroberten Schitomir zurück und brachten den sowjetischen Angriff nordostwärts von Winniza bis zum Jahreswechsel 1943/44 zum Stehen.

Der operative Einsatz der Panzertruppe 1944: Ausklang

Im Februar 1944 gelang es der 1. Panzerarmee mit dem 3. Pz.Korps, im Zusammenwirken mit Panzerdivisionen der 8. Armee, die im »Tscherkassy-Kessel« eingeschlossenen 55 000 Soldaten des 11. und 42. A.K. in einer schwierigen Entsatzoperation freizukämpfen, aufzunehmen und hinter die deutsche Front zurückzuführen. Ende März desselben Jahres wurde die 1. Pz.Armee im Raum um und nördlich von Kamenez-Podolsk im beweglich kämpfenden sogenannten »Hube-Kessel« durch die Sowjets eingeschlossen, die auf den schwach gesicherten Flanken nach erbitterten Kämpfen durchgebrochen waren. Dank der zielbewußten Führung der Heeresgruppe Süd (von Manstein) und aufgrund des geschickten Einsatzes ihrer Panzerdivisionen sowie der Einsatzbereitschaft ihrer Inf.Divisionen brach die 1. Pz.Armee unter Generaloberst Hube am 8. April nach Ostgalizien durch und verhinderte dadurch das Entstehen einer operativ entscheidenden Lücke in der deutschen Südfront.

Feldmarschall von Manstein aber wurde zur selben Zeit von Hitler entlassen, da nach dessen Worten »im Osten die Zeit der Operationen größeren Stils abgeschlossen sei. Es komme jetzt hier nur noch auf starres Festhalten an«[15].

Die Invasion im Westen gelang am 6. Juni 1944, wobei die Küste vom Feuer der feindlichen Flotte und das Hintergelände von der alliierten Luftwaffe beherrscht wurden. Die wenigen, hinter der Invasionsfront bereitstehenden Panzerdivisionen durften zunächst nur auf Befehl Hitlers eingesetzt werden, was zu großen Verzögerungen führte. Ihr verspäteter Gegenangriff ab 8. Juni schlug nicht durch. Dasselbe Schicksal erlitt am 6./7. August ein Gegenangriff der Panzergruppe Eberbach mit vier Pz.Divisionen, der von Hitler gegen die tiefe Flanke der über Avranches durchgebrochenen Amerikaner befohlen worden war. Dabei war der Einsatz der feindlichen Luftwaffe entscheidend, wie von Feldmarschall Rommel aufgrund seiner Erfahrungen in Nordafrika ab Herbst 1942 befürchtet worden war.

Am 16. Dezember 1944 begann Hitler gegen den Rat seiner Frontbefehlshaber die großangelegte »Ardennenoffensive« mit der 6. SS-Panzerarmee, der 5. Panzerarmee und der 7. Armee. Neben 14 Inf.Divisionen wurden sieben Pz.Divisionen eingesetzt, dahinter folgten zwei Divisionen und eine Pz.Grenadier-Division sowie vier Inf.Divisionen als OKW-Reserven. Bereits am 18. Dezember kam der Angriff in den meisten Abschnitten zum Stehen, vor allem bei der rechten Flügelarmee. Am 23. Dezember erreichte die 5. Pz.Armee zwar die Gegend ostwärts von Dinant, um sich am 24. aber auch hier festzulaufen.

Damit war wieder einmal ein Wunschtraum Hitlers gescheitert, der bei sachlichem generalstabsmäßigen Denken von vornherein zum Mißlingen verurteilt gewesen wäre. Es wäre operativ zweckmäßiger gewesen, diese verhältnismäßig starken Panzerkräfte im Osten einzusetzen, wie es Guderian vorgeschlagen hatte. Mit dieser Verstärkung hätte man die sowjetische Winteroffensive im Januar 1945 wohl aufhalten, mindestens jedoch stark verzögern können.

Ab Oktober 1944 waren bei der Heeresgruppe Süd im ungarischen Raum fünf schnelle Heeresdivisionen und zwei SS-Pz.-Gren.Divisionen eingesetzt, die ebenfalls bei der Verteidigung Ostdeutschlands fehlten. Sie kämpften dafür im Raum von Debrecen und bei Budapest, wo sie in monatelangen schweren Kämpfen bis Ende März 1945 den Durchbruch der Roten Armee auf Wien verhinderten.

Der operative Einsatz der Panzertruppe 1945: das Ende

In Ungarn

Anfang Januar kämpften im Bereich der Heeresgruppe Süd vor Budapest sogar sieben schnelle Heeres- und drei SS-Pz.Divisionen, während sich die sowjetische Winteroffensive gegen das Zentrum des Reiches bereits in aller Deutlichkeit abzeichnete. Es waren die folgenden Großverbände:

I. 2. *Pz.Armee ohne* schnelle Verbände außer Brigade 92 (mot.) und Sturmgeschütz-Verbänden;

II. *1. Kav.Korps* (General Harteneck) mit 1. und 23. Pz.Div. und der 3. Kav.Brg.

3. Pz.Korps (General Breith) mit »mot. Gruppe Pape« und 3. Pz. Div. sowie der 4. Kav.Brg.

4. SS-Pz.Korps (General der Waffen-SS Gille) mit 6. Pz.Div., 5. SS-Pz.Div. »Wiking« und 3. SS-Pz.Div. »Totenkopf«.

57. Pz.Korps (General Kirchner) mit 8. Pz.Div.

4. Pz.Korps (General Kleemann) mit 24. Pz.Div. und 4. SS-Pol.-Pz.Gren.Div. sowie Reste der 18. SS-Pz.Gren.Div.

Ferner die 13. Pz.Div. und Pz.Gren.Div. »Feldherrnhalle« in Budapest. Die Korps waren der deutsch-ungarischen Armeegruppe Balck (6. deutsche und 3. ungarische Armee) und der 8. deutschen Armee unterstellt [16].

An der Weichselfront

Die sowjetische Offensive gegen die Heeresgruppe Mitte und Nord begann am 12. Januar 1945 auf der ganzen Front von Baranow nach Norden und durchbrach schnell die deutschen Linien. Die zahlenmäßige Überlegenheit an Menschen und Waffen war überwältigend. Die wenigen deutschen Panzerverbände kämpften im taktischen Rahmen als Eingreifreserven, konnten aber den übermächtigen Angreifer nicht aufhalten, der an ihren Widerstandskernen und kämpfenden Stützpunkten vorbei in die Tiefe der deutschen Ostgebiete strömte. Auch waren die Panzerverbände, so wie das 24. Pz.Korps des Verfassers, auf ausdrücklichen Befehl Hitlers zu nahe hinter die Infanteriedivisionen in der HKL gelegt worden, wodurch sie bereits in die ersten Einbruchskämpfe verwickelt wurden. Immerhin gelang es dem 24. Pz.Korps, zu einem Zusammenwirken mit dem Pz.Korps »Großdeutschland« des Generals von Saucken zu kommen, wodurch das sowjetische operative Vorgehen gegen die Oder erheblich verzögert wurde[17].

Anfang Februar 1945 waren die Panzer- beziehungsweise Pz.Gren. Divisionen nach Guderians Angaben wie folgt verteilt[18]: zwei Divisionen bei Heeresgruppe Kurland; fünf bei Heeresgruppe Nord/Ostpreußen; acht Panzerdivisionen bei Heeresgruppe Weichsel, achteinhalb bei Heeresgruppe Mitte in Schlesien und acht bei Heeresgruppe Süd; dazu im Westen und Südwesten zwölf schnelle Divisionen.

In Schlesien

Anfang März wurde der letzte erfolgreiche operative Panzerangriff im Raum von Lauban mit der neugebildeten Panzergruppe Nehring – 57. Pz.- (General Kirchner) und 39. Pz.Korps (General Decker) – im Zusammenwirken mit der Luftwaffe und starken Flak-Verbänden durchgeführt. Er führte zur Wiedereinnahme von Lauban und machte die operativ wichtige Bahnlinie nach Oberschlesien wieder frei *.

In Ungarn

Am 6. März 1945 begann eine weitere große deutsche Offensivoperation mit der 6. SS-Pz.Armee und der 6. Armee im Zusammenwirken mit Teilen der 2. Pz.Armee und Verbänden der Heeresgruppe F. Ihr Angriff sollte dem Schutz des wehrwirtschaftlich wichtigen Ölgebietes bei Nagy Kanisza dienen und zugleich Kräfte für die Oderfront durch eine angestrebte Frontbereinigung an der Donau freimachen. Dieser Angriff von über zehn Panzer- und Pz.Gren.Divisonen und starken Armee- und Heerestruppen mußte jedoch bereits ab 15. März ergebnislos abgebrochen werden, da die Sowjets weiter nördlich im Bakony-Wald zum Gegenangriff mit überlegenen Verbänden angetreten und bei den Ungarn durchgebrochen waren. Währenddessen erzielte die Rote Armee im Zentrum des Reichs, an der Oderfront, täglich Fortschrittte, da dort nur wenige gepanzerte Verbände verfügbar waren.

Taktischer Einsatz 1945

Auch in Italien war bereits seit dem 10. Juli 1943 eine Anzahl schneller Divisionen in der Abwehr oder im taktischen Gegenangriff mit örtlich

* Vgl. Tagesbefehl HGr. Mitte vom 7. März 1945, Anhang, S. (41).

begrenzten Zielen gebunden. Weitreichende Panzeroperationen waren hier von Anfang an nicht mehr möglich. Zum Schluß kämpften in Italien die 26. Pz.Division sowie die 15. und 90. Pz.Gren.Division.

Im Westen hatte seit Februar 1945 die Schlußoffensive der Alliierten begonnen. Auch hier gab es bis zum Zusammenbruch nur noch taktische Einsätze der deutschen Panzertruppe, soweit diese unter dem alliierten Luftwaffeneinsatz überhaupt noch möglich waren.

Im übrigen opferten sich die Panzerverbände der Ostfront in harten Kämpfen im taktischen Rahmen bis zum Ende am 8. Mai 1945 auf. Hervorzuheben ist hier neben der Verteidigung Österreichs durch mittel- und westdeutsche Panzerdivisionen (1., 3., 6. Pz.Div.) sowie der Eckpfeiler Danzig – Westpreußen (7. Pz.Div.), Ostpreußen (5. Pz.Div.; 24. Pz.Div.; Tle. Pz.Gren.Div. »G. D.«) und Kurland (12. und 14. Pz.-Div.) vor allem die Standhaftigkeit der 1. Pz.Armee im Großraum beiderseits von Brünn, deren Front aufgrund elastisch geführter Abwehr nicht durchbrochen worden ist[19]. Infanterie-, Panzer- und Pz.Gren.-Divisionen ergänzten sich hier letztmalig in vorbildlicher Weise.

Kapitel 2 · Operative Einzelbetrachtungen über den Einsatz der deutschen Panzertruppe

I. *Der Feldzug gegen Polen 1939 (Fall »Weiß«)*

Die militärpolitische Lage – Die beiderseitigen Operationspläne – Erwägungen – Der Ablauf des Geschehens – Die Grenzschlachten – Die Schlacht an der Bzura – Panzerstoß bis Brest-Litowsk – Das Ende – Betrachtungen.

Die militärpolitische Lage

Für Polen war die Lage im August 1939 trotz der britischen Schutzgarantie politisch und militärisch unhaltbar geworden, da es auf beiden Seiten von starken Feinden eingekreist war, die sich soeben untereinander über die nächsten Schritte verständigt hatten. Eine schnelle Hilfe aus dem Westen war kaum zu erwarten.

Polen mußte aufgrund der deutschen Heeresorganisation sowie der deutschen politischen und operativen Anschauungen mit einem überraschenden und schnellen Verlauf eines etwaigen Krieges von vornherein rechnen.

Die beiderseitigen Erdstreitkräfte waren zwar zahlenmäßig etwa gleichstark; doch fehlten auf polnischer Seite moderne schnelle Truppen. Ebenso war die polnische Luftwaffe weit unterlegen.

Polen stellte insgesamt auf: 38 Inf.Divisionen, 2 Panzer-Brigaden, 11 Kav.Brigaden, dazu 7 Infanterie-Regimenter des Grenzkorps und 15 Bataillone des Territorialkorps. Ferner Heeres- und Armeetruppen.

Die polnische Oberste Führung war nach deutschen Unterlagen militärisch nicht vollwertig, da ihre Auswahl teilweise politisch beeinflußt war; auch fehlte es ihr an Ausbildung und Erfahrung.

Deutschland setzte im Osten ein: 27 Inf.Divisionen, 6 Panzer-Divisionen, 4 leichte Divisionen, 4 mot. Inf.Divisionen und 1 Kav. Brigade.

Die schnellen Verbände waren in den Pz.Korps 14, 15, 16, 19 und 22 – damals noch (mot.) Armeekorps genannt – zusammengefaßt.

Im ganzen war das Heer infolge der übereilten Vergrößerung seit 1934 nicht voll einsatzbereit; auch die Panzertruppe* nicht, die damals neben wenigen Kanonenpanzern meist nur über MG-Panzer verfügte**. Seine Überlegenheit bestand trotzdem in der großen Anzahl von gepanzerten und motorisierten, operativ selbständigen Großverbänden, über deren Verwendungsmöglichkeiten allerdings bisher wenig praktische Erfahrungen vorlagen.

Trotz großer Schwierigkeiten im Generalstab des Reichsheeres hatte es Guderian verstanden, seine Ansichten über die Zweckmäßigkeit einer operativ selbständigen Panzertruppe, die gepanzerte und motorisierte Waffen aller Art umfaßte, in den Jahren 1932 bis 1935 in die Tat umzusetzen. Ansichten, die damals fast in der ganzen militärischen Welt als utopisch abgelehnt wurden.

Nun, im September 1939, schien die Stunde der Erprobung gekommen zu sein. Es war verständlich, daß Guderian und seine Anhänger dieser Leistungsprüfung bei allem Vertrauen in die neue Truppengattung mit höchster Spannung – wenn auch ohne Kriegsbegeisterung – entgegensahen.

Im Westen ging die deutsche Heeresführung bewußt ein sehr großes Risiko ein, indem sie gegenüber den alliierten Großmächten Frankreich

* Stellenbesetzung der Panzertruppe am 1. September 1939, Anhang, S. (20).

** Es gab außerdem einige SPW-Komp., davon eine bei der 1. Pz.Div.

und Großbritannien zunächst nur elf aktive Infanteriedivisionen und eine Festungsdivision beließ. Erst ab Kriegsbeginn sollten hier 35 Reserve-Divisionen neu aufgestellt werden.

Frankreich verfügte damals nach seiner Mobilmachung über 108 Divisionen, ferner über etwa 4000 Kampfwagen und starke Artillerie. Dazu konnten bis Mitte Oktober vier britische Divisionen auf französischem Boden eintreffen. Es bestand also im Westen eine mehrfache Überlegenheit auf der alliierten Seite, die eine rasche Entscheidung zu ihren Gunsten erwarten ließ.

Die beiderseitigen Operationspläne

In der militärpolitisch und -geographisch schwierigen Lage Polens mußte es für die polnische Führung darauf ankommen, ihre Wehrmacht kampffähig zu erhalten und solange um Zeitgewinn zu kämpfen, bis die Alliierten unter dem Zwang ihres Garantieversprechens im Westen angriffen und die deutsche Führung damit zwangen, starke Kräfte aus Polen dorthin zu überführen. Deutschland hätte dann von vornherein den berüchtigten Zweifrontenkrieg führen müssen, der ihm keine Chance für einen erfolgreichen Ausgang gelassen hätte.

Der polnische Plan

Polen entschloß sich aber, den Kampf westlich der Weichsel anzunehmen, um die industriellen Kerngebiete Polens um Lodz und Oberschlesien und die ernährungsmäßig wertvollen Gebiete um Posen und Kielce zu halten. Es wäre richtiger gewesen, sich hinter den Flüssen Njemen – Bobr – Narew – Weichsel – San zu verteidigen, um deren Vorteile für einen hinhaltenden Kampf auszunutzen. Diese Linie hätte die deutsche Umfassungsmöglichkeit auf beiden Flügeln eingeschränkt. Sie bot durch die Flüsse ein starkes Hindernis gegen die zu erwartenden Panzerangriffe oder überfallartige Vorstöße motorisierter Kampfgruppen, verkürzte den Verteidigungsabschnitt von fast 3000 km auf 600 km und stärkte damit die Verteidigungsmöglichkeiten entscheidend.

Dagegen sprachen aber politische, psychologische, wehrwirtschaftliche und vielleicht auch operative Gründe. Vielleicht fürchtete man auch, daß die westlichen Alliierten ihr zugesagtes Vorgehen nach Osten dann als aussichtslos einstellen könnten, wenn man von vornherein nicht offensiv werden wollte.

Die polnische Führung entschloß sich daher, nichts zu räumen, sondern die überlange Westgrenze von der Slowakei über Danzig bis nach Litauen zu verteidigen. Sie wählte eine Aufstellung hinter den Grenzen, aus der man vielleicht auch zum Angriff antreten wollte. Die Versammlung starker Kräfte im Raum um Posen ließ auf die mögliche Absicht eines Vorgehens auf Berlin schließen.

Der deutsche Plan

Der deutsche Operationsplan (»Fall Weiß«) wurde durch die bereits geschilderten Umstände beeinflußt:

1. die militärgeographische Lage Polens, die eine frühzeitige beiderseitige Umfassung in der Tiefe durch schnelle Truppen anbot;
2. den Entschluß der deutschen Führung, im Westen nur sehr wenig Truppen zu belassen, um im Osten eine ausreichende Überlegenheit sicherzustellen und damit eine Voraussetzung für einen schnellen Sieg zu schaffen, ehe die Alliierten Polen wirksam helfen konnten. Dabei sollten alle schnellen Verbände im Sinne der Lehre Guderians: »Klotzen – und nicht kleckern!« eingesetzt werden;
3. das Vertrauen der deutschen Führung in die junge Panzertruppe und in alle anderen schnellen Truppen, ohne deren Einsatz weder eine schnelle Bildung örtlicher Überlegenheit noch ein schneller Ablauf der Operationen denkbar waren.
4. die latente Bedrohung Polens durch die Sowjetunion im Rücken.

Erst Anfang Juli 1939 wurde der Operationsplan des Heeres für einen etwaigen Angriff auf Polen bearbeitet und zwar als Folge der polnischen Mobilmachung vom Frühjahr, die Hitler mit Recht als Angriffsdrohung angesehen hatte.

Im Auszug lautete er:

> »Operationsziel ist die Vernichtung der polnischen Wehrmacht. Die politische Führung fordert, den Krieg mit überraschenden, starken Schlägen zu eröffnen und zu schnellen Erfolgen zu führen. Absicht ist, einer geordneten Mobilmachung und Versammlung des polnischen Heeres ... zuvorzukommen und die westlich der Weichsel-Narew-Linie zu erwartende Masse des polnischen Heeres durch konzentrischen Angriff aus Schlesien einerseits, aus Pommern und Ostpreußen andererseits, zu zerschlagen ...
>
> Zur Durchführung ... werden Heeresgruppe Süd, bestehend aus 14., 10. und 8. Armee, und Heeresgruppe Nord, bestehend aus 4. und 3. Armee, gebildet.« [1]

Im einzelnen sollte die Heeresgruppe Süd (Generaloberst von Rundstedt) aus Schlesien heraus, mit Panzerschwerpunkt bei der 10. Armee, zwischen Zawiecie und Wielun in Richtung Warschau angreifen, die Weichselübergänge frühzeitig mit schnellen Truppen in Besitz nehmen und die im westlichen Polen noch haltenden polnischen Kräfte im Zusammenwirken mit der Heeresgruppe Nord vernichten.

Die 14. Armee sollte die rechte Flanke dieses Angriffs gegen Feindkräfte aus Galizien offensiv mit Panzerunterstützung decken, die 8. Armee die linke Flanke gegen den Feind in der weiten Lücke zwischen Posen und Kutno.

Erste Aufgabe der Heeresgruppe Nord (Generaloberst von Bock) war es, über Westpreußen die Verbindung zwischen dem Reich und Ostpreußen herzustellen. Sie sollte sodann aus Ostpreußen heraus auf Warschau vorgehen, um im Zusammenwirken mit der Heeresgruppe Süd den Feind ostwärts der Weichsel auszuschalten. Ihr standen in Pommern vier schnelle Divisionen unter General Guderian, dessen Chef des Stabes der Verfasser war, zur Verfügung.

Der Operationsplan läßt mit diesen Maßnahmen von vornherein die Absicht einer operativen Zange erkennen, deren Schwäche der weite Abstand zwischen beiden Heeresgruppen war.

Die Luftwaffe und die Kriegsmarine hatten unterstützende Aufgaben. Erschwerend war die politische Forderung Hitlers, daß keine offene Mobilmachung und kein offener Aufmarsch vorangehen durften. Man fand als Lösung den Bau von Feldbefestigungen als eine Art von »Ostwall«, an dem ab Ende Juni 1939 ständig acht Inf.Divisionen arbeiteten, die somit schon im etwaigen späteren Aufmarschraum eingesetzt waren, ferner die ungetarnte Versammlung aller schnellen Divisionen weit zurück im Hinterland zu großen Manövern, die übrigens die ersten ihrer Art geworden wären, hätte sie der Krieg nicht verhindert.

Zur Verstärkung der ostpreußischen Kräfte wurden ebenfalls ungetarnte Verbände aus dem Reich über See zugeführt, die an einer großen Parade am Tannenbergdenkmal und an Manövern teilnehmen sollten, darunter die Panzerbrigade 4 aus Würzburg.

Erwägungen

Die gedachte Durchführung des Feldzugplanes war kühn. Die 10. Armee (von Reichenau) sollte mit der Masse der Panzertruppe durch den Feind hindurch 300 km tief bis nach Warschau vorstoßen, ohne Rücksicht auf

Flanken- und Rückendeckung. Sie sollte die polnische Verteidigung auf dem Westufer der Weichsel schnell ausschalten, ehe es der polnischen Führung gelang, die Masse ihrer Kräfte notfalls hinter den Fluß zurückzuziehen und hier eine neue, zeitraubende Verteidigung zu organisieren. Erfahrungen über Gliederung und Verwendung so großer schneller Verbände auf verhältnismäßig engem Raum lagen aber bisher nicht vor. Waren Führung und Nachschub so vieler tausend Fahrzeuge in der Tiefenzone des Feindes auf dem bescheidenen polnischen Wegnetz technisch überhaupt darzustellen? War es möglich, die schnellen Kräfte so mit den Infanteriekorps zu koppeln, daß die Einheitlichkeit und die Stetigkeit des Gesamtangriffs gewährleistet blieben?

Zu gleicher Zeit sollte die Umfassung der feindlichen Flügel durch schnelle Verbände aus der Slowakei sowie aus Pommern und Ostpreußen her eingeleitet werden.

Dabei kam es darauf an, durch rasche Erfolge schnell zum gemeinsamen Zusammenwirken aller Teile im Feind zu kommen, um den großen Zwischenraum von etwa 300 km Luftlinie zwischen beiden Heeresgruppen (wobei die ostpreußische 3. Armee isoliert jenseits der Weichsel stand) zu überbrücken und dem Gegner keine Operationsfreiheit zu lassen.

Es bestand sonst die Gefahr, daß eine wendige polnische Führung den Vorteil der inneren Linie durch einen zusammengefaßten Angriff der Masse ihrer Kräfte auf eine der beiden Heeresgruppen ausnutzen konnte. Dazu stand die polnische »Armee Posen« in günstiger Position bereit, die nach dem deutschen Operationsplan keinen nennenswerten Gegner vor ihrer Front hatte, somit operativ nicht gebunden war und zunächst je nach der Lage frei handeln konnte.

Die deutsche Führung war sich ihres operativen und strategischen Wagnisses bewußt. Sie hatte es sorgsam erwogen und im Vertrauen auf die richtige Beurteilung der Lage in Ost und West sowie im Glauben an das Können ihrer schnellen Truppen in Kauf genommen und dabei führungstechnisch richtig gehandelt. Hätte die französische Armee aber frühzeitig eingegriffen, so wäre der Feldzug in Polen und damit der Krieg sehr schnell zu Ende gewesen, da dieser nunmehr für Deutschland – wie vom Generalstab des Heeres befürchtet – als Zweifrontenkrieg keine Erfolgschancen bot.

Der Ablauf des Geschehens

Der Feldzug gegen Polen begann mit einer ungewöhnlichen Einleitung.

Das Stichwort für den Beginn der Operationen des »Falles Weiß« wurde von Hitler am 25. 8. 1939 nachmittags ausgegeben. Daraufhin trat das deutsche Ostheer etwa zwei Stunden später aus seiner tiefgegliederten Bereitstellung den Marsch zum Angriff auf die polnische Grenze zwischen Karpaten und Litauen an.

Aufgrund der Unterzeichnung des britisch-polnischen Bündnisvertrages am selben Tage, um 17.40 Uhr, entschloß sich Hitler jedoch, den Angriff über die polnische Grenze in letzter Minute anzuhalten.

Obwohl »Funkstille« herrschte, gelang es, diesen Halt-Befehl nachts rechtzeitig bis zu den vordersten Teilen durchzubringen. Das war unter den gegebenen Umständen eine befehlstechnische Meisterleistung [2].

Die Truppe sah in diesem Anhalten ein psychologisches und diplomatisches Druckmittel in dem seit Monaten anhaltenden politischen Nervenkrieg, ähnlich wie im Herbst 1938 vor dem Einrücken in die Tschechoslowakei. Es erschien unglaubhaft, daß man den Ausbruch des Krieges zielbewußt um Tage oder Wochen verschieben könne.

Auf der polnischen Seite war der Anmarsch in die grenznahen Bereitstellungsräume nicht unbemerkt geblieben. Die von deutscher Seite aus geplante Überraschung verlor damit ihre Wirkung. Andererseits war es aber möglich, die gewonnene Zeit auch für die Aufstellung deutscher Reservedivisionen zu nutzen.

Die diplomatischen Verhandlungen der letzten Augusttage verliefen ergebnislos, und am 30. 8. 1939 erfolgte um 14.30 Uhr die offizielle polnische Mobilmachung, der sich Hitler am 31. 8., 0.30 Uhr, anschloß. Der neue Befehl für den »Fall Weiß« erging am selben Tage um 16.00 Uhr. Damit waren alle Hoffnungen auf einen friedlichen Ausgang der deutsch-polnischen Krise zerschlagen, ein spannendes Vorspiel zum Zweiten Weltkrieg abgeschlossen.

Die Grenzschlachten

Die Kämpfe vom 1. bis zum 3. September 1939, besonders die Schlacht im »polnischen Korridor«, hatten im allgemeinen die erwarteten Erfolge gebracht. Die Spannung begann sich zu lösen. Die in wenigen Jahren übereilt, ohne Reserveverbände aufgebaute Truppe hatte sich im Kampf bewährt. Die neuartige Panzertruppe hatte ihre erste Feuerprobe organisatorisch, taktisch und operativ bestanden.

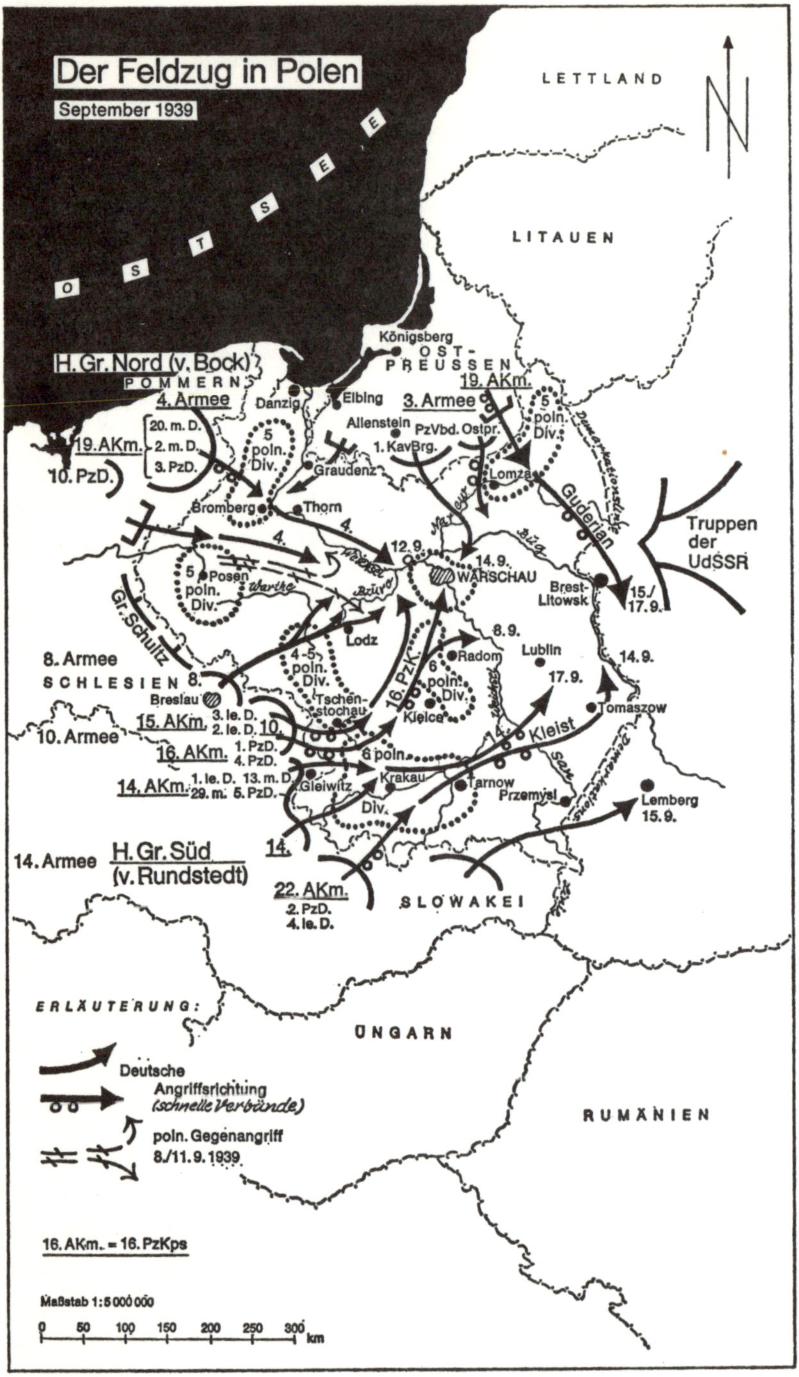
Der Feldzug in Polen
September 1939
O S T S E E
LETTLAND
LITAUEN
Königsberg
OST-PREUSSEN
H. Gr. Nord (v. Bock)
POMMERN
4. Armee
Danzig
Elbing
3. Armee
19. AKm.
Allenstein
PzVbd. Ostpr.
1. KavBrg.
5 poln. Div.
20. m. D.
2. m. D.
3. PzD.
19. AKm.
10. PzD.
Graudenz
Lomza
Guderian
Bromberg
Thorn
Truppen der UdSSR
12. 9.
14. 9.
WARSCHAU
Brest-Litowsk
15./17. 9.
5 Posen poln. Div.
Gr. Schultz
Lodz
8. 9.
Radom
Lublin
8. Armee
SCHLESIEN
Breslau
4-5 poln. Div.
16. PzK.
6 poln. Div.
17. 9.
14. 9.
Tschenstochau
Kielce
Tomaszow
15. AKm.
3. le. D.
2. le. D.
10. Armee
16. AKm.
1. PzD.
4. PzD.
6 poln.
Kleist
14. AKm.
1. le. D.
29. m.
13. m. D.
5. PzD.
Gleiwitz
Krakau
Tarnow
Przemysl
Lemberg 15. 9.
Div.
14. Armee
H. Gr. Süd (v. Rundstedt)
22. AKm.
2. PzD.
4. le. D.
SLOWAKEI
UNGARN
RUMÄNIEN
ERLÄUTERUNG:
Deutsche Angriffsrichtung (schnelle Verbände)
poln. Gegenangriff 8./11. 9. 1939
16. AKm. = 16. PzKps
Maßstab 1 : 5 000 000
0 50 100 150 200 250 300 km

Die feindliche Aufstellung war von ihr in kühnem Vorgehen durchbrochen, Westpreußen in wenigen Tagen befreit und Ostpreußen wieder mit dem Reich verbunden worden.

Die 10. Armee, im Schwerpunkt der Operationen eingesetzt, war in die polnische Front westlich von Warschau eingebrochen. Die operative Umfassungszange, die westlich der Weichsel vorgesehen war, zeichnete sich damit in Umrissen ab.

Die folgenden harten Kämpfe vom 4. bis zum 6. September bei der Heeresgruppe Süd ergaben sich aus der Absicht des OKH, die Entscheidung noch vor der Weichsel und dem San zu erzwingen. Doch sollte die 14. Armee am rechten Flügel der Gruppe durch Überschreiten des mittleren San mit ihrem 22. Panzerkorps von vornherein eine etwaige Verteidigung ostwärts der Weichsel operativ aus den Angeln heben.

Die Heeresgruppe Nord beurteilte ihre Lage ähnlich; sie erwog daher, einen starken Nordflügel – bestehend aus dem im »Korridor« freigewordenen 19. Panzerkorps Guderians (vier schnelle Divisionen) und zunächst drei weiteren Inf.Divisionen – zum Einsatz in Richtung Brest-Litowsk, Lublin zu bilden.

Am 5. September war auch das OKH der Ansicht, daß der Gegner hinter die Weichsel-Narew-Linie zurückginge. Es gab daher in richtiger Einschätzung der zögernden Haltung der Franzosen als neues Operationsziel an: Umfassung des polnischen Restheeres nunmehr ostwärts der Weichsel. Dazu sollte die Heeresgruppe Nord mit der 3. Armee und dem Panzerkorps Guderian gegen die Linie Warschau-Siedlce, die Heeresgruppe Süd mit der 14. Armee über den San in Richtung Lublin angreifen, hier das 22. Panzerkorps (General von Kleist) zur Umfassung auf dem äußersten rechten Flügel.

Die Verfolgung vom 7. bis zum 11. September ging unter Kämpfen zügig vorwärts. Die 14. Armee nahm Rzeszow. Die 10. Armee schloß mit den Panzerkorps* 14, 15 und 16 die polnischen Kräfte im Süden, Osten und Norden im Kessel von Radom ein, während vom Westen her Infanteriekorps anrückten. Die als Flankenschutz der 10. Armee links gestaffelt folgende 8. Armee hatte den Auftrag der Heeresgruppe Süd erhalten, der in ihrer Nordflanke mittlerweile auf die Weichsel zurückgehenden völlig intakten polnischen »Armee Posen« durch überholende Verfolgung in Richtung Warschau den Weg zu verlegen.

* damals amtlich »Armeekorps (mot.)« genannt.

Die Schlacht an der Bzura

Armee, Heeresgruppe und auch das OKH rechneten, fasziniert durch die bisherigen Erfolge, nur mit einem Rückzug oder Durchbruch dieser Armee nach Osten, keineswegs aber mit einem Angriff gegen die Nordflanke der 8. Armee. Man sollte sich sehr getäuscht haben.

Der polnische Angriff begann am 8. September an der Bzura und entwickelte sich zu einer Krise, die aber bis zum 11. September durch die energischen Führungsmaßnahmen der Heeresgruppe Süd in einen entscheidenden Sieg umgewandelt wurde. Durch geschicktes Herumwerfen des 16. und 15. Panzerkorps unter den Generalen Hoepner[3] und Hoth und weiterer Teile der 10. Armee gelang es, den Feind zu einer Schlacht mit verkehrter Front zu zwingen, die zu der damals größten Einkreisungsschlacht führte.

Der tatkräftige, selbständige Angriff der »Armee Posen« unter General Kutrzeba, gemeinsam mit den Divisionen der »Armee Pomerellen«, war der einzige großangelegte Gegenzug der polnischen Führung, der Gipfelpunkt des Feldzuges in Polen – wie Feldmarschall von Manstein urteilt –, wenn auch nicht seine Entscheidung. Diese war operativ bereits durch die weit ausholende Umfassung durch deutsche schnelle Großverbände sowie folgende Infanteriekorps im Süden und im Norden gefallen.

Panzerstoß bis Brest-Litowsk

Bei der Heeresgruppe Nord kam es noch nicht zu einer »Verfolgung«. Das 19. Panzerkorps (Guderian) wurde nach den Kämpfen in Westpreußen und seinem Anmarsch erst am 9. September aus dem Raum von Johannisburg im Nordosten Ostpreußens auf Weisung des OKH über Wizna auf Siedlce angesetzt – entgegen dem Vorschlag Guderians, der den freien Raum im Rücken der ausweichenden polnischen Kräfte in Richtung Brest-Litowsk anstrebte.

Immerhin sah Generaloberst von Bock davon ab, Guderian mitsamt seinen vier schnellen Divisionen an das Marschtempo einer Infanteriearmee zu binden. Er schuf damit die erste selbständig operierende, artreine »Panzerarmee« der Kriegsgeschichte.

Der Befehl des Oberkommandos des Heeres am 9. September gab Weisungen für die doppelte Umfassung ostwärts der Weichsel. Neu war die Anordnung, schnelle Kräfte der Heeresgruppe Nord (Korps Guderian) so vorzuführen, daß ihr späteres Zusammenwirken mit der Heeresgruppe Süd auch ostwärts des Bug möglich wäre. Letztere sollte mit dem 22. Panzerkorps am rechten Flügel der 14. Armee über den oberen und mittleren San vorgehen, um den Gegner am unteren San zu umfassen und später Richtung auf Chelm zu nehmen.

Dieser Befehl führte die deutschen Kräfte weit in die Tiefe des polnischen Raumes, ohne auf die strategische Drohung aus Frankreich Rücksicht zu nehmen. Der deutsche Oberbefehlshaber handelte dabei um so kühner, als die Verkehrslage in Polen außerordentlich schlecht war und ein etwa notwendiges Verschieben von Kräften nach dem Westen sehr verzögert hätte.

Die Heeresgruppe Nord gab der Panzergruppe Guderian daraufhin das neue Angriffsziel Brest-Litowsk im Rücken des Feindes. Damit fiel die endgültige Entscheidung in diesem Feldzug. Die Stadt wurde bereits am 14. September genommen, die starke Zitadelle fiel jedoch erst am 17. September. Beim Angriff war Guderian mit seinem Chef des Generalstabes Nehring und seinem Adjutanten Braubach mitten unter den stürmenden Grenadieren der Hamburger 20. mot. Division. In gleicher Weise hatte Guderian einige Tage vorher die Schützen der 10. Panzerdivision, als sie zögerten, bei Wizna gegen die Narewbefestigungen persönlich vorgeführt und ebenso Anfang September Panzer und Grenadiere am Brahefluß im »polnischen Korridor«.

Das Ende

Die Entwicklung auf polnischer Seite wurde durch den über den polnischen Rundfunk ausgestrahlten letzten Operationsbefehl vom 10. September charakterisiert, der anordnete: »Alle Armeen marschieren selbständig in den Raum ostwärts Lemberg«, der an die Sowjetunion und das neutrale Rumänien grenzte. Man schien also bereits jetzt aufzugeben. Für das tatenlose Verharren der Franzosen und Briten an der deutschen Westfront gab es keine militärisch stichhaltigen Begründungen. Ihre Streitkräfte waren damals stärkemäßig noch in der Lage, den sich abzeichnenden Zweiten Weltkrieg durch einen Angriff nach dem Muster von Sanktionen im Keim zu ersticken. »Die französischen Generale hielten das Werkzeug des Sieges in ihren Händen«, urteilte ihr Landsmann Jean Dutord[4].

Bereits Mitte September war der Kulminationspunkt des polnischen Feldzuges überschritten, wenn auch einzelne Kämpfe mit polnischen Restkräften noch bis Anfang Oktober (5. 10. 1939) andauerten. Ab

17. September besetzten Truppen der Roten Armee das polnische Restgebiet bis zum Bug und entwaffneten fast kampflos die dorthin ausgewichenen polnischen Teilkräfte.

Der sowjetische Einmarsch nach Polen war für die deutsche militärische Führung eine große Überraschung, da ihre politische Führung die deutschen Befehlshaber über diese sowjetische Absicht nicht unterrichtet hatte. In Brest-Litowsk fand am 22. September 1939 eine sowjetisch-deutsche Feldparade schneller Truppen vor den Generalen Guderian und Kriwoschein statt. Beim Abschiedsfrühstück nach den Übergabeverhandlungen brachte Kriwoschein einen Trinkspruch auf die »ewige Feindschaft beider Länder« aus. Es war eine symbolhafte Fehlleistung des Unterbewußtseins, eine Verwechslung mit dem deutschen Wort »Freundschaft«.

Betrachtungen

Der Feldzug in Polen war trotz aller Tapferkeit und Hartnäckigkeit der polnischen Truppen militärisch im Sinne des Auftrages der deutschen politischen Führung schnell und entscheidend durchgeführt worden. Von ihren Alliierten auf dem Schlachtfeld im Stich gelassen, mußte die Republik Polen untergehen, wozu sie aber politisch, strategisch und operativ selber wesentlich beigetragen hatte.

Das neue deutsche Heer und seine Führung hatten sich bewährt: sie waren von der jungen Luftwaffe nachhaltig unterstützt worden. Auch die Marine hatte sich in Seetransporten und Unterstützung von See her bei den Kämpfen um Danzig bewährt. Es war gelungen, die alterprobten Führungs- und Ausbildungsgrundsätze aus dem Ersten Weltkrieg über das Medium der Reichswehr in neuzeitlicher Form auf die Wehrmacht zu übertragen, wobei bisher die politische Führung unter Hitler noch nicht störend eingegriffen hatte. Zum deutschen Erfolg hatte Guderian durch die Schaffung der deutschen Panzertruppe entscheidend beigetragen. Durch deren Angriffsschwung war die Möglichkeit geschaffen worden, in beweglicher Führung der Operationen wieder zu militärischer Führungskunst zu gelangen und im Gegensatz zu 1918 schnelle Entscheidungen über weite Räume zu erzwingen. Die neuartige Panzertruppe hatte ihre praktische Erprobung im Gefecht bestanden und sich dabei im Kampf ausgezeichnet. Die hohen Erwartungen Guderians und seiner Anhänger hatten sich erfüllt und die Argumente seiner zahlreichen Gegner schnell ad absurdum geführt.

Die Ergebnisse dieses einmonatigen Feldzuges gegen einen zahlenmäßig etwa gleichstarken Gegner waren einmalig in der Geschichte. Polen war ein Cannae größten Ausmaßes bereitet worden.

Einen großen Nachteil für die Zukunft hatte der militärisch glänzende Ablauf dieses Feldzuges aber auch auf deutscher Seite zu verzeichnen: Der militärische Dilettant Hitler überschätzte die eindrucksvollen Erfolge und seinen persönlichen Führungsanteil. Er hatte die risikoreiche, nervenaufreibende Durchführung der Operationen nur am Rande erlebt. Immerhin war von ihm die politische Verantwortung für die Strategie des Reichs zu tragen; auch hatte er den Aufbau der Panzertruppe und ihren Einsatz zu operativer Verwendung gefördert. Ihm fehlten jedoch alle sachlichen Voraussetzungen, um in die Tiefe der militärisch-operativen Führungsprobleme und ihrer Schwierigkeiten eindringen zu können. Sein Urteil war daher oberflächlich und ging später häufig von falschen Voraussetzungen aus. Vor allem glaubte er, mit der Wehrmacht wie mit einer Maschine arbeiten zu können, die auf einen Knopfdruck hin ständig die gleiche erfolgreiche, fehlerlose Arbeit leistete. Darüber kam es erstmals noch im selben Herbst zu erheblichen Meinungsverschiedenheiten und Mißverständnissen zwischen Hitler und dem Oberbefehlshaber des Heeres, Generaloberst von Brauchitsch, und dessen Generalstab.

II. *Der Feldzug gegen Frankreich 1940 (Fall »Gelb« und Fall »Rot«)*

1. Phase: Der Durchbruch bis zum Kanal (Fall »Gelb«)

Weisung des OKH vom 17. 9. 1939 für den Abwehrkrieg im Westen – Hitlers »Denkschrift und Richtlinien über die Führung des Krieges im Westen« vom 9. 10. 1939 – »Weisung Nr. 6 für die Kriegsführung« – Notizen des Majors Deyhle – OKH-Befehl vom 11. 11. 1939 – Denkschrift von Mansteins vom 31. 10. 1939 – Die neue Aufmarschanweisung »Gelb« – Einspruch eines Generalstabsoffiziers – Die Durchführung – Der »Halt-Befehl« Hitlers vom 24. 5. 1940 vor Dünkirchen und seine Folgen.

Die Kriegserklärungen Großbritanniens und Frankreichs an das Deutsche Reich in den ersten Septembertagen 1939 zwangen Hitler und das Oberkommando des Heeres (Generaloberst von Brauchitsch), sich über die Weiterführung des Krieges nach Beendigung des Feldzuges gegen Polen Gedanken zu machen, zumal bisher kein Kriegsplan der Obersten Politischen Führung, also Hitlers als Reichskanzler und Oberster Befehlshaber der Wehrmacht, bestand.

Weisung des OKH vom 17. 9. 1939 für den Abwehrkrieg im Westen
Die defensiven Absichten des Oberbefehlshabers des Heeres ergaben sich eindeutig aus seiner »Weisung Nr. 86/39 g. Kdos. vom 17.9.1939« »für die Umstellung des Heeres auf den Abwehrkrieg im Westen« *:

> »*Inf.Divisionen (mot.)*
> Die 4 Inf.Divisionen (mot.) werden in 4 mot. Brigaden, die als bewegliche Reserven erhalten bleiben, umgestellt ... Verwendungsmöglichkeiten zum Einsatz in der Stellungsfront ist sicherzustellen. Austattung der Truppe mit Pferden und Fahrzeugen ist zu prüfen.
> *Panzer- und leichte Divisionen*
> Diese bleiben erhalten und sind infanteristisch auf 4 Bataillone aufzufüllen. 1. leichte Division wird 6. Pz.Div. Die Umstellung der 2., 3. und 4. leichten Division zu Panzer-Divisionen ist je nach Anfall der Panzerkampfwagen vorzusehen ... Die Pz.Div. Kempf wird aufgelöst ... Entscheidung über die 10. Pz.Div. behalte ich mir vor.
> *Kavallerie*
> 1. Kav.Brigade ist zur Kav.Div. auszubauen. Die Div.Aufklär.Abt. werden unter 2 Kav.Brig.Stäben in 7–8 Kav.Regter. zusammengefaßt.«[5]

Diese Weisung zeigte das mangelnde Verständnis für Gliederung und Kampfführung eines neuzeitlichen Heeres, obwohl sich diese Gliederung und Kampfführung im Feldzug gegen Polen soeben voll bewährt und zu seiner schnellen Beendigung beigetragen hatte. Man war bemüht, die schnellen Truppen wieder auf Pferde und pferdebespannte Fahrzeuge umzustellen, dafür aber die Kavallerie, die bereits im Ersten Weltkrieg hinter der Grabenfront keine Verwendung fand, wieder aufzubauen.

Man beachte den grundsätzlichen Unterschied zwischen dieser Anordnung des Heeres, über die Hitler als Oberbefehlshaber der Wehrmacht vorher nicht befragt worden war, und der nachstehenden Denkschrift Hitlers. Es ist schwer zu begreifen, daß vor solchen weitreichenden »Umstellungen« im Heer keine Aussprache zwischen den entscheidenden Persönlichkeiten stattgefunden hat.

* Hier nur in bezug auf die schnellen Verbände zitiert.

Am 9. Oktober 1939, also nach erfolgreichem Abschluß des Feldzuges in Polen, ließ Hitler als »Oberster Befehlshaber der Wehrmacht« den Oberbefehlshabern der drei Wehrmachtsteile eine Denkschrift zugehen, die den Angriff gegen Frankreich noch in diesem Herbst forderte und den ausschlaggebenden Wert der Panzertruppe herausstellte.

Hitlers »Denkschrift und Richtlinien über die Führung des Krieges im Westen« vom 9. 10. 1939 *

»Panzerwaffe und Luftwaffe sind zur Zeit nicht nur technisch als Angriffswaffen auf einer von keinem anderen Staat erreichten Höhe ... Ihre operative Einsatzmöglichkeit ist dank ihrer Organisation und der nunmehr eingespielten Führung besser gewährleistet als bei irgendeinem anderen Staat ... Die Panzerwaffe hat bei ihrem praktischen Einsatz in Polen die höchsten Erwartungen übertroffen ... Es ist daher unter allen Umständen der Angriff – als kriegsentscheidendes Verfahren – der Verteidigung vorzuziehen. Sein Beginn aber kann nicht früh genug erfolgen ... Die Panzerwaffe muß dabei jenen Einsatz finden, der unter Berücksichtigung ihrer Wesensart den größten Erfolg verspricht. Es ist daher notwendig, daß sie die operative Vorwärtsbewegung des Heeres in Fluß hält bzw. durch das massierte Durchstoßen von als schwach erkannten Stellen eine Erstarrung der Fronten verhindert ... Die Aufgabe der durchbrechenden Panzerverbände wird es sein, sich selbst gegenseitig zu entlasten ... Die Eigenart dieses Feldzuges kann dazu zwingen, Kräfte an einzelnen Stellen über das normale Durchschnittsverhältnis hinaus zu massieren (z. B. Panzer- oder Panzerabwehr) ... Der Zeitpunkt des Angriffes ist unter allen Umständen – wenn nur irgendmöglich – noch in diesen Herbst zu legen. Es ist daher notwendig, mit äußerster Energie besonders auf die Wieder-Inordnungbringung der Panzer- und Motorverbände zu dringen.«

Am selben Tage erließ Hitler die

»Weisung Nr. 6 für die Kriegsführung«

»Sollte in der nächsten Zeit zu erkennen sein, daß England und unter dessen Führung auch Frankreich, nicht gewillt sind, den Krieg zu beenden, so bin ich entschlossen, ohne lange Zeit verstreichen zu lassen, aktiv und offensiv zu werden ...

* Auszug.

Der Zeitpunkt des Angriffs ist abhängig von der Verwendungsbereitschaft der Panzer- und mot. Verbände, die unter Anspannung aller Kräfte zu beschleunigen ist, und von der ... Wetterlage.«

Die folgenden

Notizen des Majors Deyhle[6]

vom 18. 10. 1940 zum Kriegstagebuch des OKW lassen das große Interesse Hitlers an der Entwicklung des Operationsplanes für den von ihm befohlenen Angriff erkennen. Er lehnte eine Umfassung auf dem rechten Flügel wie 1914 gefühlsmäßig ab. Deyhle hat hierzu festgehalten *:

»Ende September 1939: Entschluß des Führers, im Westen anzugreifen, und zwar sobald wie möglich ... Von Anfang an Gedanke des Führers, Schlieffenplan nicht zu wiederholen, sondern unter starker Abschirmung der Südflanke durch Belgien/Luxemburg in etwa west-nordwestlicher Richtung anzugreifen und die Kanalküste zu gewinnen ...

Oktober 1939: Frühstmöglicher Angriffsbeginn etwa 10. November ...

Ende Oktober 1939: Einflußnahme des Führers. Einsatz von mot. Kräften Richtung Sedan wird vom Führer angeregt ...

Anfang November 1939: Einflußnahme des Führers vor allem: Dauernde Verstärkung der südlichen mot. Gruppe, die auf Sedan vorgehen soll ...

Ende November 1939: Der Führer äußert erneut seine Meinung, daß der geplante Angriff im Westen zum größten Sieg der Weltgeschichte führen werde.

Mitte Januar 1940: Der Gedanke, daß die Entscheidung des Angriffs durch den Durchbruch über das südliche Belgien hinweg erreicht werden muß (also Schwerpunkt des gesamten Angriffs links), wird vom Führer immer schärfer herausgearbeitet.

Februar/März 1940: ... Führer ... Verschiebung des Westangriffs bis zum Frühjahr ... Der Angriff wird bis ins Kleinste vorbereitet«.

OKH-Befehl vom 11. 11. 1939 **

Aufgrund des Drängens Hitlers vom Oktober 1939 befiehlt das OKH am 11. 11. 1939 an die Heeresgruppen A und B: »Der Führer hat nunmehr angeordnet:

* Auszug.

** Nr. 44 485/39 geh. Kdos.

Am Südflügel der 12. oder im Streifen der 16. Armee ist eine 3. Gruppe schneller Truppen zu bilden und unter Ausnutzen des waldfreien Streifens beiderseits Arlon, Tintigny, Florenville in Richtung auf Sedan anzusetzen.

Zusammensetzung: Generalkdo. 19. A.K. (mot.), 2. und 10. Pz.Div., 1 Div. mot., Leibstandarte SS »Adolf Hitler«, Rgt. »Großdeutschland« (mot.).

Aufgabe dieser Gruppe soll sein:

Bei oder südostwärts Sedan überraschend das Westufer der Maas zu gewinnen und dadurch günstige Voraussetzungen für die Weiterführung der Operation zu schaffen, besonders für den Fall, daß die bei 6. und 4. Armee angesetzten Pz.Verbände dort nicht zur operativen Auswirkung kommen sollten.«

Sodann folgen Einzelheiten organisatorischer Art durch OKH.

Denkschrift von Mansteins vom 31. 10. 1939

Unabhängig von den Erwägungen des OKW, die dem Heeresgruppenkommando A damals nicht bekannt waren, hatte letzteres dem ObdH * bereits am 31. Oktober eine vom Chef des Generalstabes bearbeitete Denkschrift über die Angriffsführung vorgelegt. Sie enthielt den gleichen Grundgedanken, der Hitler beschäftigte. Nur war sie operativ genau umrissen:

»Diese Überlegungen führen nach Ansicht der Heeresgruppe zwingend dazu, den Schwerpunkt der Gesamtoperation, von der der erstrebte Anfangserfolg der schnellen Kräfte in Belgien doch nur die Einleitung ist, auf den Südflügel zu legen. Er muß südlich Lüttich vorbei, über die Maas aufwärts Namur Richtung Arras, Boulogne vorgetrieben werden, um alles, was der Feind nach Belgien hineinwirft, nicht frontal auf die Somme (zurück) zu werfen, sondern an der Somme abzuschneiden.

Zugleich muß der Südflügel stark genug sein, den französischen Gegenangriff gegen seine linke Flanke so abzuwehren, daß die Operation bis zur Küste durchgeführt werden kann.

In diesem Gedankengang erscheint erforderlich:

Starke mot. Kräfte südlich Lüttich anzusetzen und zwar im Südteil des Streifens der 4. Armee und im Streifen der 12. Armee ...

Die Gefahr, aber auch andererseits die Chance des großen Erfolges,

* ObdH = Oberbefehlshaber des Heeres.

um so mehr, wenn der Gegner seinen Nordflügel stark machen sollte, liegt bei der Heeresgruppe A.«

Diese Ausführungen enthalten die Operationsidee, die im Mai 1940 realisiert wurde. Sie wurde später durch Churchills Memoiren als »Operation Sichelschnitt« bekannt.

Die Denkschrift löste einen lebhaften Gedankenaustausch mit dem OKH aus. Am 12. Januar 1940 betont die Heeresgruppe A * erneut ihre Ansicht, »Klotzen« zu müssen: »... Das schnelle Vereinigen starker Panzerkräfte zu einer mot. Armee nördlich der Maas wird ausschlaggebend für den Erfolg sein ...«**

Das OKH bleibt bei seiner ablehnenden Haltung, wie sich aus der Vortragsnotiz von Mansteins vom 19. Januar ergibt. Die Entscheidung fällt am 17. März 1940, als sich General von Manstein aufgrund seiner Ernennung zum Kommandierenden General eines Infanteriekorps bei Hitler zu melden hat und auf dessen Wunsch seine Beurteilung der Lage vorträgt, über die Hitler durch seinen Adjutanten, Oberst Schmundt, bereits unterrichtet worden war. Hitler stimmte zu. Kurze Zeit darauf wurde die neue, endgültige Aufmarschanweisung ausgegeben. Die Panzergruppe von Kleist*** wurde gebildet – wenn auch nicht, wie allgemein erwartet wurde, unter Führung Guderians, des im Polnischen Korridor und später bei Brest-Litowsk so überaus bewährten Befehlshabers einer Panzergruppe von vier schnellen Divisionen.

Guderian war seit der Zeit der Kampf- und Gründerjahre von 1932 bis 1935 als »schwieriger Untergebener« bekannt. Sein eigener Wille und seine eigenen Ansichten wurden an hoher Stelle als unbequem empfunden und oft auch gefürchtet.

Die neue Aufmarschanweisung »Gelb«

des ObdH vom 24. Februar 1940**** für den Angriff gegen die Westmächte ordnete nunmehr an:

»Der Angriff »Gelb« bezweckt ... die Vernichtung der militärischen Machtmittel des Feindes anzubahnen ... Der Schwerpunkt des über belgisch-luxemburgisches Gebiet führenden Angriffs liegt südlich der Linie Lüttich-Charleroi ...

* Mit Schreiben Ia Nr. 20/40 g. Kdos.
** wobei die operative Übereinstimmung Mansteins mit Guderian erkennbar wird.
*** Vgl. Anhang, S. (21).
**** Nr. 130/40 g. Kdos.

Die südlich dieser Linie angesetzten Kräfte erzwingen den Übergang über die Maas zwischen Dinant und Sedan und öffnen sich den Weg durch die nordfranzösische Grenzverteidigung in Richtung auf den Unterlauf der Somme.

Den Angriff nördlich der Linie Lüttich-Charleroi führt das Ob.Kdo. der H.Gr. B mit 18. und 6. Armee, den Angriff südlich dieser Linie das Ob.Kdo. der H.Gr. A mit 4., 12. und 16. Armee...

Auftrag der Heeresgruppe A ist..., möglichst rasch den Übergang über die Maas zwischen Dinant und Sedan zu erzwingen, um weiterhin... in Richtung auf die Somme-Mündung durchzustoßen...

Vor der Front der Heeresgruppe sind starke, schnelle Verbände in tiefer Gliederung gegen den Maas-Abschnitt Dinant-Sedan vorzutreiben. Ihre Aufgabe ist, nach Südbelgien und Luxemburg vorgeworfenen Feind zu zersprengen, in überraschendem Ansturm das Westufer der Maas zu gewinnen und dadurch günstige Vorbedingungen für die Weiterführung des Angriffs in westlicher Richtung zu schaffen...«

gez. v. Brauchitsch

Kräfteübersicht *

H.Gr. B (Gen.Oberst von Bock): Gen.Kdo. 16. Pz.Korps, Pz.Div. 3, 4 und 9, Inf.Div. (mot.) 20, SS-Totenkopf-Div., Kav.Div. 1.

H.Gr. A (Gen.Oberst von Rundstedt): Pz.Gruppenkdo. von Kleist (bisher Gen.Kdo. 22. Pz.Korps), Pz.Gen.Kdo. 14, 15, 19 und 41 (später noch 39), Pz.Div. 1, 2, 5, 6, 7, 8 und 10, Inf.Div. (mot.) 2, 13 und 29, I.R. »Großdeutschland«, SS-Leibstandarte »Adolf Hitler« (erst später unterstellt).

Die vorstehende Neufassung der »Aufmarschanweisung ›Gelb‹« legte einen tatsächlichen *Panzerschwerpunkt im Rahmen der Heeresgruppe A* fest, wie er von Manstein und Guderian gefordert und von Hitler gebilligt worden war. Diese Anweisung war die Grundlage für den Einsatz der Panzertruppe in der ersten Phase des Feldzuges.

Einspruch eines Generalstabsoffiziers

In diesem Zusammenhang beleuchtet eine Episode das geringe Verständnis mancher Generalstabsoffiziere für die Panzertruppe. Am 5. März 1940 erhob der neuernannte Nachfolger des Generals von Manstein als

* Hier sind nur die schnellen Verbände aufgeführt.

Chef des Generalstabes der Heeresgruppe A Einspruch beim Chef des Generalstabes des Heeres gegen den nunmehr befohlenen Aufmarsch:

»Ich habe gegen den Ansatz starker Panzer- und mot. Kräfte vor der Front der angreifenden Armeen unter den jetzt gegebenen Voraussetzungen ernste Bedenken ... Seit viereinhalb Monaten steht der Feind hinter der Maas. Wir haben es mit der französischen – nicht mit der polnischen – Heeresleitung zu tun ... (Es wäre von Vorteil für die Panzerkräfte), daß ihre Führung in der Hand der Armee liegen würde, die ihre Bewegungen mit denen der nachfolgenden Infanterie in Einklang bringen kann, so daß die Infanterie ihnen wirklich ›dichtauf‹ folgen kann ...«

General Halder antwortete darauf am 12. 3. 1940 * in Übereinstimmung mit dem ObdH völlig ablehnend:

»Die dem deutschen Heer gestellte Aufgabe ... kann nicht gelöst werden mit den uns aus dem letzten Kriege geläufigen Mitteln. Wir müssen zu außergewöhnlichen Mitteln greifen und das damit verbundene Risiko tragen.

Wir fühlen uns überlegen in der Luft, in der Gliederung und Stärke unserer schnellen Verbände und in unserer Erfahrung ihrer Handhabung – in der Führungskraft und der persönlichen Aktivität unserer hohen Führer – und in der Gestaltungskraft und Sicherheit unseres Führungsapparates. Diese Überlegenheit müssen wir zur Geltung bringen. Ein normaler Vormarsch an die Maas und ein frontales Abringen an diesem Abschnitt bietet dafür keine begründete Aussicht.

... Hindernisse ... Schon jetzt meldet die Truppe, daß sie die ... Grenzbrücken in halbstündiger Arbeit für alle Fahrzeuge der schnellen Truppen ... mit ausreichender Marschgeschwindigkeit überschreitbar machen kann ...

Das Entgegenwerfen beweglicher Feindkräfte wäre nur zu begrüßen. Es würde unserer Panzerwaffe die Möglichkeit geben, ... in der Verfolgung ihrer Reste über den Semois-Abschnitt nachzustoßen. Die Erfahrungen von Polen berechtigen zu der Hoffnung, daß unsere Panzerwaffe einem geschlagenen Feind auch in der Nacht nicht erlauben wird, sich in Ordnung abzusetzen ...

Ich verkenne durchaus nicht, daß für diese voranstürmenden Teile auf dem westlichen Maas-Ufer Stunden schwerer Krisis eintreten können.

* Mit Schreiben Nr. 28/40 g. Kdos.

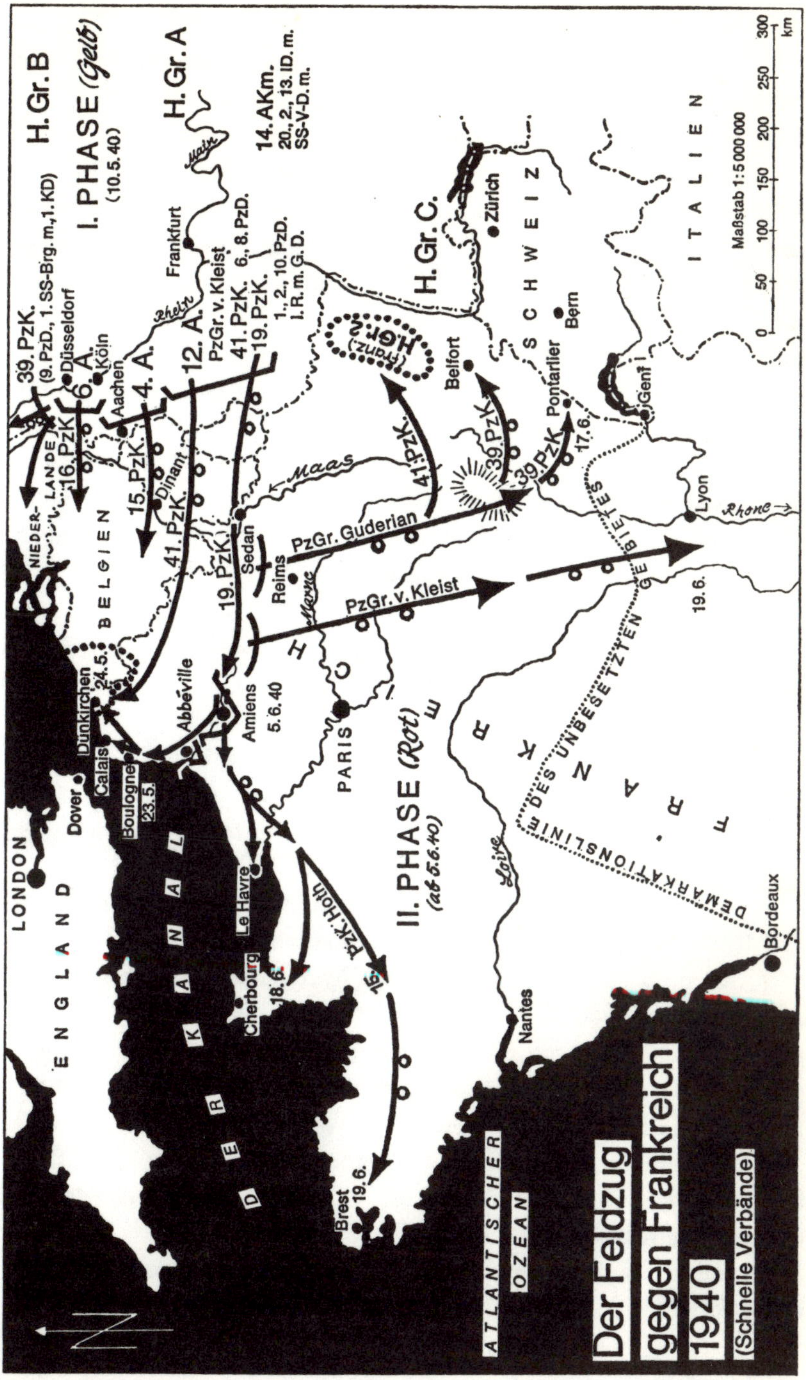
Der Feldzug gegen Frankreich 1940
(Schnelle Verbände)
I. PHASE (Gelb)
(10.5.40)
H. Gr. B
H. Gr. A
H. Gr. C.
II. PHASE (Rot)
(ab 5.6.40)
39. PzK.
(9. PzD., 1. SS-Brg. m., 1. KD)
6. A.
4. A.
12. A.
PzGr. v. Kleist
41. PzK. 6., 8. PzD.
19. PzK.
1., 2., 10. PzD.
I. R. m. G.D.
14. AKm.
20., 2., 13. ID. m.
SS-V-D. m.
16. PzK.
15. PzK.
41. PzK.
19. PzK.
PzGr. Guderian
PzGr. v. Kleist
41. PzK.
39. PzK.
39. PzK
PzK. Hoth
15.
Franz. H.Gr. 2
LONDON
ENGLAND
Dover
DER KANAL
ATLANTISCHER OZEAN
NIEDERLANDE
BELGIEN
SCHWEIZ
ITALIEN
FRANKREICH
DEMARKATIONSLINIE DES UNBESETZTEN GEBIETES
Düsseldorf
Köln
Aachen
Frankfurt
Dinant
Sedan
Reims
Dünkirchen
24.5.
Calais
Boulogne
23.5.
Abbéville
Amiens
5.6.40
PARIS
Le Havre
Cherbourg
18.6.
Brest
19.6.
Nantes
Bordeaux
Belfort
Pontarlier
17.6.
Genf
Bern
Zürich
Lyon
19.6.
Rhein
Main
Maas
Marne
Loire
Rhone
Maßstab 1:5 000 000
0
50
100
150
200
250
300
km

Die Luftwaffe wird sie ... erleichtern. Auch hier habe ich die Überzeugung, daß die Tatkraft und Wendigkeit unserer Panzerführer mit der Wirkung des persönlichen Beispiels einem methodisch arbeitenden ... Feind gegenüber ... sich zu unserem Vorteil (auswirken werden ...).

Zu dem Vorschlag, den an der Maas vielleicht sich bietenden Erfolgsmöglichkeiten durch Einsatz von ein oder zwei Panzerdivisionen bei der 4. und 12. Armee gerecht zu werden, die Masse aber für spätere Aufgaben zunächst zurückzuhalten, darf ich bemerken, daß die diesem Vorschlag entsprechende bisherige Kräftemessung von den Vertretern der Panzerwaffe und auch vom Oberkommando der Heeresgruppe selbst als unzureichend abgelehnt wurde mit der Begründung, daß diese Kräfte für die gestellte Aufgabe zu gering seien, und daß man sich entscheiden müsse, entweder dort starke Kräfte anzusetzen oder die Panzerwaffe in ihrer Gesamtheit für operativen Einsatz nach dem Erzwingen des Maasüberganges aufzusparen. Die vorstehend aufgeführten Gründe haben für den ersteren Entschluß gesprochen.«

Die Durchführung

Die Panzergruppe von Kleist bestand am 10. 5. 1940 *, dem Angriffstag, aus dem 41. Pz.Korps (Gen. Hans Reinhardt) rechts und dem 19. Pz.Korps (Gen. Heinz Guderian) links mit zwei beziehungsweise drei Pz.Divisionen. Die Gruppe sollte durch Luxemburg und Südbelgien bis zur Somme-Mündung vorgehen, um dann je nach der Lage nach Nordwesten oder nach Süden angesetzt zu werden.

Ihr folgte das 14. (mot.) A.K. (Gen. Gustav von Wietersheim) mit drei Divisionen (mot.) dichtauf, um die immer länger werdende Flanke nach Süden abzuschirmen, während die Nordflanke durch das vor der 4. Armee auf Dinant vorgehende 15. Pz.Korps (Gen. Hermann Hoth) gedeckt wurde. Das bedeutete, daß man bei der Heeresgruppe A gegen die befohlene Linie Dinant-Sedan zehn schnelle Divisionen vorführen würde, hier also einen operativen Schwerpunkt bildete.

Weiter nördlich griffen bei der 6. Armee das 16. Pz.Korps (Gen. Erich Hoepner) und bei der 18. Armee die 9. Pz.Division an, diese beiden waren mehr taktisch und zu Täuschungszwecken eingesetzt. Mit fortschreitendem Angriff wurden alle schnellen Verbände dem südlichen Panzerschwerpunkt nachgeschoben.

* Vgl. Anhang, S. (21).

Den schnellen Verbänden folgten die Inf.Divisionen unmittelbar, um erstere immer wieder für das weitere Vorgehen in die Tiefe des Kampfraumes freizumachen.

Um die schnellen Divisionen mit ihren Tausenden von Fahrzeugen reibungslos durch die zunächst vorn befindlichen Inf.Divisionen hindurch vorzuführen und später durch Nach- und Abschub versorgen zu können, wurden durch das schwierige Gebirgsgelände und über die Maas hinweg drei Straßenzüge festgelegt, »Rollbahnen« genannt, die ständig oder zeitweise nur den schnellen Truppen vorbehalten waren. Westlich der Maas entfielen die Verkehrsschwierigkeiten aufgrund des weitverästelten französisch-belgischen Straßennetzes, das im Gegensatz zum polnischen Wegnetz eine außerordentliche Erleichterung für Führung und Truppe bedeutete; naturgemäß auch für Gegenangriffe des Feindes, der davon aber kaum Gebrauch machte.

Während die vorderen Panzerdivisionen seit Monaten auf das Westufer des Rheins vorgezogen waren, um für Angriff oder Abwehr sofort greifbar zu sein, war das 14. mot. Korps mit seinen drei Divisionen weit rückwärts in Westdeutschland bis zur Linie Gießen-Marburg bereitgestellt, um je nach Entwicklung der Lage erst nach dem Angriffsbeginn anzufahren. Die Motorisierung erlaubte diese neuartige, sehr tiefe und aufgelockerte Aufstellung, die zugleich eine ausgezeichnete Tarnung des geplanten operativen Schwerpunktes war. Ähnlich war bereits im August 1939 in Schlesien und Pommern verfahren worden.

Der Angriff am 10. Mai, 5.35 Uhr, lief auf der ganzen Front planmäßig an. Die teilweise erheblichen Grenzsperren wurden geschickt weggeräumt oder durch vorbereitete Schnellbrücken überwunden, feindliche Kavallerie und Grenzjäger geworfen, schwierige Gebirgsstraßen durchfahren, der tiefeingeschnittene Semois-Fluß überquert und Sprengtrichter umgangen oder ausgefüllt.

Bereits am Abend des 12. Mai standen die Spitzen von Guderians Truppen an der Maas bei Sedan, während ihre letzten Marschgruppen noch weit zurück anrollten, gefolgt vom 41. Panzerkorps und von den mot. Inf.Divisionen. Ein riesiger rollender Heerwurm bewegte sich nach Westen, anscheinend vom französischen Verteidiger noch nicht in seiner entscheidenden Bedeutung erkannt.

Zur Unterstützung der Belgier hatte General Gamelin seine bisher an der belgischen Grenze bereitgestellte Heeresgruppe 1 (ohne 2. Armee zwischen Longuyon und Sedan) noch am 10. Mai nach Nordosten vorgeworfen, um die Maas-Dyle-Linie zu gewinnen, rechter (Süd-)Flügel auf Sedan. Damit traf der Angriff der Panzergruppe von Kleist diesen Flügel und zerschnitt bei weiterem Vorgehen nach Westen ihre rückwärtigen Verbindungen, während die alliierte Heeresgruppe 1 frontal durch die deutsche Heeresgruppe B, hier das 16. Pz.Korps, gebunden wurde.

Im Sinne des deutschen Operationsplanes hatte sich die Lage ideal entwickelt. Alles kam jetzt darauf an, die Maas zu überwinden, den französischen Südflügel einzudrücken und zu schlagen, um sich dann, wie Liddell Hart schon vor Jahren geschrieben hatte, »mit der Gewalt eines reißenden Gebirgsbaches« in die Tiefe des feindlichen Raumes, und damit in den Rücken der alliierten Heeresgruppe, zu ergießen. Diese Auffassung entsprach auch der Guderians, der für operative Panzerverbände »eine Fahrkarte bis zur Endstation« forderte, daß heißt einen klaren Auftrag, der in einem Zuge ohne Hemmungen auszuführen war. Hier war es der Durchbruch der Panzergruppe bis zum Ärmel-Kanal.

Der kühne Angriff der Panzerverbände über die Maas mit starker rollender Fliegerunterstützung gelang trotz harter Abwehr durch die 9. französische Armee. Allein bei Sedan wurden 66 britische und französische Flugzeuge durch Heeresflak der Panzerdivisionen abgeschossen.

Am 14. Mai hatten sieben Panzerdivisionen den Fluß bei Dinant, Monthermé und Sedan überschritten, drei mot. Divisionen folgten ihnen. Das 16. Pz.Korps (Gen. Hoepner) war von der 6. Armee her im Anmarsch zur 4. Armee, der jetzt auch die Pz.Gruppe von Kleist unterstellt worden war. Der operative Schwerpunkt »Panzer und Luftstreitkräfte« war bereit und in der Lage, das alliierte Heer in zwei Blöcke aufzuspalten. Nur mußte man weiterhin schnell handeln, um die bisherige taktische und operative Überraschung des langsam, gleichsam noch im Fußgängertempo denkenden Verteidigers in eine strategische Überrumpelung umzuwandeln. Das heißt, seine Entschlußkraft zu lähmen, ihn an operativen Gegenmaßnahmen zu hindern und damit feldzugentscheidend zu wirken.

Die französische 9. Armee zwischen Sedan und Namur, am Südflügel der nach Nordosten angreifenden alliierten Heeresgruppe 1, wurde völlig zerschlagen und flutete nach Westen zurück. Die französische 2. Armee versuchte, den Brückenkopf von Sedan durch hartnäckige Gegenangriffe einzudrücken. Auf den Höhen von Stonne kam es zu blutigen Kämpfen mit Guderians 10. Pz.Division und mit dem Inf.-Regiment (mot.) »Großdeutschland«, die später von der 16. Inf.Division* abgelöst wurden, um sich wieder dem Vorstoß Guderians nach Westen anzuschließen. Der Appell des französischen alliierten Oberbefehlshabers, General Gamelin: »Der Flut der deutschen Panzer muß Halt geboten werden! Siegen oder sterben? Wir müssen siegen!« verhallte ohne Erfolg. Die französischen Führungsmaßnahmen schlugen nicht durch; sie kamen bei dem deutschen Tempo zu spät[7]. Am 16. Mai versuchte Colonel de Gaulle mit der neugebildeten 4. Pz.Division von Süden her vergeblich die Flanke Guderians im Raum von Laon einzudrücken. Es blieb der einzige französische Versuch dieser Art.

Erfolgreicher waren britische Panzerkräfte am 21. Mai von Norden her bei Arras, wo es bei der deutschen 4. Armee zu einer vorübergehenden Krise kam, die sich auf die Entwicklung der nächsten Tage sehr nachteilig auswirken sollte.

Am 20. Mai nahmen Guderians Panzerdivisionen Amiens und Abbéville ein. Die Spitzen der Heeresgruppe A erreichten damit die Kanalküste. Ihre Nachbarn rechts, die 6. und 8. Panzerdivision unter General Reinhardt, nahmen am 21. Mai St. Pol, während mot. Divisionen des 14. A.K., gefolgt von Infanterie der 12. Armee, den Flankenschutz nach Süden aufbauten.

Am 21. Mai entschloß sich die Oberste Führung, die im Verband der 4. Armee kämpfende Pz.Gruppe von Kleist in Richtung Nord-Nordwesten einzudrehen. Der Drehpunkt lag etwa um St. Pol für das (rechte) 41. Pz.-Korps. Guderians 19. Pz.Korps wurde dabei – nach wiederholter Änderung des Auftrags durch die Gruppe – ab 22. Mai abends auf die drei großen Häfen Boulogne, Calais und Dünkirchen angesetzt, um »dann mit Rückenfreiheit zur Entscheidung gegen die eingekesselte feindliche Hauptarmee nach Osten angreifen zu können«, wie das Kriegstagebuch des 22. A.K. (mot.) (Pz.Gruppe von Kleist) am 22. 5. 1940 festhält. Die Armeen griffen weiter von Westen, Süden (H.Gr. A) und Osten (H.Gr. B) an. Diese Lage bei beiden deutschen Heeresgruppen der Angriffsfront ließ daher einen überragenden Erfolg über die bereits lose eingeschlossenen französisch-britischen Streitkräfte in Flandern erwarten. Anscheinend ging es dem Ende der Schlacht in Flandern zu, da Abtransporte alliierter Teile aus den drei genannten Kanalhäfen erkannt wurden.

* 16. Inf.Division wurde Ende 1940 in die neugebildete 16. Panzerdivision umgegliedert.

Aber bereits am 22. Mai hatte sich General Guderian entschlossen, seine unterstellten Panzerdivisionen nach Norden abzudrehen. »Ein schneller Vorstoß konnte nach Auffassung des Generalkommandos den Feind noch im Aufbau seiner Abwehr treffen«, stellt das Kriegstagebuch des 19. Pz.Korps an diesem Tage fest. Der Kommandierende General hatte daher laut KTB »die 2. Pz.Division mittags – ohne auf den Befehl der Gruppe zu warten – auf Boulogne angesetzt. Daher glückte es der Division, noch am Abend in die Stadt einzudringen«[8], konnte sie aber nicht besetzen.

Die 1. Pz.Division sollte den Hafen Calais nehmen, die 10. Pz.Division nach Freigabe auf Dünkirchen angreifen, also geradezu in den Rücken der ausweichenden Alliierten stoßen und sie von ihrem letzten Hafen abschneiden.

Doch wie schon am 16. und 17. Mai verzögerten Meinungsverschiedenheiten in der Lagebeurteilung zwischen der Panzergruppe und dem 19. Pz.Korps die Ausführung dieses entscheidenden Entschlusses. General von Kleist hielt die 10. Pz.Division trotz Widerspruch Guderians als seine Gruppenreserve zurück. Es mag sein, daß sich die unklare Lage bei der 4. Armee im Raum von Arras auch auf den Einsatz der Panzergruppe am linken (West-) Flügel der Heeresgruppe auszuwirken begann.

Dadurch fehlte dem 19. Pz.Korps jedoch für seinen Angriff auf drei divergierende Ziele (Boulogne, Calais, Dünkirchen) die für einen schnellen Erfolg notwendige dritte Panzerdivision.

Am 22. Mai schienen noch die Häfen von Boulogne und Calais wichtiger als Dünkirchen zu sein, da lebhafter Bahn- und Schiffsverkehr zu ihnen festgestellt wurde. Es konnte sich um Abtransporte, aber auch um Landungen neuer Kräfte gegen Flügel und Flanke der Heeresgruppe A handeln, die sich nachteilig auswirken konnten. Diese Gefahr mußte zunächst beseitigt werden. Dünkirchen wurde erst dann bedeutungsvoller, als man an oberster Stelle die Absicht der Evakuierung der alliierten Streitkräfte über Dünkirchen erkannte.

Daher wurde die 1. Pz.Division erst am 23. Mai mit Masse (Kampfgruppe Balck) aus dem Raum südlich von Calais auf Dünkirchen abgedreht, während Teile (Gefechtsgruppe Krüger) noch im Kampf gebunden waren und erst später folgten.

Zum selben Zeitpunkt gab die Panzergruppe nun auch die weiter zurück stehende 10. Pz.Division frei, die nun als Ersatz der 1. Pz.Division auf Calais angesetzt wurde, das erst am 26. Mai nach hartem Kampf erstürmt werden konnte. Auch Boulogne war erst am Tage vorher gefallen.

Beide Seefestungen hatten ihre Aufgabe, das deutsche Vorgehen zu verzögern, erfolgreich gelöst.

Inzwischen hatte die 1. Pz.Division mit dem I. (gep.)/Schützen-Rgt. 1* Übergänge über den Canal de l'Aa südwestlich von Gravelines gewonnen. Sie stand mit Aufklärungsteilen vor Mitternacht südlich und westlich von Bourgbourg-Ville[9]. Während ihre Aufklärungsabteilung, die A.A. (mot.) 4, seit den frühen Morgenstunden einen Brückenkopf über den Aa-Kanal bei Holque hielt und erweiterte, hatte das unterstellte Inf.-Regiment (mot.) »Großdeutschland«, nach Umgehen des noch feindbesetzten Audruicq, einen weiteren Kanalübergang bei St. Nicolas genommen, der behauptet und erweitert werden konnte.

Die verstärkte 1. Pz.Division (Gen.Major Kirchner) hatte somit bereits am 24. Mai an der Spitze des Pz.Korps Guderian etwa 16 bis 18 km südlich von Dünkirchen Brückenköpfe auf dem Nordufer des Aa-Kanals in die Hand bekommen. Sie hatte damit schon an mehreren Stellen das einzige Panzerhindernis in der tiefen rechten Flanke des britischen Expeditionskorps um und ostwärts von Dünkirchen im Angriff überwunden[10]. Am 25. Mai sollte die 1. Pz.Division, wenn nichts Außergewöhnliches ihr Vorgehen erneut behinderte, Gravelines und Dünkirchen einnehmen, zumal jetzt ihre vor Calais abgelöste Gefechtsgruppe Krüger voll zur Verfügung stand, ihr die Pz.Aufkl.Lehr-Abteilung (ALA) zur Verwendung auf dem Südflügel unterstellt wurde und die Zuführung der Inf.Brigaden (mot.) »Leibstandarte« und 11. Schützenbrigade angekündigt worden war[11]. Der Feind vor der Division schien, abgesehen von seiner örtlichen Luftüberlegenheit über der Kanalküste, noch nicht allzu stark zu sein, wenngleich sich seine am Aa-Abschnitt eingesetzten Einheiten verbissen wehrten. Noch konnte es gelingen, das letzte Tor der Alliierten am Meer rechtzeitig zu schließen und einen Abtransport der Masse der feindlichen Verbände aus Flandern zu verhindern.

Der »Halt-Befehl« Hitlers vom 24. 5. 1940 vor Dünkirchen und seine Folgen

Da begann sich im letzten Augenblick ein operatives Drama zu entwickeln. Hitler griff voreilig in das Geschehen ein. Um die Panzerver-

* I./S. R. 1 mit 2 SPW-Komp., 1 Kradsch.Komp., 1 schw. Komp. usw.

bände für die »zweite Feldzugsphase« zu »schonen«, erteilte er persönlich am 24. Mai der Heeresgruppe A neue, den Befehlen des OKH widersprechende Weisungen für die schnellen Verbände, die die »Linie Lens ... Gravelines ... nicht nach Osten überschreiten« sollten, obwohl die Panzergruppe von Kleist noch über etwa 650 einsatzfähige Kampfwagen verfügte und bisher kein geschlossener Feindverband vor den Angriffsspitzen der Kampfgruppen des 41. und 19. Pz.Korps stand. In den Kriegstagebüchern (KTB) der beteiligten Verbände ist hierzu vermerkt:

»KTB 19. A.K. (mot.), (19. Pz.K. Guderian) Ia – 24. 5. 1940. 20.00 Uhr trifft Gruppenbefehl Nr. 15 für den 25. Mai ein:

... An der Kanalfront: Auf Befehl des Führers Verteidigung.

Stillstand der Vorwärtsbewegung ist zur Instandsetzung und Versorgung auszunützen.

11. Schützenbrigade (mot.) wird unterstellt ...«[12]

»KTB 1. Pz.Division, 24. 5./25. 5. 1940. In der Nacht trifft der Korpsbefehl ein:

›Kanallinie halten, Stillstand der Vorwärtsbewegung zu Instandsetzung ausnützen.‹«[13]

Es war der berüchtigte »Halt-Befehl«, der die Truppe angesichts eines schwächeren Feindes am Canal de l'Aa festhielt und den Sieg verschenkte, da er den geschlagenen alliierten Armeen erlaubte, ihre gut ausgebildeten, kampferfahrenen Truppen – bei denen sich viele der späteren britischen Kommandeure einschließlich Armeeführer und des späteren Chefs des Generalstabes des Heeres, General Alan Brooke, befanden – über See nach England zurückzuführen und damit vor sicherer Gefangennahme zu retten.

Hitler hatte diesen Befehl in verletzender Form über den Kopf des Oberbefehlshabers des Heeres hinweg gegeben, obwohl das OKH die Operationen dieses Feldzuges verantwortlich führte. Es war der erste schroffe operative Eingriff des Politikers Hitler in die Befugnisse des verantwortlich führenden Feldherrn, mit dem Hitler seine oberste Führerstellung betonen wollte. »Das bißchen Operationsführung kann jeder machen«, war seine Feststellung, als er den Feldmarschall von Brauchitsch am 19. Dezember 1941 nach zwei Jahren erfolgreicher Tätigkeit als Oberbefehlshaber des Heeres entließ. Diese Worte kennzeichnen Hitler und seine Überheblichkeit, die ihn bereits 1940 zu beherrschen begann.

Dazu schreibt General Franz Halder 1940 in seinem Tagebuch am 24. Mai:

»... der schnelle linke Flügel, der keinen Feind vor sich hat, wird dabei auf ausdrücklichen Wunsch des Führers angehalten! ... die Luftwaffe (soll) das Schicksal der eingekesselten Armee vollenden! ...«

am 25. Mai:

»... Ich hatte die Schlacht so angelegt, daß ... die Heeresgruppe B den Feind lediglich bindet, während die Heeresgruppe A, die einen geschlagenen Feind trifft und auf den Rücken des Feindes losgeht, die Entscheidung bringen sollte. Das Mittel dazu waren die schnellen Truppen ... Es tritt also eine völlige Umkehrung ein. Ich wollte A zum Hammer, B zum Amboß machen. Nun macht man B zum Hammer, A zum Amboß. Da B eine festgefügte Front vor sich hat, wird das sehr viel Blut kosten und sehr lange dauern ... Es entsteht aus dieser Verschiedenheit der Auffassung ein Geziehe hin und her, das mehr Nerven verbraucht als die ganze Führungsaufgabe ...«

am 26. Mai:

»... Die Panzer- und mot. Verbände stehen nach allerhöchstem Befehl wie angewurzelt auf den Höhen zwischen Bethune und St. Omer und dürfen nicht angreifen ... Das Stehenbleiben ... an einer Stelle, an der der Rücken des Feindes dem Zugriff offen liegt, ist völlig unverständlich ...«[14]

Es besteht also kein Zweifel darüber, daß Hitler als Oberster Befehlshaber der Wehrmacht den »Halt-Befehl« vom 24. 5. 1940 für die schnellen Verbände vor Dünkirchen in Übereinstimmung mit den Absichten des Oberbefehlshabers der Heeresgruppe A, gegeben hat. Trotzdem muß noch ein Wort hierzu aus der Sicht der vor Dünkirchen fechtenden Panzerkorps und ihrer Führung angefügt werden. Dies gilt um so mehr, als ihnen in Nachkriegsveröffentlichungen Führungsfehler unterstellt worden sind.

Auf die Ausführungen von Jacques Mordal vom August/September 1955[15] braucht angesichts der inzwischen bekannt gewordenen, ebenso sachkundigen wie klärenden Studien und Truppengeschichten nicht weiter eingegangen zu werden. Aber auch deutsche Publizisten haben angedeutet, der fatale »Halt-Befehl« vom 24. 5. 1940 sei möglicherweise auch von der Erkenntnis beeinflußt worden, daß »das Polderland in Flandern für den Einsatz von Panzerwagen ungeeignet war, wie dies besonders in den KTB von Korps und Divisionen im Mai 1940 mehrfach hervorgehoben wurde«, und daß der »Angriff des 19. A.K. gegen Dünkirchen« durch die Kämpfe um Calais und Boulogne »möglicherweise um wichtige Stunden verzögert worden« sei[16].

Bemerkungen über das ungünstige Gelände im Polderland Flanderns finden sich in dem KTB des 19. Pz.Korps (damals 19. A.K. mot.) nicht vor dem 26. 5. 1940; Guderian hat hierüber am 28. Mai in einer fernmündlichen Aussprache mit seinem Korpschef gesprochen – also nicht vor dem verhängnisvollen »Halt-Befehl« vom 24. Mai. Zu dieser Zeit war bereits die Chance eines überraschenden Stoßes in den Rücken einer noch kaum existierenden Verteidigung südostwärts und südlich von Dünkirchen durch Zögern der Obersten Führung vertan.

Das KTB der 1. Pz.Division hält zwar für den 24. Mai fest:

»Die Panzer, durch den Vormarsch und die Kämpfe in den letzten Tagen in ihrer Gefechtskraft stark vermindert (Pz.Rgt. 2 hatte am Abend des 24. Mai nur noch 17 Panzer), können in dem sumpfigen und von Wassergräben durchzogenen Gelände nicht voll zur Auswirkung kommen. Nur mit einzelnen Panzern können die Schützen bei ihren Kämpfen unterstützt werden.« Beim Pz.Rgt. 1 der 1. Pz.Division waren aber noch 65 Panzer einsatzbereit; sie hätten zusammen mit den SPW des Schützenregiments 1 am 25. Mai, nach der Erfahrung dieser Tage, ausgereicht, den entscheidenden Stoß zu führen – hätte man sie nur nicht hinter die Kanallinie zurückbefohlen.

Die Truppe am Aa-Abschnitt jedenfalls war enttäuscht, zumal sie die feindlichen Schiffstransporte teilweise beobachten konnte, und verstand nicht, warum man sie so kurz vor dem Angriffsziel festhielt. Sie hatte ihr Letztes im Angriff über den Canal de l'Aa gegeben, sie war von der Pz.Gruppe von Kleist auf Befehl der 4. Armee (H.Gr. A) am 24. Mai angehalten worden; sie hatte dann, als sie am Kanal stehenbleiben mußte, begonnen, ihre Panzer herauszuziehen, um sie zu versorgen und instandzusetzen. Das war die Folge des Führerbefehls vom 24. Mai; dies geschieht immer, wenn Panzer nicht mehr im Gefecht stehen und erlaubt keinen anderen Schluß.

Das gleiche gilt, wenn zum Einsatz des 19. Pz.Korps, das laut fernmündlichem Vorbefehl durch die Gruppe am 26. Mai morgens bereits mit Masse herausgezogen wurde und später durch das 14. A.K. abgelöst werden sollte, geschrieben wird, »der Kampf um Flandern sei nicht energisch genug zu Ende geführt worden«, die »Truppe habe zum Teil die Operationen gegen Dünkirchen nur noch mit halbem Herzen durchgekämpft und ihr Material nicht mehr voll eingesetzt« (16. und 19. Pz.-Korps)[17]. In die befohlenen Ablösevorbereitungen platzte damals, am 26. Mai, der Gruppenbefehl für die Fortsetzung des Angriffs. Das 19. Pz.Korps gab darauf im Einvernehmen mit der Gruppe den Befehl für diesen Angriff am 27. Mai nur noch für die verstärkte 20. Inf.Division (mot.) und die 2. Pz.Division. Hierzu sei noch einmal das KTB des 19. A.K. zitiert. Dort heißt es am 27. Mai zu den Kämpfen dieses Tages*:

»Die Angriffe der 20. Div. (mot.) und der 2. Div. hatten nicht den gewünschten Erfolg. Da der Angriff im ganzen gesehen zu spät angesetzt wurde, gelingt es dem Feind, nur von der Luftwaffe behelligt, starke Teile seiner Streitkräfte auf dem Seeweg über Dünkirchen abzuschieben.

Das Korps rechnet damit, durch den Einsatz der beiden Pz.Brigaden** die Straße Cassel, Bergues zu erreichen und das Höhengelände Crochte-Pitgam schnell in die Hand zu bekommen, um entweder noch die Straße Poperinghe, Bergues zu erreichen oder wenigstens Artillerieeinwirkung auf diese Straße und auf Dünkirchen zu gewinnen und damit die Dekkung der linken Flanke des 41. A.K. (mot.) gemäß Gruppenbefehl Nr. 17 wirksam durchzuführen...

Durch die jetzige Art der Angriffsführung scheint wieder ein weiterer Tag verlorengegangen zu sein, soweit ein Urteil ohne Kenntnis der großen Lage möglich ist.«

Dem Panzerkorps Guderian und seiner Führung kann somit – legt man die Darstellung der damals vor Dünkirchen führenden Soldaten sowie die aktenmäßigen Unterlagen der dort kämpfenden Truppen zugrunde – keine Mitverantwortung an dem negativen Gesamtergebnis dieser Operationen in Flandern zugeschoben werden.

Die Kritik übersieht anscheinend den Umstand, daß zunächst die Angriffsziele Calais und Boulogne am 22. Mai und vorher mit Recht wichtiger erschienen als der Hafen Dünkirchen, dessen entscheidender Wert sich erst dann herausstellte, als die Kanalhäfen Calais und Boulogne für die alliierten Kräfte in Flandern nicht mehr verfügbar waren.

Am Nachmittag des 26. Mai hatte Hitler sein fehlerhaftes Eingreifen in die bisher bewährte und erfolgreiche Führung des Heeres eingesehen und als halbe Maßnahme ein Herangehen an Dünkirchen, aber

* Auszug aus KTB 19. A. K., Ia vom 27. Mai 1940 (Bl. 8).

** In der Ergänzung zum Korpsbefehl Nr. 14 vom 26. Mai war der 2. Pz.Div. neben der eigenen 2. Pz.Brig. auch die 4. Pz.Brig. der 10. Pz.-Div. unterstellt worden.

nur auf Artillerieschußweite, genehmigt, um die ständig weiterlaufenden alliierten Abtransporte über See auch von der Landseite her bekämpfen zu können. Die Luftwaffe allein hatte keine ausreichende Erfolge erzielt. Es gelang daher der britischen und französischen Flottenleitung, 340 000 Mann ohne Waffen und Gerät, aber auch ohne größere personelle Verluste, zu evakuieren. Das Eingreifen Hitlers hatte die vom OKH eingeleitete und zielbewußt geführte Vernichtungsschlacht in einen Sieg ohne entscheidende Folgen verwandelt.

Dünkirchen fiel erst am 4. Juni in deutsche Hand, da die Chance der sofortigen Einnahme des Kanalhafens durch Hitlers Haltebefehl ausgelassen worden war. Nach Ansicht des schweizerischen Historikers Eddy Bauer hat sich dieser grobe Führungsfehler Hitlers als kriegsentscheidend ausgewirkt, da der Kern des britischen Heeres dadurch für die Invasion von 1944 gerettet wurde[18].

2. Phase: Die Schlacht um Frankreich (Fall »Rot«)

Der deutsche Operationsplan – Betrachtungen – Der Bestand an Panzerkampfwagen am 10. Mai 1940

Schon ab 20. Mai, also noch vor der Beendigung der Kämpfe um Dünkirchen, wurde der neue Aufmarsch des deutschen Heeres zum Angriff nach Süden, in das Zentrum Frankreichs eingeleitet, um schnell zur neuen Operation zu kommen, ehe die Franzosen eine starke Verteidigungsstellung ausbauen konnten.

Für die Verteidigung des restlichen Teils von Frankreich standen immer noch 66 Divisionen, einschließlich der Besatzung der Maginot-Linie, zur Verfügung, die hinter der Somme und der Aisne eingegraben den weiteren deutschen Angriff erwarteten. Man versuchte, den Widerstand gegen die deutschen Panzerkräfte und die Panzerabwehr mit allen taktischen und technischen Mitteln zu fördern.

Der deutsche Operationsplan

war zeitlich dreifach gestaffelt:

Die Heeresgruppe B sollte am 5. Juni antreten und zwischen Ärmel-Kanal und der Oise auf die untere Seine durchbrechen; das 15. Pz.Korps (Hoth) am rechten Flügel aus dem Brückenkopf von Abbéville, die Pz.-Gruppe von Kleist mit dem 14. A.K. (mot.) (von Wietersheim) und dem

16. Pz.Korps (Hoepner) aus den Brückenköpfen von Amiens und Péronne.

Die Heeresgruppe A sollte sich als Schwerpunktgruppe erst am 9. Juli dem Angriff nach Süden anschließen, rechter Flügel etwa über Reims. Sobald die Infanterie die Aisne überwunden hätte, sollte die neugebildete und unterstellte Pz.Gruppe Guderian – 39. (Schmidt) und 41. Pz.Korps (Reinhardt) – über die gewonnenen Brückenköpfe der Infanterie hinweg in den Rücken der in der Maginot-Linie eingesetzten französischen Kräfte stoßen.

Erst wenn diese Operationen erfolgreich durchgeführt waren, sollte die Heeresgruppe C den Rhein überschreiten und die Maginot-Linie in Besitz nehmen.

Wieder war die Panzertruppe an entscheidender Stelle eingesetzt. Während der Angriff des 15. Pz.Korps sofort durchschlug und in die Tiefe stieß, kam die Panzergruppe von Kleist gegen den hartnäckigen französischen Widerstand nicht recht vorwärts.

Dagegen gelang es der Panzergruppe Guderian, am 10. Juni aus einem erkämpften kleinen Brückenkopf der 12. Armee bei Château Porcien in vorläufig sehr schmaler Front die Aisne zu überschreiten und bald die ganze Gruppe zum Einsatz zu bringen. Damit war die Entscheidung eingeleitet. Das OKH zog nun die Panzergruppe von Kleist an die Panzergruppe Guderian heran, um westlich von Reims vorbei nach Süden anzugreifen. Damit war endlich wieder im Sinne Guderians alter Forderung ein operativer Panzerkeil fast aller schnellen Kräfte gebildet worden, der beiderseits von Reims mit großer Wucht vorbrach und den operativen Durchbruch durch die französische Front vollendete.

Am 14. Juni gegen Mittag – vier Wochen nach dem Maasübergang bei Sedan – erhielten beide Panzergruppen neue klare Aufträge zur Verfolgung:

»Beide Gruppen legen sich dem abziehenden Gegner im Raum Dijon – Schweizer Grenze vor! Gruppe Guderian abdrehen auf Chaumont, Langres und Neufchâteau und südostwärts. Gruppe von Kleist geht auf Dijon vor!«

Das war die von der Panzertruppe stets ersehnte »Fahrkarte bis zur Endstation«. * Am 17. Juni wurde die schweizerische Grenze durch Gude-

* Häufiger Ausspruch von Guderian, der weitreichende Aufträge bis zum Ziel verlangte.

rians 29. (mot.) Division bei Pontarlier erreicht. Der Ring um die Maginot-Linie war durch Guderians schnelle Divisionen geschlossen. Der feindliche Wehrwille brach angesichts der deutschen Erfolge an allen Fronten zusammen. Die französische Regierung bat um Waffenstillstand, der am Morgen des 25. Juni in Kraft trat. Der Feldzug gegen Frankreich war beendet.

Betrachtungen

Es steht fest, daß sich die Panzertruppe nach ihrer erfolgreichen Erprobung in Polen 1939 in diesem Feldzug erneut als operative Waffe von durchschlagender Wirkung bewährt und den genialen, von Hitler geförderten Operationsplan des Generals von Manstein in Erfolge umgesetzt hat, die ohne ihren Einsatz im engen Zusammenwirken mit der Luftwaffe nicht hätten erzielt werden können. Dabei kam alles darauf an, mit dem vordersten Panzerkorps in einem Zuge die Ardennen und die Maas bei Sedan zu überwinden, um den beiden folgenden schnellen Korps nach vorwärts Raum zur Entfaltung zu geben. Diese entscheidende Aufgabe fiel dem General Guderian zu, der sie mit dem 19. Pz. Korps vorbildlich löste, obwohl vorsichtige hohe Führungsstellen ihm bereits am 15. Mai im Brückenkopf von Sedan, am 17. Mai an der Oise und schließlich am 24. Mai vor Dünkirchen vermeidbare Halte von mehreren Tagen aufzwangen.

Hätte man von Manstein damals im Oberkommando der Heeresgruppe A belassen, statt ihm vor Beginn der Operationen ein Infanterie-Korps zu übergeben, so wäre der Ausgang der Kämpfe um Dünkirchen vermutlich ein anderer geworden.

Für den Feldzug von 1940 war charakteristisch, daß er gegen eine Armee durchgekämpft wurde, die vom Nimbus der »victoire et gloire« von 1918 umstrahlt war und als beste und stärkste Armee der Welt galt. Sie verfügte über besser ausgebildete Truppen und über mehr und bessere gepanzerte Kampffahrzeuge als der deutsche Angreifer (3370 gegenüber etwa 2680 Panzern). Der alliierten Führung fehlten aber moderne Ideen; man vertraute dem Schutz der Maginot-Linie und dachte ebenso defensiv wie langsam, trotz der Erfahrungen in Polen.

Man zersplitterte seine Panzerkräfte, indem man sie auf die ganze Front verteilte und sie an das Schrittempo der Infanterie band, anstatt sie im Schwerpunkt der Operationen für die Entscheidung zusammenzufassen. So übertrieben es vielleicht auch klingen mag, es war Guderians revolutionärer Gedanke, der in erster Linie neben anderen Faktoren den überragenden Sieg über die damalige Großmacht Frankreich und das britische Expeditionskorps gebracht hat, – ein Sieg, der in der Weltgeschichte keinen Vergleich aufzuweisen hat.

Trotz dieser Erfolge wurde Guderian im folgenden Winter 1940/41 weder bei der Frage der Umgliederung und Vermehrung der Schnellen Truppen noch in bezug auf die Lösung der Probleme oder Bearbeitung der Pläne für die Weiterführung des Krieges beteiligt. Anscheinend wollte »man« keinen überlegenen und tatkräftigen Berater, Kritiker oder Warner haben, mit dem man sich auseinandersetzen mußte ...

Der Bestand an Panzerkampfwagen

betrug am 10. 5. 1940:

H.Gr. B:	AOK 18:	9. Pz.Division mit	229 Stück
	AOK 6:	3. und 4. Pz.Division (16. Pz.K.)	648 Stück
H.Gr. A:	AOK 4:	5. und 7. Pz.Division (15. Pz.K.)	542 Stück
	AOK 12:	6. und 8. Pz.Division (41. Pz.K.)	436 Stück
		1., 2. und 10. Pz.Division (19. Pz.K.)	828 Stück
			2683 Stück
			aller Typen P I bis P IV

III. *Der Feldzug gegen Jugoslawien und Griechenland im April 1941 (Unternehmen »Marita«)*

Die Lage Ende März 1941 – Die jugoslawische und griechische Armee – Der Ablauf der deutschen Operationen – Betrachtungen

Die Lage Ende März 1941

ergibt sich aus Hitlers »Weisung Nr. 20 Unternehmen Marita« vom 13. 12. 1940. Danach wollte er sich »voraussichtlich im März 1941« aus Südrumänien heraus über Bulgarien hinweg in den Besitz der ägäischen Nordküste und unter Umständen des ganzen griechischen Festlandes setzen (Unternehmen »Marita«), um eine wirksame Unterstützung der Italiener in Albanien und zugleich den Schutz der rumänischen Ölfelder sicherzustellen, die durch britische Luftangriffe von See her und aus Griechenland stark gefährdet werden konnten.

Dazu sollte eine Armeegruppe in Südrumänien versammelt werden.

Jugoslawien wurde in die Planung nicht miteinbezogen. Am 25. 3. 1941 wurde ausdrücklich vereinbart, daß von deutscher Seite auf jede Benutzung dieses Landes für Durchmarsch und Transport verzichtet werden sollte.

Am 27. März erfolgte jedoch der deutschfeindliche Staatsstreich in Jugoslawien, worauf sich Hitler noch am selben Tage entschloß, den Angriff auf Griechenland mit der Niederwerfung Jugoslawiens zu verbinden. Er beauftragte das Oberkommando des Heeres, die militärische Zerschlagung Jugoslawiens in einem »Blitzunternehmen« durchzuführen, um die politische Einstellung der Balkanstaaten und den anschließenden Feldzug gegen Griechenland günstig zu beeinflussen. Er stellte dabei fest, daß das Unternehmen »Barbarossa« deswegen bis zu vier Wochen verschoben werden müsse[19].

Seine »Weisung Nr. 25« vom selben Tage paßte sich den operativen Vorschlägen des Generalstabschefs des Heeres, Generaloberst Halder, an, nämlich mit sofort greifbaren und weiteren zuzuführenden Verbänden improvisiert eine konzentrische Operation aus dem Raum Fiume – Graz einerseits, und dem Raum Sofia andererseits in allgemeiner Richtung auf Belgrad und südlich davon durchzuführen, und außerdem den Südteil Jugoslawiens als Basis für einen späteren deutsch-italienischen Angriff auf Griechenland zu gewinnen.

Die jugoslawische und griechische Armee

Das Königreich Jugoslawien war auf den Feldzug militärisch nicht vorbereitet; es hatte anscheinend ähnlich unbesonnen wie Polen 1939 gehandelt. Seine 20 Divisonen waren nicht kriegsbereit, seine Bewaffnung trotz deutscher und alliierter Waffenlieferungen nicht neuzeitlich. Es gab keine Panzer. Die Luftwaffe war völlig unterlegen, die Führung nicht geschult, die Soldaten jedoch gute Kämpfer. Dazu war die Lage Jugoslawiens durch den Einmarsch deutscher Verbände in Bulgarien militärpolitisch und geographisch nahezu unhaltbar geworden. Es war im Norden und Osten von Deutschland und von diesem befreundeten Staaten umfaßt, während der südliche Nachbar, Griechenland, sich seit Oktober 1940 im Krieg mit Italien befand. Die operative Lösung für Deutschland lag somit auf der Hand. Die jugoslawische Heeresführung hätte sie nur durch sofortige Zurücknahme ihrer Kräfte in den Südteil des Landes parieren können. Auch hier fehlte, genau wie in Polen, der Entschluß dazu.

Die griechische Armee war höher einzuschätzen; auch hatte sie in den Kämpfen mit den italienischen Angreifern Erfahrungen sammeln und das Gefühl der Überlegenheit gewinnen können.

Beide Länder besaßen nur ein mangelhaftes Verkehrsnetz, das aber einem motorisierten Feinde gegenüber Vorteile versprach. Das gleiche galt in bezug auf den gebirgigen Charakter ihrer Landschaft, die einen langwierigen, zeitraubenden Kleinkrieg begünstigte, den jedoch der Angreifer vermeiden mußte, um schnell zum Abschluß der Operationen zu kommen.

Der Ablauf der deutschen Operationen

Der Balkanfeldzug wurde folgendermaßen geplant und durchgeführt:

Die Führung einer zu bildenden Nordgruppe wurde dem AOK 2 (Generaloberst Freiherr von Weichs) übertragen, während eine Südgruppe dem AOK 12 (Generalfeldmarschall List) unterstand, das ursprünglich nur den Angriff auf Griechenland (Unternehmen »Marita«) führen sollte.

Bei der Nordgruppe traten gegen Jugoslawien an: eine Kräftegruppe (49. Gebirgskorps und 51. A.K.) mit ersten Teilen ab 6. 4. 1941 aus der Steiermark auf Laibach und Agram; das 46. Pz.Korps (mit zwei Pz.Div. und einer mot. Div.) am 10. April aus Westungarn über die Drau bei Barcs auf Agram, das noch am selben Tage erreicht wurde. Mit seinen Hauptkräften drehte das Panzerkorps zwischen Drau und Save nach Südosten auf Belgrad ein, das am 13. 4. 1941 im Zusammenwirken mit der Panzergruppe I (Generaloberst von Kleist) von Süden her genommen wurde.

Die Südgruppe, Teile der 12. Armee, hatte den Angriff der Nordgruppe von Süden her zu unterstützen, wozu die Panzergruppe 1 (14. Pz.Korps, 11. A.K.) am 8. April von Sofia her über Niš längs der Morawa auf Belgrad angesetzt wurde, wobei sie die rückwärtigen Verbindungen des an seiner Ostgrenze stehenden Feindes unterbrach.

Am 11. 4. 1940 schloß sich das inzwischen eingetroffene 41. Pz.Korps von Westrumänien her aus dem Raum um Temešvar diesem Angriff auf Belgrad frontal an.

Unter dem Eindruck der schnellen deutschen Erfolge an allen Einbruchsstellen, der Einnahme der Hauptstadt Belgrad und des Erscheinens schneller deutscher Verbände in der Tiefe des Landes kapitulierten die jugoslawischen Truppen oder lösten sich auf. Bereits am 17. April wurde

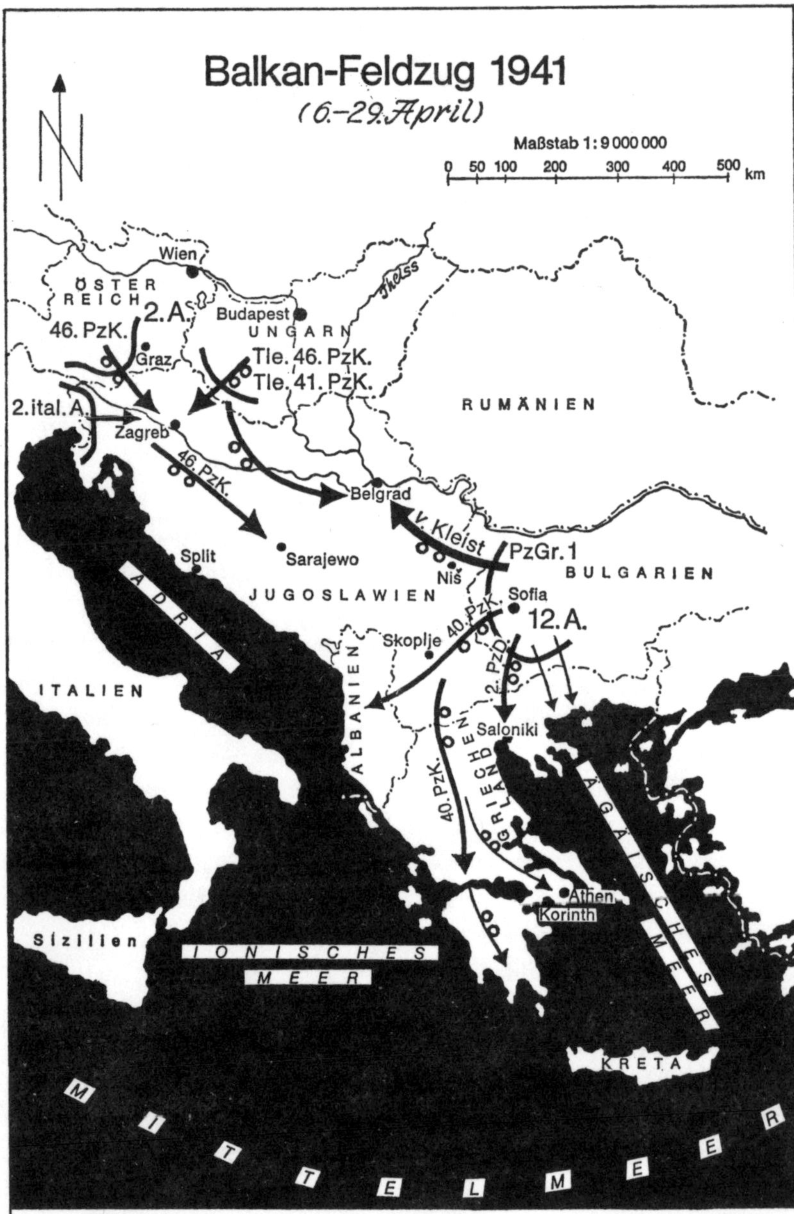
Balkan-Feldzug 1941
(6.–29. April)
Maßstab 1:9 000 000
0 50 100 200 300 400 500 km
Wien
ÖSTER REICH
2. A.
46. PzK.
Graz
Budapest
UNGARN
Theiss
Tle. 46. PzK.
Tle. 41. PzK.
RUMÄNIEN
2. ital. A.
Zagreb
46. PzK.
Belgrad
v. Kleist
PzGr. 1
Split
Sarajewo
Niš
BULGARIEN
JUGOSLAWIEN
Sofia
40. PzK.
12. A.
Skoplje
ADRIA
ALBANIEN
2. PzD.
ITALIEN
Saloniki
40. PzK.
GRIECHENLAND
ÄGÄISCHES MEER
Athen
Korinth
Sizilien
IONISCHES MEER
KRETA
MITTELMEER
ERLÄUTERUNG:
2. Armee
46. PzKps:
8. PzD.
14. PzD.
16. I. D. mot
12. Armee
PzGr. 1 (v. Kleist)
14. PzKps:
5. PzD., 11. PzD.,
60. I. D. mot
40. PzKps:
9. PzD., SS-Inf. Brg. m. „LAH",
später auch 5. PzD.
18. AK
2. PzD., 6. GebDiv.
41. PzKps (Res)
SS-I. D. mot „Reich"
Inf. Brig. m. „H. G."
Inf. Rgt. m. „G. D."

der Waffenstillstand abgeschlossen*. Damit war der Feldzug nach elf Tagen beendet. Der bisherige Zeitbedarf für schnelle Operationen, gemessen am Feldzug gegen Polen, war damit wesentlich unterboten worden.

Der Angriff der deutschen 12. Armee gegen Griechenland begann ebenfalls am 6. 4. 1940. Es waren eingesetzt: am Westflügel das 40. Pz.Korps (eine Pz.Div. und eine mot. Div.) auf Skoplje, das am 7. April, und danach auf Monastir, das am 9. April gegen zähen Widerstand erreicht wurde; in der Mitte das 18. Gebirgskorps (mit 2. Pz.Div.) mit dem Auftrag, unter Umfassen und Durchbrechen der stark ausgebauten »Metaxaslinie« Saloniki zu nehmen, um die ostmazedonische Armee vom griechischen Hinterland abzuschneiden; am Ostflügel das 30. A.K. (zwei Div.) mit dem Auftrag, den Ostflügel der Metaxaslinie zu durchbrechen und die Front von rückwärts aufzurollen.

Die Operationen liefen auch hier planmäßig ab. Die ostmazedonische Armee hatte bereits am Abend des 9. April kapituliert, nachdem die 2. Pz.Division unter Generalleutnant Veiel, entlang des Wardatals vorstoßend, Saloniki genommen und die Wardaübergänge gesperrt hatte. Die gepanzerte Westgruppe stieß über Florina nach Süden vor, gewann mit einer mot. Division am 20. April Janina, worauf die westmazedonische Armee kapitulierte, und mit einer Pz.Division unter ungewöhnlichen Wegschwierigkeiten am selben Tage Lamia, wo es zu harten Kämpfen mit britischen Truppen kam. Am 27. April wurde Athen erreicht und am 29. April die Südküste des Peloponnes. Damit war auch der Feldzug gegen Griechenland beendet. Die griechische Armee war ausgeschaltet.

Die Briten hatten ihre Expeditionskräfte unter schweren Verlusten, vor allem an Waffen und Gerät, noch rechtzeitig eingeschifft. Die Masse ihrer Verbände blieb erhalten.

Betrachtungen

Im Balkanfeldzug hatten sich die Panzertruppe und ihre Führung wieder voll bewährt. Der Operationsplan Halders, der Aufmarsch und die Durchführung mit »fliegendem Start«, je nach Eintreffen der Verbände, waren, wie von Hitler am 24. März gefordert, wieder einmal in kürzester Zeit als »Blitzunternehmen« durchgeführt worden. Die Panzer-

* Vgl. Kapitulationsangebot vom 14. April 1941, Anhang, S. (26).

truppe hatte erneut bewiesen, was sie auch in ungünstigem Gelände, hier im Gebirge, leisten konnte, wobei sie teilweise sehr geschickt von Gebirgstruppen unterstützt worden war[20].

Sicherlich war die deutsche Luftüberlegenheit sehr groß und die feindliche Ausstattung mit Waffen und Gerät nicht gleichwertig – außer bei dem britischen Hilfskorps; dafür aber war keine zahlenmäßige Überlegenheit auf deutscher Seite vorhanden gewesen.

Der Erfolg war mit einem geringen Aufwand an Kräften und Opfern erreicht worden. Das Geheimnis des Erfolges lag wieder in der Überraschung, die durch das Tempo der Operationen bedingt war, im schnellen Handeln aller Führer, im gewandten Zusammenfassen ausreichender Kräfte an der operativ und taktisch richtigen Stelle, also in der Beachtung von Guderians Panzerlehre: »Klotzen – nicht kleckern!«

Dennoch ergaben sich aus der Durchführung dieses Feldzuges drei schwere Nachteile für die weitere Kriegsführung:

Hitler überschätzte, genau wie nach den Feldzügen gegen Polen und Frankreich, den erstaunlich großen Erfolg, das Können des deutschen Heeres und besonders das der Panzertruppe sowie seinen persönlichen Führungsanteil, wodurch er in seiner Planung »Barbarossa« bestärkt wurde. Ein weniger positiver Ausgang hätte ihn vielleicht zur Vorsicht gemahnt.

Der Feldzug verzögerte die Operation »Barbarossa« trotz seines Charakters als »Blitzkrieg« um vier bis fünf Wochen, die im Herbstfeldzug 1941 fehlen sollten. Vielleicht bedeuteten sie die erste große Entscheidung in dem Feldzug gegen Rußland, dessen Schwierigkeiten Hitler nicht erkennen wollte.

Schließlich ließ der sofortige Abmarsch fast aller deutschen Verbände zum Einsatz bei »Barbarossa« nur eine unvollständige Entwaffnung der versprengten und entflohenen jugoslawischen Armee zu und damit keine Befriedung des zwar militärisch besiegten, aber vom Widerstandswillen erfüllten Landes. Aus dieser Tatsache und späteren politischen Fehlern in der Behandlung der besetzten Gebiete erwuchs der Partisanenkrieg, der der Wehrmachtführung bis zum Kriegsende schwere Sorgen bereiten sollte.

Die strategische Auswirkung des Balkanfeldzuges auf die Operation »Barbarossa« war also beachtlich. Das zunächst unbesonnen erscheinende Opfer Jugoslawiens und Griechenlands hat wesentlich zum alliierten Siege von 1945 beigetragen.

Für den Einsatz Schneller Truppen bestätigte sich auch hier wieder die Lehre, daß ihre »schnellen Erfolge« von nachfolgender Infanterie, die den gewonnenen Raum besetzt und hält, ausgenutzt werden müssen.

IV. *Der Feldzug in Nordafrika 1941/43 (Unternehmen »Sonnenblume«)*

1941: Die »Führerweisung Nr. 22« vom 11. Januar 1941 – Rommels Auftrag – Eigenarten des Wüstenkrieges – Das Nachschubproblem – Der Kampf um Tobruk 1941 – Rommel und von Manstein – Rommel gewinnt im Gegenangriff die Cyrenaika (6. Februar 1942).

1942/43: Die deutsche Sommeroffensive 1942 – Die Eroberung von Tobruk 1942 – Was wird die britische 8. Armee tun? – Betrachtungen – Der Vormarsch nach Ägypten (Rommel verzichtet auf Malta) – Der Kampf um die Alamein-Stellung – Der Zusammenbruch in Ägypten – Tunesien – Betrachtungen.

Die »Führerweisung Nr. 22« vom 11. Januar 1941

Die vernichtende Niederlage der italienischen Afrika-Armee durch die Briten im Herbst 1940 in Libyen war der Anlaß für Hitler, deutsche Kräfte (Unternehmen »Sonnenblume«) zur Unterstützung des geschlagenen Bundesgenossen nach Nordafrika zu entsenden, deren erste Teile am 14. Februar 1941 in Tripolis gelandet wurden.

Es waren dies die zunächst als »Sperrverband« gedachte 5. leichte Division * unter dem damaligen Generalleutnant Erwin Rommel. Weitere Kräfte, die 15. Panzerdivision, folgten, da sich Rommels Aufgaben durch seine unerwarteten Erfolge ausweiteten und bald den Rahmen eines Sperrverbandes überstiegen. Bereits am 18. Februar hatten die deutschen Verbände die offizielle Bezeichnung »Deutsches Afrikakorps« (DAK) erhalten.

Rommels Auftrag

lautete, Tripolitanien gegen britische Angriffe von Osten her in der Linie Buerat und südlich davon zu verteidigen.

* *Gliederung:* Stab 3. Pz.Brig., Pz.Rgt. 5, AA (mot.) 3, I./A.R. (mot.) 75, 2./Pz.Pi.Batl. 39, 3./Pz.Div.Nachr.Abt. 39, Pz.Jäg.Abt. (mot.) 39, San.-Kp. (mot.) 1/83.

Dazu aus Heerestruppen: Stab I.R. (mot.) 200, M.G.Batl. 2 und 8, eine weitere Pz.Jäg.Abt. (mot.), Rückw. Dienste.

Übersichtsskizze zum Kriegsschauplatz Nordafrika
1941/42
ITALIEN
GRIECHENLAND
KLEIN-ASIEN
ALGERIEN
LIBYEN
ÄGYPTEN
MITTELMEER
Korsika
Mallorca
Sardinien
Rom
Neapel
Palermo
Messina
Catania
Sizilien
Bizerta
Algier
Bône
Tunis
Sfax
Malta
Gabes
Tripolis
Athen
Kreta
Zypern
Barce
Derna
Gazala
Tobruk
Bardia
Sollum
Marsa Matruk
El Alamain
Alexandria
Bengasi
Via Balbia
Buerat
El Aghaila
Mechili
Bir Hacheim
Adgedabia
Halfaya
Maddalena
– 134
Kattara Senke
O. Siwa
GRENZZAUN
Kairo
Nil
Suez
Akaba
Golf v. Suez
ROTES MEER
ERLÄUTERUNG:
Längs der Küste, von Tripolis nach Osten, verläuft die Via Balbia, die Hauptnachschubstraße Libyens.
Halfaya = Paß südl. Sollum
Maßstab 1:18 000 000
0 200 400 600 800 1000 km

Kleinere Zusammenstöße ab 24. Februar mit britischen Aufklärungskräften hatten ihm und seiner Truppe das Gefühl der Überlegenheit gegeben. Am 2. April bestätigte die Einnahme von Agedabia diesen Eindruck.

Als die Luftaufklärung nun am 3. April britische Rückmarschbewegungen auf der Küstenstraße Via Balbia von Benghasi über Derna auf Tobruk meldete, entschloß sich Rommel, in die Rückmarschbewegung hineinzustoßen. Dazu ging er mit drei schwachen Kampfgruppen der 5. leichten Division und Teilen der italienischen Division Brescia vor: von Agedabia, Mechili auf Tobruk, über Barce, Derna auf Tobruk und über Mechili auf Bardia.

Am 8. April wurden Mechili und Derna genommen, am 9. April Bardia und am 13. April Sollum. Damit war nach leichtem Sieg die Cyrenaika befreit. Rommel machte 3000 Gefangene, unter denen sich fünf britische Generäle befanden, und erbeutete über 100 Pak. Für die Briten bedeutete der Verlust der Cyrenaika einen erheblichen Prestigeverlust, zumal er auf Führungsfehlern beruhte.

Am 14. April scheiterte der erste Versuch Rommels, die Festung Tobruk von El Adem her überfallartig einzunehmen, am 30. April ebenso der zweite Versuch südlich der Via Balbia von Acroma her durch Teile der 5. leichten - und der inzwischen eingetroffenen 15. Pz.Division.

Den gleichen Mißerfolg erlitten britische Gegenangriffe am 15. Mai und vom 14. bis 17. Juni gegen die Stellungen des Deutschen Afrikakorps an der libysch-ägyptischen Grenze im Raum von Sollum, wo die Belagerung der Festung gegen die Briten nach Osten abgedeckt wurde.

Rommel hatte seine Truppen dazu in zwei Gruppen aufgeteilt: Die Fußtruppen führten die Belagerung von Tobruk durch und sicherten diese in der befestigten Linie Halfayapaß-Sollum bis Bardia. Die motorisierten Kräfte waren südwestlich von Sollum als operative Reserve bereitgestellt und hatten etwaige britische Angriffe in beweglicher Kampfführung zu zerschlagen. Diese Gliederung hatte sich in den schweren Kämpfen im Mai und Juni bewährt.

Beide feindlichen Divisionen gingen nach dreitägigen Kämpfen über die Grenze nach Ägypten zurück.

Am 30. Juni erging der Befehl des Oberkommandos der Wehrmacht Nr. 44886/41 G.K.Ch. West / Abt. L (I op) II. Ang. Er gab in Ziff. B 2 A neue Weisungen:

»... In Nordafrika kommt es darauf an, daß Tobruk erledigt und hierdurch die Grundlage zur Fortführung des deutsch-italienischen Angriffs gegen den Suez-Kanal geschaffen wird. Er ist etwa für November vorzubereiten ...«

Damit war die örtlich und zeitlich weitreichende neue operative Aufgabe Rommels festgelegt.

Eigenarten des Wüstenkrieges

Die deutschen Verbände waren nunmehr vier Monate in Nordafrika, das sie ohne besondere Tropenausrüstung und Erfahrungen betreten hatten. Alles war fremd und neuartig: das Gelände, das Klima, die Menschen, das Verkehrsnetz, die Orientierung, die Lebensweise, die großen Entfernungen.

Die Beschaffenheit der Wüste beeinflußte Taktik und Operation:

Die Randgebirge mit tiefen, steilen Wadis (trockenen Flußbetten), die auch für Fußtruppen oft kaum passierbar waren.

Die Sandwüste, zum Teil mit Kameldorn bestanden, war für Kraftfahrzeuge ohne Sonderausstattung meist unbefahrbar.

Die Geröll- oder Steinwüste war befahrbar, aber für Mensch und Fahrzeug schwierig und anstrengend.

Die Lehmwüste, fast überall mit Kameldorn bewachsen, war sehr gut befahrbar und glich oft einer Tenne.

Wenn irgendwie durchführbar, waren für Truppenbewegungen quer durch die Wüste Wegeerkundungen zweckmäßig.

Oft machte die Wüste in ihrer Verlassenheit und in ihren zuweilen bizarren Hügelformen den Eindruck einer Mondlandschaft. Salzseen erlaubten in der trockenen Jahreszeit ihre Benutzung durch Kraftfahrzeuge. Im karstigen Gelände waren Höhlen anzutreffen, die zuweilen Wasserzisternen enthielten, aber auch Spähtrupps als Versteck dienen konnten.

Im ganzen gesehen konnten sich motorisierte Verbände in der Wüste wie eine Flotte auf dem Meer bewegen; sie konnten daher im Karree aufgeschlossen in einer gewissen Gefechtsentfaltung, im »Flächenmarsch«, marschieren und vermieden dadurch die sehr großen Marschlängen, die Europas Bodenkultur bedingt. Dafür waren sie aus der Luft leicht erkennbar.

Für nicht motorisierte Infanterieverbände war die Wüste infolge ihrer Weite und Beschaffenheit nicht geeignet. Verfügte der Gegner über motorisierte oder gar gepanzerte Truppen, so waren die eigenen Infanterieverbände diesen von vornherein unterlegen. Diese Tatsache war einer der Hauptgründe für die italienische Niederlage im Herbst 1940 gewesen.

Das Verkehrsnetz in Tripolitanien und Libyen war primitiv und bestand fast nur aus Kamelpfaden, die Namen trugen. In der Cyrenaika und in Tunesien waren die Wegverhältnisse besser. Von Tripolis bis zur ägyptischen Grenze läuft nahe der Küste eine Steinstraße, nach ihrem Erbauer »Via Balbia« genannt. Sie war der Hauptweg des Nachschubs für beide Parteien. Nach der Eroberung Tobruks 1940 durch die Briten war diese Straße für die Achsenmächte, die die Festung belagerten und Teile ihrer Kräfte im Raum von Sollum-Bardia stehen hatten, gesperrt. Die Italiener bauten daher 1941 eine ausgezeichnete Umgehungsstraße, die »Achsenstraße«, die außerhalb des Feuerbereiches der Festung lag.

Sehr wichtig war die einwandfreie Orientierung in der weg- und menschenleeren Wüste. Angeborenes Richtungsgefühl und gute Ausbildung waren hier erforderlich. Neben dem technischen Hilfsmittel des Kurskreisel-Kompasses in Verbindung mit dem Kilometerzähler des Kraftfahrzeugs wurden die wenigen örtlichen Hilfsmittel wie Hügel, Bergform, Salzseen, Heiligengräber (Marabut), Wadis, Wasserlöcher ebenso ausgenutzt wie Sonne, Mond und Sterne und selbstgebaute Richtungsweiser (leere Treibstoffässer). Nachts wurden zur Erleichterung Signale mit Leuchtmunition verwendet.

Ein taktischer Geländeflug über die unbekannte Wüste war besonders schwierig durchzuführen, sogar für eingeflogene Piloten, da auffallende Merkmale kaum vorhanden waren und die beiderseitigen Fronten sich gut tarnten. Auf diese Weise wurde General Ludwig Crüwell Ende Mai 1942 über der Gazalafront abgeschossen und gefangengenommen.

Sehr wichtig war die Wasserversorgung, die Aufgabe besonderer Nachschubverbände unter Leitung von Geologen und Ingenieuren war. Für den deutschen Soldaten wurden täglich fünf Liter gerechnet; die italienische Truppe begnügte sich mit der knappen Hälfte.

Das Klima, die ungewohnte Lebensweise und die zunächst nicht sehr zweckmäßig zusammengestellte Verpflegung beeinflußten den Gesundheitszustand der deutschen Truppe nachteilig. Die Temperaturunterschiede zwischen den schattenlosen heißen Tagen und der Nachtkühle waren erheblich. Riesige Staubentwicklung, Sandstürme und Luftspiegelungen beeinflußten Marsch und Gefecht.

Das Nachschubproblem

Entscheidend wichtig war die Versorgung der Achsenstreitkräfte mit Nachschub aller Art, da man in Nordafrika nicht »aus dem Lande leben« konnte. Es handelte sich um Waffen, Munition, Treibstoff, Kraftfahrgerät, Ersatzteile und Verpflegung, ebenso um Nach- und Abschub von Soldaten. Im Verlauf der Operationen wuchs auf der einen Seite der Bedarf an neuzeitlich ausgerüsteten Streitkräften, während auf der anderen Seite die Versorgungsleistung durch Unterwegsverluste auf See abnahm. So stand von Monat zu Monat ein verhältnismäßig und auch praktisch ständig geringer werdender Nachschub zur Verfügung. Dieser Nachschub mußte über ca 700 km Seeweg, der auf dem Wasser und aus der Luft (durch die britische Seefestung Malta) stark gefährdet war, nach Tripolis, später nach Benghasi und Tobruk geleitet werden. Von hier erfolgte die weitere Beförderung auf der ebenfalls aus der Luft stark bedrohten schmalen Via Balbia zeitweise über 1000 km weit zur Front, also über eine Entfernung, die den nachgeschobenen Treibstoff zum größten Teil selbst aufzehrte, die Kraftfahrzeuge verbrauchte und erhebliche Kräfte festlegte.

Je erfolgreicher und damit weiter nach Osten die Truppe vordrang, um so kritischer wurde das Nachschubproblem, zumal der Kriegshafen von Tobruk kein Ersatz für die Handelshäfen von Tripolis und von Benghasi war. Die Höhepunkte der Nachschubschwierigkeiten lagen im Spätsommer und im Herbst 1942 während der harten Kämpfe um und in der Alamein-Stellung und später im Frühjahr 1943 im Kampf um Tunesien, hier einerseits bedingt durch die größere Zahl eigener Großverbände, andererseits durch die Luftherrschaft der Alliierten.

Der Nachschub durch die Luft war nur eine Aushilfe und konnte den großen Bedarf nicht decken.

Das Nachschubproblem, das in Afrika das Führungsproblem nachhaltig überschattete, wurde entscheidend durch die Tatsache beeinflußt, daß der Kriegsschauplatz in Afrika nur ein Nebenkriegsschauplatz war. Der Schwerpunkt der deutschen Kräfte lag in Rußland. Dagegen war Nordafrika für Großbritannien der Hauptkriegsschauplatz. Hier lag der Schwerpunkt der britischen Landkriegsführung.

Wollte man aber in Afrika erfolgreich Krieg führen, so mußte man sich über die entstehenden Schwierigkeiten vorher klar werden und entsprechend handeln – oder davon ganz Abstand nehmen. Beides hat Hitler nicht getan, sondern die Dinge treiben lassen, beeinflußt durch die jeweilige örtliche Entwicklung und die politische Rücksichtnahme auf seinen italienischen Partner sowie durch alle anderen Aufgaben, die er sich unnötigerweise aufgelastet hatte. Wie ein roter Faden zieht sich diese Halbheit durch das ganze Geschehen im nordafrikanischen Raum.

Es war von vornherein eine Unmöglichkeit, einen Feldzug mit motorisierten Truppen über riesige Entfernungen unter sehr hohem Treibstoffbedarf jenseits des Mittelmeeres zu führen, ohne die See- und Luftherrschaft auf und über dem Meer zu besitzen oder sie zu erringen. Es war ein grober Fehler, den britischen Luftstützpunkt Malta, der das mittlere Mittelmeer als »nichtversenkbarer Flugzeugträger« beherrschte, trotz gegebener Voraussetzungen und praktischer Vorbereitungen nicht durch Inbesitznahme auszuschalten, sondern als ständige nachhaltige Bedrohung aus der Luft und zur See auf den eigenen rückwärtigen Verbindungslinien zu belassen. Es fehlte ein unabhängiger »Oberbefehlshaber Mittelmeer«, dem alle Streitkräfte der Achse unterstellt waren.

Daß trotz aller dieser Schwierigkeiten der Feldzug in Afrika so lange mit Erfolg geführt und starke Kräfte des Feindes dort gebunden werden konnten, ist neben der überragenden Leistung des Deutschen Afrikakorps – unterstützt durch den italienischen Partner – der Persönlichkeit Rommels[21] zuzuschreiben.

Aber auch Rommel war vom Nachschub über das Meer und durch die Wüste abhängig: er und seine Truppen mußten daher dauernd einen Krieg der Improvisationen führen.

Der Kampf um Tobruk 1941

Nach den Kämpfen im Raum von Sollum bis Tobruk gab es eine Pause bis November, in der beide Gegner sich für den neuen Kampf um Tobruk vorbereiteten, soweit es der beiderseitige Nachschub zuließ. Dabei waren die Briten mit ihrem zwar weiten aber ungestörten Antransport um Südafrika herum im Vorteil.

Rommel wollte die Festung nehmen, General Auchinleck wollte sie von Rommels Belagerung befreien und die Achsenstreitkräfte vernichten. Er trat daher am 18. November mit zahlenmäßig überlegenen Kräften (7. Pz.Division mit vier Panzerbrigaden und drei mot. Divisionen) über die Linie Habata-Maddalena (südlich Sollum) auf Tobruk an und kam somit der Absicht Rommels zuvor.

Im Raum südlich von Tobruk kam es vom 19. bis zum 22. November zu heftigen Panzerkämpfen. Erstmalig standen sich auf diesem Kriegsschauplatz gleichwertige Panzerkräfte gegenüber, wobei es zu fließenden Umfassungsoperationen nach Art einer Seeschlacht kam. Dabei zeigte sich die Überlegenheit der deutschen Führung und der deutschen besseren Truppenausbildung. Die Briten verstanden es nicht, ihre Panzerbrigaden einheitlich einzusetzen; sie konnten so nacheinander umfaßt und geschlagen werden. Trotzdem gab es zahlreiche Krisen, zumal die Besatzung Tobruks auf dem Höhepunkt der Schlacht die italienische Einschließungsfront unter Panzereinsatz durchbrach. Eine vorläufige Entscheidung fiel nach sehr harten Kämpfen in der »Panzerschlacht am Totensonntag«, dem 23. November; sie beseitigte die unmittelbare Gefahr für den Einschließungsring der Festung. Rommel überschätzte den Erfolg und entschloß sich zu einem Vorstoß südlich an Sollum vorbei nach Osten, um die rückwärtigen Verbindungen der Briten zu unterbrechen und sie damit zum Rückzug nach Ägypten zu zwingen. Bald stellte sich aber heraus, daß dieser kühne Entschluß falsch war. Es gelang der britischen Führung unter Sir Auchinleck, ihre Verbände trotz der erheblichen Verluste wieder auf Tobruk anzusetzen. Damit begannen neue Panzerkämpfe vom 25. November bis zum 1. Dezember, die Erfolge und Rückschläge bei eigenen schweren Verlusten brachten. Tobruk blieb zwar eingeschlossen; aber aufgrund des Nachlassens der eigenen Kampfkraft, der daher ungünstigen Entwicklung der Lage und der Mitteilung des italienischen Commando Supremo, daß mit Verstärkungen und Nachschub nicht vor Januar 1942 zu rechnen sei, entschloß sich Rommel, Tobruk vorläufig freizugeben und in der Nacht von 7. zum 8. Dezember zunächst in die Gazala-Linie zurückzugehen.

Seine Überlegung dabei war, die deutsch-italienischen Panzerkräfte nicht zu opfern, sondern sie für die Verteidigung in der Tiefe des weiten afrikanischen Raumes und vor allem nach Zuführung von Panzern und Treibstoff für den Gegenangriff aus der Nachhand zu erhalten. Dabei blieben die Verteidiger der Stützpunktfront Halfaya-Bardia zurück, die sie bis zum 17. Januar 1942 gehalten haben.

Rommel und von Manstein

Es ist interessant, die operative Entwicklung in Afrika mit jener bei der Heeresgruppe Don in Südrußland zu vergleichen, die dort genau ein Jahr später im größeren Rahmen ablief. Die Grundgedanken waren die gleichen: Bewegung, Operieren aus der Nachhand und Schnelle Truppen als Träger der Operationsidee – »Klotzen – nicht kleckern!«

Beide Heerführer (Rommel und von Manstein), obwohl sie nach Herkunft, Charakter und militärischer Vorbildung sehr verschieden waren, vertraten dieselbe Ansicht; beide mußten ihre Idee unter größten Schwierigkeiten gegen ihre ihnen übergeordneten Oberkommandos durchsetzen, die von Hitler und Mussolini politisch beeinflußt wurden.

Rommel gewinnt im Gegenangriff die Cyrenaika (6. Februar 1942)
Am 12. Januar 1942 erreichte Rommel die von ihm gewählte Mersa el Brega-Stellung an der Großen Syrte. Mit diesem weiten Ausweichen über 600 km Tiefe schob er den folgenden Briten den Nachteil langer Nachschublinien zu, war aber selbst näher an seinen Versorgungshafen Tripolis herangekommen. Am 5. Januar trafen dort 55 Panzer, 20 Spähwagen und weiterer Nachschub ein. Bereits am 20. Januar trat Rommel mit 111 deutschen und 89 italienischen Panzern zur Befreiung der aufgegebenen Cyrenaika nach Nordosten an, vertrieb den Feind vor seiner Front und bei Agedabia, nahm am 28. Januar in Benghasi eine indische Brigade gefangen und machte dort erhebliche Beute, mit der seine Verbände ausgestattet wurden. Der Treibstoffmangel behinderte Rommels kühne Operation jedoch nachhaltig. Immerhin hatte er die Cyrenaika bis zum 6. Februar wieder in Besitz genommen. Der Gegner ging in den Raum Gazala – Bir Hacheim – Tobruk zurück, wo er eine großzügige Verteidigung aufbaute. Die deutsch-italienischen Kräfte deckten den Ostrand der Cyrenaika zwischen El Mechili und Temrad. Die schnellen Verbände, das DAK und das Corpo celere (20. ital. Korps) wurden wieder in der Tiefe des Raumes als operative Reserve bereitgestellt.

Damit war die Winterschlacht beendet; sie hatte klar erwiesen, daß im Wüstenkrieg nur motorisierte Verbände verwendbar waren. Dabei spielte der Panzer durch seine dreifache Eigenart – Wüstengängigkeit und Schnelligkeit, Feuerbereitschaft und -Wirkung sowie Panzerschutz – die entscheidende Rolle; daneben in der Vernichtung feindlicher Panzer der Panzerjäger – hier ebenfalls entscheidend wichtig die vielseitig zu verwendende 8,8 cm-Flak –, aber auch die weitreichende Artillerie. Wie überhaupt Reichweite und wirksames Kaliber in der deckungslosen Wüste ausschlaggebenden Einfluß besaßen. Die mannigfaltigen taktischen und operativen Aufgaben der letzten beiden Monate hatten Ausbildung und Können der Truppe und ihrer Führer wesentlich gefördert.

Für die zu erwartenden weiteren Kämpfe um das alte Ziel, die Festung Tobruk, mußte man sich nun erneut vorbereiten. Dazu war ausreichende Zuführung von Nachschub aller Art einschließlich der Personalreserven unerläßlich, um die verbrauchte Kampfkraft wieder herzustellen, möglichst aber zu verbessern. Im Wettlauf mit den Briten überwachte man mit Sorge die in Suez laufend eintreffenden Geleitzüge.

Durch ungewöhnlich starken Einsatz deutscher Fliegerverbände gegen Malta gelang es im April und Mai, die bisher größten Schiffstransporte von Italien nach Afrika zu überführen und eine zufriedenstellende Auffrischung der deutschen Divisionen durchzuführen. Auch war es Rommel gelungen, unter der Hand eine dritte deutsche motorisierte Division aufzustellen: die 90. leichte Division.

Die deutsche Sommeroffensive 1942

Die von der Achsenführung geplante Kampfführung sah vor, zunächst die Festung Tobruk einzunehmen und Libyen dann an der libysch-ägyptischen Grenze etwa im Raum von Sollum zu verteidigen.

Unter dem Schutz dieser Abschirmung nach Osten sollte die Seefestung Malta von Sizilien her genommen werden, um damit endlich die ständige Bedrohung der rückwärtigen Verbindungen der deutsch-italienischen Panzerarmee durch britische Flieger und U-Boote von Malta her auszuschalten. Dazu wurde die Fallschirmjägerbrigade Ramcke nach Sizilien verlegt. Ebenso sollten die in Afrika eingesetzten Teile der Luftwaffe mit ihrem Schwerpunkt dorthin verlegt werden, sobald Tobruk gefallen war. Die Bodenorganisation in Sizilien wurde bereits weitgehend auf dieses wichtige Vorhaben eingestellt.

Nach der Einnahme von Malta sollte dann gemäß des OKW-Befehls vom 30. 6. 1941 wieder auf das alte, weitgesteckte Ziel, den Suez-Kanal, umgeschwenkt werden.

Die Eroberung von Tobruk 1942[22]

Der Wert der Festung Tobruk in der Hand des britischen Gegners bestand in der ständigen Bedrohung Libyens und damit der Achsenkräfte. Die Festung war eine vorzügliche Operationsbasis für Angriff und Verteidigung. Ein deutsch-italienischer Angriff nach Ägypten hinein zum Suez-Kanal war solange undurchführbar, als Tobruk die Nachschublinie bedrohte, was die erfolgreiche Verteidigung der Festung durch die Briten im Jahre 1941 bewiesen hatte.

In gleicher Weise stellte der Hafen eine gewisse Versorgungsbasis dar; er verkürzte die rückwärtigen Verbindungen für den jeweiligen

Besitzer um etwa 500 bis 700 km. Das war für den Kampf in der Wüste, der von der Zuführung ausreichender Versorgung aller Art besonders abhängig ist, von großer Bedeutung.

1941 war die Wiedereroberung der ursprünglich italienischen Festung durch Rommel nicht gelungen. Nach monatelangen Kämpfen hielt die britische 8. Armee die Front von Ain-el-Gazala bis Bir Hacheim, die im Laufe des Frühjahrs 1942 stark ausgebaut worden war. Wollte man Tobruk angreifen, so mußte erst dieser Schutzwall beseitigt werden. Die Aufgabe Rommels beim Kampf um Tobruk gliederte sich also in zwei Abschnitte, die örtlich und zeitlich nacheinander zu erledigen waren:

Zerschlagen der Gazala-Stellung im Vorfeld der Festung und dann Angriff auf Tobruk selbst.

Ihm standen dazu folgende Kräfte zur Verfügung:

Italiener: das 10. und 21. Korps mit je zwei Divisionen sowie das 20. Schnelle Korps unter General de Stefanis mit den mot. Divisionen Ariete und Trieste, später noch mit der Pz.Division Littorio.

Deutsche: das Deutsche Afrikakorps (DAK) unter General Nehring mit der 15. Panzerdivision unter Generalmajor von Vaerst (nach dessen Verwundung Oberst Crasemann) und der 21. Panzerdivision unter Generalmajor von Bismarck; ferner die 90. leichte Division unter Generalmajor Kleemann, die Rommel unmittelbar unterstand.

Auf der britischen Seite führte als Commander-in-Chief im Nahen Osten der General Auchinleck mit der 8. Armee des Generals Ritchie. Diesem unterstanden zunächst: das 13. Korps unter General Gott mit der 1. südafrikanischen Division und der 50. englischen Division in der Gazala-Stellung; ferner die Festung Tobruk mit der 2. südafrikanischen Division (unter Generalmajor Klopper) sowie die 5. indische Division um Gambut-Bir el Gubi; das 30. Korps unter General Norrie mit der 1. und 7. Panzerdivision.

Besetzte Stützpunkte deckten die Südflanke des 30. Korps in Bir Hacheim (hier eine Brigade »Freie Franzosen« unter General Pierre Koenig), Knightsbridge (hier 201. Gardebrigade), El Adem und Bir el Gubi (Teile der 5. indischen Division).

Da man mit einem deutschen Angriff rechnete, hatte man noch die 22. und 32. Panzerbrigade sowie drei weitere Inf.Brigaden hinter die Gazala-Stellung gezogen und den Stützpunkt Got-el-Ualeb/Sidi Muftah in der Front mit der 150. Inf.Brigade neu ausgebaut. Diese letzteren Tatsachen waren der deutschen Führung nicht bekanntgeworden.

Rein zahlenmäßig bestand etwa folgendes Verhältnis:

740 britische Panzer gegen etwa 300 deutsche und etwa 200 italienische, 500 britische Geschütze gegen etwa 350 der Achse, 700 britische Flugzeuge gegen etwa 320 der Achse, 125 000 Mann gegen etwa 100 000 der Achse.

Die italienischen Panzer waren im Panzerkampf wertlos, da sie den britischen Panzern unterlegen waren. Der Kampfwert aller italienischen Verbände war aufgrund ihrer meist geringen Kampfbegeisterung und Ausbildung sowie ihrer mangelhaften Ausrüstung den Briten gegenüber ungenügend, wie bereits ihre Niederlage im Jahre 1940 gezeigt hatte.

Die deutschen Panzer waren den britischen etwa gleichwertig, der Panzer IV, soweit mit langer 7,5 cm-Kanone (L 48) bewaffnet, überlegen. Die deutsche Führung, Taktik und Ausbildung waren besser, anscheinend auch das Funksprechgerät und die optische Zielvorrichtung. Die Zahlen der deutschen Abschußerfolge waren trotz stets geringer werdender Panzerzahl erstaunlich hoch.

Der allgemeine Ausbau der Gazala-Stellung war bekannt, nicht aber der erhebliche Umfang der Minenfelder in der Tiefe des Raumes, wodurch später große Schwierigkeiten entstanden. Im Norden war die Stellung bei der 1. südafrikanischen und der 50. englischen Division durchlaufend stark ausgebaut und weiter südlich stützpunktartig befestigt. Südlich von Bir Hacheim rechnete man nicht mit dem Feind oder künstlichen Hindernissen. Die zwischen Tobruk und der Gazala-Linie neu ausgebauten und besetzten Stützpunkte waren nicht erkannt worden. Tobruk selbst war als starke Festung von 1941 her sehr gut bekannt.

Die Feindlage war beim Oberkommando der Achse nicht richtig beurteilt worden. Rommel vermutete alle britischen Kräfte westlich der Linie Bir Hacheim-Acroma, während tatsächlich mindestens die britische 7. Pz.Division nordostwärts von El Duda und eine Panzerbrigade nördlich von Bir el Gubi bereitgestellt waren.

Der Kampf im Vorfeld der Festung

Rommel entschloß sich nun, den britischen Südflügel bei Bir Hacheim mit seinen beweglichen und gepanzerten Schwerpunktkräften als die Träger seiner Operationsidee zu umfassen, mit ihnen die dicht hinter der Front angenommenen Reserven zu zerschlagen, sodann die Gazala-Stellung durch konzentrischen Angriff von Osten und Westen (hier die italienischen Infanteriekorps) zu Fall zu bringen, um schließlich nach Vernichtung der feindlichen Feldarmee mit allen Kräften die Festung Tobruk einzunehmen.

Er befahl dazu:

Die italienischen Korps 10 und 21 sowie die nichtmotorisierte deutsche 15. Schützenbrigade (Oberst Menny) greifen unter Führung des Generals Crüwell am 26. Mai frontal von Westen her an, um den Feind zu binden.

Die Schwerpunktgruppe mit dem DAK und dem italienischen 20. Schnellen Korps (Corpo celere) erreicht aus dem Raum Segnali Nord im Nachtmarsch vom 26. zum 27. Mai den Raum südlich von Bir Hacheim. Von hier aus greift das italienische Korps 4.30 Uhr Bir Hacheim an, das zu nehmen ist.

Das DAK schwenkt zur selben Zeit ostwärts um Bir Hacheim herum und stößt nach Norden über El Acroma bis zur Küste vor.

El Acroma ist am 27. Mai zu erreichen, die Via Balbia nördlich davon zu sperren.

Die verstärkte 90. leichte Division deckt den Angriff des DAK nach Osten ab und tritt dazu auf El Adem an.

In Ausführung dieses Befehls rollten die gepanzerten und motorisierten Divisionen Rommels und Nehrings in der Nacht ihrem unbekannten Ziel Bir Hacheim zu. Die Divisionen waren im »Flächenmarsch« in sich zusammengehalten: Spähtrupps voraus, dann das Panzerregiment in breiter Gefechtsfront, dicht dahinter die Artillerie und der Div.Stab, hinter diesen oder seitlich gestaffelt die Schützenbataillone, Pioniere, Panzerjäger, Flak und sonstige zugeteilte Verbände.

Zwischen beiden Divisionen etwa in der Höhe der Div.Stäbe 15 und 21 fuhr das Generalkommando des DAK.

Der Marsch der vielen Fahrzeuge durch die mondhelle Wüste war ein grandioses Schauspiel und zugleich eine marschtechnische Leistung. Ohne Weg und Anhaltspunkte wurde der Bereitstellungsraum lediglich nach den Sternen, dem Kilometermesser und dem Kompaß im Morgengrauen des 27. Mai erreicht.

Der Angriff nach Norden

begann wie befohlen. Die Briten wurden nicht überrascht und leisteten bald heftigen Widerstand. Auf beiden Seiten traten nennenswerte Verluste ein. Das italienische Schnelle Korps lag vor Bir Hacheim fest; das

DAK kam am Trigh Capuzzo bei Knightsbridge zum Stehen, wo es von Osten und Norden her von Panzerverbänden angegriffen wurde.

Mit Mühe gelang es dem Kommandierenden General, Nehring, zusammen mit Oberst Wolz eine Flakfront von 16 Geschützen (8,8 cm) aufzubauen, um einen gefährlichen Panzerangriff gegen den Rücken der 15. Pz.Division aufzufangen. Weiter südlich traten bei den deutschen Nachschubkolonnen Verluste ein, die sich um so mehr auswirkten, je weiter das DAK nach Norden vorstieß.

Die Lage war gespannt und blieb es auch am 28. Mai, da das DAK praktisch im Osten, Norden und Westen eingeschlossen wurde, während die Versorgung von Süden her um Bir Hacheim nicht gesichert war. Neue britische Panzerkräfte befanden sich im Vormarsch von El Adem nach Westen. Trotzdem war Rommel optimistisch und der festen Überzeugung, daß sich der Gegner durch seine fortgesetzten, aber zusammenhanglos geführten Angriffe erschöpfen würde, so daß die Panzerarmee bald wieder zum Gegenangriff antreten könne.

Am 29. Mai wurde die Versorgungslage beim DAK aufgrund der intensiven Kampftätigkeit kritisch. Es war nicht gelungen, Nachschub heranzubringen oder Verwundete abzutransportieren. Es mangelte an Munition, Treibstoff und an Wasser. Der Angriff war gescheitert.

Durchbruch nach Westen

Im Einvernehmen mit dem Kommandierenden General des DAK beschloß Rommel, durch das britische Minenfeld nach Westen zurück durchzubrechen. Dieser Entschluß wurde durch den glücklichen Umstand erleichtert, daß es den Italienern von der Westseite her gelungen war, eine schmale Minengasse freizukämpfen, wenn diese auch weiterhin unter Beschuß lag.

Noch in derselben Nacht trat das DAK nach Westen an. Im Morgengrauen des 30. Mai stieß das Generalkommando, hinter ihm die 15. Pz. Division, bei Sidi Muftah völlig überraschend auf starke Feldbefestigungen, die zu dem bisher unbekannten britischen Stützpunkt Got el Ualeb gehörten. Es gelang nicht, den Stützpunkt im ersten Anlauf zu nehmen, so daß sich das DAK nun einer kritischeren Lage gegenübersah als am Tage vorher.

Auch sie wurde wieder überwunden, da die britischen Verluste schwerer waren, als man vermutete. Bis zum 30. Mai hatte der Gegner bereits über 50 Prozent seiner Panzer im Kampf verloren.

Aber erst am 1. Juni gelang es, das Werk Got el Ualeb im umfassenden Angriff zu nehmen, wobei sich das 3. Batl./Schützen-Rgt. 104 der 21. Pz.Division unter Hauptmann Reißmann[23] besonders auszeichnete.

Damit war der Rücken für Rommel wieder frei geworden und der Nachschub von Westen her nunmehr gesichert. Der Rückzug nach Westen wurde sofort eingestellt. Rommel entschloß sich zur beweglichen Verteidigung mit dem DAK, während er selbst mit Teilkräften zunächst Bir Hacheim nehmen wollte, was aber nicht gelang. Erst am 10. Juni räumten die Franzosen ihren Stützpunkt auf Befehl des britischen Oberkommandos. Das DAK kämpfte in diesen acht Tagen selbständig in beweglicher Verteidigung im Raum um Knightsbridge und fügte den Briten schwere Verluste zu.

Kaum war es Rommel gelungen, Bir Hacheim zu Fall zu bringen, als er seine alte Operationsidee: Stoß des DAK nach Norden zur Vernichtung der 1. südafrikanischen Division und der 50. englischen Division in die Tat umsetzen wollte. Würde der Gegner im Raum von Acroma geschlagen, so wäre die Räumung der Gazala-Front durch die Briten als zwangsläufige Folge zu erwarten. Für die Panzerarmee kam es dann darauf an, schnell zur Via Balbia durchzustoßen, um die beiden Stellungsdivisionen abzufangen. Daher entwickelten sich am 12. und 13. Juni besonders harte Kämpfe, die zur Zerstörung der britischen Panzerverbände führten. Von 300 Panzern wurden 235 vernichtet[24].

Das Erreichen der Höhenstufe südlich der Via Balbia am 14. Juni und der Küste am 15. Juni

Der Gegner wußte, worum es ging und verteidigte sich zäh. Obwohl am Abend des 14. Juni fast alle britischen Kräfte im Raum von Acroma gefangen, zerstreut oder auf dem Rückzug waren, gelang es ihren restlichen Panzern, das Vorgehen der sehr erschöpften deutschen Truppen solange zu verzögern, bis die Masse der motorisierten 1. südafrikanischen Division auf der Küstenstraße nach Osten in Richtung Tobruk abgerollt war. Die deutsche Luftwaffe war an diesem Tage jedoch gegen wichtige Seeziele eingesetzt und fiel somit aus.

Großen Teilen der 50. englischen Division gelang es, nach Westen durch die italienische Front durchzubrechen und im weiträumigen Raid später wieder Anschluß an ihre 8. Armee zu gewinnen.

Erst am Abend des 15. Juni erreichte die 15. Pz.Division unter ständigen Kämpfen die Küste. Erst jetzt war Rommels Plan vom 25. Mai durchgeführt, er selbst aber vom Ergebnis enttäuscht, da sich seine Hoffnungen nicht erfüllt hatten. Er übersah dabei, daß es ihm und seiner Armee gelungen war, die Kraft des Feindes, vor allem dessen Panzerkräfte, entscheidend zu schwächen. Die britische Feldarmee war nicht mehr imstande, die Festung Tobruk, die dem Zugriff des Gegners preisgegeben war, wenn er schnell und entschlossen handeln würde, ausreichend zu decken. Bereits am 15. Juni hatte Rommel die 21. Pz.Division zur überholenden Verfolgung über El Adem, wo die 90. leichte Division und die italienische Division Trieste kämpften, in Richtung Belhamed angesetzt. Am 16. Juni folgten die 15. Pz.Division und das Generalkommando des DAK.

Ein Blick von der Feindseite gibt ein anschauliches Bild des Geschehens:

»... Das Afrika-Korps war ein vorzüglicher Kampfverband, dessen Kommandeure taktisch einheitlich dachten und außerdem diszipliniert waren ... im Gegensatz dazu ... allgemeine Tendenz (der Briten!), die Befehle nur als Grundlage für Diskussionen zu betrachten ... Obgleich Kesselring und Rommel zuweilen nicht derselben Ansicht waren ..., (wurden) alle in Nordafrika verfügbaren Achsenstreitkräfte auf das gemeinsame Ziel ausgerichtet ... Die Gazala-Linie und die übrigen damit zusammenhängenden Maßnahmen zerschlugen den deutschen Plan um ein Haar ... Der britische Mißerfolg war ... auf mangelhafte taktische Führung an Ort und Stelle zurückzuführen ... Am späten Vormittag des 27. Mai waren zwei Panzerbrigaden, zwei mot. Brigaden und der Stab der 7. Panzerdivision zersprengt ... Rommel ... beglückwünschte den Kdr. General des DAK, General Nehring, zu diesem Erfolg und befahl, nachzustoßen. Die Freude war zu früh ... Obwohl die britische Panzerwaffe in den ersten zwei Tagen über 150 Panzer verloren hatte, war sie nicht geschlagen ... Trotz aller Schwierigkeiten auf deutscher Seite ... reagierten die angeschlagenen Achsenkräfte auf Rommels Führertum ... Am 5. Juni verlor die 32. britische Panzerbrigade 50 Panzer von einem Bestand von noch 70 Wagen. Am Nachmittag entschloß sich General Nehring, mit der 15. Pz.Division durch eine geräumte Lücke im britischen Minenfeld nachzustoßen ... Der Gefechtsstand der 7. Panzerdivision wurde zum zweitenmal in zehn Tagen überrannt, die 5. indische und der Stab der 10. indischen Division wurden auch zersprengt ... Die britische Führung fiel völlig aus und für

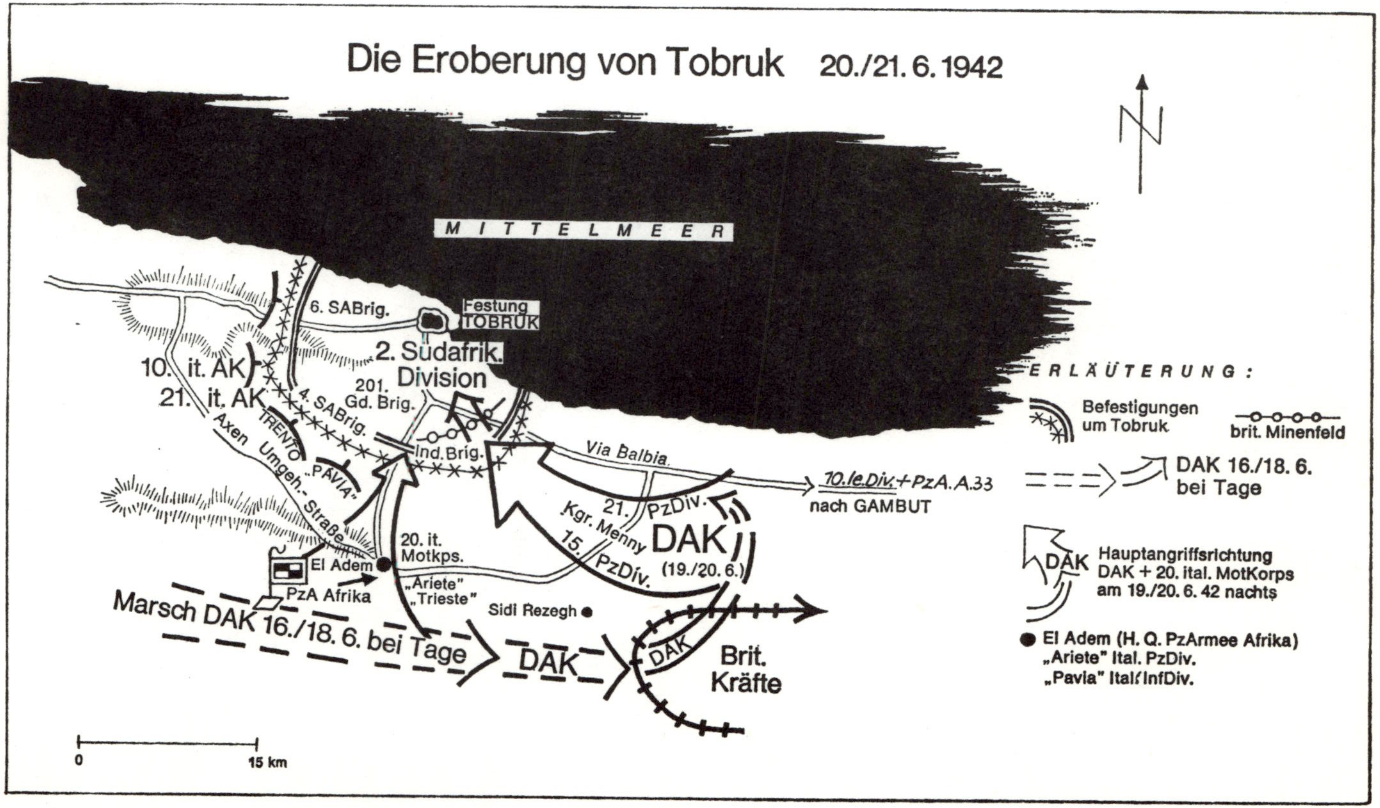

Die Eroberung von Tobruk 20./21. 6. 1942

den Rest des 5. und 6. Juni irrten Bataillone, Batterien und sogar Kompanien in der Wüste umher... Die 8. Armee meldete darüber nach Kairo, daß der Feind nicht ganz glücklich gefochten habe..., während die britische 7. Panzerdivision in ihrem Kriegstagebuch offen zugibt: ... ›So endete ein besonders unglücklicher Tag‹ ... Die britischen Verluste am 5./6. Juni werden angegeben: 10. und 21. Brigade vernichtet, zwei Bataillone der 9. indischen Brigade schwere Verluste, vier Regimenter Artillerie vernichtet, drei Panzerbrigaden haben 170 Panzer verloren. Trotzdem betrug der Panzerbestand der 8. Armee am 10. Juni wieder 330 Stück, der des DAK nur 70. Die 15. Pz.Division verfügte an Infanterie nur über 667 Mann (gleich 35 Prozent der Sollstärke), die 90. leichte Division über 1000 Mann Infanterie. ... So endete der verhängnisvolle 12. Juni, der Tag, an welchem die Schlacht um Gazala endgültig entschieden war. Am Abend dieses Tages war die britische Panzerwaffe nur noch ein Schatten ihrer selbst. Die Wüste war übersät mit Panzern aller Typen ...«[25]

Der Angriff auf die Festung

Rommel hatte sich aufgrund der Erfahrungen des Jahres 1941 entschlossen, Tobruk überfallartig zu nehmen. Der jetzt zu führende Überraschungsangriff sollte durch eine große Täuschungsbewegung der schnellen Kräfte vorbereitet werden. Dann wollte Rommel die Festung unerwartet von Südosten her – also von rückwärts – in Besitz nehmen.

Die Durchführung war folgendermaßen geplant:

Verfolgung der weichenden britischen Kräfte in Richtung Ägypten südlich der Festung vorbei mit allen schnellen Verbänden, voraus die 90. leichte Division und die Pz.Aufklärungsabteilungen 33 und 580. Ihnen folgt das DAK und das italienische 20. Corpo celere. Neben dem tatsächlichen Zweck der überholenden Verfolgung und des möglichst weiten Abdrängens der Reste der britischen 8. Armee nach Osten sollte damit beim Feind der Eindruck erweckt werden, daß man sich wie 1941 mit einer Einschließung der Festung durch die im Fußmarsch folgenden italienischen Armeekorps begnügen werde, während die motorisierten Schwerpunktverbände die Entscheidung in Ägypten herbeiführten.

In Wirklichkeit sollte aber mit dem DAK und dem italienischen Schnellen Korps ein Tagesmarsch ostwärts von Tobruk kehrtgemacht und die Festung unter Zusammenfassung dieser Kräfte und mit starker Unterstützung der Luftwaffe im Abschnitt der Via Balbia und der von

El Adem heranführenden Wüstenpiste angegriffen werden. Unter Ausnutzen der durch die Schnelligkeit der Bewegung gegebenen Überraschung und der schwerpunktmäßigen Zusammenfassung der Panzerverbände sollten Stadt und Festung handstreichartig genommen werden.

Die notwendige Rückendeckung gegen die britische 8. Armee hatten die 90. leichte Division und die Aufklärungsabteilungen durch Vorgehen nach Osten auf Bardia zu übernehmen.

Im Zuge dieser Planung war die 21. Pz.Division bereits am 15. Juni aus dem Raum um Gazala abberufen worden. Die 15. Pz.Division folgte am 16. Juni über Acroma auf El Adem. Die gesamte Armee war im Aufmarsch gegen Tobruk begriffen.

Die Briten

General Auchinleck hatte sich am 14. Juni entschlossen, Tobruk in der Linie Acroma–El Adem und südlich davon zu verteidigen, um eine Einschließung der Festung zu verhindern. Sollte sie aber eintreten, so sollte die Besatzung sich nach Osten durchkämpfen. Sein ihm unterstellter Armeeführer Ritchie war anderer Auffassung. Schließlich griff auch Churchill ein und betonte, daß »eine Räumung von Tobruk in keinem Falle in Frage kommt ... soviel Truppen in Tobruk lassen, wie notwendig sind, um den Platz mit Sicherheit zu halten ... auch als isolierte Festung (im feindlich besetzten Gebiet) ...«

Damit war unter den gegebenen Umständen das Schicksal der Festung besiegelt. Der Vorgang erinnert an ähnliche Anordnungen Hitlers im Spätherbst desselben Jahres bei Stalingrad und auch in den folgenden Jahren.

Die Achsenstreitkräfte

Am 17. Juni setzte das DAK die Verfolgung nach Osten fort. Nachdem der britische Widerstand gebrochen war, fuhr das Korps in breitem, aufgelockertem Flächenmarsch durch die Wüste.

Bei Sidi Muftah wurde nach Nordosten eingedreht, Gambut in der Nacht erreicht und die Via Balbia ostwärts von Tobruk für den Feind gesperrt.

In den Nächten des 18./19. und 19./20. Juni marschierte das DAK unbemerkt in seine Bereitstellungsräume südostwärts der Festung zurück, während die verstärkte 90. leichte Division die Deckung gegen die 8. britische Armee behielt.

Der Angriff lief am 20. Juni planmäßig um 5.20 Uhr an. Die Stuka-Vorbereitung war eindrucksvoll und wirksam.

Nur langsam erholte sich der Verteidiger von seiner Überraschung und vom Stuka-Angriff, so daß es bis 6.35 Uhr gelang, das feindliche Drahthindernis zu durchbrechen. Bald waren die Stützpunkte R 58, 61, 63 und 69 genommen. Um 8.30 Uhr überschritten die ersten Panzer der 15. Pz.Division mit vorbereiteten Brücken den Panzergraben. Es kam jetzt darauf an, schnell die Panzer des Korps zum Stoß in die Tiefe anzusetzen, ehe die Briten Reserven heranschaffen konnten.

Dem westlich des DAK eingesetzten italienischen Schnellen Korps gelang es nicht, in die Festungsfront einzudringen. Durch sein Abhängen erhielt das DAK starkes Flankenfeuer von links. Der feindliche Widerstand verstärkte sich allmählich. Alle Kommandeure waren weit vorn bei ihren Truppen, um ständig eingreifen zu können. Rommel begleitete die 21., Nehring die 15. Pz.Division. Ab 10.00 Uhr waren heftige Panzerkämpfe im Gange. Um 12.00 Uhr wurde die Via Balbia durch die 21. Pz.Division erreicht, ab 17.00 Uhr wurden Stadt und Hafen Tobruk angegriffen und ein Kanonenboot durch Pakvolltreffer in den Kesselraum vernichtet. Um 19.00 Uhr waren Stadt und Hafen im Besitz der Division, ebenso das wichtige Wasserwerk, um 23.00 Uhr auch das Pumpwerk bei El Auda.

Die 15. Pz.Division war über Pilastrino vorgestoßen und kämpfte um Gabr el Abd. Nachts standen beide Divisionen völlig erschöpft mit Front nach Westen. Der Angriff wurde am 21. Juni um 5.30 Uhr früh beiderseits der Via Balbia nach Westen fortgesetzt. Südlich davon das italienische Schnelle Korps, das durch die Einbruchslücke des DAK herangezogen worden war.

Der Widerstandswille des Verteidigers war gebrochen, nur stellenweise flackerte Widerstand auf. Vor der 21. Pz.Division kapitulierte ein gefechtsbereiter Panzerverband von 40 Panzern der 32. Pz.Brigade. Die 15. Pz.Division nahm um 9.00 Uhr den Stützpunkt Giaida. Kurz darauf wurde der Westrand der Befestigungen von Tobruk erreicht. Damit war der Kampf um die Festung Tobruk, der am 26. Mai begonnen hatte, beendet. Das Kapitulationsangebot des Kommandanten Klopper der 2. südafrikanischen Division besiegelte diese Tatsache.

Was wird die britische 8. Armee tun?

Die Reste der geschlagenen Armee, die Tobruk decken sollte, waren nach

Osten zurückgegangen, aber ihre Aufklärung befand sich weiterhin in unmittelbarer Nähe des deutsch-italienischen Gegners. Außerdem war die britische Führung durch Funkmeldung über die schwierige Lage der Festung unterrichtet; sie wußte, daß die Panzerkräfte Rommels durch den Angriff gebunden waren. Hier war Auchinlecks große Chance, wenn er kehrtmachte und Rommel im Rücken faßte, solange dieser noch in Tobruk kämpfen mußte.

Dieser gefährlichen Situation war sich der deutsche Oberbefehlshaber bewußt. Er handelte dementsprechend, indem er das DAK sofort nach Abschluß der Kämpfe zunächst zur Deckung der eroberten Festung und des Nachziehens der übrigen Kräfte nach Südosten in Marsch setzte.

Daher befahl er bereits am 21. Juni den Abmarsch der 21. Pz.Division für 16.00 Uhr in eine Bereitstellung im Raum südwestlich Sollum-Gambut. Die 15. Pz.Division sollte am 22. Juni folgen. Der Vormarsch nach Ägypten begann ...

Betrachtungen

Obwohl die Entwicklung der Lage Ende Mai 1942 den Umfassungsflügel der Panzerarmee, entgegen Rommels zu optimistischen Erwartungen, in eine überaus kritische Lage gebracht und die geplante Einkesselung des Feindes in eine eigene Einschließung verwandelt hatte, gab Rommel nicht auf. Er faßte vielmehr den einzig richtigen Entschluß, auf kürzestem Wege durch die feindliche befestigte Front von rückwärts her wieder Anschluß an sein Versorgungssystem im Westen zu gewinnen, auch wenn damit ein Prestigeverlust verbunden war.

Dieser Schritt rückwärts bedeutete für Rommel aber nicht die Aufgabe seines Operationsplanes. Gestützt auf seine nunmehr gesicherte Versorgung, angelehnt an die vom Feind gebauten Minenfelder, hielt er sich bereit, den nunmehr seinerseits zum Kampf gezwungenen Gegner in offensiver Kampfführung zu zerschlagen.

Dabei verlor Rommel nie sein Ziel aus den Augen, nach Norden zum Meer zu stoßen, um die Gazala-Front aus den Angeln zu heben. Kaum war der Wüstenstützpunkt Bir Hacheim gefallen, als Rommel seine Kräfte wieder nach Norden ansetzte und am 15. Juni das erreichte, was er am 26. Mai angestrebt hatte. Wenn auch Rommels Hoffnungen nicht ganz erfüllt wurden, so war es ihm doch gelungen, die britische Feldarmee entscheidend zu schwächen. Sie war nicht mehr imstande, die Festung Tobruk zu decken, die nunmehr Rommels Zugriff erlag, weil er wiederum schnell und entschlossen nach Guderians Grundsatz handelte: »Klotzen – nicht kleckern!«

Zu bewundern ist das besondere Geschick Rommels, das Moment der Überraschung mit seinen schnellen Verbänden taktisch und operativ zur entscheidenden Geltung gebracht zu haben. Zu bewundern ist auch die Sicherheit, mit der Rommel das operative Risiko der Rückenbedrohung durch seinen motorisierten Gegner auf sich nahm, ein Risiko, das vielleicht jenes bei Tannenberg 1914 noch übertraf.

Wie Rennenkampf bei Gumbinnen, so brauchte General Auchinleck nur nach Westen zu marschieren, und Rommels Tobruk-Pläne wären hinfällig geworden. Beide Generäle – der Russe 1914, der Brite 1942 – waren aber keine kühnen Führer. Sie wagten nicht, ohne genaue Kenntnis der operativen Lage zu handeln.

Entschluß und Durchführung wären für den britischen Oberbefehlshaber um so leichter gewesen, als auch seine Armee motorisiert und daher in der Lage war, Rommels Schnelligkeit im Handeln und damit das Gelingen der angestrebten Überraschung durch gleiches Können auszuschalten.

Tobruk ist auch in taktischer Hinsicht ein ausgezeichnetes Beispiel für das Zusammenwirken schneller Waffen mit der Luftwaffe, die hier nachhaltig zum Tragen kam.

Das DAK konnte stolz auf den 20. und 21. Juni 1942 zurückblicken. Es hatte bei weitem die Hauptlast des Kampfes tragen müssen. Seinem Angriffsschwung und der Einsatzbereitschaft jedes einzelnen Mannes war dieser große Erfolg zu verdanken. Erstmalig hatte hier ein Panzerkorps in überraschendem Zufassen eine starke Festung unter hartem Kampf genommen, wobei die Luftwaffe die Rolle der vorbereitenden Artillerie übernommen hatte.

Der Vormarsch nach Ägypten (Rommel verzichtet auf Malta)

Bereits am 22. Juni erteilte Rommel trotz Widerspruchs des italienischen Oberbefehlshabers und des Feldmarschalls Kesselring, aber unterstützt durch Hitler und Mussolini, in der Cantoniere Gambut den mündlichen Befehl zur Verfolgung: »Es kommt darauf an, den Gegner, der in vollem Rückzug nach Osten ist, keine Zeit zu lassen, sich wieder zu setzen ... Die Auffrischungstage fallen weg. Das DAK tritt noch heute 19.30 Uhr an, ... um am 23. Juni nördlich Ft. Maddalena beiderseits der Piste nach Osten durch den Grenzdrahtzaun anzugreifen.«

Abhängende Teile konnten nicht abgewartet und die Versorgung mit Nachschub nicht voll durchgeführt werden.

Damit war der Plan, zunächst Malta zu nehmen, fallen gelassen worden. Die Folgen sollten sich später auswirken.

Die 90. leichte Division und die italienischen Infanterie-Korps 10 und 21 gingen auf der festen Küstenstraße vor, das DAK etwa 40 km abgesetzt quer durch die Wüste, neben ihm rechts gestaffelt das Corpo celere. Mit dieser Gliederung war Rommel in der Lage, den an der Straße zu erwartenden britischen Widerstand auszumarschieren oder mit seinem Kräfteschwerpunkt zu umfassen. Der Erfolg zeigte sich bei der Einschließung von Marsa Matruk am 27. Juni, das am 29. Juni durch die 90. leichte Division genommen werden konnte.

Eine allgemeine Ermattung begann sich jedoch abzuzeichnen. Ein ernstes Warnzeichen waren die schnell absinkenden Zahlen der einsatzbereiten Panzer: am 28. Juni verfügte das DAK nur noch über 41 Stück. Infolge ungenügender Wartung bei fast täglichem Marsch- und Kampfeinsatz in den letzten vier Wochen und bei den Temperatur- und Geländeschwierigkeiten mehrten sich die technischen Ausfälle.

Der Treibstoffmangel wirkte sich vom ersten Verfolgungstage an aus, da die Briten in Tobruk gute Vernichtungsarbeit geleistet hatten. Die Treibstoffsorgen rissen nicht ab und behinderten das schnelle Vorgehen auch bei geringem oder fehlendem Widerstand. Mit wachsender Entfernung steigerte sich außerdem die Transportnot der Nachschubeinheiten.

Die britische Luftwaffe wurde nach ihrer Rückverlegung ins Nilgebiet wieder sehr aktiv, während die deutsche infolge ihrer Verlegung nach Sizilien für das ursprünglich geplante Unternehmen gegen Malta und der nun wieder erforderlichen Rückgliederung gegen Ägypten zunächst wenig Unterstützung geben konnte.

Am 30. Juni früh erreichte das DAK den Raum El Quseir südlich von El Alamein; es hatte keine Weisung für das von Rommel geplante Fortsetzen der Operation. Um 9.00 Uhr befahl ein Funkbefehl der Armee die Verschiebung des Korps bis zum frühen Morgen des 1. Juli nach Alamein.

Sandsturm, Sanddünen und steile, schmale Abfahrten über Sandberge behinderten den Vormarsch. Britische Panzerkräfte griffen, von rückwärts kommend, an. Ihre Abwehr brachte neue Verzögerungen für die angestrengte Truppe. Auf dem Marsch erhielt das DAK durch Funk den Befehl zum Angriff am 1. Juli früh auf die Alamein-Stellung.

Am 1. Juli wurde um 6.45 Uhr aus dem Marsch heraus angetreten. Trotz des überhasteten Angriffsbeginns wurde der wichtige Stützpunkt Deir el Shein vom Schützenregiment 104 der 21. Pz.Division gegen Mittag genommen. Das DAK verfügte nur noch über 55 Panzer, deren Zahl bis zum nächsten Abend sogar auf 26 absank. Die 90. leichte Division kam beim Stützpunkt El Alamein nicht vorwärts.

Am 2. und 3. Juli wurde der Angriff mehrfach erneuert, dabei am 3. Juli erstmalig wieder mit Stuka-Unterstützung, aber ohne nennenswerte Erfolge. Auch die Briten griffen mit Panzern an. Die 21. Pz.Division blieb vor 80 neu herangeführten britischen Panzern im starken Artilleriefeuer des Gegners liegen.

Eine Horchstelle erfaßte die Äußerung eines höheren britischen Offiziers: »Wir müssen die deutschen Panzer aufhalten, oder alles ist verloren.«

Rommel entschloß sich dennoch dazu, nachts vorläufig zur Verteidigung überzugehen.

Der Wendepunkt war da.

Die Kämpfe hatten während der Verfolgung bereits klar erkennen lassen, daß der Feind keineswegs so geschlagen war, wie Rommel zunächst angenommen hatte. Noch am 30. Juni war er in diesem Wunschtraum befangen, als er dem Stabschef des DAK, Oberst i. G. Bayerlein, für den 1. Juli befahl: »DAK in schärfstem Tempo über El Fajada auf Kairo.» Der Stabschef des Feldmarschalls, Generalmajor Gause, unterstrich diese Forderung durch den Hinweis, das DAK solle sich beeilen, ehe die Nilbrücke bei Kairo gesprengt werden könnte.

Um so enttäuschter war Rommel über das Mißlingen seiner Operationsidee. Noch am 2. Juli machte er der Truppe und der Führung der 21. Pz.Division schwerste Vorwürfe: Der Brite sei doch so geschlagen worden, daß er den mißlungenen Angriff der Division nicht verstehen könne.

Die Lösung war dabei ziemlich einfach. Die Truppe war durch ständigen Einsatz unter schwerster klimatischer Belastung und ohne ausreichenden Nachschub auf wichtigen Versorgungsgebieten abgekämpft. Sie wurde durch den guten Ausbau der Alamein-Front vor eine Aufgabe gestellt, die ihre Kräfte überstieg. Der Feind hatte zwar eine entscheidende Schlacht und seine Festung verloren, war aber durch Zuführung neuer Verbände stärker geworden als sein allmählich ermüdender Verfolger. Außerdem standen die Briten jetzt in einer neuen, gut ausgebauten Stellung unweit ihrer Versorgungs- und Fliegerbasis im Niltal, während sich die Deutschen eine um 500 km verlängerte Nachschublinie mit all ihren Sorgen und Nachteilen »erobert« hatten und vorläufig nur über wenig Fliegerunterstützung verfügten.

Der Kampf um die Alamein-Stellung

Die britische Führung versuchte im Juli und Anfang August 1942 vergeblich, sich mit allen Mitteln wieder in den Besitz der teilweise verlorenen Alamein-Stellung zu setzen. Es waren harte Wochen für beide Parteien. Dann flauten die Kämpfe ab. Die Gegner rüsteten sich für einen neuen Waffengang. Für die Briten war die ständige Bedrohung des Nildeltas untragbar. Die Deutschen standen vor der Frage: halten, ausweichen oder angreifen?

Der Angriff in Richtung Nil (30. August bis 6. September)

Bei der zurückhaltenden Einstellung der obersten deutsch-italienischen Führungsstellen jenseits des Mittelmeeres fiel letzten Endes der Entschluß zum Handeln Feldmarschall Rommel allein zu. Er war sich aller Schwierigkeiten voll bewußt und hielt seine Kräfte für eine solche tiefe Operation mit Recht nicht für ausreichend. Vor allem hatte er aufgrund der Erfahrungen der Kämpfe in der Alamein-Stellung große Sorge um den Nachschub, besonders an Treibstoff, nachdem der britische See- und Luftstützpunkt Malta nahezu ungehindert seine Tätigkeit gegen den Versorgungsverkehr der Achse erneut mit Erfolg durchführte. Bitter begann sich der Entschluß zu rächen, nach der Eroberung von Tobruk auf Drängen Rommels Malta nicht ausgeschaltet zu haben, wie ursprünglich geplant worden war.

Die bisherige Auffassung des OB Süd, Feldmarschall Kesselring, der sich nach der Einnahme von Tobruk gegen die Offensive nach Ägypten ausgesprochen hatte, hatte sich nach dem Festlaufen des Angriffs auf die Alamein-Stellung dahin geändert, die baldige Wiederaufnahme des Vormarsches zum Nil nachdrücklich zu vertreten. Er befürchtete, daß sich die Briten in Ägypten bald so verstärken würden, daß bei längerem Abwarten das Nilprojekt endgültig aufgegeben werden müsse. Von seinem Standpunkt aus bewertete er die Aussichten einer neuen Offensive zur Zeit noch als günstig.

Er beeinflußte durch seine Ansicht das OKW, das Comando Supremo und auch den Feldmarschall Rommel.

Ein untätiges Stehenbleiben in der Alamein-Stellung sah er als Anfang vom Ende an, da ausreichender Nachschub infolge der verstärkten Bedrohung von Malta her auf die Dauer nicht aufrechtzuerhalten sei. Entweder müsse Rommel nach Westen zurückgehen oder nach Osten vorstoßen.

Die wichtigste Voraussetzung für die Durchführung der neuen Operation war die Bereitstellung des notwendigen Nachschubs an Benzin. Mit dem vorhandenen Vorrat für etwa 160 km Fahrstrecke war die Durchführung der geplanten Operation bis zum Suez-Kanal nach dem entscheidenden Durchbruch durch die britische Alamein-Front nicht möglich. Der Feldmarschall sah sich gezwungen, seinen Entschluß von den noch über See heranzuführenden Betriebsstoffmengen abhängig zu machen. Zwei Schiffe lagen in Häfen des südlichen Balkans. Gelang ihre Überführung nach Afrika, so war der Bedarf für den Angriff gesichert.

Das eine Schiff wurde aber auf hoher See versenkt, das andere kehrte beschädigt zurück. Als Rommel das Wiederauslaufen des letzteren etwa am 27. August gemeldet wurde, entschloß er sich, den Angriff am 30. August zu beginnen, ehe das Tankschiff eingetroffen und gelöscht war, nachdem ihm Feldmarschall Kesselring die Zuführung des erforderlichen Treibstoffes von 400 cbm auf dem Luftwege zugesichert hatte.

Ein weiteres Verschieben des Angriffstermins war mit Rücksicht auf das Mondlicht, das zu den nächtlichen Märschen erforderlich war, nicht möglich. Rommel nahm daher bewußt das Risiko auf sich.

Das erwartete Schiff traf glücklich in Tobruk ein. Auf die Meldung vom Anflug britischer Bomber verließ es jedoch vorübergehend den gefährdeten Hafen und wurde außerhalb von einem U-Boot versenkt, gerade als die Armee zum Angriff angetreten war.

Die Feindseite

Ende August hatte die Kampfmoral der britischen Truppen in Ägypten wieder einen hohen Stand erreicht. Dieser Vorgang war nicht nur auf die personelle und materielle Auffrischung der Truppenverbände nach den harten Kämpfen zurückzuführen, sondern vor allem auf den Wechsel ihrer Obersten Führung. Die neuen Befehlshaber, denen besonderes Vertrauen entgegengebracht wurde, waren General Sir Harold Alexander als OB im Mittleren Osten und General Sir Bernhard Montgomery als OB der 8. Armee. Sie hatten erkannt, daß die Kräfteerneuerung Rommels mit ihrer eigenen nicht Schritt halten konnte. Es lag nahe, die sich abzeichnende Überlegenheit zu einer sofortigen Gegenoffensive auszunutzen. Die Briten planten jedoch weiter voraus; sie wollten diesmal methodisch und damit sicher vorgehen. Daher wollte die britische Führung im Gegensatz zu den früheren Operationen ihre Kräfte solange zurückhalten, bis eine erdrückende Übermacht versammelt war. Dann erst sollte der entscheidende Gegenangriff durchgeführt werden, der zeitlich mit Eisenhowers geplanter Operation in Tunesien abgestimmt werden sollte.

Die Kämpfe

vom 31. 8. bis zum 6. 9. 1942 führten nicht zu beweglichen Panzeroperationen; Montgomery hielt sich mit seinen Heeresverbänden zurück und setzte nur die RAF * mit sehr starken Kräften ein. Rommels Truppen litten unter Treibstoffmangel und den ununterbrochenen feindlichen Fliegerangriffen im schutzlosen Wüstengelände.

Die Schlacht war wohl schon am 31. August verloren, als das Betriebsstoffschiff vor Tobruk versenkt worden war. Es wäre besser gewesen, das Unternehmen sofort aufzugeben. Der Feldmarschall hatte diesen Entschluß ständig erwogen, er wurde aber durch erneute Zusicherungen des OB Süd, Betriebsstoff zu beschaffen, veranlaßt, stehenzubleiben. Damit wurde die Angriffstruppe, besonders das nahezu unbewegliche DAK, der Gefahr der Vernichtung ausgesetzt. Hätte die britische Führung beweglich geführt, so wäre der Ausgang für den deutsch-italienischen Angreifer wahrscheinlich vernichtend geworden.

Die offene Ostflanke der Rommelschen Kräfte war ihr schwacher Punkt, während sie in der Front von Alam el Halfa her gebunden waren. Eine britische Verteidigung des Ruweisat-Ridge durch defensive Waffen und ein offensiver Ansatz der britischen 7. und 10. Pz.Division, verstärkt durch das Heeres-Pz.Rgt. 8 und unterstützt durch die starken Kräfte der RAF südlich des Ruweisat-Ridge gegen Rücken und tiefe Flanke des DAK wären eine Operation gewesen, die auch gegenüber einem kampfkräftigeren Gegner Aussicht auf Erfolg gehabt hätte, geschweige denn gegenüber dem fast bewegungsunfähigen DAK.

Wie wären andererseits die Kämpfe verlaufen, wenn Rommel Hand-

* Royal Air Force.

lungsfreiheit gehabt hätte? In gleicher Weise bot sich ihm und dem DAK die Möglichkeit, ostwärts umfassend um Alam el Halfa herumzugreifen, dadurch das starr eingebaute britische Pz.Rgt. 22 zunächst sich selbst zu überlassen, inzwischen das heraneilende Pz.Rgt. 8 zu vernichten, sodann das Pz.Rgt. 23 zu schlagen, um schließlich mit dem Pz. Rgt. 22 von rückwärts aufzuräumen. Auch andere Lösungen waren möglich, wenn sie dabei beachteten, das eingebaute Pz.Rgt. 22 nicht anzugreifen, sondern seinen verhältnismäßig geringen Wirkungsbereich zu umgehen und damit »Egypt's last Hope« nicht zum Tragen zu bringen. All das wäre denkbar und durchführbar gewesen, wenn die deutschen Stoßkräfte beweglicher gewesen wären.

Es liegt eine gewisse Tragik in den Ereignissen im Raume von Samaket Gaballa–Alam el Halfa. Beiden Parteien bot sich eine Chance, die geeignet schien, die Lage auf dem Kriegsschauplatz ins Gegenteil umzukehren. Die eine Partei hatte die Chance in der Hand und lehnte sie aus übergroßer Vorsicht ab, starr am Dogma der operativen Defensive festhaltend – die andere strebte ihr mit allen Mitteln nach und konnte sie aus technischen Gründen nicht erfassen.

Die britische Auffassung über die vorsichtige Art der eigenen Kampfführung, die übertriebene Hochachtung vor dem deutschen Kampfverfahren gemischter Waffen, die britische Schwäche, wie sie sich aus den verschiedenen Abhörmeldungen zu ergeben schien, lassen ferner den Schluß zu, daß die Rommelsche Gesamtoperation als solche rein taktisch und operativ durchaus Aussicht auf Erfolg haben konnte, daß seinem Entschluß also wohl zuzustimmen war – wenn man von der ungünstigen Treibstofflage absah.

Die auf britischer Seite zeitweilig entstandene Befürchtung, Rommel könne südlich des Ruweisat-Rückens vorbei unmittelbar auf Kairo vorgehen, ist abzulehnen; es sei denn, er hätte so starke Kräfte zur Verfügung gehabt, um beide Aufgaben gleichzeitig lösen zu können: Einmal Kairo zu nehmen und zum anderen die Alam-el-Halfa-Stellung aus den Angeln zu heben. Diese Kräfte waren aber nicht vorhanden, wie man auf der anderen Seite wissen mußte.

Ein solches Wagnis auf 200 km Tiefe durchzuführen, ohne die rückwärtigen Verbindungen gesichert zu haben – was hier nach der Gesamtlage mit starken feindlichen Kräften im Rücken in keiner Weise der Fall war –, wäre freiwilliger Vernichtung gleichgekommen.

Erstaunlich war die Passivität der britischen Erdstreitkräfte während der Schlacht im Gegensatz zum aufopferungsvollen und erfolgreichen Wirken der RAF, die fast die gesamte Abwehr durchführte.

Diese Passivität erklärt sich aus dem Entschluß der britischen Führung, ihre halbfertigen Kräfte keinem Risiko aussetzen und sich nicht verlocken zu lassen, einem vielleicht möglichen Teilerfolg nachzujagen, dabei Verluste zu erleiden und das Potential der kommenden großen Gegenoffensive zu gefährden. Man ging mit diesem Verhalten neue Wege und hat letzten Endes – wenn auch mit großem Zeitverlust – recht behalten. Man gab die bewegliche Gefechtsführung auf und bereitete den Einsatz einer gigantischen Kampfmaschine vor, nach dem Rezept »safety first«.

Trotzdem scheinen die Briten in dieser besonderen Lage zu starr und zu voreingenommen gehandelt und dadurch die günstige Lage nicht erkannt zu haben. Hätten sie die Lage beim Gegner nach alter taktischer Schule offensiv zu klären versucht, so hätte sich seine Schwäche gezeigt, und die Briten hätten einen großen Erfolg errungen.

So aber gelang es Rommel, seine mit offener Flanke zum Feinde fast unbeweglich vor einem auf der Erde starken und in der Luft weit überlegenen Gegner stehenden Panzerdivisionen bis zum 6. September hinter seine frühere Front zurückzuführen.

Überraschend stark war der feindliche Luftwaffeneinsatz auch bei Nacht gewesen. Bemerkenswert war die außerordentlich reichliche Verwendung von Fallschirmleuchtbomben und Bodenfeuern. Ein wirksamer Schutz dagegen war nicht vorhanden. Die Flak stand geblendet wie in einem hellen Raum und konnte keine Ziele erkennen, geschweige denn bekämpfen. Eigene ausgebildete Nachtjäger waren nicht vorhanden. Die behelfsmäßig zur Nachtjagd eingesetzten Zerstörerbesatzungen hatten keinen Erfolg. Die eigenen Stuka – seit langem typenmäßig überholt – konnten nicht mehr im Brennpunkt der Kämpfe eingesetzt werden; sie brauchten Begleitschutz durch die wenigen eigenen Jäger, deren Zahl dadurch für die freie Jagd verringert wurde. Die wenigen Jabos waren kein Ersatz für die Jäger[26].

Erstmals hatte sich eine klare Luftüberlegenheit der Briten gezeigt, gegen die man machtlos war und die nur durch Zuführung neuer und moderner Kräfte hätte behoben werden können. Dazu reichten die Mittel der Wehrmachtführung jedoch schon damals nicht mehr aus.

Rommel begriff, welche atemberaubende Entwicklung sich hier für den weiteren Verlauf des Krieges anbahnte. Vergeblich versuchte er später, Hitler und andere führende Männer von der schlachtentscheidenden Wirkung neuzeitlicher Luftflotten zu überzeugen. Aber Hitler hielt ihn für einen »Pessimisten«[27].

Erst als die deutschen und italienischen Jagdflieger gegen Ende der Offensive in großen Verbänden zusammengefaßt eingesetzt wurden, konnten sie sich durchsetzen. Allerdings schien der Feind dann auch mit Vorbedacht seine Verbände von verlustreichen Einsätzen zurückgehalten zu haben.

Das Ergebnis der Schlacht war für die deutsch-italienische Panzerarmee mehr als negativ. Der Angriff war nicht nur erfolglos und damit zwecklos geblieben, sondern er hatte auch das bisher feste Gefüge der Armee erschüttert, ihr die völlige Luftüberlegenheit des Feindes eindrucksvoll demonstriert und ihr und ihrem Führer den Nimbus der Überlegenheit genommen.

Der 2. September 1942 ist mit dem Entschluß zum Abbrechen der Schlacht historisch bemerkenswert, da er datumsmäßig den Wendepunkt des Zweiten Weltkrieges anzugeben scheint. Der Beginn des Übergangs zur strategischen Defensive der Wehrmacht zeichnete sich ausgerechnet hier in der Wüste, dem klassischen Kampfraum neuzeitlicher offensiver Panzerverbände, ab.

Der Zusammenbruch in Ägypten

Am 23. Oktober begann die von Montgomery gut vorbereitete Schlacht von Alamein, die das Ende der deutschen Afrikasiege einleitete. Montgomery ging nach dem Rezept der Materialschlachten von 1917/18 unter Einsatz von Trommelfeuer auf Sicherheit vor[28]. Er setzte etwa zwölf Divisionen mit 150 000 Mann, mit über 1100 Panzern und mit 880 Flugzeugen ein, denen vier deutsche und sieben italienische Divisionen mit 530 deutschen und italienischen Panzern und etwa 370 Flugzeuge gegenüberstanden, wobei die Kopfstärke der Achsen geringer und die Waffen der Italiener weniger wirksam waren.

Die Kämpfe waren sehr hart. Die feindlichen Panzer und die Bomben ihrer Flugzeuge walzten die Achsenstreitkräfte, ihr Gerät und ihre ausgedehnten Minenfelder nieder.

Hitler befahl wörtlich »zu siegen oder zu sterben!« Aber am 4. November mußte Rommel seine Stellung trotzdem räumen. In einem beispiellos geordneten Rückzug rettete er die Reste seiner Panzerarmee Afrika über 2000 km weit nach Tunesien, wo sie Anschluß an den dortigen Brückenkopf der neugebildeten 5. Panzerarmee gewannen. Die internationale Kritik spricht von einer meisterlichen Leistung Rommels, dessen Kräfte auf dem Rückzug von Tag zu Tag wuchsen, während die Erfahrungen anderer Rückzüge lehrten, daß die Truppe dabei auseinanderläuft. Die Hauptschwierigkeit, genügend Betriebsstoff zu erhalten, wurde durch Rommels organisatorische Maßnahmen und in gewissem Umfang durch Lufttransporte überwunden.

Der Führung der deutsch-italienischen Panzerarmee kam dabei zugute, daß der Rückzug auf und an der bisherigen Nachschubstraße – der Via Balbia – durchgeführt wurde. Dadurch konnten auch kleine Mengen ausgelagerter Versorgungsgüter aller Art im rückwärtigen Raum laufend erfaßt und der Allgemeinheit nutzbar gemacht werden. Von großem Vorteil war es auch, daß man von Alamein über die Versorgungsbasen Tobruk, Derna, Bengasi und Tripolis zurückmarschieren mußte, wo Nachschubgut – vor allem das unentbehrliche Benzin – lagerte oder noch ausgeladen werden konnte.

Ähnliches galt für die Ausnutzung belegter oder früherer, wieder erneut in Betrieb genommener Flughäfen, die den Lufttransport von Sizilien entscheidend erleichterten oder überhaupt erst ermöglichten.

Montgomery folgte den geschlagenen deutschen Verbänden nur sehr vorsichtig, wodurch er Zeit verlor und den Feldzug in Afrika, vielleicht sogar den ganzen Krieg unnötig verlängerte.

Tunesien *

Dem britischen operativen Sieg schloß sich am 8. November 1942 die überraschende Landung der Alliierten unter Eisenhower in Algerien und Marokko an. Beide Unternehmen standen in strategischem Zusammenhang. Ihr Ziel war die Räumung Afrikas von deutsch-italienischen Truppen und der Angriff auf die Südflanke Europas, um von hier mit dem russischen Verbündeten von Osten, und einer späteren alliierten

* Gliederung der deutschen Panzerarmee Afrika im Brückenkopf Tunesien im Januar 1943, s. Anhang, S. (22).

Gliederung und Stellenbesetzung der Heeresgruppe Afrika im April 1943, s. ibid., S. (22) f.

Das alliierte Expeditionskorps im November 1942 (1. Welle), s. ibid., S. (23).

Befehlsgliederung der deutsch-italienischen Streitkräfte in Nordafrika im November/Dezember 1942 durch Hitler, s. Anhang, S. (35).

Invasionsfront von Westen her, zusammenzuwirken. Hitler sollte konzentrisch auf seine »Festung Europa« zurückgeworfen und zur strategischen Verteidigung gezwungen werden.

Die Achsenführung reagierte schnell, wenn auch sehr behelfsmäßig. Der Verfasser wurde unerwartet erster Befehlshaber in Tunesien mit dem Auftrag, einen tiefen Brückenkopf zu bilden. Es gelang mit einigen deutschen und italienischen Verbänden, die ersten Angriffe der Alliierten abzuwehren und Anfang Dezember vorläufig »das Rennen nach Tunis (the race for Tunis) zu gewinnen«[29]. Nach Eintreffen der Reste der Panzerarmee Afrika aus Ägypten und weiterer Verstärkung auf beiden Seiten (deutsche 5. Panzerarmee Generaloberst von Arnim, zogen sich die Kämpfe bis zum 13. Mai 1943 hin, um dann mit der Kapitulation der Achsenstreitkräfte zu enden. Die Alliierten hatten ihr strategisches Ziel erreicht. Afrika war frei.

Auf deutscher Seite aber gingen zwei hervorragende Armeen in Gefangenschaft, anstatt zur nachhaltigen Verteidigung Siziliens dorthin überführt zu werden, was operativem Denken entsprochen hätte. Hitler wollte es aber anders haben. Weder damals noch heute sind seine diesbezüglichen Überlegungen zu verstehen.

Zur Frage des »Brückenkopfes Tunesien« war Feldmarschall Rommel von vornherein der Auffassung, diesen zu räumen und dafür Sizilien zu verteidigen. Er hatte Hitler am 28. November 1942 sogar vorgeschlagen, seine Verbände ohne Waffen und Gerät bereits von Libyen aus überfliegen oder durch U-Boote und Kleinschiffe übersetzen zu lassen, was aus politischen Gründen schroff abgelehnt wurde – obwohl es militärisch zweckmäßig gewesen wäre.

General Nehring als Befehlshaber im Brückenkopf Tunesien[30] war unabhängig von Rommel zur gleichen Auffassung hinsichtlich der Räumung von Tunesien gekommen, da der Brückenkopf unter den gegebenen Verhältnissen auf die Dauer nicht zu halten war.

Auf seinen Lagebericht hin, der die sich immer mehr zuspitzende Transport- und damit Versorgungs- und Kampflage schilderte, wurde er am 9. Dezember abberufen. Goebbels berichtete darüber in seinem »Tagebuch« unter dem 18. Dezember 1942[31].

Die Ansicht der beiden Generäle ist auch nachträglich als richtig anzusprechen. Zunächst kam es zwar darauf an, für die zurückgehende Armee Rommel einen Brückenkopf zur Aufnahme offenzuhalten. War das gelungen, mußte man aber daran denken, die gesamte Besatzung des Brückenkopfes nach Sizilien zu bringen. Einmal, um sich aus der operativ unglücklichen Lage mit dem Rücken gegen das Meer und vor allem aus den neuen Schwierigkeiten des Nachschubs über See nach Tunesien zu befreien, die infolge der alliierten Luftherrschaft trotz der verhältnismäßig geringen Entfernung von Sizilien allmählich nahezu unüberwindlich wurden. Zum anderen, um diese Schwierigkeiten sowie den Angriff über das Meer dem Gegner zuzuschieben, und schließlich, um eine gesicherte Vorbereitung der für den Kampf um Europa wichtigen Verteidigung Siziliens zu gewährleisten.

So aber nahm das Schicksal seinen Lauf, an dessen Ende der Verlust ganz Nordafrikas sowie die Gefangennahme von mehr als 200000 erprobter deutscher und italienischer Soldaten aller Dienstgrade stand, darunter ihr letzter Oberbefehlshaber, Generaloberst Hans-Jürgen von Arnim.

Betrachtungen

Die deutsche Kampfführung in Nordafrika litt vor allem unter der Tatsache, daß Afrika für Großbritannien nach dem Juni 1940 der Hauptkriegsschauplatz auf dem Lande geworden war. Für Deutschland war Nordafrika nur ein Nebenkriegsschauplatz, dem es aufgrund der Lage im Osten nur geringe Unterstützung zuteil lassen konnte. Die strategische Wechselwirkung beider Kriegsschauplätze wirkte sich aus.

Auch fehlte ein einheitlich und straff führender Oberbefehlshaber für den gesamten Mittelmeerraum, der von erheblicher strategischer Bedeutung war, da man nur hier Großbritannien treffen und schlagen konnte. Dadurch mangelte es an guter Koordinierung der überaus zahlreichen Aufgaben und Dienststellen beider Achsenmächte. Die außergewöhnlichen Nachschubschwierigkeiten, die durch die mangelnde See- und Luftherrschaft über dem Mittelmeer bedingt waren, sind fast niemals überwunden worden. *Der Nachschub war in Afrika das Kernproblem aller Überlegungen.* Daher war es ein schwerer Fehler gewesen, Malta nicht auszuschalten.

Die Verluste an eigenen Flugzeugen, Schiffen, Menschen und Nachschub aller Art auf dem Mittelmeer waren nicht tragbar. Die Wegstrecken von den Häfen zur Truppe waren ungewöhnlich lang. Diese Transporte litten unter Zeitbedarf, Treibstoffverbrauch und Feindeinwirkungen aus der Luft.

Im Gegensatz dazu lief der britische Nachschub nahezu unbehindert südlich um Afrika nach Suez. Die britische Führung konnte daher ihre Operationen in Ägypten und in Algerien mit ziemlicher Sicherheit zeitlich aufeinander abstimmen[32].

KAPITEL 3 · OPERATIVE EINZELBETRACHTUNGEN ZUM EINSATZ DER PANZERTRUPPE GEGEN DIE UdSSR 1941/43

I. *Der deutsche Angriff 1941 (»Fall Barbarossa«)*

Der »Operationsentwurf Ost« vom 5. 8. 1940 – Die »Führerweisung Nr. 21 ›Fall Barbarossa‹ « vom 18. 12. 1940 – Der Verlauf von »Barbarossa« – Die »Führerweisung 33« vom 19. 7. 1941 – Der russische Widerstand – Heeresgruppe Süd – Moskau oder Kiew? – Vorschlag des OKH: Moskau! – Hitler befiehlt: Kiew! – Die Schlacht – Der neue Entschluß: Moskau – Die »Führerweisung 35« vom 6. 9. 1941 – Die Führung der Operation – Die Russen – Der Wendepunkt 1941 – Die »Führerweisung 39« vom 8. 12. 1941 – Der Halt-Befehl Hitlers vom 16. 12. 1941 – Die Panzergruppe 1

Betrachtungen: Ergebnis des Feldzuges; Der Operationsplan – Leningrad oder Moskau? – »Klotzen, nicht Kleckern!«

Am 31. Juli 1940 gab Hitler seine Entscheidung bekannt, Rußland als militärpolitischen Faktor, auf den England angeblich am meisten hoffte, im Frühjahr 1941 zu zerschlagen. Das Tagebuch des Generalobersten Halder berichtet über Hitlers Beurteilung der Lage:

»Je schneller wir Rußland zerschlagen, um so besser. Operation hat nur Sinn, wenn wir Staat in einem Zuge schwer zerschlagen. Gewisser Raumgewinn allein genügt nicht. Stillstehen im Winter bedenklich. Daher besser warten, aber bestimmter Entschluß, Rußland zu erledigen ...

Ziel: Vernichtung der Lebenskraft Rußlands. Zerlegen in: 1. Stoß Kiew, Anlehnung an Dnjepr; 2. Stoß Randstaaten mit Richtung Moskau.

Schließlich Zusammenfassung aus Norden und Süden. Später Teiloperation auf Ölgebiet Baku ...«

Der »Operationsentwurf Ost« vom 5. 8. 1940

Bereits am 5. August 1940 legte Generalmajor Marcks dem OKH befehlsgemäß einen »*Operationsentwurf Ost*« vor, der im Auszug lautete: »... Unter diesen Gebieten bildet Moskau den wirtschaftlichen, politischen und geistigen Mittelpunkt der UdSSR. Seine Eroberung zerreißt den Zusammenhang des russischen Reiches ...

Das Kriegsgebiet: ... die großen Straßen (laufen) von Warschau und Ostpreußen nach Moskau über Sluzk, Minsk und Witebsk ... Für die Bewegung ist das Land nördlich der Pripjetsümpfe wegen seiner größeren Anzahl guter Straßen günstiger ... (was sich 1941 als Irrtum herausstellte – d. Verf.).

Der Feind: ... Der Russe kann sich nicht wie 1812 jeder Entscheidung entziehen. Eine moderne Wehrmacht von 100 Divisionen kann ihre Kraftquellen nicht preisgeben ...

Seine Kräfteverteilung: ... Gegen Deutschland bleiben nach Auffassung der 12. Abt. des deutschen Generalstabes 96 Inf.Div., 23 Kav.Div., 28 mot. mech. Brigaden.

Schwerpunkt wahrscheinlich nördlich des Pripjetgebietes (was sich 1941 als Irrtum herausstellte – d. Verf.).

Aus den 51 schnellen Verbänden einschließlich Heeresartillerie könnte eine bewegliche Heeresreserve geschaffen werden, die starke Einwirkung haben könnte ... (Generalmajor Marcks rechnete dabei mit einer zahlenmäßigen Überlegenheit auf deutscher Seite, die im Frühjahr 1941 über 24 Pz.Div., 110 Inf.Div., 12 mot. und eine Kav.Div. verfügen sollte – d. Verf.)

Führung des Feldzuges: Bei der Größe des Kriegsgebietes und seiner Teilung durch die Pripjetsümpfe* kann die Entscheidung gegen das russische Heer nicht in einer einzigen Kampfhandlung herbeigeführt werden. Man wird anfangs gegen seine beiden Hauptteile getrennt vorgehen müssen ... später zu einer einheitlichen Operation ... kommen.

Operationsabsicht: Das deutsche Heer schlägt mit seinen Hauptkräften den in Nordrußland stehenden Teil des russischen Heeres und nimmt Moskau.

Es geht hierzu mit Schwerpunkt aus der Linie Brest–Insterburg gegen die Linie Rogatschew–Witebsk vor.

Südlich der Pripjetsümpfe verhindern schwächere Kräfte durch Angriff aus der Linie Jassy–Przemyšl–Hrubieszow auf Kiew und den mitt-

* Die Pripjetsümpfe wiesen 1941 ein genügendes Wegenetz auf und bedeuteten keineswegs ein absolutes Hindernis für Verschiebung von Truppen.

leren Dnjepr ein Vorgehen der feindlichen Südgruppe gegen Rumänien und bereiten ein späteres Zusammenwirken mit den Hauptkräften ostwärts des Dnjepr vor ...

Leitende Idee ist, im geraden Stoß auf Moskau die Masse der russischen Nordgruppe ... (westlich) Moskau zu vernichten, im Besitz von Moskau und Nordrußland sich nach Süden zu wenden, im Zusammenwirken mit der deutschen Südgruppe die Ukraine zu erobern und im Endziel die erstrebte Linie Astrachan–Gorki–Archangelsk zu gewinnen.

Zur Deckung der Nordflanke dieser Operation ist eine besondere Kräftegruppe über die untere Düna auf Pskow–Leningrad anzusetzen.

Kräfteansatz: Wie in Polen und im Westen muß der Erfolg in der Überraschung und der Schnelligkeit gesucht werden. Die Kampfführung ist so gedacht, daß bei allen Armeen schnelle Kräfte in erster Welle die russischen Truppen ... durchstoßen und im Vorgehen auf die Durchgänge der Waldzone und die Flußübergänge treiben, um sie mit Unterstützung der Luftwaffe in die Hand zu nehmen. Ihnen dichtauf folgend, suchen Inf.Divisionen den durchstoßenen Feind abzuschneiden und zu vernichten, während andere sich den Schnellen Truppen anhängen und ihre Erfolge sichern und erweitern ...

Zudem erfordert die mit dem Fortschreiten des Angriffs ständig wachsende Breite des Kriegsgebietes das Nachführen starker Heeresreserven ...«

Das OKH billigte diesen Entwurf in seinen Grundzügen.

Die »Führerweisung Nr. 21 ›Fall Barbarossa‹« vom 18. 12. 1940

Nach monatelangen Erörterungen erließ Hitler am 18. 12. 1940 die Weisung Nr. 21 »Fall Barbarossa«, um die notwendigen Vorbereitungen anlaufen zu lassen. Sie ordnete an*:

»Die deutsche Wehrmacht muß darauf vorbereitet sein, auch vor Beendigung des Krieges gegen England Sowjetrußland in einem schnellen Feldzug niederzuwerfen (Fall Barbarossa).

Allgemeine Absicht: Die im westlichen Rußland stehende Masse des russischen Heeres soll in kühnen Operationen unter weitem Vortreiben von Panzerkeilen vernichtet werden.

In rascher Verfolgung ist dann eine Linie zu erreichen, aus der die

* Auszug

russische Luftwaffe reichsdeutsches Gebiet nicht mehr angreifen kann. Das Endziel der Operation ist die Abschirmung gegen das asiatische Rußland aus der allgemeinen Linie Wolga–Archangelsk...

Die Führung der Operationen: A) Heer (in Genehmigung der mir vorgetragenen Absichten):

In dem durch die Pripjetsümpfe in eine südliche und eine nördliche Hälfte getrennten Operationsraum ist der Schwerpunkt nördlich dieses Gebietes zu bilden. Hier sind zwei Heeresgruppen vorzusehen. Der südlichen dieser beiden Heeresgruppen – Mitte der Gesamtfront – fällt die Aufgabe zu, mit besonders starken Panzer- und mot. Verbänden aus dem Raum um und nördlich Warschau vorbrechend die feindlichen Kräfte in Weißrußland zu zersprengen. Dadurch muß die Voraussetzung geschaffen werden für das Eindrehen von starken Teilen der schnellen Truppen nach Norden, um im Zusammenwirken mit der aus Ostpreußen in allgemeiner Richtung Leningrad operierenden nördlichen Heeresgruppe die im Baltikum kämpfenden feindlichen Kräfte zu vernichten. Erst nach Sicherstellung dieser vordringlichen Aufgabe, welcher die Besetzung von Leningrad und Kronstadt folgen muß, sind die Angriffsoperationen zur Besitznahme des wichtigen Verkehrs- und Rüstungszentrums Moskau fortzuführen.

Nur ein überraschend schnell eintretender Zusammenbruch der russischen Widerstandskraft könnte es rechtfertigen, beide Ziele gleichzeitig anzustreben.

Bei der südlich der Pripjetsümpfe angesetzten Heeresgruppe ist der Schwerpunkt im Raum von Lublin in allgemeiner Richtung Kiew zu bilden, um mit starken Panzerkräften schnell in die tiefe Flanke und den Rücken der russischen Kräfte vorzugehen und diese dann im Zuge des Dnjepr aufzurollen.

Sind die Schlachten südlich beziehungsweise nördlich der Pripjetsümpfe geschlagen, ist im Rahmen der Verfolgung anzustreben: im Süden die frühzeitige Besitznahme des wehrwirtschaftlich wichtigen Donez-Beckens, im Norden das schnelle Erreichen von Moskau.

Die Einnahme dieser Stadt bedeutet politisch und wirtschaftlich einen entscheidenden Erfolg, darüber hinaus den Ausfall des wichtigen Eisenbahnknotenpunktes.

B) Luftwaffe: (Feindliche Luftwaffe lähmen und ausschalten! Operationen des Heeres in ihren Schwerpunkten, namentlich bei der mittleren Heeresgruppe, unterstützen!)

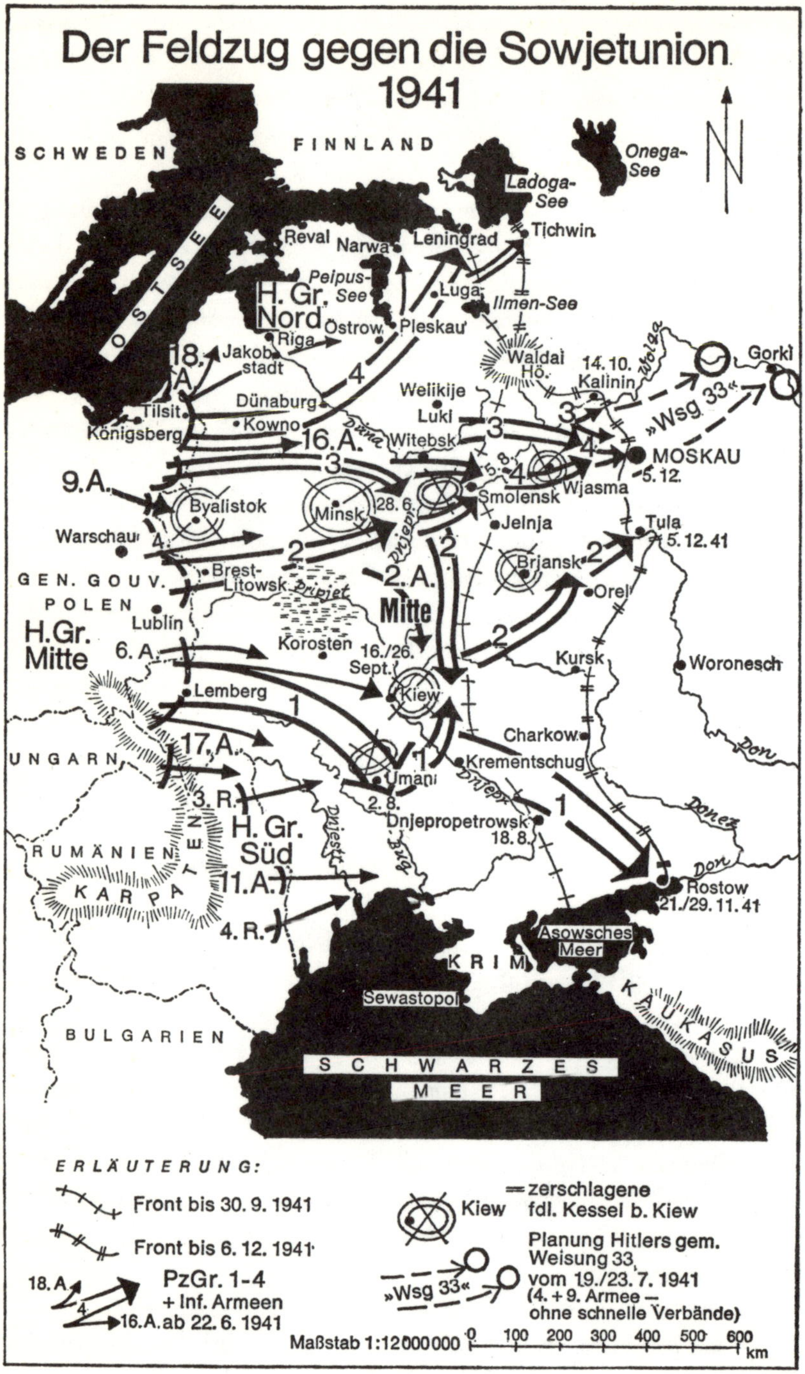
Der Feldzug gegen die Sowjetunion
1941
SCHWEDEN
FINNLAND
OSTSEE
Onega-See
Ladoga-See
Reval
Narwa
Leningrad
Tichwin
Peipus-See
Luga
Ilmen-See
H. Gr. Nord
Ostrow
Pleskau
Riga
18. A.
Jakobstadt
Waldai Hö.
14. 10. Kalinin
Wolga
Gorki
»Wsg 33«
Tilsit
Dünaburg
Welikije Luki
Königsberg
Kowno
16. A.
Düna
Witebsk
MOSKAU
5. 12.
9. A.
Smolensk
Wjasma
Byalistok
Minsk
28. 6.
Jelnja
Tula
5. 12. 41
Warschau
Dnjepr
Brjansk
GEN. GOUV. POLEN
Brest-Litowsk
Pripjet
2. A.
Orel
Mitte
Lublin
H.Gr. Mitte
6. A.
Korosten
16./26. Sept.
Kursk
Woronesch
Lemberg
Kiew
Charkow
Don
UNGARN
17. A.
Uman
Krementschug
3. R.
2. 8.
Donez
H. Gr. Süd
Dnjepropetrowsk
18. 8.
RUMÄNIEN
KARPATEN
Dnjestr
Bug
11. A.
Rostow
21./29. 11. 41
4. R.
Asowsches Meer
KRIM
Sewastopol
KAUKASUS
BULGARIEN
SCHWARZES MEER
ERLÄUTERUNG:
Front bis 30. 9. 1941
Front bis 6. 12. 1941
18. A.
PzGr. 1-4
+ Inf. Armeen
16. A. ab 22. 6. 1941
Kiew = zerschlagene fdl. Kessel b. Kiew
Planung Hitlers gem. Weisung 33, vom 19./23. 7. 1941 (4. + 9. Armee – ohne schnelle Verbände)
»Wsg 33«
Maßstab 1:12000000
0 100 200 300 400 500 600 km

C) Kriegsmarine: ... nach dem Erreichen von Leningrad (ist) der russischen Ostseeflotte der letzte Stützpunkt genommen und diese in hoffnungsloser Lage ..., (dann) auch den Nachschub für den nördlichen Heeresflügel über See sicherzustellen ...

gez. Adolf Hitler«

Der Verlauf von »Barbarossa«

Die vorstehende Weisung war für die Operationen des Heeres 1941 gültig geblieben, obwohl sie fast genau sechs Monate vor ihrem Inkrafttreten erlassen worden war und sich durch den Balkanfeldzug die bei der südlichen Heeresgruppe vorgesehenen Kräfte verringerten sowie eine zeitliche Verschiebung um fünf Wochen erforderlich wurde.

Am 22. Juni 1941 trat das deutsche Ostheer (außer der 11. Armee am Südflügel) überraschend ohne Kriegserklärung auf der Front von den Karpaten bis zur Ostsee zum Angriff auf den »Kontinent Rußland« an.

Im Rahmen der *Heeresgruppe Süd* war es die Aufgabe der *Panzergruppe 1* (Generaloberst von Kleist mit 5 Pz.Div. und 4 mot. Div.), im Zusammenwirken mit der 17. und 6. Armee auf deren inneren Flügeln die russische Front zwischen Rawa Ruska und Kowel zu durchbrechen und sodann über die Linie Berditschew–Schitomir schnell den Dnjepr bei und unterhalb von Kiew zu erreichen. Von hier aus sollte die Panzergruppe 1 sofort nach Südosten vorgehen, um dem in der Westukraine kämpfenden Feind den Rückzug über den Fluß zu versperren. Bis zum 3. Juli gelang es der Panzergruppe jedoch nicht, die erwartete operative Bewegungsfreiheit zum Stoß in die Tiefe zu gewinnen, da der feindliche Widerstand unerwartet hart war. Der Russe entzog sich der geplanten Umfassung und richtete sich hinter dem Slutsch, dem oberen Bug und hinter dem Dnjestr bei und südlich Mogilew erneut zur Verteidigung ein.

Die *Heeresgruppe Mitte* setzte ihre *beiden Panzergruppen 2 und 3* (Generaloberst Guderian mit 5 Pz.Div. und 3 1/2 mot. Div. bzw. Generaloberst Hoth mit 4 Pz.Div. und 3 mot. Div.), auf den Flügeln der Heeresgruppe der Infanterie vorauseilend*, beiderseits Minsk in den Raum um und nördlich Smolensk an, um den dort stehenden Feind zu ver-

* Ein Beispiel hierzu: am 1. Juli hatte die 18. Pz.Div. bereits die Beresina bei Borissow überschritten, während die 23. Inf.Div. erst halbwegs Bialystok, Slonim vorging.

nichten und die Basis zur Fortführung der weiteren Operationen in östlicher oder nordöstlicher Richtung zu gewinnen. Der linke Flügel der Pz.Gruppe 2 stieß über Baranowicze auf Minsk, die Pz.Gruppe 3 auf Wilna vor, um zunächst die russischen Kräfte zwischen Bialystok und Minsk zu umfassen, während die Infanteriedivisionen der 4. und 9. Armee frontal folgten.

Der Plan gelang unter wesentlicher Unterstützung durch Fliegerverbände.

Am 27. Juni trafen sich die beiden Panzergruppen bei Minsk und bildeten den östlichen Rand dieser ersten großen Kesselschlacht im Raum um Bialystok–Minsk. Schon am 28. Juni schickte Generaloberst Guderian die 18. Pz.Division unter Generalmajor Nehring auf der Moskauer Autobahn bis zur Beresina voraus. Sie nahm die für die weiteren Operationen entscheidend wichtige Brücke von Borrisow nach hartem Kampf bereits am 30. Juni in Besitz.

An der Durchführung dieser ersten großen Kesseloperation entzündeten sich heftige Meinungsverschiedenheiten über die Frage einer Verwendung der Schnellen Truppen. Sollten sie sperren und die Kesselwände halten oder sollten sie weiter in die Tiefe stoßen, wo wenige oder noch keine Feindkräfte standen, und die neuen Gegenmaßnahmen des überraschten und verwirrten Verteidigers schon bei ihrer Planung entscheidend durchkreuzen? Guderians Kampfgrundsätze zielten in die Tiefe – der Artillerist von Kluge wollte infanteristisch sichergehen. Auch Hitler war dieser Auffassung.

Beide Panzergruppen wurden am 3. Juli zur (ersten) *4. Panzerarmee* unter Feldmarschall von Kluge zusammengefaßt, um die einheitliche Führung der beiden großen Panzerverbände zu gewährleisten. Bereits am 4. Juli überschritt die Panzergruppe 3 die Düna nördlich von Witebsk, während die Panzergruppe 2 infolge des wachsenden russischen Widerstandes an der wichtigen Autobahn nach Moskau den Dnjepr südlich Orscha erst ab 10. Juli überwand. Leider trennte von jetzt ab der Dnjepr beide Gruppen, die man soeben erstmalig zu einer Panzerarmee zusammengefaßt hatte. Ein gemeinsames Vorgehen auf der Landbrücke Orscha–Witebsk zwischen Dnjepr und Düna hätte Guderians Leitspruch: »Klotzen, nicht kleckern!« befolgt und bei der ständig zunehmenden Stärke des Feindes den notwendigen eigenen Schwerpunkt gebildet.

Bei der *Heeresgruppe Nord* war neben 20 Infanteriedivisionen die *Panzergruppe 4* (Generaloberst Hoepner mit 3 Pz.Div. und 3 mot.

Div.) eingesetzt. Der Auftrag der Heeresgruppe lautete: Vernichtung der im Baltikum kämpfenden Feindkräfte, Besetzung der baltischen Häfen und Eroberung von Leningrad und Kronstadt. Dazu sollte die Panzergruppe – der Infanterie vorauseilend – »raschest« den Düna-Abschnitt Dünaburg–Jakobstadt gewinnen und »dort zunächst Brückenköpfe bilden«. »Das weitere Vorwärtsdrängen« würde die Heeresgruppe später befehlen [1], deren Auftrag aber »rasches Vordringen auf Leningrad« war. Das war also ein Widerspruch in sich und keine »Fahrkarte bis zur Endstation«.

Im Gegensatz zu der Feindlage vor den beiden anderen Heeresgruppen war hier nicht mit starken russischen Kräften im Grenzgebiet zu rechnen, wohl aber mit hartem Widerstand hinter dem Flußhindernis der Düna, sofern der Gegner hierzu noch Zeit fand. Es kam also darauf an, die Entfernung von etwa 300 km bis zur Düna schnell zu überwinden, um die Chance der Überraschung wahrzunehmen.

Generaloberst Hoepner hielt das Ziel Dünaburg mit Recht für so entscheidend wichtig, daß selbst ein taktisches Risiko in Kauf zu nehmen war, wie sein damaliger Generalstabschef Chales de Beaulieu bezeugt.

Bereits am 26. Juni konnten Teile des 56. Pz.Korps (General von Manstein) die wichtigen Brücken von Dünaburg in Besitz nehmen. Einen ähnlich großen Erfolg errang das 41. Pz.Korps (General Reinhardt) am selben Tage in der Panzerschlacht von Rossienie an der Dubissa.

Unter außerordentlichen Geländeschwierigkeiten und ständigen russischen Gegenangriffen erreichte die Panzergruppe 4 am 10. Juli Opotschka mit dem Südflügel und am 9. Juli Pleskau mit dem Nordflügel. Zur Vernichtung erheblicher Feindkräfte war es dabei nicht gekommen. Andererseits entfernte sich die Heeresgruppe Nord durch ihre befohlene divergierende Richtung nach Norddosten, auf Leningrad, immer mehr von ihrem rechten Nachbarn, der Heeresgruppe Mitte, die ihrerseits erfolgreich in Richtung Smolensk, also nach Osten vorging. Diese näherte sich in jenen Tagen dem Westufer des Dnjepr. Sie wäre daher gut in der Lage gewesen, die im Plan »Barbarossa« vorgesehenen schnellen Kräfte nach Norden abzugeben, um dort einen raschen Abschluß zu ermöglichen.

Diese Unterstützung bedurfte der Genehmigung des OKH. Da die operative Zielsetzung des OKH jedoch Moskau war, fiel diese Unterstützung aus und die Heeresgruppe Nord blieb somit auf die eigenen Kräfte angewiesen.

Am 13. Juli trat die Panzergruppe 4 wieder an und erreichte am 15. Juli mit dem rechten Korps den Raum südwestlich des Ilmen-Sees. Mit dem linken Korps, das am Ostrand des Peipus-Sees vorging, gewann sie durch den kühnen Vorstoß der Kampfgruppe Eckinger der 1. Pz.Division schnell die untere Luga südöstlich von Narwa. Aufgrund starker russischer Abwehr kam der Angriff im unwegsamen Gelände zunächst zum Stehen, zumal die eigene Infanterie »enttäuschend langsam herankam« [2].

Das Ende der »schnellen Periode« schien gekommen zu sein, rund 100 km vor dem erstrebten Ziel Leningrad. 750 km waren in 23 Tagen im Kampf mit dem für Kraftfahrzeuge unbrauchbaren Wegenetz, mit dem Gelände, den Nachschubschwierigkeiten und dem Feind, der in tief gestaffelter Aufstellung nacheinander geschlagen werden mußte, zurückgelegt worden.

Noch am selben Abend schlug Generaloberst Hoepner vor, den Angriff auf Leningrad etwa am 20./22. Juli über Narwa fortzusetzen, wozu er das 56. Pz.Korps vom Ilmen-See heranholen wollte. Diese Absicht wurde von der Heeresgruppe aufgrund der gesamten Lageentwicklung nicht gebilligt. Die Panzergruppe 4 blieb daher unter ungünstigen Voraussetzungen bis Anfang September in den harten Gefechten der Infanterie-Armeen eingesetzt.

Ihre Eigenart als schneller Verband kam nicht mehr operativ zum Tragen. Mit ihrer erheblichen Kampfkraft wurde nicht entscheidend »geklotzt«, sondern bereits in diesem frühen Stadium der schnellen Operationen nach der Art einer Feuerwehr an wankenden Infanteriefronten taktisch »gekleckert«. Ähnlich wurde auch das von der Heeresgruppe Mitte auf Befehl Hitlers erst Mitte August zu spät herangeführte 39. Panzerkorps (General Schmidt) verwendet, lediglich um eine örtliche Krise bei der 16. Armee zu beheben. Es blieb dann aber ständig dort eingesetzt.

Das Ergebnis der Kämpfe der Heeresgruppe Nord und der ihr unterstellten Panzergruppe 4 war daher trotz aller anerkennenswerten örtlichen Erfolge nicht befriedigend, wobei die schwierigen Gelände- und Wegeverhältnisse eine wesentliche Rolle gespielt hatten. Zu der im Plan »Barbarossa« vorgesehenen frühzeitigen operativen Unterstützung durch starke schnelle Truppen der Heeresgruppe Mitte war es auch nicht gekommen. Die ursprünglich vordringliche Forderung Hitlers, die im Baltikum kämpfenden feindlichen Kräfte zu vernichten, Leningrad und die Häfen zu besetzen, wurde daher nicht erfüllt. Ein entscheidender operativer Erfolg als Voraussetzung für eine anschließende Nordsüd-

Operation gegen Moskau war somit nicht erzielt worden. Ob dafür noch Aussichten bestanden, hing nunmehr in erster Linie von der Lageentwicklung an der gesamten Heeresfront ab.

Wie war die Situation bei der *Heeresgruppe Mitte und der 4. Panzerarmee* mit den Panzergruppen 2 und 3? Waren Schnelle Truppen für den baltischen Raum verfügbar?

Die Heeresgruppe Mitte hatte den Feind nach Beendigung der Kesselschlacht von Minsk nach Osten verfolgt. Der Übergang der 4. Panzerarmee über Dnjepr und Düna war bereits durchgeführt worden. Ihr folgten mit erheblichem Abstand die Infanterie-Armeen 4 und 9. Weder Hitler noch das OKH erörterten in den Tagen nach dem »Minsker Kessel« oder westlich des Dnjepr, als noch völlige Operationsfreiheit zum Abdrehen schneller Kräfte nach Norden bestand, diese im Operationsplan klar verankerte Absicht. Das OKH hatte sich Moskau als Ziel gesetzt. Hitler fühlte sich unsicher, ob er eingreifen sollte. Jodl neigte der Ansicht des OKH zu; er hielt diesen zu fassenden »Entschluß für den Feldzug entscheidend!«[3]

Nächstes Ziel der 4. Panzerarmee blieb also, den Raum um Smolensk als Ausgangsbasis für die nächste Operation zu gewinnen, unter der bei Truppe und OKH der unmittelbare Stoß auf Moskau verstanden wurde, während Hitler weiterhin die divergierenden Ziele Baltikum und Ukraine anstrebte, das erstere aus ideologischen und Nachschubgründen (über die Ostsee), das letztere aus wehrwirtschaftlichen Überlegungen.

Der Angriff hatte wieder Erfolg. Die Pz.Gruppe 2 nahm bereits am 16. Juli Smolensk mit der 29. I.D. (mot.) des 47. Korps (General Lemelsen), ohne allerdings die Lücke bis zum rechten Flügel der Pz.Gruppe 3 bei Jarzewo schließen zu können, so daß der Einschließungsring ähnlich wie bei Minsk wieder nicht vollständig war.

Am 20. Juli gewann die Pz.Gruppe 2 sogar die Höhen von Jelnya (südostwärts von Smolensk).

Die »Führerweisung 33« vom 19. 7. 1941

Anscheinend unter diesem günstigen Eindruck erließ Hitler die »Führerweisung 33«, die am 23. Juli ergänzt wurde. Danach sollten die *Panzergruppen 1 und 2* unter gemeinsamer Führung durch das Oberkommando der 4. Panzerarmee (von Kluge) über Charkow und dann über den Don nach dem Kaukasus vorstoßen, während die Infanterie-Armeen der Heeresgruppe Süd folgen sollten.

Die Heeresgruppe Mitte erhielt den Auftrag, »nach Bereinigung der Lage um Smolensk und in der Südflanke ... den Vormarsch auf Moskau mit Infanterie-Verbänden (4. und 9. Armee) fortzusetzen ... den Gegner zu schlagen und Moskau in Besitz zu nehmen«.

Die Panzergruppe 3 dieser Heeresgruppe wurde der Heeresgruppe Nord unterstellt, die folgende Aufträge durchzuführen hatte: Zerschneiden der Verbindungslinie Moskau–Leningrad, Decken der rechten Flanke von Nord, Unterstützung der Einkreisung des Feindes um Leningrad.

Mit diesen beiden Weisungen wurde der bisherige Schwerpunkt vor Moskau zerschlagen; sie enthüllten Hitlers Wunschtraum, seinen beiden weit auseinanderliegenden Zielen Leningrad und Kaukasus nachzujagen, ohne den Feind, ohne den Zustand der eigenen Truppe nach vier Wochen Kampf und Marsch und ohne den unerläßlichen Grundsatz einer Schwerpunktbildung zu berücksichtigen. Hitler befahl als operativer Theoretiker ohne Praxis[4] nach der Landkarte, auf der es scheinbar keine Schwierigkeiten und keine Entfernungen gab.

Halder notierte am 26. 7. 1941, dem 35. Tage des Feldzuges: »Ich sehe in dieser Gedankenbildung den Anfang des Versandens der bisherigen schwungvollen Operation und einen Verzicht auf Ausnützung des Schwunges, welcher in unserer Truppe und in unseren schnellen Verbänden liegt ...«

Und dann am 28. Juli: »Bei ObdH weise ich erneut auf die Unsinnigkeit der nunmehr beschlossenen Operation hin. Sie führt zu einem Auseinanderlaufen der Kräfte und einem Stehenbleiben in der entscheidenden Richtung auf Moskau ...«

Zu diesen Feststellungen des Chefs des Generalstabes des Heeres ist nichts hinzuzufügen; sie erscheinen milde, wenn man sie mit der exzentrischen Zersplitterung der Kräfte durch Hitler angesichts eines tatkräftigen Feindes, der noch nicht geschlagen war, vergleicht.

Am 30. Juli wurde Generaloberst Halder jedoch durch die erstaunliche Tatsache überrascht, daß Hitler die Ausführung der »Weisung 33« auf Grund der Feindlage, der eigenen Versorgungslage und der Notwendigkeit, die Panzergruppen 2 und 3 aufzufrischen, durch die »Weisung 34«[5] »vorerst« zurückgestellt hatte. Halder schreibt dazu: »Diese Lösung befreit jeden denkenden Soldaten von dem fürchterlichen Alpdruck der letzten Tage ..., (der) durch die unnachgiebige Haltung des Führers (entstanden war) ... Endlich einmal wieder ein Lichtblick!«

Ebenso verfügte Hitler am 28. Juli die Auflösung der am 26. Juni gebildeten 4. Panzerarmee des Generalfeldmarschalls von Kluge. Ihre Aufstellung und Führung aus dem Stegreif ohne entsprechend geschulten und organisierten Stab hatte sich nicht bewährt. Man hätte Guderian den Oberbefehl übertragen sollen, um dieser an sich im Grundsatz zweckmäßigen Improvisation Gelegenheit zur Bewährung durch Schwerpunktbildung zu geben.

Der russische Widerstand[6]

In dem von den Panzergruppen durchstoßenen Gelände war der russische Widerstand erstaunlich hart und zäh. »Der Panzerkeil« der 4. Panzerarmee ragte vom Dnjepr südlich von Orscha her etwa 200 km tief in das russische Land hinein und bot einem tatkräftigen Gegner, der von Süden, Osten und Nordosten unablässig neue oder wieder neu geordnete Truppen heranführte, gute Angriffspunkte. Die beiden Panzergruppen hatten daher einen schweren Stand gegenüber dem anhaltenden doppelten Druck aus dem Smolensker Kessel und den Entsatzangriffen von außen her, ehe die aufschließenden eigenen Infanterie-Korps sie entlasten konnten. Erst am 5. August brach der feindliche Widerstand bei Smolensk zusammen.

Zwischen dem 1. und 8. August vernichtete die *Panzergruppe* 2 im Raum von Roslawl erneut starke russische Kräfte. Anschließend wurden weitere Feindstellungen zwischen dem 9. und 24. August im Raum von Klinzy–Gomel im Zusammenwirken mit der 2. Armee (Generaloberst Freiherr von Weichs) zerschlagen. Diese Kämpfe schufen die Voraussetzung für Hitlers späteren Entschluß zur Schlacht um Kiew.

Die *Panzergruppe 3* hatte eine ähnliche Abwehraufgabe im Raum von Welikije Luki durchzuführen, die vom 57. Pz.Korps vom 22. bis 27. August durchgeführt wurde. Dabei erreichte das Korps in der Verfolgung die Wolga ostwärts von Toropez. Es wurde dort »vorübergehend« der 16. Armee der Heeresgruppe Nord unterstellt, wo es bis Ende September in schweren Kämpfen taktisch eingesetzt wurde und schwere Verluste erlitt. Damit hatten Panzergruppe 3 und somit auch Heeresgruppe Mitte zwei Panzerkorps »kleckerweise« an die Heeresgruppe Nord abgeben müssen und waren entsprechend geschwächt worden, ohne daß sich im Norden ein operativer Erfolg anbahnte. Die mittlerweile bei der Heeresgruppe Nord vereinzelt nacheinander eingesetzten Panzerkorps 57, 39, 56 und 41 wurden dort im Kampf verbraucht und nicht im Sinne ihrer Eigenart als schnelle operative Verbände an anderer Stelle verwendet. Die Verantwortung dafür traf die Oberste Führung, die nicht im Sinne ihrer eigenen »Weisung 21 Barbarossa« handelte und die Bedeutung der geschlossen eingesetzten Panzertruppe als Träger der Operationsidee nicht erkannte. Es fehlte jetzt hier und oft auch später der feste Wille zur stärksten Schwerpunktbildung.

Heeresgruppe Süd

Hier entwickelte sich die Lage bis zum 24. August trotz zäher Verteidigung und sehr energischer russischer Gegenangriffe günstig. Am 5. Juli traten die *Panzergruppe 1*[7] und die 6. Armee am Nordflügel der Heeresgruppe an, um im Sinne der »Führerweisung 21« den Gegner westlich des Dnjepr in Flanke und Rücken zu umfassen und zu vernichten, ehe er nach Osten ausweichen konnte. Die Panzerkorps durchbrachen die russischen Stellungen bei Nowogrod und erreichten nach wenigen Tagen Berditschew und Schitomir. Wolkenbruchartige Regenfälle verwandelten hier aber die unbefestigten Wege in Schlamm und erschwerten jede Bewegung der motorisierten Verbände, die zum Vorteil der Russen sich nur langsam vorwärtsquälen konnten. Erst mit Hilfe der nachfolgenden 6. Armee (Generalfeldmarschall von Reichenau) konnte der Angriff nach Südosten fortgesetzt werden. Mitte Juli stand die gesamte Heeresgruppe im Angriff. Das Ziel der Panzergruppe 1 (Generaloberst von Kleist) war Uman im Rücken des sich nach Westen verteidigenden Feindes. Es kam zu sehr harten Kämpfen, als die Russen mit sehr starker Überlegenheit nach Osten durchbrechen wollten und gleichzeitig von Osten Entlastungsangriffe geführt wurden. Trotzdem gelang es, beide langgestreckten Flanken zu decken und den entscheidenden Stoß nach Süden fortzusetzen. Am 2. August trafen sich die Spitzen der Panzergruppe 1 und der von Westen angreifenden 17. Armee (General von Stülpnagel) nördlich Perwomaisk. Damit war der »Kessel von Uman« zwischen Dnjepr und Bug geschlossen.

Die Russen räumten unter dem Eindruck ihrer gewaltigen Niederlage rechtzeitig Bessarabien. Die Panzergruppe 1 verfolgte den weichenden Gegner in drei Gruppen über Perwomaisk am Bug entlang, über Kirowograd auf das von Hitler erstrebte Industriezentrum Kriwoj Rog und südlich von Krementschug in Richtung Saporosche und Dnjepropetrowsk. Hier wurden am 18. und am 25. August 1941 zwei Brückenköpfe von entscheidender Bedeutung für die weiteren Operationen erkämpft.

Bis auf einen starken russischen Brückenkopf bei Kiew war nunmehr der gesamte Dnjepr bis zur Mündung bei Cherson in deutscher Hand, nachdem auch die Kämpfe der Infanterie-Armeen der Heeresgruppe Süd westlich des Flusses am 24. August beendet waren.

Moskau oder Kiew?

Überraschend schnell hatten die Panzergruppen 2 und 3 der im Schwerpunkt eingesetzten Heeresgruppe Mitte (Generalfeldmarschall von Bock) ihr erstes operatives Fernziel, den Raum um Smolensk, bis Mitte Juli in siegreichen Kämpfen gewonnen. Der Feind war zwar nachhaltig geschwächt, aber nicht vernichtet worden. Seine Widerstandskraft war keineswegs gebrochen, sondern erstaunlicherweise in ständiger Auffrischung, Erneuerung und Stärkung begriffen.

Man hatte den Russen auf allen Gebieten unterschätzt, wie Halders Tagebuch vom 23. Juli und 11. August bestätigt. Sein Widerstandswille war bewundernswert. Je weiter die deutsche Panzertruppe in die Tiefe des Landes vorstieß, um so mehr wuchsen ihre Schwierigkeiten, während die Kräfte des Verteidigers durch die Nähe der heimatlichen Kräftequellen und Versorgungsbasen zunahmen. Auch hatte sich die weite Trennung von den im Tempo der Infanterie folgenden Armeen nachteilig bemerkbar gemacht. Die Panzerspitzen verbrauchten sich übermäßig im Kampf gegen einen noch immer zahlenmäßig weit überlegenen Feind.

Mitte Juli kam es daher bei der Schwerpunkt-Heeresgruppe Mitte und bei der Heeresgruppe Nord (Generalfeldmarschall Ritter von Leeb) zum Stillstand der schnellen Operationen. Der Gegner wußte, worum es ging, und wollte die noch bestehende Trennung der motorisierten Truppen von der folgenden Infanterie dazu ausnutzen, erstere im taktischen Einsatz zu vernichten, mindestens aber für den kommenden Endkampf entscheidend zu schwächen. Am 11. August gab der Chef des Generalstabes des Heeres ein anschauliches Bild über den Zustand seiner Truppen[8]: »So ist unsere auf größter Basis auseinandergezerrte Truppe ohne jede Tiefe immer wieder den Angriffen des Feindes ausgesetzt. Diese haben teilweise Erfolg, weil eben auf den ungeheuren Räumen viel zu viele Lücken gelassen werden müssen.«

Bei der Heeresgruppe Süd (Generalfeldmarschall von Rundstedt) lagen die Verhältnisse anders. Hier erzielten die gemeinsam operierenden Panzer- und Infanterieverbände um dieselbe Zeit große Erfolge auf dem Westufer des Dnjepr. Weitausholende schnelle Verbände und frontal angreifende Infanterie ergänzten sich wirkungsvoll.

Die Operationen schienen in diesem Kampfraum in Bewegung bleiben zu können.

Hitler und das OKH standen nach wochenlangen Vorträgen und Weisungen ohne klare Ziele vor der Notwendigkeit, endlich einen neuen Entschluß zu fassen, um Hitlers grundsätzliche Forderung in der »Weisung 21«, »Rußland in einem schnellen Feldzug niederzuwerfen«, zu erfüllen. Auch drängte die Jahreszeit zum Handeln. Die herbstliche Schlammperiode war im Oktober zu erwarten. Der russische Winter folgte mit hoher Kälte und starken Schneefällen. Hitler[9] hatte dafür nur bedingt vorsorgen lassen, da der Feldzug nach seiner Meinung im Herbst siegreich beendet sein würde. Winterbekleidung in begrenztem Umfang war daher nur für eine Besatzungsarmee von 60 Divisionen vorgesehen, deren Masse winterfest untergebracht werden sollte. Das Nachschieben von Winterausrüstung für Waffen und Kraftfahrgerät wurde deshalb gegenüber anderen dringenden Anforderungen vielleicht vernachlässigt.

Vorschlag des OKH: Moskau!

Am 18. August schlug das OKH daher Hitler vor, mit der Heeresgruppe Mitte den entscheidenden Stoß auf Moskau zu führen. Man könne auf dem Wege dorthin die militärische Stärke des Feindes zerschlagen, das gesamte Staats-, Rüstungs- und Verkehrszentrum besetzen und damit die Erneuerung der russischen Streitkräfte sowie eine geordnete Staatsführung verhindern. Auch werde man einen außerordentlichen politischen Erfolg in der Weltöffentlichkeit erzielen.

In der Lage des deutschen Heeres, in der es sich befand, nachdem Hitler seine ursprüngliche Operationsabsicht, einen Schwerpunkt im Baltikum zu bilden, durchzuführen versäumt hatte, war dieser Vorschlag des OKH als zweckmäßig anzusehen. Er schien auch die letzte Möglichkeit zu bedeuten, den unterschätzten Feind »in *einem* Feldzug zu unterwerfen«. Ob dieser Plan Erfolg gehabt hätte, bleibt offen, da eine tatsächliche Schwerpunktbildung Schneller Truppen infolge ihrer Verzettelung durch frühere Maßnahmen nicht mehr durchführbar erschien. So waren bei der Heeresgruppe Nord neun schnelle Divisionen auf weitem Raum mit äußerst mangelhaftem Wegenetz und ohne Zusammenhang mit der

Hauptoperation im taktischen Kampfrahmen der Einschließung von Leningrad, also einer passiven Aufgabe, festgelegt, ohne das an sich lohnende, ursprüngliche Ziel – Leningrad – zu gewinnen. Sechs schnelle Divisionen kämpften, allerdings mit Erfolg, bei der Heeresgruppe Süd.

Dagegen standen für den Schlußangriff auf Moskau nur zwölf schnelle Divisionen zur Verfügung, die wie alle damals in ihrer Gefechtskraft geschwächt waren. Sie sollten außerdem in zwei weit voneinander getrennten Panzergruppen von acht beziehungsweise vier Divisionen aus den Räumen Brjansk–Roslawl, beziehungsweise Toropez mit dem linken Flügel an der Wolga, vorgehen. Eine einheitliche, zusammenfassende Führung dieser beiden schnellen Gruppen erschien bei einem Zwischenraum von etwa 400 km kaum möglich.

Fraglich war auch, ob die Flanken dieses Angriffs auf beiden Seiten ausreichend gedeckt werden konnten, ohne die Kampfkraft der Heeresgruppe Mitte, insbesondere ihrer schnellen Verbände, gefährlich zu schwächen, solange der Feind im Süden und Norden so kampfkräftig blieb wie bisher.

Hitler befiehlt: Kiew!

Hitler lehnte den Vorschlag des OKH am 21. August in schroffer Form ab. Halders Tagebuch vom 22. August berichtet darüber:

»Führerweisung ... ist entscheidend für das Ergebnis dieses Feldzuges: Der Vorschlag des Heeres ... stimmt mit meinen Absichten nicht überein.

Ich befehle folgendes:

Das wichtigste noch vor Einbruch des Winters zu erreichende Ziel ist nicht die Einnahme von Moskau, sondern die Wegnahme der Krim ... im Norden die Abschließung Leningrads ...

Die operativ selten günstige Lage, die durch das Erreichen der Linie Gomel–Potschep (Mitte August durch die Pz.Gruppe 2 – d. Verf.) entstanden ist, muß zu einer konzentrischen Operation mit den inneren Flügeln der Heeresgruppe Süd und Mitte unverzüglich ausgenutzt werden ...

Von der Heeresgruppe Mitte sind hierfür ohne Rücksicht auf spätere Operationen so viele Kräfte anzusetzen, daß das Ziel ... erreicht wird ...

gez. Adolf Hitler«

Damit waren die Würfel nach wochenlanger Unentschlossenheit

Hitlers im Sinn der aussichtsreichen, aber sehr zeitraubenden Umfassungsoperation gegen Kiew gefallen. Man könnte meinen, daß Hitler sich bereits mit einem zweiten Feldzugsjahr gegen Rußland abgefunden hatte und nun wenigstens zu einem großen taktischen Erfolg kommen wollte.

Erschreckend war die Form der Zusammenarbeit und der Meinungsbildung zwischen Hitler und seinen obersten Beratern im Generalstab des Heeres. Man verkehrte meist schriftlich und kam sich nicht durch sachlichen Gedankenaustausch näher. Typisch ist eine Eintragung in Halders Tagebuch vom 23. Juli:

»Ich ... werfe Fragen der Endziele der Operation auf. Hitler hat sich seine Ziele gesetzt und bleibt dabei, ohne Rücksicht auf Feind und andere Einwände. Von Bock (Heeresgruppe Mitte) wird also seine Panzergruppen abgeben und mit Infanterie allein auf Moskau losziehen ... Anschließend in den naßwerdenden Herbst hinein, nimmt Hitler an, daß man mit schnellen Verbänden allein bis an die Wolga kommt und in Kaukasien einrücken kann.

Es ist zu wünschen, daß er recht behält. Im übrigen: Schade um die Zeit, die man mit einem solchen Vortrag vertut ...«

Zu Hitlers Befehl vom 21. August ist zu sagen, daß den wirtschaftlichen Zielen gegenüber den militärisch notwendigeren Priorität eingeräumt wurde. Grundsätzlich ist aber der Feind zunächst militärisch zu schlagen, denn dann fallen dem Sieger wirtschaftliche und politische Ziele als Siegespreis zu. Verfährt der Angreifer umgekehrt, so muß er ständig befürchten, daß sich der Verteidiger verstärkt und dem Angreifer seine Beute wieder abjagt. Hitler hat diesen alten Erfahrungsgrundsatz meist nicht beachtet und scheiterte daran.

Die Beurteilung der Lage war richtig. Nur mußte sich Hitler darüber klar werden, daß er mit diesem Entschluß die sich in der Mitte der Heeresfront vor Moskau abzeichnende Entscheidungsschlacht um mindestens sechs Wochen hinausschob. Damit schenkte er dem Verteidiger Zeit, neue Truppen aufzustellen oder aus dem Osten heranzuholen, während er seine eigenen Verbände und ihr Kampfgerät vor der großen Schlacht weiterhin abnutzte. Hitler gab somit den natürlichen Verbündeten Rußlands, dem Herbst und Winter, Gelegenheit, sich mit der Schlammperiode wie mit Frost und Schnee in die Verteidigung des »russischen Vaterlandes« besonders gegenüber den Schnellen Truppen einzuschalten.

Die Schlacht

Bereits am 25. August traten die 2. Armee und Panzergruppe 2 über die Linie Gomel–Potschep nach Südosten beziehungsweise nach Süden an. Das erste Ziel der Panzergruppe 2 war das weit im Rücken des Verteidigers liegende Konotop.

Die Russen standen den Armeen mit starken Kräften frontal gegenüber. Ihr hartnäckiger Widerstand bis zum Ende der Schlacht kam den deutschen Absichten eines tiefen, umfassenden Stoßes entgegen.

Am 14. September erreichte Guderian mit den vordersten Teilen Romny, während die 2. Armee über die Desna vorging. Am 10. September war die Panzergruppe 1 (Generaloberst von Kleist) von Krementschug nach Norden angetreten. Die beiden Panzerspitzen trafen sich nach harten Kämpfen am 16. September bei Lochwiza. Der Beginn der Schlammperiode hatte ihr Vorgehen sehr verzögert. Damit war der Ring um den Verteidiger etwa im Raum von Kiew–Tscherkassy–Lochwiza geschlossen. Die Durchführung dieser großartigen Umfassungsoperation gegen die russische 5., 26., 37. und 38. Armee ist ein Schulbeispiel für den Einsatz schneller Verbände im Zusammenwirken mit Infanterie-Armeen.

Das Ausräumen des Kessels dauerte noch zwei Wochen. Der russische Oberbefehlshaber, Generaloberst Kirponos, fiel bei einem Ausbruchversuch.

Erst am 26. September war die Schlacht beendet. Ohne den Einsatz der Panzergruppen wäre der große Erfolg nicht möglich gewesen. Seine Größe sprach für Hitlers Entschluß; aber erst der Ausgang des gesamten Feldzuges konnte darüber entscheiden, ob die Größe des taktischen Sieges bei Kiew den operativen Zeitverlust vor Moskau ausgleichen konnte.

Der neue Entschluß: Moskau

Hitler, der durch seinen schroffen Befehl vom 21. August erneut Führung und Verantwortung an sich gerissen hatte, stand deshalb vor dem neuen schweren Entschluß, wie er seinen unerwartet starken russischen Gegner noch vor Einbruch des Winters als militärischen Machtfaktor ausschalten konnte. Gelang diese Absicht nicht, so wurde der Angriff auf Rußland zu einem unübersehbaren Mißerfolg, der den Ausgang des ganzen Krieges entscheidend beeinflussen würde: Zeitverlust um mindestens ein weiteres Jahr, Verlust des Nimbus der Unbesiegbarkeit der deutschen Truppen, die drohende Gefahr einer Mehrfrontenverteidigung, die Hitler gerade durch das Ausschalten der Sowjetunion vermeiden wollte.

Unter dem Eindruck dieser Erwägungen entschloß sich Hitler, auf den »Vorschlag Moskau« zurückzugreifen, da ihm jetzt kein anderer Ausweg mehr blieb.

Die »Führerweisung 35« vom 6. 9. 1941

Am 6. September ordnete Hitler durch die »Weisung 35« an:

»... entscheidungssuchende Operation ... (Die vor der Heeresmitte festgestellte Heeresgruppe Timoschenko) muß in der bis zum Einbruch des Winterwetters verfügbaren, befristeten Zeit vernichtend geschlagen werden ... Nach Vortrag des ObdH befehle ich:

In der Heeresmitte ist die Operation (›Taifun‹) ... derart vorzubereiten, daß möglichst frühzeitig (Ende September) zum Angriff angetreten werden kann mit dem Ziel, den im Raum ostwärts Smolensk befindlichen Gegner in doppelter, in allgemeiner Richtung Wjasma angesetzter Umfassung – starke zusammengefaßte Panzerkräfte auf den Flügeln – zu vernichten.

Hierzu sind mit schnellen Kräften Schwerpunkte zu bilden: auf dem Südflügel ... Stoßrichtung Nordost ... aus Heeresgruppe Mitte; (auf dem Nordflügel) ... Stoßrichtung über Bjeloje aus Heeresgruppe Nord.

Die Luftwaffe unterstützt ... mit Schwerpunkt auf den Flügeln ... Masse der Sturzkampfverbände bei den schnellen Verbänden der beiden Angriffsflügel ... (Deckung der Flanken des Angriffs durch Kräfte der Heeresgruppen Süd und Nord!)

gez. Adolf Hitler«

Die Führung der Operation

wurde der Heeresgruppe Mitte (Feldmarschall von Bock) übertragen. Ihr waren recht erhebliche Kräfte unterstellt: Die Infanterie-Armeen 2, 4 und 9 sowie die Panzergruppen 2, 3 und 4 mit 13 Pz.Divisionen und 9 mot. Divisionen. Zwei Luftflotten unterstützten den Angriff. Das OKH hatte alles getan, um einen wirklichen Schwerpunkt zu bilden. Dabei war aber zu berücksichtigen, daß die Schnellen Truppen nur noch etwa 30 bis 40 Prozent ihrer normalen Gefechtskraft besaßen. Der Infanterie und Luftwaffe ging es ähnlich.

Die Zuführung der schnellen Verbände von der Heeresgruppe Nord her verlangte erhebliche Marschleistungen und brachte damit neue Ausfälle an Waffen und Gerät. So wurden von Norden her das 41. Pz.Korps aus den Kämpfen um Leningrad, das 56. Pz.Korps vom Ilmen-See, das 57. Pz.Korps von der Waldai-Höhe herangeholt. Der Stab der *Panzergruppe 3* (Hoth) führte die nördliche Angriffsgruppe, während der Stab der *Panzergruppe 4* (Hoepner) in den Raum um Roslawl verschoben wurde.

Die Heeresgruppe Süd hatte die *Panzergruppe 2* (Guderian) abzugeben, sobald die Beendigung der Schlacht bei Kiew sich abzeichnen würde. Diese Panzergruppe mußte auf dem Schlachtfeld ab 23. September kehrtmachen und ihre bisher nach Süden gerichtete Front unter Feinddruck nach Nordosten herumwerfen.

Das alles waren schwierige Bewegungen unter ungünstigen Voraussetzungen und unter wiederholten Änderungen der Unterstellung. Es ist allein auf die große Leistung der Schnellen Truppen zurückzuführen, daß diese improvisierte Bereitstellung gelang und mit Teilen befehlsgemäß bereits am 30. September, mit der Masse am 2. Oktober, auf Moskau angetreten werden konnte.

Die Heeresgruppe Mitte führte ihren Angriff ostwärts von Smolensk auf Wjasma, um hier den Verteidigungsschwerpunkt beiderseits der Moskauer Autobahn durch weiträumige Umfassung auszuschalten. Dazu brach die Panzergruppe 4 aus dem Raum von Roslawl nach Nordosten auf Wjasma vor, während die Panzergruppe 3 nördlich der Autobahn über Cholm mit demselben Ziel angesetzt wurde, beide im Zusammenwirken mit der 4. und 9. Armee.

Da aber die Panzergruppe 2 etwa 450 km entfernt von dieser Operation im Süden verfügbar wurde, erhielt sie den Auftrag, aus Zeitmangel aus dem Raum von Gluchow auf Orel im Rücken des Feindes vorzugehen. Zwangsläufig kam es daher wiederum nicht zu einem operativen Zusammenwirken aller drei Panzergruppen und damit nicht zur Bildung eines überlegenen Schwerpunktes aller unterstellten Panzerkräfte etwa über die Linie Kaluga–Wjasma in Richtung Borodino, Moskau. Dieser Nachteil war auch eine der Folgen des weiten Abdrehens nach Kiew. Fünf Pz.Divisionen und vier mot. Divisionen fielen damit beim unmittelbaren Stoß auf Moskau im Angriffszentrum aus und übernahmen eine offensive Flügelrolle, für die sie allein wiederum nicht stark genug waren.

Statt dessen wurde die Panzergruppe 2 in Verkennung der Weite des

Raumes und der Stärke des Feindes am 10. Oktober sogar auf das Ziel Tula angesetzt, wodurch sie noch weiter vom Schwerpunkt abgesplittert wurde, ohne den erhofften Erfolg zu erzielen. Man »klotzte« nicht, sondern man spielte mit dem operativen Gedanken weiträumiger doppelseitiger Umfassung durch schnelle Verbände, die für diese Aufgabe aber zu schwach waren und von dem sehr aktiven und hartnäckigen Verteidiger aufgehalten werden konnten.

Der Durchbruch der (seit dem 6. Oktober so benannten) 2. Panzerarmee gelang bei trockenem Wetter schnell. Bereits am 5. Oktober erreichte der linke Flügel Karatschew (hier die 18. Pz.Div. des Verfassers) und Brjansk, ihre Mitte am 3. Oktober Orel, während das 48. Pz.Korps (General Kempf) rechts gestaffelt auf Fatesch folgte.

Bereits am 7. Oktober hatten die Panzergruppen 4 und 3 den Kessel um Wjasma–Cholm gebildet.

Wieder hatten Truppen aller Waffengattungen große Erfolge, vor allem durch die schnellen Verbände, erzielt. Bei Wjasma gingen 45 russische Großverbände verloren und bei Brjansk–Karatschew bis zum 20. Oktober weitere 15 Divisionen.

Damit war das geplante große Loch in die feindliche Front vor Moskau geschlagen. Die deutschen Panzerverbände hatten erneut Operationsfreiheit gewonnen.

Aber am 6. Oktober kam über das deutsche Frontnachrichtennetz in Orel – in Karatschew – bei Wjasma und weiter nördlich eine Schnee- und Kältewarnung für alle motorisierten Fahrzeuge der Wehrmacht. Am 7. Oktober früh lag eine zusammenhängende Schneedecke über dem Lande; es gab keine Frostschutzmittel, keine Winteröle für Waffen und Kraftfahrzeuge und keine ausreichende Winterbekleidung. Noch war der Frost milde, noch war es Zeit, sich zur Verteidigung einzurichten und dem Russen die Nachteile einer Winteroffensive zuzuschieben. Diesen Gedanken erwogen viele Kommandeure.

Aber Hitler wollte seinen Willen durchsetzen. Nach wie vor unterschätzte er die russische politische und militärische Führung, die nahezu unerschöpflichen Hilfsquellen des Landes; ebenso überschätzte er die deutschen, tatsächlich ungewöhnlichen Erfolge und den Leistungszustand der seit dem 22. Juni ständig bis zum Äußersten angespannten und daher überforderten Truppen.

Das OKH und eine Reihe höherer Führer schlossen sich dieser Auffassung Hitlers an, nichts unversucht zu lassen, um zu einem guten

Ende zu kommen. Sie dachten an die Marneschlacht von 1914, wo die deutsche Führung zu früh aufgegeben hatte.

So wurde der Angriff also fortgesetzt.

Die Russen

Als deutsche Panzerverbände am 5. November die feste Straße Orel-Karatschew-Brjansk in Richtung Moskau überschritten, übertrug Stalin die Verteidigung von Moskau seinem späteren Marschall Georgij Konstantinowitsch Schukow[10].

Die russische »West-Front« war zerbrochen, große Lücken waren entstanden. Reserven hatte man nicht mehr. Stalin wollte den angeblich schuldigen Armeeführer Konjew ablösen, verzichtete aber auf Vorschlag von Schukow darauf. Der Weg für die deutschen Panzerdivisionen nach Moskau war frei, aber sie waren durch das Ausräumen der riesigen »Kessel« gebunden, die sie umstellt hatten.

Schukow mißt dem Opfer, das die eingeschlossenen Verbände durch ihren zähen Widerstand brachten, große Bedeutung für die weitere Stärkung der Verteidigung der Hauptstadt zu. Man griff dabei energisch ein. Unterstützt durch Stalin warf man alles aus der »Heeresreserve« an die Westfront: unter anderem Kavallerie, Matrosenbrigaden, Skibataillone und allein aus Moskau fünf Divisionen Arbeiterbataillone, dazu überlegene Fliegerkräfte. Am 6. Dezember wurde der Gesamtangriff durch Stalin befohlen und daraufhin der deutsche Angriff am 8. Dezember durch Hitler eingestellt *. Schukows Absicht war, die Deutschen unter Zusammenfassung aller Kräfte im Raum vor Moskau entscheidend zu schlagen. Stalin entschied sich aber für den Angriff auf der ganzen Heeresfront, der dann zwar zu keinem durchschlagenden Erfolg führte, aber die Bedrohung Moskaus beseitigte.

Der Wendepunkt 1941 **

Auf der deutschen Seite kam inzwischen die *2. Panzerarmee* Anfang Oktober über Orel bis Mzensk vorwärts. Die *Panzergruppe 4* warf sibirische Schützen[11] bei Borodino zurück. Die *Panzergruppe 3* nahm Kalinin. Man stand dicht vor Moskau. Dann begann es Mitte Oktober zu

* Bereits am 5. Dezember hatten die 2. Pz.Armee (Guderian) und die Pz.Gruppe 3 (Reinhardt) den Angriff selbständig eingestellt.

** Vgl. dazu Lage- und Gefechtsberichte, Anhang, S. (27)–(32).

regnen, die Schlammperiode setzte ein und der deutsche Vormarsch blieb erneut im Schlamm stecken. Auf allen Gebieten begann der Nachschub zu stocken. Die Russen aber gewannen erneut Zeit.

Unentwegt rollten ihre Reserven aus dem Fernen Osten heran. Ihre Fabriken jenseits des Ural lieferten Gerät und Waffen in großen Mengen, ebenso die USA[12].

Erst am 17. November wurde der deutsche Angriff fortgesetzt. Die 2. Panzerarmee sollte Moskau im Süden und Südosten, die Panzergruppen 3 und 4 von Norden und Nordosten einschließen, während die 4. Armee weiter frontal angriff und die 2. und 9. Armee die Flanken zu decken hatten.

Bald fiel die Temperatur auf 30 ° C Kälte[13]. Erneut wurde angehalten. Generaloberst Halder notierte in seinem Tagebuch zwischen dem 18. und 22. November 1941: »... Feind hat auch keine Tiefe mehr und ist sicherlich noch schlechter dran als wir ... Nördlich Rostow ist ... die 1. Panzerarmee in die Abwehr gedrängt und wird es schwer haben ... durchzuhalten ... Bock führt die Schlacht von Moskau weit vorn selbst ... Die Truppe ist hier am Ende ... Aber bei Panzergruppe 3 ist die Möglichkeit des Erfolges noch gegeben ...«

Anfang Dezember griffen die Panzerverbände noch einmal an. Die 2. Panzerarmee konnte das bereits ostwärts umfaßte Tula nicht nehmen. Nördlich von Moskau stießen die Panzergruppen 4 und 3 bei und südlich von Klin bis über die Bahn nach Moskau vor, 34 km nördlich der Stadt. Die vordersten Teile der 7. Pz.Division hatten einen Brückenkopf über den Wolga-Moskau-Kanal gewonnen. Die 2. und 1. Pz.Division kämpften 30 km nördlich der Stadt am Kanal. Die 4. Armee stand im Angriff 40 km westlich von Moskau; aber die Schwierigkeiten der nicht für den Winterkrieg ausgerüsteten Truppe, der mangelhafte Nachschub, die Verluste, die mangelnde Einsatzfähigkeit der motorisierten Fahrzeuge und die körperliche Erschöpfung der seit Monaten ständig überforderten Truppe brachten den für die Oberste Führung letzten Endes doch unerwarteten Wendepunkt im Feldzug 1941. Die Panzergruppen 2 und 3 sahen sich gezwungen, am 5. Dezember ihren Angriff selbständig einzustellen. Die Heeresgruppe Mitte schloß sich dieser Auffassung für ihre gesamte Front am 6. Dezember an.

Noch während der deutschen Moskau-Offensive hatten die Russen je eine neue Kräftegruppe nördlich und südlich ihrer Hauptstadt zum großen Gegenangriff bereitgestellt. Diese brachen am 6. Dezember überraschend in die abgekämpften deutschen Truppen auf beiden Flügeln ein und zwangen sie unter schweren Verlusten an Menschen, Waffen und Gerät zum schwierigen Rückzug von Moskau[14].

Die Russen hatten dazu in der »Kalinin-Front« unter Konjew, in der »Westfront« unter Schukow und auf dem Nordflügel der anschließenden »Südwestfront« unter Timoschenko eingesetzt: 88 Schützendivisionen (darunter 20 sibirische), 15 Kav.Divisionen und 24 Pz.Brigaden.

Ihnen standen auf deutscher Seite gegenüber: 67 abgekämpfte Divisionen, die nahezu unbeweglich waren und ohne Reserven auf etwa 1000 km Frontbreite standen, dazu nur stark geschwächte Luftwaffenverbände.

Bereits am 1. Dezember 1941 hatte der OB der Heeresgruppe Mitte (Feldmarschall von Bock) seine klare Beurteilung der Lage an das OKH gemeldet:

»... Der Gedanke, daß der Feind vor der Heeresgruppe ›zusammenbricht‹, war, wie die Kämpfe der letzten Tage lehren, ein Traumbild! ... Der eigene Angriff erscheint somit ohne Sinn und Ziel ... unerläßlich ist geregelte Versorgung und Bevorratung ... eine geeignete rückwärtige Stellung festlegen und ... einrichten ...«

Und am 5. Dezember meldete er:

»Kraft zu Ende. Angriff Panzergruppe 4 morgen nicht möglich. Ob Ausweichen notwendig, wird morgen gemeldet.«

Am 7. Dezember lautet sein Bericht:

»Schwerer Tag. Der rechte Flügel der Panzergruppe 3 hat in der Nacht begonnen, sich abzusetzen ... Das Absetzen der 2. Panzerarmee (Guderian) vollzieht sich im übrigen planmäßig ... (Der Kampfwert) der Divisionen ist auf die Hälfte herabgesetzt; der Kampfwert der Panzertruppe weit geringer ...«

Die »Führerweisung 39« vom 8. 12. 1941

ordnete nun endlich den sofortigen Übergang zur Verteidigung an, um »dadurch die Voraussetzungen für die Wiederaufnahme größerer Angriffsoperationen im Jahre 1942 schaffen« zu können. Der Ernst der Lage war immer noch nicht erfaßt worden.

Vor allem sollten die Panzer- und mot. Divisionen zur Auffrischung aus der Front gezogen werden, was in dieser kritischen Lage wieder einmal eine Illusion Hitlers und seiner Berater im Führerhauptquartier war.

Die Heeresgruppe Süd sollte ihre Angriffe zum Gewinnen der unteren Don-Donez-Linie fortsetzen, um die Voraussetzungen für die Frühjahrsoffensive gegen den Kaukasus zu schaffen. Die Heeresgruppe Nord sollte die Abschließung von Leningrad endgültig sichern.

Beide Heeresgruppen waren aber froh, ihre Stellungen überhaupt nur halten zu können.

Der Halt-Befehl Hitlers vom 16. 12. 1941

Hitler, der die große Gefahr mittlerweile erkannte, die ein tiefer Rückzug in dieser sehr schwierigen Lage, in Schnee und Eis mit sich bringen konnte, forderte am 16. Dezember rücksichtsloses Stehenbleiben aller Verbände auf der Stelle, an der sie sich gerade befanden. Niemand durfte seine Stellung ohne Hitlers Genehmigung räumen. Er hatte hier Erfolg damit, weil der nachdrängende Russe nicht damit rechnete und vom erneuten Widerstand überrascht wurde. Wahrscheinlich ist durch Hitlers Eingreifen eine Panik und Auflösung des Heeres unterbunden worden. Nur durfte dieses »Halterezept« nicht zu einem späteren Allheilmittel Hitlers werden, von dem er sich unter Aufgabe ganzer Armeen (wie bei Stalingrad und in Tunesien 1943) Wunder versprach und dabei taktisch wie operativ unverständlich und starrsinnig handelte.

Die Härte und Standfestigkeit aller deutschen Verbände der Mittelfront bei der Abwehr der Russen im Winter 1941/42 war und bleibt bewundernswert. So wurden Klin und Kalinin noch am 15. Dezember gehalten. Die Panzerverbände kämpften taktisch neben den Inf.Divisionen. Es kam in dieser kritischen Lage darauf an, die Front mit allen verfügbaren Kräften zu halten, was in den kommenden Wochen unter Einsatz der letzten verfügbaren Panzer, Pak und MG mühsam in der Linie Orel–Juchnow–Rschew–Welisch–Welikije-Luki–Cholm–Demjansk–Leningrad gelang, da auch der Russe seine Kräfte überschätzt hatte.

Am 19. Dezember entließ Hitler den Oberbefehlshaber des Heeres, Feldmarschall von Brauchitsch, der unter seiner allmählich bedeutungslos gewordenen Rolle sehr gelitten hatte. Hitler schob ihm damit die Schuld am Mißlingen des Feldzuges 1941 (»Barbarossa«) zu und übernahm nun selbst neben dem Oberkommando der Wehrmacht auch noch das Oberkommando des Heeres.

Feldmarschall von Bock wurde am selben Tage beurlaubt.

Am 26. Dezember enthob Hitler den hochbewährten Generalobersten

Guderian seiner Stellung, weil dieser durch Räumen eines kräfteverzehrenden Frontbogens zwar Kräfte eingespart, aber damit gegen den »Halt-Befehl« verstoßen hatte. Generaloberst Hoepner wurde aus gleichem Anlaß am 8. Januar 1942, unter noch unerfreulicheren Begleitumständen als es bei Guderian der Fall war, wegen vermeintlichen »Ungehorsams« sogar »aus dem Heer ausgestoßen«[15].

Die Truppe hatte dafür kein Verständnis, soweit sie in den turbulenten Wochen von diesen erregenden Vorgängen überhaupt erfuhr. General Lemelsen, der Kommandierende General des 47. Pz.Korps, gab seinem Unmut in einem erhalten gebliebenen Tagesbefehl* offen Ausdruck, ohne daß sich nachteilige Folgen für ihn ergaben. Bis zum OKW teilten alle seine Auffassung.

Die Panzergruppe 1 **

wurde von der Operation gegen Moskau nicht unmittelbar betroffen, da sie aufgrund ihres abgesplitterten Einsatzes am Südflügel der Heeresgruppe Süd in nur losem operativem Zusammenhang mit den auf Moskau angreifenden Panzerkräften stand. Ihr Auftrag im Rahmen der Heeresgruppe Süd bestand darin, Rostow als Tor zum Kaukasus in Besitz zu nehmen. Nach dem Abschluß der Kämpfe bei Kiew war sie am 24. September nach Südosten angetreten, hatte den Dnjepr-Abschnitt bei Dnjepropetrowsk überwunden und vernichtete vom 5. bis 10. Oktober im Zusammenwirken mit der 11. Armee von Melitopol her zwei feindliche Armeen in der »Schlacht am Asowschen Meer«.

Am 20. Oktober erreichte die Panzergruppe 1 die Linie Taganrog–Stalino, als die Schlammperiode Nachschub und Vormarsch nahezu lahmlegte. Erst am 21. November konnte sie nach harten Kämpfen – nunmehr bei strengem Frost – Rostow nehmen, mußte aber am 29. November hinter den Mius zurückgehen. Hitlers Verbot, die Front zurückzuverlegen, konnte an der Tatsache nichts ändern, da sie taktisch notwendig war, um die Armee vor sinnlosen Verlusten zu bewahren. Der Oberbefehlshaber der Heeresgruppe (Feldmarschall von Rundstedt)

* Der Verfasser war damals als Kommandeur der 18. Pz.Division dem General Lemelsen unterstellt. Der Originalabzug des Befehls vom 31. 12. 1941 ist in seinem Besitz.

** Im Anhang befinden sich Befehle aus der Panzergruppe 1 bzw. der 1. Panzerarmee im Wortlaut, die ein anschauliches Bild des Geschehens geben, s. Anhang, S. (28) ff.

widersprach Hitler und wurde durch Feldmarschall von Reichenau am 30. November 1941 abgelöst; er war der erste General aus einer langen Reihe hochbewährter Führer, die Hitler als Sündenböcke seiner Mißerfolge herausstellen wollte, weil sie vernunftgemäß gehandelt hatten.

Über diese Tage berichtet Generaloberst Halder am 30. November in seinem Tagebuch:

»... Die Leute (gemeint ist Hitler und sein OKW) haben keine Ahnung von dem Zustand unserer Truppen und bewegen sich mit ihren Gedanken im luftleeren Raum ... Der ObdH ... zum Führer bestellt ... Aussprache ... in welcher der Führer nur mit Vorwürfen und Schmähungen um sich warf und unüberlegte Befehle gab ... Am selben Tage gab es im Ostheer 340 000 Fehlstellen. Das war die Hälfte der Gefechtsstärke der Infanterie. Kompanie-Gefechtsstärke 50 bis 60 Mann. An Kraftfahrzeugen laufen höchstens (noch) 50 Prozent.«[16]

Betrachtungen

Als *Ergebnis des Feldzuges* 1941 ist festzustellen, daß Hitlers Operationsplan vom 18. Dezember 1940, auf dem seine (militärpolitische) Strategie für den weiteren Ablauf des gesamten Krieges aufgebaut war, gescheitert war.

Es war nicht gelungen, Rußland in einem schnellen Feldzug niederzuwerfen, um damit Englands möglichen Bundesgenossen auf dem Festland auszuschalten und England dadurch friedenswillig zu machen. Hitler hatte im Gegenteil mutwillig eine zweite starke Front geschaffen. Mit großer Anstrengung war eine drohende Katastrophe in letzter Stunde vermieden worden, obwohl die Träger der Operationen, die Panzertruppe und die Luftwaffe, durch ständige Überforderung und zersplitterten Einsatz ihrer Schlagkraft beraubt worden waren.

Mindestens ein zweiter Feldzug von Jahresdauer und mit neuer Ausrüstung war nunmehr notwendig geworden, um das angestrebte Ziel zu erreichen, wobei der siegreiche Ausgang nicht feststand.

Die zweite Feindfront im Westen hatte damit die dringend erforderliche Zeit für ihre eigene Aufrüstung gewonnen. Hitlers bisheriger Vorsprung auf diesem Gebiet ging verloren. Dabei hatte er durch seinen schwerwiegenden strategischen und psychologischen Fehler, den USA den Krieg zu erklären, einen neuen Feind eingeschaltet, dessen Menschenpotential und Industriekapazität die Wehrmacht und insbesondere die Panzertruppe später erdrücken sollten.

Der Nimbus der deutschen Unbesiegbarkeit und die Zeit der »Blitzkriege« der Panzertruppe waren vorüber. Im Gegensatz dazu war das Vertrauen des russischen Volkes und seiner Führung auf die eigene Kraft durch die erzielten Abwehrerfolge ungewöhnlich gewachsen[17].

Am 15. 5. 1945 äußerte sich Generaloberst Jodl zurückschauend: »... Hitler und ihm sei klargeworden, als die Katastrophe des Winters 1941/42 hereinbrach ... daß von diesem Kulminationspunkt an ... kein Sieg mehr errungen werden konnte ...«[18]

Hitler hatte in diesem Feldzug trotz sehr großer Erfolge nicht nur einen Rückschlag, sondern eine klare Niederlage erlitten. Noch schien diese für den Kriegsausgang nicht bestimmend zu sein. Nachträglich ist allerdings festzustellen, daß sie wichtige Voraussetzungen für den Verlust des Gesamtkrieges geschaffen hat. Der Ausgang des Jahres 1941 ist als der vorbereitende Wendepunkt im dramatischen Kriegsgeschehen der Jahre 1939 bis 1945 anzusehen.

Hitler selbst hat diese Tatsache eindeutig unterstrichen, als er am 31. Juli 1940 laut Tagebuch Halders erklärte: »... (Dieser Feldzug gegen Rußland) hat nur Sinn, wenn wir (den) Staat in einem Zug schwer zerschlagen. Gewisser Raumgewinn allein genügt nicht. Stillstehen im Winter (ist) bedenklich ...«

Wie erklärt sich dieser negative Ausgang? In erster Linie ist es wohl die maßlose Unterschätzung Rußlands, die Hitler dazu trieb, den Krieg gegen Rußland ohne zwingenden Grund auszulösen. Er war davon überzeugt, leichtes Spiel mit den »sowjetischen Untermenschen« zu haben. Aufgrund der großen bisherigen Erfolge glaubte er, mit den schnellen Verbänden, die mit den Luftstreitkräften gekoppelt wurden, auch in den grenzenlosen Räumen Rußlands wieder einen schnellen, vielleicht sogar noch schnelleren Blitzsieg als bisher erringen zu können. Bedenken lehnte er als defätistisch ab. Vom fehlenden Verkehrsnetz in Rußland machte er sich anscheinend kein Bild; leichtfertig setzte er nur straßengängige Kraftfahrzeuge über tausend Kilometer tief in die Feindstellungen hinein an. An die große Industriekapazität beiderseits des Ural glaubte er nicht und ebensowenig an die bekannten sehr hohen Panzerzahlen des russischen Heeres, sondern hielt sie für eine gezielte Propaganda der Gegenseite.

Auf Warnungen von Fachleuten[19] hörte Hitler nicht; auch nicht auf die sehr einleuchtenden Ausführungen des Staatssekretärs von Weizsäcker am 28. April 1941[20] und die »schweren Bedenken« des ObdM

Großadmiral Raeder am 27. Dezember 1940, daß »jede Zersplitterung den Enderfolg gefährde«.

Nach H. Greiner[21] hatte sich Großadmiral Raeder bereits auch am 6. und 26. September sowie am 14. November 1940 »eindringlich« gegen das Projekt Rußland ausgesprochen.

Dazu paßt Hitlers ungewöhnliches Eingeständnis Guderian gegenüber am 4. August 1941, als ihn die hohen, von der Fronttruppe gemeldeten feindlichen Panzerzahlen beeindruckten: »Wenn ich gewußt hätte, daß die von Ihnen in Ihrem Buch früher genannten Panzerzahlen der Russen tatsächlich stimmen, dann hätte ich ... diesen Krieg nicht angefangen!«[22] Ähnlich äußerte er sich am selben Tage bei der Heeresgruppe Mitte[23].

Hitlers Überschätzung des eigenen Könnens als vermeintlicher »Feldherr« und der große Erfolg der Wehrmacht – vor allem der neuartigen Panzertruppe – in den Jahren 1939 bis 1941 ließen ihn in der Vorbereitung und Durchführung des Feldzuges gegen Rußland Intuitionen folgen, die sich sehr bald als Illusionen oder gar als grobe Führungsfehler erwiesen, für die die Truppe einstehen mußte. Ihm fehlten als Dilettanten auf dem Gebiet der operativen militärischen Führung die beruflichen Erfahrungsgrundlagen, um die möglichen Grenzen der Durchführung solcher Operationen beurteilen zu können.

Trotzdem griff er als politisch verantwortlich führender Staatsmann, der sich nach Clausewitz auf die politisch-strategische Zielsetzung beschränken sollte, 1940 zunächst teilweise und im Rußlandfeldzug ständig abrupt in die Einzelheiten der militärischen Führung ein. Damit zerstörte er das Vertrauensverhältnis zwischen dem auftraggebenden Politiker und dem in seinem militärischen Rahmen selbständig und verantwortlich handelnden Heerführer.

Hitler unterband durch sein nervöses, sprunghaftes Verhalten[24], durch seine divergierenden Pläne und seine große Ungeduld, die keinen Plan ausreifen ließ, sowie durch seine schnell wechselnden Absichten jede weitsichtige, langfristige operative Planung, wie Akten, Memoiren und das Tagebuch Halders erkennen lassen.

Hitler war der festen Überzeugung, daß er den Feldzug trotz des durch den Balkanfeldzug um etwa fünf Wochen verspäteten Beginns bis zum Herbst erfolgreich abschließen werde, worin ihn seine ihm ergebenen Anhänger im Führerhauptquartier bestärkten. Erstaunlicherweise war auch das OKH dieser Meinung. Bestätigend schreibt Guderian[25] hierzu, daß »OKW und OKH auf keine Einwände reagierten«. Man war sich seiner Sache sicher, wie Halders rechte Hand, der Chef der Operationsabteilung von 1941, zum Erstaunen des Verfassers am 22. Juni 1966 im Fernsehen bestätigte.

Ebenso erstaunlich ist auch Generaloberst Halders Eintragung in sein Tagebuch vom 3. Juli 1941, am 12. Gefechtstag:

»Es ist also wohl nicht zuviel gesagt, wenn ich behaupte, daß der Feldzug gegen Rußland innerhalb von 14 Tagen gewonnen wurde. Natürlich ist er damit noch nicht beendet. Die Weite des Raumes und die Hartnäckigkeit des ... Widerstandes werden uns noch viele Wochen beanspruchen ...«

Gerade an diesem Tage stieß die 18. Pz.Division des Verfassers jenseits der Beresina auf die ersten russischen T 34 unter General Jeremenko, die den deutschen Panzern in bezug auf Waffenwirkung, Panzerung und Geländegängigkeit erheblich überlegen waren. Unser Urteil lautete daher schon damals anders[26].

Überhaupt dachte die Panzertruppe in vieler Beziehung sachlicher als die einseitig eingestellte Oberste Führung, da ihr die Schwächen der Truppe bekannt waren. Die Schnellen Truppen waren für einen Feldzug gegen Rußland panzer- und kraftfahrzeugmäßig nicht zweckentsprechend ausgestattet. Ihre schnellen Siege in Frankreich waren mit straßengängigen Kraftfahrzeugen auf besten Straßen »erfahren« worden. Hier, im nahezu straßenlosen Osten, fehlte es an geländegängigen Fahrzeugen für Kampf und Versorgung, da es fast nur Feldwege mit ausgefahrenen Gleisen gab, die in der Schlammzeit grundlos wurden.

Sehr wesentlich wirkte sich der Operationsplan für den Feldzug, die »Weisung 21« vom 18. Dezember 1940, aus. Der Plan war nach dem Urteil des Schweizer Historikers Eddy Bauer[27] »von höchster Einfachheit und Klarheit«.

Man wird aus diesem Urteil erkennen, wie schwer es für einen Berufshistoriker sein mag, sich über militärische Dinge kritisch zu äußern. Der Plan hatte nämlich grobe Fehler:

Er erkannte nicht den entscheidenden Wert Schneller Truppen als Träger des Operationsgedanken durch zusammengefaßten Einsatz aller verfügbaren Kräfte unter einheitlicher Führung, sondern verzettelte diese.

Dieser Fehler verschärfte sich durch die Unterstellung der Schnellen

Truppen unter die drei Heeresgruppen auf der ganzen Heeresfront vom unteren San bis Nordostpreußen in einer Ausdehnung von über 500 km Luftlinie. Dadurch war jedes operative Zusammenwirken schneller Verbände außerhalb ihrer Heeresgruppen erschwert und zeitraubend.

Die Angriffsrichtungen der drei Heeresgruppen und ihrer Panzergruppen strebten exzentrisch auseinander. Grundsätzlich soll man zwar getrennt marschieren, sich aber vor dem Feinde vereinigen, um diesen mit überlegenen Kräften angreifen und umfassen zu können. Hiergegen wurde verstoßen. Der Südflügel erhielt die Richtung auf Kiew, der Nordflügel auf Leningrad. Damit wurde die Angriffsfront um weit mehr als das Doppelte verbreitert und bot dem Verteidiger Gelegenheit zu Gegenangriffen aus der Tiefe des Landes gegen die Flanken der Angriffskeile.

Der Operationsplan läßt erkennen, daß man anscheinend nur mit einem schwachen Gegner rechnete, der sich passiv verhalten, zersprengt und schnell zusammenbrechen würde.

Der Plan setzte von vornherein zu einer Verfolgung an, ohne daß sich vorher durch eine erfolgreiche Schlacht, also durch die Prüfung der beiderseitigen Kräfteverhältnisse, die Möglichkeit dazu ergeben hätte. Diese wurde durch eine falsche Lagebeurteilung Hitlers und des OKH, die sich als Wunschtraum aus den Erfolgen der Jahre 1939/1941 entwickelte, ersetzt. Bereits hier wurde einer der Kernpunkte des Mißerfolges in Rußland sichtbar.

War die Feindlage aber ungeklärt, so mußte man nach Moltkescher Lehre und der Ziffer der geltenden Vorschrift »Truppenführung« (von 1936) »das für das eigene Handeln nachteiligste Verhalten des Feindes zugrunde legen«.

Nach Ansicht des Feldmarschalls von Manstein[28] war es nicht gelungen, »eine einheitliche strategische Konzeption zwischen Hitler und dem OKH zustande zu bringen. Weder ... bei Anlage der Gesamtoperation noch im Verlauf der Durchführung 1941 ... Hitlers strategische Ziele beruhten vorwiegend auf politischen und kriegswirtschaftlichen Erwägungen ... Demgegenüber vertrat das OKH mit Recht die Auffassung, daß Eroberung und Behauptung dieser zweifellos strategisch wichtigen Gebiete die Vernichtung der Roten Armee zur Voraussetzung hätten ... (nach seiner Auffassung) auf dem Wege nach Moskau ...

Hitler wollte militärisch die Entscheidung auf beiden Flügeln suchen, wozu die deutschen Kräfte angesichts der Kräfteverhältnisse der beiden

Gegner und der Weite des Operationsraumes nicht ausreichten. Das OKH strebte sie aber im Zentrum (Moskau) der Gesamtfront an ...«

Hier standen sich also der nach kriegswirtschaftlichen und politischen Gesichtspunkten führende Politiker und Zivilstratege Hitler und das generalstabsmäßig denkende OKH von vornherein ohne inneren Ausgleich gegenüber. Beide Teile hielten an ihren Ansichten während der Durchführung des Feldzuges fest und zogen somit an verschiedenen Strängen.

Leningrad oder Moskau?

Zweckmäßig erscheint dagegen in der »Weisung 21« Hitlers nachdrückliche Forderung, »starke Teile der Schnellen Truppen nach Norden« (also nicht starr bis Leningrad) einzudrehen, um den Verteidiger im Baltikum zu vernichten und damit die schwebende Bedrohung der linken Heeresflanke auszuschalten, ehe der Angriff auf Moskau fortgesetzt werden sollte. Die Besetzung des Baltikums brachte viele Vorteile. Man gewann die Herrschaft über die Ostsee; damit war der großräumige Wehrmachtnachschub über See für den endgültigen Stoß von Norden nach Süden in den Rücken des Gegners sichergestellt, ebenso die lebenswichtige Zufuhr des schwedischen Erzes nach Deutschland. Auch wurde die Verbindung zur finnischen Armee hergestellt, die im Interesse gemeinsamer Aufgaben sehr wichtig war. Schließlich ergab sich daraus eine politische Beruhigung im gesamten skandinavischen Raum, die für Deutschland von großem Vorteil gewesen wäre.

Feldmarschall von Rundstedt, Generaloberst Hoth[29] und Generaloberst Guderian[30] urteilten ähnlich zustimmend.

Der General der Panzertruppe, Leo Freiherr von Geyr, schrieb Ende September 1941 in einer Denkschrift, daß »die Einnahme von Moskau auf Grund immer wiederholter Lehren russischer Geschichte nichts Entscheidendes bedeutete«. Es hieß darin wörtlich: »Moskau dürfe nicht zu einem zweiten Verdun werden.«[31]

Das OKH stand von vornherein auf einem anderen Standpunkt: sein Ziel war Moskau als politischer, kriegswirtschaftlicher, verkehrs- und nachrichtenmäßiger Mittelpunkt Rußlands. Auf dem Wege dorthin würde man mit Sicherheit auf die militärische Macht des feindlichen Landes treffen und sie mit der weit überlegenen eigenen Panzertruppe schlagen, womit der Feldzug gewonnen sei. Auch dieser Plan war aussichtsreich.

Das OKH paßte sich aber bei den monatelangen Erörterungen vor Beginn des Feldzuges leider Hitlers Forderung an, vielleicht in der Hoffnung, durch die zwangsläufige Entwicklung der Dinge doch nach Moskau zu kommen und den Umweg über den baltischen Raum zu vermeiden. Jedenfalls war die gesamte Heeresgruppe Mitte durch Befehle und Planübungen völlig auf das Ziel Moskau ausgerichtet.

Dieser Verzicht des OKH sollte im Laufe des Feldzuges zu schweren Belastungen des Vertrauensverhältnisses und der Führungsentschlüsse führen.

Nach Auffassung des Generalobersten Hoth, der damals in jenem Raum die Pz.Gruppe 3 führte, ergaben sich im Laufe der erfolgreichen Grenzschlachten ausgezeichnete Gelegenheiten zum ursprünglich geforderten Abdrehen nach Norden etwa über die Linie Orscha–Witebsk–Dünaburg, als die beiden Panzergruppen 2 und 3 durch die Vernichtung der russischen Kräfte um Minsk volle Operationsfreiheit erlangt hatten. Die günstigen Zeitpunkte waren Ende Juni ab Minsk, oder Anfang Juli nach Überschreiten der Beresina durch die Panzergruppe 2, oder etwa am 10. Juli noch vor dem Überschreiten des Dnjepr durch dieselbe Panzergruppe. Hier hätten dann die folgenden Inf.Armeen die Deckung des Abmarsches nach Norden übernehmen können.

Die Russen waren damals im Begriff, eine Kräftegruppe westlich von Moskau etwa im Raum bis Wjasma zu bilden, die Moskau frontal zu verteidigen hatte. Eine andere sich im Raum Kalinin–Rschew versammelnde Gruppe war als Flankierungsgruppe gedacht, die dem deutschen Angriff auf Moskau in Nordflanke und Rücken stoßen sollte. Diese beiden feindlichen Kräftegruppierungen wären dann geeignete Ziele der zusammengefaßten schnellen Verbände gewesen.

Der Verfasser ergänzt diese Vorschläge durch die Erwägung, auch die Panzergruppe 1 der Heeresgruppe Süd hinter den rechten Flügel der Panzergruppe 2 heranzuziehen, um wirklich einen operativen Panzerschwerpunkt zu bilden. Marschtechnisch war die Verschiebung möglich. Die Heeresgruppe Süd wäre dann zunächst auf die Verteidigung beschränkt gewesen, um sich später, je nach der Entwicklung, dem Vorgehen der Heeresgruppe Mitte anzuschließen.

Wahrscheinlich aufgrund der Diskrepanz der Auffassungen Hitlers und des OKH machte letzteres während des siegreichen Vorstürmens der Panzerverbände später keine Vorschläge zum Eindrehen. Hitler merkwürdigerweise auch nicht, obwohl das Eindrehen nach Norden vom ersten Tag der Planung an seine Lieblingsidee gewesen war. Vielleicht überschätzte er die bei der Panzergruppe 4 im Baltikum erzielten Erfolge und hielt die Gruppe am 10. Juli auch allein für stark genug. Vielleicht beeinflußte ihn das schnelle Vorgehen der beiden mittleren Panzergruppen in Richtung Moskau zugunsten des Vorschlages des OKH, Moskau frontal zu nehmen.

Am 4. Juli erwog er aber bereits seinen zweiten Lieblingsplan, aus kriegswirtschaftlichen Gründen die Ukraine, die Krim und den Kaukasus zu gewinnen. Er negierte dabei die in harten Kämpfen bereits bewiesene militärische Kraft des Verteidigers, vertraute blindlings den schnellen Verbänden, vergaß Raum und Zeit und übersah dabei die zwingende Notwendigkeit einer planmäßigen Führung seines Heeres, dessen Leitung er an sich gerissen hatte.

Er war eben ein Amateur auf diesem Gebiet und daneben ein ideenreicher Phantast, der aber in der praktischen Operationsführung Hemmungen unterworfen war oder auf Intuitionen wartete, ehe er sich entschloß, da er in nervöser Hast vieles gleichzeitig machen wollte. Nur so ist seine Entschlußlosigkeit bei Vorschlägen des OKH in den kritischen Wochen von Anfang Juli bis zum 21. August zu erklären. Man wäre sonst wohl rechtzeitig zu der ursprünglich vorgesehenen »Operation Nord« gekommen, die im damaligen Schwächezustand der Russen von diesen nicht leicht aufzufangen gewesen wäre.

Eine späteres Abdrehen Mitte Juli hinter Smolensk auf Wunsch Hitlers kam nicht mehr in Frage, da die deutschen Panzerkräfte hier durch feindliche Gegenangriffe gebunden wurden und sie ihre Operationsfreiheit mindestens vorläufig bis zum Wirksamwerden der Inf.Armeen verloren hatten. Der frontale Vormarsch der schnellen Kräfte in ihrer Zersplitterung als vereinzelte Panzerkeile war bei der Heeresgruppe Mitte wie auch bei der Heeresgruppe Nord vom Feind, den man geschlagen wähnte, gestoppt wurden. Auf ihn war Mitte Juli die Initiative übergegangen. Das war das erste operative Warnzeichen.

»Klotzen – nicht Kleckern!«

Vorstehend ist der Operationsplan für 1941 erörtert worden. Wie er zu jener Zeit im Sinne voller Ausnutzung der damals schlagkräftigen Panzerverbände hätte aussehen können, um diese als Träger des Operationsgedankens wirken zu lassen, ist bei dem unterlassenen Abdrehen nach Nordosten Ende Juni/Anfang Juli gestreift worden.

Ob man frontal oder auf dem Flügel über Leningrad nach Moskau vorgehen wollte, auf jeden Fall wäre es doch notwendig gewesen, seine im Verhältnis zur Infanterie immer noch zu geringen Panzerkräfte unter einheitlicher Führung mit selbständiger Aufgabe unter Unterstellung unter das OKH straff zusammenzufassen und mit Guderians »Fahrkarte bis zur Endstation« auszustatten. Dazu wäre es zweckmäßig gewesen, eine Panzer-Heeresgruppe zu bilden, der alle Panzerarmeen mit je drei beziehungsweise zwei Pz.Korps zu unterstellen waren. In diesem Zusammenhang sei an die Schlachtenkavallerie Friedrichs des Großen erinnert, die, vor der Front oder auf dem entscheidenden Flügel oder zur Verfolgung unter einem Befehlshaber (von Seydlitz) einheitlich zusammengefaßt, ihren Einsatzbefehl vom König selbst erhielt, um seinen operativen Entschluß in die Tat umzusetzen. Das heißt, die Entscheidung im Sinne der Operationsplanung der Obersten Heeresführung zu erzwingen.

Werfen wir noch einen Blick zurück auf die Planung für den Feldzug 1940 gegen Frankreich.

Hier war im Zusammenwirken der Ideen der Generale von Manstein und Guderian mit dem eingespielten Führungsapparat des OKH unter Förderung Hitlers eine Operationsplanung entwickelt worden, die vom Schema abwich, neue Gedanken aufwies und die Panzertruppe – ihrer Eigenart entsprechend – mit ungewöhnlichem Erfolg als Träger der Operation schwerpunktartig zum Tragen brachte.

Leider hatte man für den Feldzug 1941 gegen die Sowjetunion von einer erneuten Mitarbeit der beiden hochbewährten und sehr sachverständigen Generäle, angeblich aus Gründen der Geheimhaltung, abgesehen und sich mit dem zwar 1939/40 erfolgreichen, 1941 jedoch bekannten und abgenutzten Rezept der »Panzerkeile« begnügt.

Die straff und autoritär geführte sowjetische Großmacht und die unabsehbare Weite ihres Landes erforderten jedoch ein anderes Kampfverfahren *.

* Vgl. hierzu: Anhang, S. (32) f.

II. *Die deutsche Sommeroffensive 1942 (»Operation Blau«)* *

Die Führerweisung 41 – Die beiderseitigen Heereskräfte – Die Maßnahmen für die Durchführung der Weisung 41 – Die Durchführung des Angriffs – Feldmarschall von Bock wird durch Generaloberst Freiherr von Weichs ersetzt – Die Schlacht bei Rostow – Die Lage vor Stalingrad bis zum 23. Juli – Die Führerweisung 45 – Eine militärische Lösung – Die Verluste des Heeres – Die Nachschublage – Die Feindseite Ende Juli – Die Ausführung der Führerweisung 45 – Der Angriff der 6. Armee auf Stalingrad (Operation »Fischreiher«) – Der Angriff der Heeresgruppe A in den Kaukasus (Operation »Edelweiß«) – Betrachtungen

Die Führerweisung 41

Die russische Winteroffensive von 1941/42 hatte sich Ende März 1942 erschöpft. Sie hatte für die Russen die Bedrohung von Moskau ausgeschaltet und vor allem Hitlers ursprünglichen, grundsätzlichen Plan durchkreuzt, Rußland in einem einzigen Feldzug niederzuwerfen; ferner eine Reihe von taktischen Erfolgen erzielt, welche die Ausgangslage für eine etwaige russische Sommeroffensive verbesserten.

Trotz aller Enttäuschungen und ungeachtet der Niederlage von 1941 hielt Hitler auch für das Jahr 1942 an seinen gleichzeitig angestrebten exzentrischen Zielen Kaukasus und Leningrad fest. Die Einwände des Chefs des Generalstabes des Heeres, Generaloberst Halder, zunächst die erschöpfte Ostfront zu festigen und das Heer daneben auch für weitreichende Operationen wieder schlagkräftig zu machen, lehnte Hitler aus operativen, kriegswirtschaftlichen und politischen Gründen ab: Der Russe habe seine Kräfte in der Winteroffensive verbraucht. Der Besitz der kaukasischen Ölquellen sei kriegsentscheidend. Im Westen drohe 1943 die alliierte Invasion. Der Endkampf im Osten müsse daher in diesem Jahre durchgeführt werden.

Joseph Goebbels bestätigt diese Auffassung Hitlers in seinem Tagebuch vom 20. März 1942: »... (Der Führer) will nicht ins Uferlose hinein Krieg führen. Seine Ziele sind Kaukasus, Leningrad und Moskau. Sind diese Ziele von uns realisiert, dann will er ... rechtzeitig in die Winterquartiere gehen ... Im übrigen hat der Führer für die sowjetische Kriegsführung eine ziemliche Hochachtung ...«

* Stellenbesetzung der höheren Kommandobehörden während der »Operation Blau« bzw. »Braunschweig«, s. Anhang, S. (23) f.

Am 5. April gab Hitler dann seine Führerweisung 41[32] heraus. Sie lautete im Auszug:

»Allgemeine Absicht: ... kommt es darauf an, bei Verhalten der Heeresmitte, im Norden Leningrad zu Fall zu bringen ..., auf dem Südflügel der Heeresfront aber den Durchbruch in den Kaukasus-Raum zu erzwingen ...

Die Führung der Operationen: ... Vorbedingungen schaffen ... Das erfordert die ... Festigung der Lage an der gesamten Ostfront ... mit dem Ziel, dadurch möglichst viele Kräfte für die Hauptoperation zu gewinnen, an den übrigen Fronten aber ... dennoch jedem Angriff gewachsen zu sein ...

Die Hauptoperation an der Ostfront: Ihr Ziel ist es, ... zur Einnahme der Kaukasusfront die russischen Kräfte, die sich im Raum von Woronesch nach Süden, westlich beziehungsweise nördlich des Don befinden, entscheidend zu schlagen und zu vernichten. Aus Gründen des Eintreffens der hierzu verfügbaren Verbände kann diese Operation nur in einer Reihe von nacheinander folgenden ... aber sich ergänzenden Angriffen durchgeführt werden. Sie sind daher von Norden nach Süden zeitlich so aufeinander abzustimmen, daß außerdem ... ein Höchstmaß von Luftstreitkräften ... sichergestellt werden kann ... Es darf nicht vorkommen, daß durch ein zu schnelles und weites Ausgreifen der Panzer- beziehungsweise mot. Verbände die Verbindung mit der nachfolgenden Infanterie abreißt oder die Panzer- und mot. Verbände selbst die Möglichkeit verlieren, den schwer vorwärtskämpfenden infanteristischen Kräften des Heeres durch ihr unmittelbares Einwirken in den Rücken der umklammerten russischen Armeen zu Hilfe zu kommen ... *

Die Einleitung der Gesamtoperation hat mit einem umfassenden Angriff beziehungsweise Durchbruch aus dem Raum südlich Orel in Richtung Woronesch zu beginnen. Von den beiden zur Umklammerung angesetzten Panzer- und mot. Verbänden hat der nördliche stärker zu sein als der südliche. Das Ziel dieses Durchbruchs ist die Besetzung von Woronesch selbst. Während nun Infanterie-Divisionen ... sofort eine starke Verteidigungsfront aufbauen, haben die Panzer- und mot. Verbände den Auftrag, von Woronesch aus mit ihrer linken Flanke, angelehnt an den Don, nach Süden den Angriff fortzusetzen zur Unter-

* Das hieß, im Gegensatz zu 1941 »enge Kessel« anzustreben.

stützung eines zweiten Durchbruchs, der etwa aus dem allgemeinen Raum von Charkow nach Osten hin geführt werden soll ...

Der dritte Angriff dieser Operation ist so zu führen, daß die den Don abwärts stoßenden Verbände sich im Raum um Stalingrad mit jenen Kräften vereinigen, die aus dem Raum Taganrog–Artemowsk zwischen dem Unterlauf des Don und Woroschilowgrad über den Donez nach Osten vorstoßen. Diese sollen abschließend die Verbindung mit der gegen Stalingrad vorrückenden Panzerarmee finden ...

Auf jeden Fall muß versucht werden, Stalingrad selbst zu erreichen oder es zumindest so unter die Wirkung unserer Waffen zu bringen, daß es als weiteres Rüstungs- und Verkehrszentrum ausfällt.

Besonders erwünscht (ist es) ... Brückenköpfe südlich des Don zu gewinnen für die ... Fortführung der für später beabsichtigten Operationen ...

Die schnelle Fortsetzung der Bewegungen über den Don nach Süden zur Erreichung der Operationsziele muß im Hinblick auf die jahreszeitlichen Bedingungen gewährleistet sein.«

Es folgen dann noch Anweisungen:

1. die Gruppe Taganrog durch Panzer und schnelle Truppen zu verstärken, um ein Entweichen stärkerer Kräfte über den Don nach Süden zu verhindern.

2. die Nordflanke der gesamten Angriffsoperation stark zu sichern, ferner Stellungen am Don auszubauen und »stärkste Panzerabwehr« vorzusehen. Ihre Besetzung sollte durch die verbündeten Armeen erfolgen[33].

Die übrigen Punkte der Führerweisung betrafen die Luftwaffe und die Kriegsmarine, die Geheimhaltung sowie Meldungen über die beabsichtigte Kampfführung durch die Wehrmachtteile.

Hitler hatte das schwere Amt des Oberbefehlshabers des Heeres am 19. Dezember des Vorjahres mit voller Überlegung, nicht etwa spontan in der damaligen Notlage, an sich gerissen. Er allein fühlte sich dieser Aufgabe gewachsen und wollte nicht von den Generälen, denen er mißtrauisch gegenüberstand, beraten und »bevormundet« werden, was er bei seinen fehlerhaften Eingriffen vor Dünkirchen 1940 und im Laufe des russischen Feldzuges 1941 wohl so empfunden hatte. »Das bißchen Operationsführung könne jeder machen«, stellte er nach dem Abgang des Feldmarschalls von Brauchitsch überheblich und geringschätzig fest[34].

In diesem Sinne hatte er die »Weisung 41« in wesentlichen Teilen selbst verfaßt[35]. Sie wich daher von dem üblichen kurzgefaßten, klaren Generalstabsstil ab und wurde ein Gemisch von operativen Weisungen, taktischen Einzelheiten und Vorschriften über die Gefechtsführung.

Außerdem verwechselte sie Vorausdenken mit Vorausdisponieren und befahl zeitlich und örtlich weit in den Feind einzudringen, ohne dessen zu erwartende Gegenwirkung zu berücksichtigen. Dadurch wurde die gedachte Durchführung sehr kompliziert und verlief nachher in anderen Bahnen als man geplant hatte.

In operativer Hinsicht wurde aber klar herausgestellt, daß die Offensive in den Kaukasus erst nach einer für die deutsche Führung günstigen Kampfentscheidung im Großraum Woronesch–Stalingrad fortgesetzt werden würde, um dann ohne Sorge um Flanke und Rücken zur Hitlerschen Hauptoperation nach Süden antreten zu können. Dabei mußte mit dem Einsatz der starken russischen Heeresreserven gerechnet werden.

Im allgemeinen schwebte Hitler wieder eine Operation wie im Fall »Barbarossa« vor, bei der das erforderliche Verhältnis zwischen Raum, Zeit und den beiderseitigen Stärken in laienhafter Weise nicht aufeinander abgestimmt war. Hitler nahm sich in seinem Wunschtraumkomplex, seiner maßlosen Unterschätzung des Gegners und der Überschätzung der eigenen Kräfte, insbesondere der Schnellen Verbände, offensichtlich wieder zuviel vor. Es sei denn, er beschränkte seine Ziele später je nach Entwicklung der Lage. Ein Erfolg, der bis zu den Ölfeldern des Kaukasus und weiter führen sollte, konnte nur dann errungen werden, wenn der Feind im Winterfeldzug von 1941/42 und in den Frühjahrsschlachten von 1942 im Raum von Charkow und Isjum[36] tatsächlich solche Verluste erlitten hätte, daß ihn die geplante neue deutsche Offensive zusammenbrechen ließe.

Hitler war davon überzeugt, sein engster Berater für Führungsfragen, Generaloberst Jodl, anscheinend auch. Der Widerspruch seitens des Chefs des Generalstabes des Heeres blieb erfolglos. Unterlagen über die feindlichen Stärken wurden von Hitler als Utopie beiseitegeschoben. Hitler in seiner dreifachen Eigenschaft als politischer Führer, Staatschef und Diktator, als Oberbefehlshaber der Wehrmacht und als Oberbefehlshaber des Heeres entschied endgültig. Ein Ausgleich der verschiedenen Auffassungen war bei seiner Charakterveranlagung und seiner Machtfülle nicht möglich. Diese Tatsache erklärt vieles, was dem Außenstehenden mit Recht als unfaßbar erscheinen mag.

Eine weitere große Schwäche von Hitlers Plan war, den Schutz der Don-Flanke von Woronesch bis Stalingrad später den verbündeten Armeen übertragen zu wollen, obwohl Hitler die materiellen und organisatorischen Mängel dieser Verbände bekannt waren[37].

Im ganzen gesehen war man nach Angabe des damaligen Oberst i. G. Alfred Philippi in der Operationsabteilung des Heeres über diese Weisung »tief erschüttert«[38]. Für die schnellen Verbände ergaben sich allerdings operative Aufgaben nach Guderians Grundsätzen. Als Träger der Operationsidee sollten sie die Entscheidung beeinflussen, sofern ihnen die Oberste Führung die nötigen Voraussetzungen schuf und sie zweckmäßig einzusetzen verstand.

Die beiderseitigen Heereskräfte (vor der Offensive)*

I. Deutsche

Am 16. 6. 1942 verfügten
im Osten

die Hgr. Süd	über	57 Inf.Div.,	9 Pz.Div. und	5 Inf.Div. (mot)
die Hgr. Mitte	über	54 Inf.Div.,	8 Pz.Div. und	4 Inf.Div. (mot)
die Hgr. Nord	über	36 Inf.Div.,	2 Pz.Div. und	2 Inf.Div. (mot)
Summe (einschl. Sich.- u. Pol.Div.):		147 Inf.Div.,	19 Pz.Div. und	11 Inf.Div. (mot)

an den übrigen Fronten
46½ Inf.Div., 6 Pz.Div. und 1 leichte Div. mot.
einschl. 2 Pol.Div.:
193½ Inf.Div., 25 Pz.Div. und 12. Div. (mot)

In dieser Aufstellung fehlen die drei noch in Aufstellung befindlichen Pz.Divisionen 25, 26 und 27 sowie die SS-Divisionen »Leibstandarte Adolf Hitler«, »Das Reich« und »Totenkopf«, die in Frankreich ebenfalls mit Panzern ausgerüstet wurden.

Kampfwert und Ausstattung aller schnellen Divisionen waren sehr verschieden, sei es in der Panzerzahl, dem Führerbestand, der Ausbildung, der Kriegserfahrung oder dem Kraftfahrgerät.

Es verfügten Mitte 1942 nach damaligen Unterlagen:
die Pz.Divisionen 1, 2, 4, 17, 18 und 20 sowie die vier SS-Divisionen (einschl. »Wiking«) nur über je 1 Pz.Abteilung zu 3 Kompanien;

* Nach Halders Tagebuch, Bd. III.

die Pz.Div. 8 (25 und 27 *) über je 1 Abt. zu 4 Komp.;
die 19. Pz.Div. über 1 Abt. zu 5 Komp.;
die Pz.Div. 22 (und 26 *) über je 2 Abt. zu 3 Komp.;
die Pz.Div. 5, 6, 7, 9, 10, 15 und 21 über je 2 Abt. zu 4 Komp.;
die 12. Pz.Div., über 2 Abt. mit 4 bzw. 5 Komp.;
die Pz.Div. 3, 11, 13, 14, 16, 23 und 24 über je 3 Abt. zu je 3 Komp.

Das waren bei angestrebter (aber nicht erreichter) voller Sollstärke 3740 Panzerkampfwagen aller Typen (von P III Skoda bis P IV lang) mit panzerbrechender Waffe.

II. Russen (nach deutschen Unterlagen)

270 Div.,	davon 217 in der Front,	53 dahinter **
115 Sch.Brig.,	davon 81 in der Front,	34 dahinter **
69 Pz.Brig.,	davon 26 in der Front,	43 dahinter ***
2 Pz.Div.,	davon – in der Front,	2 dahinter ***

Davon wurden vor der Heeresgruppe Süd im Raum von Rostow bis westlich von Woronesch unter Marschall Timoschenko vermutet: 74 Sch.Div., 7 Sch.Brig., 35 Pz.Brig., 3 Pz.Abw.Brig., 11 Kav.Div., ferner südlich des Don im Kaukasus 20 weitere Verbände und in Transkaukasien die gleiche Anzahl.

Die Maßnahmen für die Durchführung der Weisung 41 bearbeitete der Generalstab des Heeres unter Prüfung durch Hitler **** als Oberbefehlshaber des Heeres. Es wurden drei Angriffsphasen befohlen, da Hitler wegen des Zeitgewinnes bereits mit den verfügbaren Kräften angreifen wollte, bevor alle vorgesehenen Angriffsverbände wieder aufgefrischt oder teilweise neu mit Panzern ausgerüstet (3., 16.,

* Noch in Aufstellung befindlich.

** Sollmäßig schwächer als deutsche Verbände.

*** Gliederung und Panzerausstattung etwa gemäß »Anlage« zur operativen Betrachtung der »Operation Zitadelle«.

**** Am 5. April 1942 schreibt Oberst i. G. Scherff, der Geschichtsschreiber Hitlers, im Kriegstagebuch der Kriegsgeschichtlichen Abteilung des OKW:

»Der Führer hat den Entwurf zur »Weisung 41« stark durchkorrigiert und mit wesentlichen, von ihm selbst verfaßten Teilen versehen ... Hauptsächlich der Teil, der die Hauptoperation betrifft, ist vom Führer neu gefaßt worden.«

29., 60. mot. Div.) sein konnten. Damit entfiel für den Russen das Überraschungsmoment eines einheitlichen deutschen Angriffs auf breiter Front. Für die deutsche Frontführung, die Heeresgruppe Süd unter Feldmarschall von Bock, war es nicht einfach, die gekünstelte Operation in ihrem Ablauf über Hunderte von Kilometern unter feindlicher Gegenwirkung planmäßig und erfolgreich abrollen zu lassen. Vorgesehen waren

als erste Phase: am 28. 6. Durchbruch der Armeegruppe Generaloberst von Weichs mit der 2. Armee, der 2. ungarischen Armee und der 4. Pz.Armee (Generaloberst Hoth mit 24. und 48. Pz.Korps mit 9., 11., 17., 24. Pz.Div. und 3. und 16. I.D. (mot) sowie der I.D. (mot) »Großdeutschland«) aus dem Raum um Kursk auf Woronesch.

Als zweite Phase: am 30. 6. Durchbruch der 6. Armee (General Paulus) mit dem unterstellten 40. Pz.Korps (General Stumme, später Freiherr von Geyr mit 3. Pz.Div., 23. Pz.Div. und 29. I.D. (mot.) aus dem Raum ostwärts von Charkow nach Osten. Dann sollte die 4. Pz.Armee gleichzeitig längs des Don nach Süden eindrehen und zusammen mit der 6. Armee den Feind westlich des Don einkesseln und ausschalten.

Als dritte Phase: etwa am 9. 7. Durchbruch der südlichen Kräftegruppe: Armeegruppe Generaloberst Ruoff mit der 17. Armee (auf ihrem Südflügel Gruppe von Wietersheim mit dem 57. Pz.Korps, der 13. Pz.Div. und der SS-Div. »Wiking«) und Teilen der 8. italienischen und der 3. rumänischen Armee sowie die 1. Pz.Armee (Generaloberst von Kleist) mit dem 3. und 14. Pz.Korps aus dem Raum von Taganrog-Artemowsk nach Osten, um sich mit der 4. Pz.Armee und der 6. Armee im Raum von Stalingrad zu »vereinigen«.

Ein operativer Auftrag für diese »Vereinigung« war in der »Weisung 41« nicht genannt worden. Sie konnte aber nur bedeuten, erst den Gegner im Großraum von Stalingrad zu vernichten, ehe das Fernziel Kaukasus angegangen werden durfte.

Um die Führungsaufgaben zu erleichtern, wurde die Heeresgruppe Süd ab 7. Juli in die Heeresgruppe A (17. Armee, Gruppe von Wietersheim, rumänische und italienische Verbände, 1. Pz.Armee) und B (6. Armee, 4. Pz.Armee, 2. ungarische und 2. Armee) aufgegliedert. Die Führung von A übernahm Feldmarschall List; die von B behielt Feldmarschall von Bock.

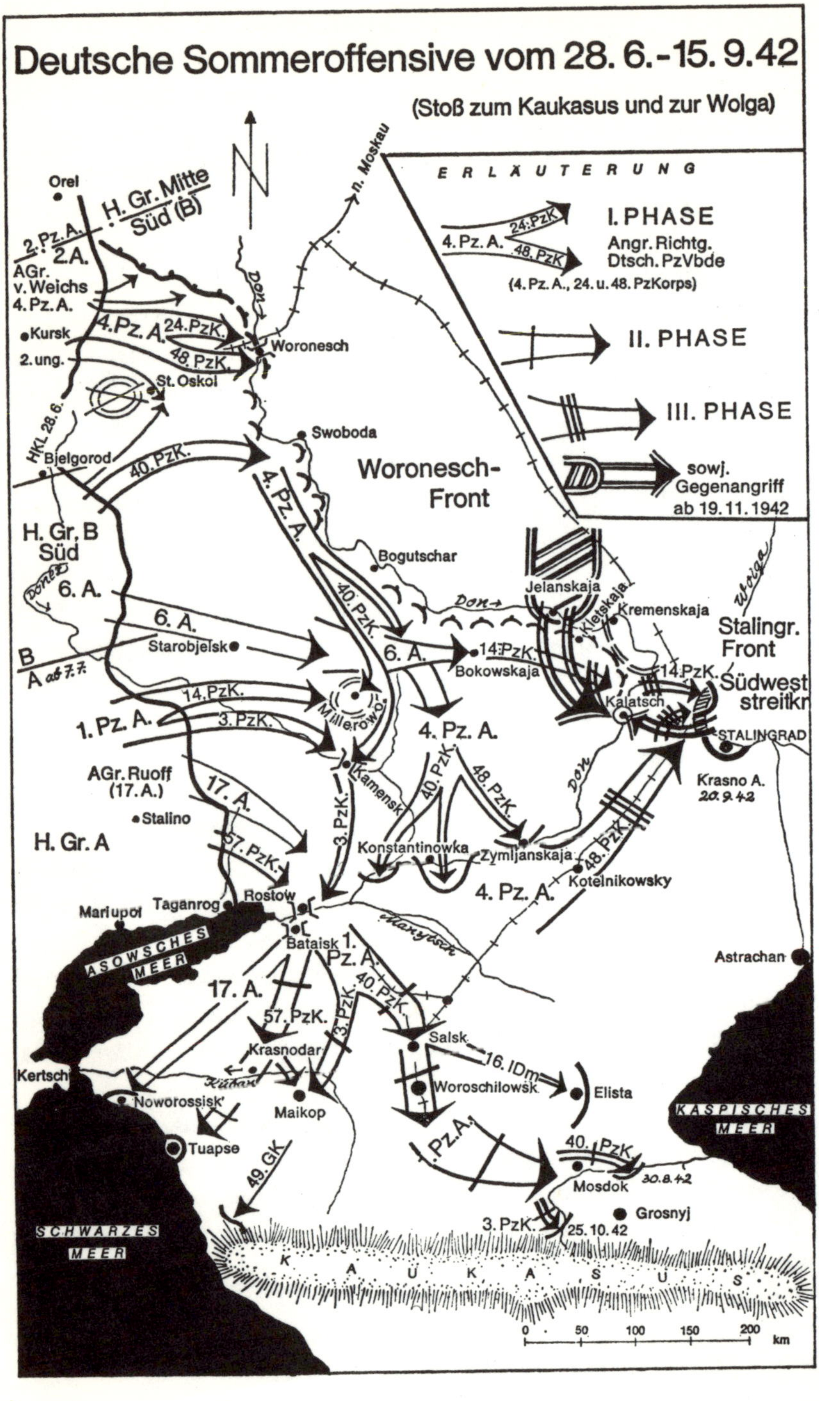

Deutsche Sommeroffensive vom 28. 6.-15. 9.42
(Stoß zum Kaukasus und zur Wolga)
ERLÄUTERUNG
4. Pz. A.
24. PzK.
48. PzK.
I. PHASE
Angr. Richtg.
Dtsch. PzVbde
(4. Pz. A., 24. u. 48. PzKorps)
II. PHASE
III. PHASE
sowj.
Gegenangriff
ab 19.11.1942
n. Moskau
Orel
H. Gr. Mitte
Süd (B)
2. Pz. A.
2. A.
AGr.
v. Weichs
4. Pz. A.
Kursk
2. ung.
Woronesch
St. Oskol
Swoboda
HKL 28.6.
Bjelgorod
40. PzK.
Woronesch-
Front
H. Gr. B
Süd
6. A.
Bogutschar
Jelanskaja
Kletskaja
Kremenskaja
Stalingr.
Front
Wolga
Don
Starobjelsk
Bokowskaja
14. PzK.
Kalatsch
Südwest
streitkr
STALINGRAD
B
A ab 7.7.
1. Pz. A.
3. PzK.
Millerowo
Kamensk
AGr. Ruoff
(17. A.)
17. A.
57. PzK.
Stalino
H. Gr. A
Konstantinowka
Zymljanskaja
Kotelnikowsky
Krasno A.
20.9.42
Mariupol
Taganrog
Rostow
Bataisk
Manytsch
ASOWSCHES
MEER
Astrachan
Salsk
16. IDm
Elista
Krasnodar
Kuban
Kertsch
Noworossisk
Maikop
Woroschilowsk
Tuapse
49. GK
KASPISCHES
MEER
Mosdok
30.8.42
Grosnyj
25.10.42
SCHWARZES
MEER
K A U K A S U S
0 50 100 150 200 km

Die Durchführung des Angriffs

Am 28. 6. begann der Angriff der nördlichen Armeegruppe, wobei die 4. Pz.Armee mit dem 48. Pz.Korps (General Kempf) südlich der Bahn Kursk–Woronesch vorging, rechts von der 2. ungarischen, links von der 2. Armee begleitet. Das 24. Pz.Korps griff nördlich der Bahn mit der 9. und 11. Pz.Division und mit der 3. I.D. (mot) über den Tim-Fluß in Richtung Woronesch an, um die Nordflanke der 2. Armee abzustützen.

Am 30. 6. schloß sich die 6. Armee dem Angriff an, wobei ihr 40. Pz. Korps (General Freiherr von Geyr) zusammen mit den Ungarn am 3. 7. starke feindliche Kräfte (40 000 Mann) bei Stary Oskol einkesselte. Unter dem Eindruck dieses Erfolges entschloß sich Hitler auf Vorschlag Halders darauf zu verzichten, Woronesch zu nehmen, um dafür sofort die 4. Pz.Armee zusammen mit dem 40. Pz.Korps längs des Don nach Süden in den Rücken der noch haltenden russischen Front einzudrehen. Ein Entschluß, der zweckmäßig war und großen Erfolg versprach.

Im Sinn des ursprünglichen Hitlerbefehls waren aber die erfolgreiche 24. Pz.Division und Teile der I.D. (mot.) »G.D.« bereits über den Don nach Woronesch hineingestoßen und hatten sich dort festgekämpft. Es sollte daher kostbare Zeit kosten, ablösende Infanterie heranzubringen und die 4. Pz.Armee herauszulösen.

Daher konnte die zweite Operationsphase, das Abdrehen nach Südosten, zunächst nur mit dem allein verfügbaren 40. Pz.Korps eingeleitet werden. Für diese große, den Feldzug beeinflussende Aufgabe, den vor der 6. Armee ausweichenden russischen Verbänden den Rückzug über den Don nach Osten zu verlegen, waren die Kräfte des Korps allein zu schwach, zumal häufig starke Teile durch Mangel an Treibstoff festlagen. Trotzdem war sein schnelles Vorkommen erstaunlich: am 4. 7. erreichte das Korps Korotojak, am 6. 7. Mowaja-Kalitwa, am 9. 7. Kantemirowska. Die Russen hatten anscheinend aus den Vernichtungsschlachten beiderseits von Charkow im Mai und Juni die Lehre gezogen, Raum aufzugeben, um ihre Kraft für neue Aufgaben zu erhalten. Es gab kaum Widerstand, aber auch nur wenig Gefangene und wenig erbeutete Großwaffen. Vom 7. Juli 1942 an zeichnete sich erstmalig der Übergang von der bisher geübten russischen Taktik, Stellungen unter Opfern zu halten, zur wendigen Operation im zweckmäßigen Wechsel von Ausweichen und zäher Verteidigung ab.

Hitler dagegen sollte diese vom Gegner aufgegebenen Grundsätze zu seiner taktischen Heilslehre machen, nachdem das starre Halten Ende

Dezember 1941 in der damaligen Ausnahmelage einen möglichen Zusammenbruch des deutschen Heeres verhindert hatte.

Am 8. 7. wurden endlich zwei schnelle Verbände der 4. Pz.Armee bei Woronesch frei und nach Süden angesetzt. Zwei weitere sollten folgen, während die 9. und 11. Pz.Division der hart kämpfenden 2. Armee für den taktischen Einsatz unterstellt wurden. Diese beiden Pz.Divisionen fielen somit für die große Operation nach Süden aus und die ersteren beiden lagen am 9. 7. wegen Treibstoffmangels an der Tichaja-Sosna fest. Erst am 13. 9. konnten sie den Boguchar erreichen. Hier waren erhebliche Führungsfehler[39] begangen worden, die Hitler der Heeresgruppe zum Vorwurf machte.

Das Generalkommando des 24. Pz.Korps (General Freiherr von Langermann) wurde mit seiner allein verfügbaren 3. Inf.Division (mot) am 11. 7. nach Süden angesetzt. Im ganzen gesehen hatten die 1. und 2. Phase der Sommeroffensive trotz guter Anfangserfolge ihr Ziel nicht erreicht, den Feind zwischen der Angriffsfront und dem Don schnell auszuschalten. Der Gegner hatte es verstanden, sich mit verhältnismäßig geringen Verlusten wendig abzusetzen.

Das Erreichen von Kantemirowka durch die Anfänge des 40. Pz.Korps am 9. 7. wirkte sich auf die russische Front am Donez und Mius aus. Damit war der Zeitpunkt für den Beginn der dritten Angriffsphase gekommen.

Am selben Tage griffen an: die 17. Armee ostwärts Artemowsk auf Woroschilowgrad, die 1. Pz.Armee (mit 3. und 14. Pz.Korps mit 14., 16. und 22. Pz.Div., 3. und 60. I.D. [mot]) nördlich Lisitschansk über den Donez nach Nordosten, wobei die Pz.Armee die Russen vor der 6. Armee im Zusammenwirken mit der von Norden vorstoßenden 4. Pz.Armee doppelt umfassen sollte. Auch diese Absicht schlug fehl, da sich der Gegner auch hier der geplanten Umfassung rechtzeitig entzog und nur Nachhuten Widerstand leisteten.

Die 1. Pz.Armee erreichte am 11. 7. abends den Raum südlich von Starobjelsk, das ebenso Ziel des rechten Flügels der 6. Armee war. Außerdem mußte die Heeresgruppe B das 40. Panzerkorps auf ausdrücklichen Befehl Hitlers aus seiner ursprünglichen überholenden Verfolgung, die längs des Dons nach Südosten auf das Fernziel Stalingrad führte, unter persönlicher Führung des Oberbefehlshabers der 4. Panzerarmee von Bokowskaja nunmehr scharf nach Süden auf Millerowo abdrehen. Hitler erhoffte sich davon die Vernichtung der vor der 1. Pz.Armee und

6. Armee zurückflutenden feindlichen Kräfte. Auch diese Hoffnung trog wieder, da starke Teile bereits ausgewichen waren, andere die nur mit den beiden Panzerdivisionen des 40. Pz.Korps schwach besetzte Sperrfront zwischen Millerowo und Kamensk nach Osten durchbrachen.

Die 17. Armee südlich des Donez ging an diesem Tage gegen Woroschilowgrad vor, während Verbände der italienischen 8. Armee und das 57. Pz.Korps (mit der 13. Pz.Div. und SS-Div. »W.«) am Südflügel noch in ihren Stellungen festlagen. Der hier von Hitler geplante Zangenarm längs des Dons nach Osten kam also auch nicht zum Tragen.

Bis zum 15. Juli wurden nur 14000 Gefangene gemeldet, eine Zahl, die auch den Abschluß der dritten Angriffsphase, der erhofften »Verfolgung« zwischen Donez und Don, klar als Fehlschlag erkennen ließ. Hitler aber ließ sich durch den schnell erzielten Raumgewinn täuschen und war davon überzeugt, einen großen Erfolg errungen zu haben.

Der Chef des Generalstabes des Heeres, Generaloberst Halder, bezeichnete dagegen die von Hitler befohlene Schlacht um Millerowo in seinem Tagebuch unter dem 16. 7. als »ein wirres Durcheinander von Kämpfen« und als »Wirrwarr«, was charakteristisch für die dilettantische Art der Führung von Oberster Stelle gewesen sein dürfte.

Feldmarschall von Bock
wird durch Generaloberst Freiherr von Weichs ersetzt

Noch während der Schlacht hatte der OB der Heeresgruppe B, Feldmarschall von Bock, begründete Bedenken gegen die bisherige Art der Durchführung der Operation vorgebracht, da man immer zu spät käme. Man müsse, wie vom OB bereits mit dem 48. Pz.Korps eingeleitet worden sei, die 4. Pz.Armee über den Raum von Morosowskaja auf den Don oberhalb der Donezmündung ansetzen, um zur wirksamen überholenden Verfolgung des schnell nach Osten ausweichenden Gegners zu kommen. Dieser Vorschlag erregte Hitlers Unwillen, da er seiner »Weisung 41« widersprach, die enge Kessel vorschrieb. Hitler hatte noch nicht begriffen, daß die neue Taktik der Russen den Gefahren enger Kessel durch frühzeitiges Ausweichen begegnete. Außerdem war Hitler am 13. 7. soeben im Begriff, von seinem Hauptquartier in Ostpreußen her gegen den Willen des Chefs des Generalstabes des Heeres eine nach dessen Auffassung zwecklose Kesselschlacht um Rostow zu organisieren. Hitler wollte also im Gegensatz zur Heeresgruppe B gerade in die andere Richtung – nach Westen – vorgehen; das hieß, zurückgehen. In der Nervosität, in der sich Hitler aufgrund der zahlreichen im Verlauf der Offensive bisher aufgetretenen Reibungen befand, die größtenteils auf seine nicht der Frontlage angepaßten Weisungen zurückzuführen waren, ersetzte er den Feldmarschall kurzerhand noch am selben Tage durch den Generalobersten Freiherr von Weichs[40].

Die Schlacht bei Rostow

Hitler forderte, daß die Träger seiner Operationsidee gemäß seiner eigenen »Weisung 41«, die beiden Panzerarmeen 1 und 4, auf halbem Wege zu ihrem Operationsziel Stalingrad kehrtmachen sollten, um nunmehr eine Schlacht bei Rostow zu schlagen, wo es nach militärischer Lagebeurteilung nur noch schwache Feindstellungen und Nachhuten geben konnte (und auch tatsächlich nur gab). Dieser Gegner konnte und mußte allein von der Armeegruppe Ruoff (17. Armee, Verbände der italienischen 8. Armee, rumänische Divisionen und Gruppe von Wietersheim mit dem 57. Pz.Korps des Generals Kirchner) angegriffen und geschlagen werden.

Die 1. Pz.Armee, die acht Tage vorher über den Donez nach Osten vorgegangen war, sollte sich jetzt den Übergang über denselben Fluß, aber in umgekehrter Richtung nach Westen in Richtung Rostow erkämpfen, um dem Phantom einer »engen Kesselschlacht« nachzujagen.

Die 4. Pz.Armee sollte dazu mit Teilen nördlich der Donez-Mündung über den Donez auf Rostow angreifen, mit Teilen den Don ostwärts der Donezmündung nach Süden überschreiten, um dann westwärts einzudrehen und den Feind beim etwaigen Entweichen über den Don nach Süden abzufangen.

Die Heeresgruppe B sollte inzwischen die angestrebte Einkesselung von Rostow im Rücken abdecken und Stalingrad durch Überraschung nehmen, anderenfalls den Wolgaverkehr südlich der Stadt sperren. Ihr wurde dazu das 14. Pz.Korps (General von Wietersheim) mit der 16. Pz.Division und der 3. und 60. I.D. (mot) unterstellt.

Beachtenswert bleibt dabei, daß Hitler die eigentlichen Träger der Gesamtoperation, die beiden schnellen Armeen, mit Flußübergängen und taktischen Kämpfen beauftragte. Dagegen wurden sie ihrer eigentlichen Aufgabe entzogen, nämlich dem schnellen und überraschenden operativen Stoß auf das als erstes Fernziel der Sommeroffensive angestrebte Stalingrad mit seiner Landbrücke zwischen Don und Wolga, wobei die ausweichenden Russen entscheidend geschlagen werden konnten.

Es kam darüber zu unerfreulichen Auseinandersetzungen zwischen Hitler, der von Ostpreußen her mit Armeen wie mit Regimentern exerzierte und die Schwierigkeiten des den Operationen anzupassenden Nachschubs nicht begriff, und dem militärischen Fachmann Generaloberst Halder. Dieser wollte mit Recht am ursprünglichen Operationsziel, der Generalidee dieses Feldzuges, festhalten und die operativ äußerst günstige Lage der 1. Pz.Armee zwischen Kamensk-Millerowo und der 4. Pz.Armee zum Schlage gegen die hinter den Don ausweichenden feindlichen Kräfte und damit zur Inbesitznahme der Landbrücke bei Stalingrad ausnutzen. Diese Operation wäre bei der damaligen vorsichtigen Einstellung der sowjetischen Führung und ihrer Truppe ohne Schwierigkeiten gelungen[41].

Die Wetterlage kam Halder zu Hilfe. Vom 17. bis 19. Juli lähmten starke Gewitterregen alle Truppenbewegungen und verzögerten das Unternehmen gegen Rostow. Hitler begnügte sich daher mit dem Ansatz von zwei Pz.Divisionen und von zwei I.D. (mot) und setzte drei Pz.Divisionen und eine I.D. (mot) auf die Donübergänge ostwärts der Donezmündung an. Zugleich verlangte er, nach Halders Tagebuch vom 18. 7., nunmehr in einer neuen scharfen Kehrtwendung die »Einleitung der Schlacht von Stalingrad«.

Es ist aber zu vermuten, daß er bereits zu diesem Zeitpunkt fest entschlossen war, vorzeitig zum Stoß in den Kaukasus anzusetzen, ohne die sichere Abdeckung der 500 km langen, offenen Ostflanke ab Woronesch abzuwarten und ohne den nach militärischer Auffassung nur wenig geschwächten Feind entscheidend bis zur Operationsunfähigkeit geschlagen zu haben.

Die 4. Pz.Armee bildete am 21. 7. drei Brückenköpfe über den Don von Konstantinowskaja bis Zymljanskaja und schob ihr 40. Pz.Korps bis zum 25. 7. über den Sal bei Orlowskaja vor, wodurch sie eine gute Ausgangslage für weitere Operationen nach Süden und Osten gewann. Teile des Westflügels der Armee hatten befehlsgemäß den Donez nach Westen überschritten und griffen wie die 1. Pz.Armee in Richtung auf Schachty an. Ihnen kam die Armeegruppe Ruoff entgegen.

Am 23. 7. wurde Rostow von der 125. I.D., SS-»Wiking« und der 13. Pz.Division von Westen und von der 22. Pz.Division von Nordosten her genommen.

Das Ergebnis der dritten Angriffsphase war wieder trotz aller Anstrengungen ein Mißerfolg. Die Russen hatten den geplanten Rostowkessel Hitlers, wie vom Generalstab des Heeres vorausgesagt, rechtzeitig über ihre südliche Hintertür, die Donmündung, geräumt. Die primitive Ausstattung ihrer Nachhuten hatte ihren Abmarsch auch während der Unwettertage zugelassen.

Der von Hitler am 17. 7. befohlene »Ansatz der Armeegruppe Ruoff, der 1. Pz.Armee sowie des Westflügels der 4. Pz.Armee auf das Punktziel Rostow hatte zu einer grotesken Zusammenballung von Kräften geführt«, wie Alfred Philippi schreibt[42].

Halder schildert in seinem Tagebuch am 23. 7. diese Situation noch anschaulicher: »... ergibt sich nun auch für das Laienauge (Hitlers) eine sinnlose Zusammenballung von Kräften schneller Verbände in Rostow und eine (fehlerhafte) Schwäche des wichtigen äußeren Flügels bei Zymljanskaja (südlich von Stalingrad). Vor beidem habe ich eindringlich gewarnt. Nun, wo das Ergebnis mit Händen zu greifen ist, Tobsuchtsanfall mit schwersten Vorwürfen gegen die (Truppen-)Führung.«

Und am 29. 7.: »Unerträgliche Schimpferei über fremde Fehler, die nur Ausführung der von ihm selbst gegebenen Befehle sind (Zusammendrängung bei Rostow).«

Die Lage vor Stalingrad bis zum 23. Juli

Die 6. Armee überschritt mit ihren Anfängen am 20. 7. den Tschir bei Bokowskaja, wo bereits eine Woche früher das 40. Pz.Korps bereitgestanden hatte, ehe es von Hitler nach Süden abgedreht wurde. Das der 6. Armee unterstellte 14. Pz.Korps erreichte am 23. 7. die Don-Schleife südlich von Kremenskaja. Wieder war die Gelegenheit gegeben, im Sinne der »Weisung 41« für die große Sommeroffensive 1942 die beiden im Raum von Rostow freigewordenen Panzerarmeen 1 und 4 als Träger der Operationsidee nunmehr endlich gegen das oft genannte Ziel, den Großraum um Stalingrad, einzusetzen, um hier klare Voraussetzungen für das Kaukasusprojekt zu schaffen. Nach den vorliegenden Feindunterlagen war damit zu rechnen, daß sich der Gegner im Raum von Stalingrad zum Kampf stellen würde. Also bestand hier erneut die Möglichkeit, ihn mit den zusammengefaßten und dadurch überlegenen Kräften nachhaltig zu schlagen oder gar zu vernichten und damit Hitlers weiterreichende Pläne überhaupt erst zu ermöglichen.

In dieser Lage gab Hitler am 23. Juli überraschend eine neue Weisung heraus. Sie zeigte, daß Hitler im Widerspruch zur sachlichen Lagebeurteilung des Generalstabes des Heeres überzeugt war, die Entscheidung im Sommerfeldzug 1942 sei bereits zu seinen Gunsten gefallen. Nur so sind seine Maßnahmen zu verstehen, die die Kräfte teilten und wie 1941 in divergierende Richtungen und auf utopische Ziele ansetzten.

Die Heeresgruppe A sollte mit der 17. Armee, verstärkt durch rumänische Verbände, die Russen im Westkaukasus vernichten, die Ostküste des Schwarzen Meeres einnehmen und sodann nach Südosten (also auf Batum) vorstoßen.

Die 1. und die 4. Pz.Armee sollten, unterstützt durch Gebirgsdivisionen, die Ölgebiete von Maikop und Grosny nehmen, die Paßhöhen des Kaukasus sperren und sodann entlang des Kaspischen Meeres den Raum um Baku gewinnen. Der Deckname dieser Operation war »Edelweiß«.

Der Heeresgruppe B fiel – wie bereits befohlen – die Aufgabe zu, neben dem Aufbau der Donverteidigung durch die verbündeten Armeen die bei Stalingrad im Aufbau befindliche Kräftegruppe zu zerschlagen, die Stadt zu besetzen und die Landbrücke zwischen Don und Wolga zu sperren. Daran anschließend sollten schnelle Verbände entlang der Wolga bis nach Astrachan vorstoßen. Diese Operation erhielt den Decknamen »Fischreiher«.

Die auf der Krim für Verwendung im Kaukasus bereitstehende 11. Armee (von Manstein) wurde mit fünf Divisionen 2000 km weit zur Heeresgruppe Nord verschoben, um Leningrad einzunehmen. Desgleichen wurden zwei schnelle Verbände nach Frankreich verlegt, da Hitler wegen einer zweiten Front in ständiger Sorge war. Luftwaffe und Kriegsmarine hatten alle Operationen zu unterstützen.

Diese neue Weisung 45 entsprach Hitlers unruhiger, sprunghafter Art und Weise, in der er operative Aufgaben durchzuführen versuchte. Er war nicht fähig, eingeleitete Dinge, die Zeit brauchten, in Ruhe ausreifen zu lassen und notfalls nur mit den schon vom Feldmarschall von Moltke charakterisierten »Aushilfen« je nach Entwicklung der Lage einzugreifen, dabei aber das vorgesehene Endziel nicht aus den Augen zu verlieren. Seine Ungeduld und sein Ideenreichtum, aber auch sein militärisches Dilettantentum, seine Wunschträume und seine lebhafte Einbildungsgabe trieben ihn dazu, häufig den zweiten Schritt vor dem ersten zu tun oder seine Entschlüsse ohne erkennbar zwingenden Grund abrupt und despotisch zu ändern. Von Grund aus mißtrauisch und empfindlich, verschloß er sich meist Gegenvorstellungen, mochten sie auch gut begründet sein.

Unter dem Eindruck dieser Weisung, der er widersprochen hatte, schrieb der Generalstabschef Halder am selben Tage: »Die immer schon vorhandene Unterschätzung der feindlichen Möglichkeiten nimmt allmählich groteske Formen an und wird gefährlich. Es wird immer unerträglicher. Von ernster Arbeit kann nicht mehr die Rede sein. Krankhaftes Reagieren auf Augenblickseindrücke und völliger Mangel in der Beurteilung des Führungsapparates und seiner Möglichkeiten geben dieser sogenannten ›Führung‹ das Gepräge.«

Feldmarschall von Manstein stellt in »Verlorene Siege«[43] fest, daß »die deutsche Offensive 1942 ... in zwei divergierende Richtungen – den Kaukasus und Stalingrad – zerflattert (war) ... Beide Heeresgruppen hatten Fronten von einer Ausdehnung zu halten, für die ihre Kräfte zu schwach waren. Ganz besonders unter Berücksichtigung der Tatsache, daß der feindliche Südflügel nicht wirklich geschlagen worden war ... Zudem verfügte der Gegner noch über sehr starke operative Reserven ... Schließlich klaffte ... in der Kalmükensteppe eine 300 km breite Lücke ... War es vertretbar, die ... 11. Armee vom Südflügel der Ostfront wegzunehmen, (wo) doch die Entscheidung in jenem Sommer 1942 gesucht (wurde)? Zu dieser Entscheidung konnte man nicht stark genug sein ...«

Im Generalstab des Heeres wie bei den Oberkommandos der Heeresgruppen, die einen Überblick über die Lage hatten, hielt man den exzentrischen Ansatz der Heeresgruppe A in den Kaukasus ebenfalls für verfrüht, die Kräfte der Heeresgruppe B für die entscheidend wichtige Aufgabe der defensiven und offensiven Flanken- und Rückendeckung der Kaukasus-Operation für zu schwach, die Möglichkeit eines ausreichenden Nachschubs für beide gleichzeitig abrollenden Operationen für nicht gegeben. Generaloberst Halder sah in der Weisung 45 eine gefährliche Zersplitterung der Kräfte. Feldmarschall List erschien der neue Plan nur begreiflich unter der Voraussetzung, daß Hitler »außergewöhnliche und zuverlässige Nachrichten über die Feindlage haben müsse«[44].

Eddy Bauer urteilt in seinem Buch »Der Panzerkrieg« dahingehend, »daß Hitler (damit) sein eigenes Todesurteil, das seines Heeres und das des deutschen Volkes unterschrieben hatte«[45].

Eine militärische Lösung

im Gegensatz zu Hitlers illusionärer Weisung 45 wäre gewesen, die Schlacht gegen Timoschenkos Front und Stalins operative Reserven unter schwerpunktmäßiger Zusammenfassung aller Verbände einschließlich der Verbündeten im Großraum Don–Wolgaknie bis zur klaren Entscheidung durchzukämpfen. Die Armeen standen dazu bereit. Die Divisionen der Pz.Armeen waren scharf zusammen zu halten, die 4. Pz.Armee auf dem Südufer des Don, wo auch die 17. Armee rechts rückwärts gestaffelt etwa in Richtung Armawir vorzugehen hatte. Die nördliche Flanke war durch die verstärkte 2. Armee zu decken. Die 11. (Krim-)Armee war als operative Reserve hinter dem Südflügel nachzuführen. Die einheitliche Leitung der Schlacht hatte das OKH zu übernehmen.

Das Ziel der Operation bestand in dem Ausschalten jeder Bedrohung in Flanke und Rücken eines späteren Vorstoßes in den Kaukasus und im Aufbau einer gesicherten Abwehrfront.

Erst dann durfte die Entscheidung fallen, ob Lage, Nachschub und Jahreszeit die Kaukasusoperation noch zuließen, ohne die Truppe wie im Winter 1941 zu überfordern und sie in eine neue Niederlage zu führen. Darüber mußte sich eine verantwortungsbewußte Oberste Führung vor Ausgabe der Weisung 45 klar werden.

Die Verluste des Heeres

seit Beginn des Feldzuges gegen Rußland am 22. Juni 1941 waren beträchtlich. Sie betrugen bis zum 31. Juli 1942 genau 1 428 788 Mann; das waren 44,65 Prozent der Stärke des Heeres von 1941, wie das Tagebuch Halders vermerkt. Schwerwiegend war, daß diese Verluste kaum zur Hälfte ersetzt waren, vor allem nicht an erfahrenem Führungspersonal. Durch die Zuführung von schnellausgebildeten Personalersatz waren der Ausbildungsstand und die Kriegserfahrung und damit auch das Können der Truppe abgesunken. Um so mehr sind ihre Leistungen zu bewundern.

Die Nachschublage

Im Laufe der Angriffsoperationen von 1942 war die Versorgung problematisch geworden. Bereits Anfang Juli hatten die Divisionen der 4. Pz.Armee wegen Treibstoffmangels tagelang bei Rososch stillgelegen. Das der 6. Armee für den schnellen Stoß auf Stalingrad unterstellte 14. Pz.Korps hatte nach dem 13. Juli tagelang auf Treibstoff warten müssen. Halders Tagebuch bezeugt diesen ständigen Mangel an der ganzen Südfront. Überall war der Treibstoff knapp. Es war ein Nachschub vom »Kanister in den Fahrzeugtank«, also ein ständiges sich-behelfen-müssen.

Die Entfernung von Deutschland bis zum Don betrug bei mangelhafter Eisenbahnverbindung etwa 2500 km; Oberst Hans Doerr, hier Chef des Generalstabes des 52. A.K., urteilt darüber, daß allein die Stockungen in der Treibstoffzufuhr die Pläne Hitlers hätten scheitern lassen können[46].

Wesentlich einschneidender als die allgemeine Zufuhr war aber die Zufuhr zur vordersten Truppe. Geringer Kolonnenraum, schlechte Wege, Regengüsse, unerwartet von Hitler befohlene operative Verschiebungen, durch den Kampf bedingte Schwerpunktbildungen erschwerten sie sehr und beeinflußten den operativen Entschluß wie die Kampfführung nachhaltig.

Besonders kritisch wurde die Lage nach dem 23. Juli, als der für die Heeresgruppe B bestimmte Großtransportraum mit Nachschubgut aufgrund der Weisung 45 der Heeresgruppe A zugeführt werden mußte, um diese in ihren sehr weitgesteckten Zielen zu unterstützen. Damit verlor die 6. Armee für zehn Tage ihre Beweglichkeit und Schlagkraft. Der Feind konnte die Armee daher noch westlich des Don zur Schlacht zwingen und gewann damit kostbare Zeit für den Ausbau der Verteidigung des Großraumes von Stalingrad.

Die Nachschublage verschlimmerte sich mit dem Fortschreiten der Schlacht um Stalingrad und mit dem weiten Vorstoß der Heeresgruppe A in einer Tiefe bis zu 750 km und in einer Breite von etwa 900 km von der Taman-Halbinsel bis zum Raum um Grosny. Aushilfen durch Lufttransport waren nur ein Tropfen auf den heißen Stein und belasteten die Einsatzbereitschaft der Luftwaffe für Kampf und Aufklärung.

Eine Entlastung durch die Ölquellen um Maikop trat nicht ein, da die Russen gründliche Zerstörungsarbeit geleistet hatten.

Die Feindseite Ende Juli[47]

Sie charakterisiert sich durch eine Übersicht ihrer Truppenverbände, die vom Generalstab des deutschen Heeres mit dem Datum vom 15. 8. 1942 aufgestellt worden war. Es bestanden damals nach deutschen Unterlagen:

624 Verbände im Kampfwert von 462 Div.Verbänden
165. Pz.Brig. im Kampfwert von 131 Pz.Brigaden

Zusammen also 789 Verbände im Kampfwert von 593 vollwertigen Kampfverbänden.
Davon waren an der deutschen Ostfront eingesetzt:

		in Reserve	an anderen Fronten
350 Verb.	i. Kampfw. v. 188 Div.Verb.	159 Verb.	115 Verb.
68 Pz.Brig.	i. Kampfw. v. 34 Pz.Brig.	86 Pz.Brig.	11 Pz.Brig.
418 Verb.	222	+245	+126 =

insgesamt = 593 vollwertige Kampfverbände

Am 13. Juli hatte in Moskau ein Kriegsrat stattgefunden mit dem Ergebnis, notfalls bis an die Wolga zurückzugehen, den Raum von Stalingrad und den Kaukasus aber zu halten und die deutschen Armeen zu zwingen, den Winter an der Wolga zu verbringen*.

Am 31. Juli hatte Stalin eine Art von Tagesbefehl erlassen, der die sehr ernste Lage schilderte, die dadurch entstanden sei, daß die russischen Truppen die Deutschen nicht am Don aufgehalten hätten. Jeder Schritt rückwärts bedeutete das Ende Rußlands. Es gab keine Vorwürfe, keine Drohungen, aber bittere Wahrheiten. Hans Doerr ist der Überzeugung, daß die Wirkung dieses Tagesbefehls etwa ab 10. August spürbar gewesen sei[48].

In der »Wehrwissenschaftlichen Rundschau«[49] äußerte sich 1966 der russische Armeegeneral Michail Kasakow kritisch über die Kämpfe der russischen Truppen an der Donfront im Sommer 1942:

Im Frühjahr 1942 verteidigte das Oberkommando der Brjansk-Front den 400 km breiten Abschnitt von Belew bis zum Oskol mit 5 Armeen. Ab 6. 6. verfügte das Oberkommando über folgende Reserven: die 5. Panzerarmee mit 6 Pz.Korps und 4 selbständigen Pz.Brigaden, 2 Kav. Korps und 4 Sch.Divisionen. Die Zahl der Panzer betrug 1640, darunter 191 KW und 650 T 34. Weitere 8 selbständige Pz.Brig. waren den Schützenarmeen unterstellt worden. Infolge der schnellen Aufstellung der Pz.Verbände (von März bis Mai 1942 über 15 Pz.Korps und 2 Pz.AOK's) war die Ausbildung operativ und taktisch nicht auf der erforderlichen Höhe.

Über die deutschen Angriffsabsichten im Raum von Woronesch war man recht gut unterrichtet. In einem abgeschossenen Flugzeug wurde

* Akten des Gen.Stabes des Heeres, Fremde Heere Ost, vom 15. 7. 1942.

der Operationsbefehl des 40. Pz.Korps für die Operation »Blau« gefunden. Das russische Oberkommando (Stawka) hielt diese Unterlagen aber für eine Täuschung.

Nach dem deutschen Angriffsbeginn verfügte das Frontoberkommando sogar über 7 Pz.Korps und das Pz.AOK 5. Es gelang der russischen Führung nicht, diese Panzermassen zum einheitlichen Einsatz zu bringen. Am 30. 6. rief Stalin persönlich an und gab Anweisungen für den Einsatz der Pz.Korps. »Denken Sie daran, daß Sie jetzt 1000 Panzer an der Front haben, der Gegner dagegen noch keine 500 . . .«

Kasakow schildert dann Einzelheiten der Kampfführung der russischen Panzerverbände:

». . . Das 4. Pz.Korps begann nach Osten zurückzugehen. Das 17. und das 24. Pz.Korps gingen hinter den Don . . . zurück, ohne sich wesentlich am Kampf zu beteiligen . . . (je Pz.Korps 120–150 Panzer) . . . Um die eigenen Flanken und den Rücken besorgt, trennten sich die Korps nicht von den Schützenverbänden . . . Die tatsächlichen Gründe für den mißlungenen Einsatz der 5. Panzerarmee haben indessen nicht in ihrer übermäßigen Größe gelegen (5 Pz.Korps mit 600 Panzern), sondern darin, daß wir es damals noch nicht verstanden haben, Gefechte und Schlachten starker Panzerverbände und noch viel weniger einer ganzen Panzerarmee zu führen. Und auch die Panzertruppe selbst war hierzu noch nicht bereit. Alles dieses traf erst später zu . . .«

Kasakow kritisiert dann, daß die Russen bei der Überlegenheit an Kräften, besonders an Panzerkampfwagen, den deutschen Angreifer nicht schon gleich zu Anfang zerschlagen haben:

»Die Hauptursache lag in den Fehlern, die in der Führung der Truppen von der Stawka bis herab zu den Stäben der Panzerkorps gemacht worden sind. Der Fehler der Stawka bestand darin, daß sie noch bis zum Beginn der Angriffsoperation ›Blau‹ nicht an die Möglichkeit eines Angriffs in der Kursk–Woronesch-Richtung geglaubt hat . . . Annahme, daß das Hauptziel des Sommerangriffes des Gegners wiederum Moskau sein werde . . . Der Kampf der Verbände . . . lief also in einer Periode ab . . . als, sagen wir es unverhohlen, die ›Zaghaftigkeit‹ im Kampf gegen die Panzerverbände des Gegners noch nicht überwunden war . . .«

Eine Weisung Timoschenkos, des Oberbefehlshabers der Don-Front, von Ende Juli charakterisiert die sowjetische Taktik: ». . . Sie dürfen sich nicht einschließen lassen. Diese Voraussetzung ist wichtiger als die schrittweise Verteidigung des Geländes, sobald diese Verteidigung zu hohe Verluste erfordert ...«

Seine Truppen operierten entsprechend zwischen Donez und Don. Sie ließen sich außer in den ersten Tagen am Oskol nicht mehr in Massen einkesseln. Ihre Verluste an Gefangenen und an Kriegsgerät waren verhältnismäßig gering; ihre Rückzüge schienen meist planmäßig zu sein, wenn auch zuweilen unter Verlusten an Waffen und Gerät, wodurch sich dann auf deutscher Seite leicht eine irrtümliche Feindbeurteilung ergab.

Dieses Verfahren konnte von Timoschenko naturgemäß nur begrenzt angewandt werden, um der Obersten Führung Zeit und Gelegenheit zu geben, mit ihren operativen Heeresreserven den Gegenangriff vorzubereiten*.

Eine Übersicht des OKW-Wirtschaftsamtes vom 3. August zeigt die sehr beträchtliche russische Panzerfertigung in den letzten drei Monaten: Von dem Typ KW wurden 410 Stück, von dem Typ T 34 1200 und vom Typ T 60 1050 Stück hergestellt.

Die Auslandslieferung betrug monatlich je 400 Stück, das heißt pro Monat war also ein Zugang von etwa 1000 Panzern zu verzeichnen. Die russischen Verluste betrugen im Juli 39 000 Stück**.

Die Ausführung der Führerweisung 45

Der Auftrag für die Heeresgruppe B (Operation »Fischreiher«)[50] war ein doppelter und nur dann zufriedenstellend lösbar, wenn der Gegner im ganzen gesehen passiv blieb. Anderenfalls waren die Kräfte dafür nicht stark genug. Die Front der Heeresgruppe war über 1000 km lang und reichte nördlich von Woronesch bis zum Manytsch und später sogar weiter bis nach Astrachan.

* Vergleiche dazu die Eintragung Halders in sein Tagebuch am 18. Juli: »... Zuführung von (russischen) Kräften aus Norden und NO in Richtung Woronesch läuft weiter. Nach Agentennachrichten setzt Stalin alles daran, Stalingrad zu halten und seine Truppen heil über den Don zu bekommen und diesen zu halten ...« Stalin selbst bestätigt diese Nachricht durch seinen Rundfunkbefehl vom 7. September: »Keinen Schritt mehr zurück!«

** Fraglich, falls nur nach deutschen Truppenmeldungen errechnet, weil Doppelzählungen unvermeidbar waren. Außerdem waren dabei veraltete Typen eingeschlossen.

Der Heeresgruppe B (von Weichs) unterstanden sieben Armeen, darunter vier verbündete. Erfahrungsgemäß kann ein Oberkommando höchstens drei bis fünf Armeen führen, sonst leidet seine Führungstätigkeit, besonders dann, wenn verbündete Armeen dazugehören, die besonderer Betreuung bedürfen.

Diese überdehnte Front auf die Dauer zu halten, erschien von vornherein zweifelhaft, wenn man den Gegner nicht allzusehr unterschätzen wollte. Ein weiterer entscheidender Fehler Hitlers war, die Angriffskraft der Heeresgruppe, die 6. Armee und die 4. Pz.Armee, im Kampf in und um Stalingrad festzulegen, während der Schutz der tiefen Nordflanke am Don und des äußeren Südflügels verbündeten Armeen anvertraut wurde. Deren geringer Kampfwert war Hitler bekannt, wie seine Sorgen um diese Front am 16. August beweisen[51]. Er ließ sich also auf ein gefährliches Risiko ein, um seinem Wunschtraum Kaukasus folgen zu können.

Das wochenlange Festlegen und Abnutzen der deutschen Verbände – der Infanterie wie der schnellen Truppen – schob aber der russischen Führung die Initiative zu, die Hitler an dieser Front aufgegeben hatte. Die sowjetische »Stawka« baute ihre große Winteroffensive auf dieser Grundlage auf.

Dem Oberbefehlshaber der Heeresgruppe B aber waren durch die ständigen Eingriffe Hitlers in die Befehlsführung die Hände gebunden, was auch Feldmarschall von Manstein bestätigt. Generaloberst Freiherr von Weichs gestand dem Verfasser am 10. Februar 1943 in Poltawa: »Ich habe keine Handlungsfreiheit; ich bin ein Gefangener des OKW.«

Der Angriff der 6. Armee auf Stalingrad (Operation »Fischreiher«)

Am 20. Juli überschritten die Anfänge des unterstellten 14. Pz.Korps (General von Wietersheim mit der 16. Pz.Div., der 3. und der 60. I.D. [mot]) den Tschir nach Osten.

Die Armee bildete für den weiteren Vormarsch die Nordgruppe mit dem 14. Pz.Korps, und die Südgruppe mit dem vom unteren Donez herangeführten 24. Pz.Korps (General von Langermann) (mit 24. Pz. Div.).

Beide Gruppen sollten am Don entlang auf Kalatsch vorgehen, dabei etwaige feindliche Kräfte im großen Donbogen einschließen und sich dort zum Flußübergang und zum Angriff auf Stalingrad vereinigen.

Nun hatte aber der Gegner seinen eiligen Rückzug über den Don eingestellt, da das ihn Mitte Juli verfolgende 40. Pz.Korps von Hitler nach Süden abgedreht worden war, und schob sogar neue Kräfte über den Don nach Westen vor. Damit war bei Kalatsch eine Schlacht zu erwarten, die alle deutschen Kräfte beanspruchen würde.

Zu diesem Zeitpunkt stellten sich große Nachschubschwierigkeiten ein, da die Masse der für die 6. Armee bestimmten Nachschubgüter, vor allem Treibstoff, in Richtung Kaukasus abgedreht worden war, wo Hitler jetzt seinen Schwerpunkt sah. Die 6. Armee kam so zum Stillstand.

Die Russen traten daher am 31. Juli zum Angriff an und hatten Anfangserfolge zu verzeichnen. Es kam zu großen Panzerkämpfen, in denen die 6. Armee vom 7. August bis zum 11. August einen vollen Sieg über die russische 1. Panzerarmee und die 62. Armee errang, ihren letzten in freier Feldschlacht.

Aber erst am 21. August überschritt die Armee den Don, wodurch der Verteidiger wieder kostbare Zeit gewonnen hatte. Am 23. August durchbrach das 14. Pz.Korps – die 16. Pz.Division voraus – wieder einmal die feindliche Front und stieß am selben Tage bis Rynok an die Wolga nördlich von Stalingrad vor. Hier mußte das Korps etwa 40 km vor der eigenen Infanterie acht Tage in kritischer Lage ausharren, ehe sich der Angriff der 4. Pz.Armee von Süden her auswirkte und die Russen am 31. August auf die Stadt auswichen.

Bereits am 30. Juli hatte Hitler seinen Kaukasus-Entschluß abgeändert und die 4. Pz.Armee wieder der Heeresgruppe B unterstellt. Die Pz. Armee verfügte allerdings nur über das 48. Pz.Korps (General Kempf mit der 14. Pz.Div. mit nur 24 Panzern und 29. I.D. [mot]). Ihr früheres 24. Pz.Korps war bereits am 23. Juli der 6. Armee unterstellt worden. Das 40. Pz.Korps der Pz.Armee blieb bei der Heeresgruppe A. Die I.D. (mot) »Großdeutschland« wurde nach Frankreich abbefördert. Dafür wurde der 4. Pz.Armee ein deutsches und ein rumänisches Armeekorps unterstellt.

Am 1. August trat die 4. Pz.Armee unter Generaloberst Hoth aus dem Brückenkopf Zymljanskaja längs der Bahnlinie von Salsk auf Stalingrad an mit dem Ziel, das Höhengelände bei Krasnoarmejsk zu gewinnen, das den Wolgastrom beherrschte. Die Armee sollte den südlichen Zangenarm der Heeresgruppe B bilden, die Stalingrad durch Umfassung von Süden und Westen her nehmen wollte. Am 12. August wurde ihr noch die 24. Pz.Division (General von Hauenschild) unterstellt, die nördlich von ihr bereits im Einsatz stand.

Ebenfalls durch Treibstoffmangel und durch Gegenangriffe der russischen 64. und 51. Armee behindert, schob sich die Panzerarmee bis zum 20. August bis zum Bahnhof Tundutowo vor, wo sie zur Verteidigung übergehen mußte. Ihre Kräfte reichten für ein weiteres Vorgehen nicht mehr aus. Unter dem Zwang der Lage entschloß sich Hoth zu einer Umgruppierung des 48. Pz.Korps über Abganerowo, Sety, Plantador, um hart südlich der 6. Armee vorgehend, Stalingrad ebenfalls von Westen und Südwesten her zusammen mit der 24. Pz.Division anzugreifen. Am 31. August unterstützten alle drei Divisionen bei Bassargino den Südflügel der 6. Armee. Schon am 1. September traf die 20. rumänische Division neben ihnen ein. Am 3. September stand das 48. Pz.Korps auf den Wolgahöhen bei Woroponowo am Westrand von Stalingrad. Am 10. September eroberte es die russischen Stützpunkte Jelschanka sowie Kuperosnoje und erreichte im Anschluß an die 6. Armee das Ufer der Wolga südlich der Stadt.

Die Aufgabe des AOK der 4. Pz.Armee in Stalingrad war damit am 15. September beendet.

Die Eroberung von Groß-Stalingrad wurde zur alleinigen Aufgabe der 6. Armee. Die Divisionen des 48. Pz.Korps wurden ihr daher unterstellt, die Pz.Generalkommandos 48 und 24 später herausgezogen.

Damit waren nunmehr zusammen mit dem 14. Pz.Korps (General Hube) sechs vollwertige schnelle Verbände im Straßen- und Häuserkampf taktisch festgelegt. Ihr späteres Schicksal ist bekannt. Operativ sinnvoller verwendet, hätten sie den späteren russischen Durchbruch durch die verbündeten Armeen am Don auffangen und das Schicksal Stalingrads ändern oder – noch besser – vorher den feindlichen Aufmarsch im beweglichen Einsatz zerschlagen können.

Die Aufgabe des Oberkommandos der 4. Pz.Armee bestand nunmehr darin, mit dem 4. A.K. und dem 6. rumänischen Korps den Abschnitt von Stalingrad bis zum Manytsch, der Grenze zur Heeresgruppe A, zu halten. Der nördliche Flügel der Rumänen lag bei dem Bahnhof Tundutowo. In 180 km Entfernung sicherte die unterstellte 16. I.D. (mot) bei Elista die Kalmükensteppe in 300 km Breite bis Astrachan gegen ständige feindliche Vorstöße. Vom 29. September bis zum 9. Oktober wurde die 14. Pz.Division vorübergehend der 4. Pz.Armee wieder als Armeereserve und »Feuerwehr« im Raum von Plodowitoje unterstellt, um dann endgültig in Stalingrad verbraucht zu werden. In ähnlicher Weise wurde auch die 29. I.D. (mot) vom 29. September bis zum 18. November als Armeereserve in der Steppe etwa 50 km südlich von Stalingrad benutzt, um nach dem russischen Durchbruch südlich der Stadt ab 21. November wieder der 6. Armee zur Verfügung zu stehen.

Der Ablauf der Kämpfe der 4. Pz.Armee und bei der 6. Armee lassen erkennen, daß man noch in der zweiten Julihälfte bei zielbewußtem Handeln der Obersten Führung, unter Festhalten am ursprünglichen Entschluß der Operation »Blau«, Stalingrad bei genügend Nachschub mit geringen Opfern hätte nehmen können. Aber Hitler verschenkte mit seinen verspäteten »engen Kesseln« um Millerowo sowie um Rostow und durch das Abdrehen des Nachschubs zur voreiligen Kaukasus-Operation entscheidende Zeit, die der Verteidiger zum Heranführen von Verstärkungen wirksam ausnutzte. Sehr wahrscheinlich wäre es sonst wohl schon zur Entscheidungsschlacht außerhalb der Stadt gekommen.

Der Angriff der Heeresgruppe A in den Kaukasus (Operation »Edelweiß«)

Feldmarschall List hatte die von Hitler geforderten weiten Ziele bis Mitte September nicht erreicht; es bestand dafür auch keine Aussicht mehr. Die 17. Armee hatte Noworossisk nach schwerem Kampf erobert, lag aber vor Tuapse fest. Die 1. Pz.Armee (40. und 3. Pz.Korps mit 3 Pz.Div. und 2 I.D. [mot]) hatte zwar das kleine Ölgebiet um Maikop in Besitz genommen, aber nur völlig zerstörte Ölfelder und Bohrtürme vorgefunden, die erst 1947 wieder betriebsbereit sein sollten. Die Front verlief dann südlich von Kislowodsk weiter nach Mosdok (hier das 40. Pz.Korps mit der 13. und 23. Pz.Div.), wo südlich des Terek ein großer deutscher Brückenkopf bestand. Spähtrupps erreichten das Kaspische Meer und standen bei Sosta am Manytsch an der Heeresgruppengrenze in loser Fühlung mit der 16. I.D. (mot) der Heeresgruppe B in Elista.

Aus der vermeintlich leichten Verfolgung der aus operativen Erwägungen auf den Kaukasus zurückgenommenen russischen Kräfte waren etwa Mitte August harte Angriffskämpfe geworden, deren große Schwierigkeiten durch ständige Treibstoffsorgen noch verschärft wurden. Auch fehlte es bei den weiträumigen Operationen an ausreichender Unterstützung durch die Luftwaffe, die mit Schwerpunkt um Stalingrad eingesetzt war. Die Truppe war abgekämpft, ihre Ausfälle nicht ersetzt, ihre Front weitgespannt, Reserven nicht vorhanden und das Gelände schwierig. Zwangsläufig kam es daher Anfang September zum Erliegen des Angriffs.

Hitler wollte diese harte Tatsache nicht anerkennen. Es kam zu schweren Verstimmungen, sogar zwischen Hitler und seinem engsten Mitarbeiter, Generaloberst Jodl, der Vorwürfen Hitlers gegen die Truppe und ihre Führung widersprochen hatte.

Der Oberbefehlshaber der Heeresgruppe A, Feldmarschall List, legte am 9. September auf Wunsch Hitlers sein Kommando nieder. Hitler hatte sich entschlossen – ein in der Kriegsgeschichte einmaliger Fall –, sich neben seinen sonstigen Aufgaben auch noch mit der unmittelbaren Führung des 1400 km entfernten, schwierigen Frontabschnittes der Heeresgruppe A zu belasten. Das bewährte Oberkommando der Heeresgruppe wurde offiziell lediglich als »Meldekopf und Befehlsübermittlungsstelle« bezeichnet. Dieser Entschluß Hitlers bewies von neuem, daß ihm die Truppenführung und die Handhabung eines militärischen Befehlsapparates nach wie vor fremd und unverständlich geblieben waren. Er glaubte, ohne Aussprache mit seinem dortigen Generalstabschef und seinen in der Heeresgruppe örtlich führenden Befehlshabern und Truppenkommandeuren, Einzelheiten vom Kartentisch aus schnell und zutreffend entscheiden zu können, ohne daß Truppe und Führung darunter leiden müßten.

Betrachtungen *

Die ungünstige Entwicklung der taktischen und operativen Lage im Kaukasus und um Stalingrad hätte Hitler zwingen müssen, neue Entscheidungen zu treffen, zumal die schlechte Jahreszeit nahe bevorstand, um nicht in eine ähnliche Lage zu geraten wie im Winterhalbjahr 1941/42. Der wachsende Widerstand des Gegners und andere Nachrichten über den Feind hätten ihn davor warnen müssen, an seinem bisherigen Feindbild festzuhalten. Er hätte einsehen müssen, daß seine Sommeroffensive gescheitert war.

Es waren ähnliche Voraussetzungen für einen neuen Rückschlag wie im Vorjahr gegeben: Personell und materiell abgekämpfte Verbände, die teilweise bereits seit Mai ohne Auffrischung in harten Kämpfen gestanden hatten und noch standen, kein Ersatz, keine Reserven, riesige Frontverlängerungen von ursprünglich 700 km auf etwa 2500 km (in

* Vgl. zu der gesamten deutschen Sommeroffensive 1942 die Lagebeurteilung aus neutraler schweizerischer Sicht von Hauptmann Hausamann vom 16. 8. 1942, s. Anhang, S. (32)–(35).

der Linie Kertsch–Noworossisk–nördlich Tuapse–südlich Maikop–westlich Astrachan–Stalingrad–nördlich Woronesch), äußerst erschwerter Nachschub über eine Entfernung von etwa 2500 km aus Deutschland, übergroße Gefechtsbreiten und gehemmte militärische Führung durch Hitlers ständiges Eingreifen bis in Einzelheiten der unteren Führung.

Dazu kamen noch die Schwierigkeiten, die sich aus der Führung und Betreuung dreier verbündeter Armeen ergaben, die auf der wichtigen Don-Front von Kletskaja bis Woronesch eingesetzt, aber den Russen nicht gleichwertig waren.

Eine auch für den Politiker Hitler denkbare Aushilfslösung wäre wohl gewesen, in dieser Lage auf die Eroberung Stalingrads zu verzichten, nachdem es als Industriezentrum praktisch ausgeschaltet worden war, dafür aber die Don-Verteidigung zu stärken und die sechs schnellen Divisionen aus Stalingrad hierfür bereitzustellen. Die Heeresgruppe B schlug diese Lösung Ende September dem OKH vor[52].

Das Faustpfand Kaukasus wäre vielleicht in einer gekürzten Linie zu verteidigen gewesen, wobei Noworossisk, Maikop und die Ergeni-Hügel in eigener Hand bleiben konnten.

Im übrigen hätte man sich wieder für das nächste Jahr auffrischen und den Abschluß eines Kompromißfriedens betreiben sollen, was Mussolini am 1. Dezember tatsächlich empfehlen sollte.

Der operativen Erfahrung entsprechend wäre die Zurücknahme der Kaukasusfront auf den unteren Don noch zweckmäßiger gewesen, um hier Anschluß an die Heeresgruppe B zu finden. Damit wäre eine sehr wesentliche Frontverkürzung von fast 1000 km erzielt worden, die die Aussparung notwendiger Reserven und damit eine Stärkung der Verteidigung ermöglicht hätte.

Hitler aber entschloß sich, nichts zu ändern. Er war nicht gewillt, lagebedingt, aus Gründen der Klugheit nachzugeben, das heißt, operativ zu denken, um an anderer Stelle Vorteile einzutauschen. Er glaubte an sein einzigartiges Können, an die großartige Maschinerie der Wehrmacht, die nur seines Antriebs bedurfte, an die vermeintlich abgesunkene Kraft des russischen Kontinents. Vor allem fürchtete jedoch Hitler den Prestigeverlust im In- und Ausland bei jedem Rückzug.

Also blieb alles beim alten: Die völlige Inbesitznahme von Stalingrad war noch am 6. Oktober die »wichtigste Aufgabe der Heeresgruppe B«, vor der »alle anderen Belange zurücktreten«. Das war die Antwort auf den gegenteiligen Vorschlag der Heeresgruppe von Ende September.

Am 14. Oktober befahl Hitler für die gesamte Ostfront, »die erreichten Linien ... für eine deutsche Offensive 1943 auf jeden Fall zu halten ... keine operativen Rückzugsbewegungen ...«[53]

Die Truppe verbrauchte sich also weiterhin auf überdehnten Fronten, ohne entscheidende Erfolge zu erringen. Die Oberste Führung versagte durch ihre despotische Haltung. Der unbequeme Mahner, Generaloberst Halder, wurde am 24. September gegen den jungen General Zeitzler ausgetauscht. Jetzt konnte Hitler noch uneingeschränkter seine Absichten und fehlerhaften Entschlüsse durchführen.

III. *Die russische Winteroffensive 1942/43*

Die Entwicklung der Lage bis Mitte März 1943 – Die erste Phase der russischen Winteroffensive – Bildung der Heeresgruppe Don – Die »Befreiungsoffensive« nach Stalingrad (Operation »Wintergewitter«) – Die zweite Phase der russischen Winteroffensive – Die Räumung des Kaukasus im Januar 1943 – Die 4. Panzerarmee deckt den Rückzug der Heeresgruppe A aus dem Kaukasus – Stalingrad – Die dritte Phase des russischen Angriffs – Der große Entschluß Mansteins Mitte Januar 1943 – Mansteins Gegenangriff am 22. Februar 1943 – Betrachtungen

Die Entwicklung der Lage bis Mitte März 1943

Das Schicksal nahm seinen Lauf. Verbissen in seine fixe Idee lehnte Hitler alle Warnzeichen[54] auf den langen Flanken der Heeresgruppe B ab und wartete auf den Erfolg von Stalingrad, wo Generaloberst Halder bereits am 20. September »das allmähliche Ausbrennen der (deutschen) Angriffstruppe« festgestellt hatte.

Den Russen war es in den vergangenen Monaten bis Mitte November 1942 gelungen, erste Teile ihrer ursprünglich im Raum von Moskau und ostwärts Orel bereitgestellten operativen Reserven vor der Front der Heeresgruppe B weitgehend unerkannt * zu versammeln.

Für die Gliederung der Heeresgruppe B war charakteristisch, daß ihre deutschen Angriffsverbände (drei Inf.Korps und das 14. Pz.Korps) durch Hitlers starre Befehle noch immer auf engem, weit vorspringenden

* Vgl. Feindlagebeurteilung durch Genst. d. H./Abt. Fremde Heere Ost vom 6. 11. 1942 (KTBOKW Bd. II, 1942, S. 1305).

Bogen bei Stalingrad festgelegt waren. Ihre rechte Flanke wurde durch die Armeegruppe Hoth mit dem 4. deutschen Korps und der 4. rumänischen Armee, die lange linke Flanke durch drei verbündete Armeen (Rumänen, Italiener, Ungarn) mit zwei deutschen Generalkommandos (darunter Pz.Generalkommando 24) und einigen Divisionen von Kletskaja bis Korotojak gesichert, wo sich dann die deutsche 2. Armee anschloß.

An Reserven standen hinter der Armeegruppe Hoth die 29. I.D. (mot) südlich von Stalingrad. Die 16. I.D. (mot) sicherte weitab bei Elista gegen einen sehr aktiven Feind.

Hinter der 3. rumänischen Armee stand als Heeresgruppenreserve das 48. deutsche Panzerkorps (Generalleutnant Heim) mit der 22. Pz.Division und der 1. rumänischen Pz.Division ab Mitte November westlich von Kletskaja; hinter der 8. italienischen Armee stand das Generalkommando 24. Pz.Korps, zwei deutsche Inf.Divisionen und im Raum von Rossosch die 27. Pz.Division, die nur ein Torso war.

Die erste Phase der russischen Winteroffensive

begann am 19. November 1942. Die operativen Grundlagen dieser Offensive boten sich Stalin durch Hitlers leichtfertige Führungsmaßnahmen geradezu an. Der Feind band die deutschen Kräfte in Stalingrad frontal und durchbrach im ersten Anlauf mit starken Panzerkräften die beiden deutschen Anschlußflanken südlich der Stadt und nördlich davon am Don, die von rumänischen Divisionen verteidigt wurden.

Die durchgebrochenen Verbände vereinigten sich bereits am 22. November, also nach vier Angriffstagen, bei Kalatsch auf dem Westufer des Don. Damit waren 20 deutsche Divisionen und zwei rumänische Divisionen in und um Stalingrad lose umfaßt. Der Einsatz des 48. Pz.Korps im Raum von Kletzkaja–Blinow war erfolglos geblieben *; erst am 26. November gewann es unter erheblichen Verlusten wieder Anschluß an die eigene neue Sicherungsfront am Tschir, westlich von Stalingrad.

Die Heersgruppe B erkannte die große Gefahr und befahl der 6. Armee noch am 19. November nachts den Einsatz ihres 14. Pz.Korps (General Hube) gegen den Durchbruch bei Kletzkaja. Diese zweckmäßige

* Vgl. hierzu den Bericht bei Carell, »Unternehmen Barbarossa«, a. a. O., S. 507 ff, 512 f., 528 ff.

Absicht konnte durch den schnellen Ablauf der Ereignisse jedoch nicht mehr realisiert werden.

Die Armeegruppe Hoth (Pz.AOK 4) wurde am 20. November am linken Flügel der 4. rumänischen Armee nordwestlich des Bahnhofs von Tundutowo durchbrochen. Die 29. I.D. (mot) warf den Gegner durch sofortigen Gegenangriff ihrer gepanzerten Gruppe (verstärkte Pz.Abt. 129) zwar zurück, wurde dann aber der 6. Armee zur Deckung ihrer Südfront unterstellt, ebenso das deutsche 4. A.K. Russische Panzerkräfte stießen von Zara her auf Abganerowo vor, um dann auf Kalatsch einzudrehen. Das Armeegruppenkommando wurde durch feindliche Panzer aus seinem Gefechtsstand herausgeschossen.

Bildung der Heeresgruppe Don

Unter dem Eindruck der Umfassung der 6. Armee entschloß sich Hitler am 22. November endlich, die Heeresgruppe B zu teilen. Die neugebildete Heeresgruppe Don umfaßte die zerschlagene 4. rumänische Armee, die schwache 4. Pz.Armee (Hoth), die 6. Armee in Stalingrad und die schon fast vernichtete 3. rumänische Armee.

Ihr Befehlshaber wurde Feldmarschall von Manstein, der, von der Nordfront (16. Armee) mit dem AOK 11 herangeholt, erst am 28. November die Führung übernehmen konnte.

Auch im Kaukasus gab es Personalveränderungen. Hitler entschloß sich, die von ihm seit dem 9. September übernommene »Führung« der Heeresgruppe A am 22. November dem Generaloberst von Kleist zu übergeben. Oberbefehlshaber der 1. Pz.Armee wurde der bisher Kommandierende General des 3. Pz.Korps, General von Mackensen.

Als Auftrag erhielt die Heeresgruppe Don den Befehl Hitlers, »... die feindlichen Angriffe zum Stehen zu bringen und die ... innegehabten Stellungen wieder zu gewinnen ...« Dazu würde ein Generalkommando und eine Division zur Unterstützung zugeführt werden. Hitler und seine Berater schienen den Ernst der Lage wieder nicht erfaßt zu haben. Anstatt der 6. Armee zu befehlen, den durchgebrochenen Gegner unter Abdeckung in der Front mit ihren schnellen Divisionen sofort anzugreifen und die Verbindung nach Westen herzustellen, funkte er die militärisch unverständliche Weisung: »Einigeln und Befehle abwarten!«[55]

Die »Befreiungsoffensive« nach Stalingrad (Operation »Wintergewitter«)

Inzwischen verschlechterte sich die Lage bei Stalingrad und westlich des Don von Tag zu Tag. Feldmarschall von Manstein entschloß sich, das vom Kaukasus her mit der 23. Pz.Division im Anmarsch befindliche 57. Pz.Korps (General Kirchner) sowie die aus Frankreich her anrollende 6. Pz.Division (Generalmajor Raus) zur Öffnung eines »Korridors« nach Stalingrad einzusetzen. Er nahm damit das unübersehbare Risiko eines Zusammenbruchs seiner sehr geschwächten Verbände westlich des Don in Kauf, um der 6. Armee zu helfen. Die Gesamtführung erhielt das Pz. AOK 4. Absichten, das 48. Pz.Korps (mit der 11. Pz.Div.), jetzt unter General von Knobelsdorff, ebenfalls heranzuholen, zerschlugen sich, da die Lage seinen Einsatz an der zerrissenen Front am Tschir erforderte.

Die 6. Pz.Division verfügte über 160 Panzer und 40 Sturmgeschütze; die 23. Pz.Division (General von Boineburg) war abgekämpft, erhielt aber 22 neu eintreffende Panzer zu ihrem bisherigen Bestand.

Das 57. Pz.Korps sollte mit Schwerpunkt entlang der Bahn von Kotelnikowo in Richtung auf den Bahnhof Tundutowo angreifen, wo man südwestlich davon auf die 6. Armee zu stoßen hoffte. Der Angriff sollte auf beiden Flanken durch rumänische und weiter nördlich durch deutsche Verbände gedeckt werden. Die Angriffstiefe betrug etwa 120 km. Der Gegner war vorbereitet und zahlenmäßig überlegen. Es war eine harte Forderung, mit zwei Panzerdivisionen eine feindliche Armee zu durchbrechen, die Verbindung zur eigenen eingeschlossenen Armee herzustellen und diese Verbindung offenzuhalten, was Hitler ausdrücklich verlangte.

Der Angriff begann erfolgreich am 12. Dezember und erreichte abends den Aksaj. Die Russen reagierten aber schnell. In den nächsten Tagen entwickelten sich im Raum von Werchne Kumsky sehr harte Panzerkämpfe, die durch feindliche Infanterie erschwert wurden. Am 17. Dezember traf noch die nicht sehr kampfstarke 17. Pz.Division (General von Senger und Etterlin) von der Heeresgruppe Mitte ein. Es gelang den beiden Pz.Divisionen 6 und 17, den Ort am 19. Dezember zu nehmen. Die Kämpfe um den Mischkowa-Abschnitt dauerten bis zum 23. Dezember an, da der Gegner ständig neue Panzerkräfte heranführte. Da traf völlig unerwartet der Befehl der Heeresgruppe ein, eine Panzerdivision sofort zu dringender anderer Verwendung herauszuziehen und den Rest des 57. Pz.Korps auf den Aksaj zurückzunehmen. Angesichts der verzweifelten Gesamtlage der Heeresgruppe bestimmte Generaloberst Hoth dafür seine stärkste Division, die 6. Pz.Division. Die »Befreiungsoffensive« der 4. Pz.Armee wurde damit abgebrochen.

Der zwingende Grund dafür lag in einem neuen tiefen und breiten Durchbruch der Russen am mittleren Don durch die Front der 8. italienischen Armee in Richtung auf Rostow. Sein weitreichendes operatives Ziel war die Abschnürung aller deutschen und verbündeten Kräfte im Süden Rußlands. Hitler hatte seine Sorge um eine solche Entwicklung bereits im August geäußert, seine Führung aber nicht diesen Befürchtungen angepaßt. Erneut war er jetzt gezwungen, Entschlüsse zu fassen, die eine Katastrophe vermeiden konnten; aber es fehlte an starken operativen Reserven. Die schnellen Verbände hatte Hitler bis zum Raum von Grosny verzettelt oder sie im Häuserkampf von Stalingrad festgelegt.

Die zweite Phase der russischen Winteroffensive

durchbrach die italienische Donfront ab 16. Dezember im Abschnitt Weschenskaja bis nördlich Nowaja Kalitwa. In neun Tagen stieß die russische 5. Panzerarmee 180 km bis Tazinskaja vor, das nur 170 km von Rostow entfernt ist.

Gelang es dem Gegner, bei Rostow den unteren Don zu gewinnen und die Übergänge zu sperren, so wären die rückwärtigen Verbindungen zur Heeresgruppe A im Kaukasus unterbrochen und diese selbst vom deutschen Ostheer abgeschnitten worden.

Die Lage wurde für die deutsche Führung jetzt äußerst kritisch, nachdem auch die rumänischen Verbände der Armeegruppe Hoth erneut angegriffen, durchbrochen und vernichtet wurden. Dabei zeigten sich die in den Strudel der fliehenden italienischen und rumänischen Verbände hineingerissenen deutschen Truppen und ihre Führung in diesen wochenlangen Kämpfen als besonders leistungsfähig. Mit Aushilfen aller Art gelang es, die völlig aufgerissene Front im Ausweichen nach Westen wieder notdürftig zu flicken, so daß eine Art von halbwegs geschlossener Front entstand.

Ende Dezember sah die Lage etwa so aus:

Die Pz.AOK 4 (Hoth) wehrte südlich des Don zwischen Sal und Manytsch das Vorgehen von drei russischen mot. Korps ab. Nördlich des Don kämpfte an der Zymlia die neugebildete Armeeabteilung Hollidt gegen drei russische Inf.Armeen mit Front nach Osten. Am Oberlauf des

Flusses Zymlia sprang die deutsche Front ohne natürliches Hindernis scharf nach Westen um, wo vier feindliche Pz.Korps und ein Schützenkorps tatkräftig angriffen. Westlich anschließend schützte die ebenfalls behelfsmäßig zusammengestellte Armeeabteilung Fretter-Pico in weitem Bogen hinter der Kalitwa beiderseits Millerowo das wichtige Donezbecken. Ostwärts von Starobelsk verteidigte die verstärkte 19. Pz. Division durch sehr geschickte bewegliche Kampfführung die durch den italienischen Zusammenbruch entstandene Lücke. Weiter nördlich kämpften weitere Sperrverbände und hielten Anschluß an das noch am Don haltende italienische Alpinikorps, das nicht angegriffen worden war.

Besonders stark war der feindliche Druck gegen die Heeresgruppe Don und gegen die Armeeabteilung Fretter-Pico der Heeresgruppe B. Der russischen Führung lag daran, ihre Operationsziele Donezbecken und Rostow zu gewinnen und damit die Heeresgruppe Don und die von Hitler im Kaukasus starrsinnig festgehaltene Heeresgruppe A einzuschließen und zu vernichten.

Die Räumung des Kaukasus im Januar 1943

Unter dem Zwang der von ihm selbst verschuldeten Entwicklung der Lage entschloß sich Hitler am 28. Dezember, dem ständigen Drängen des Generalstabschefs des Heeres nachzugeben und den Kaukasus zu räumen. Noch immer stand der Ostflügel der Heeresgruppe A (40. Pz. Korps mit 3. und 13. Pz.Div.) im Raum von Mosdok, das heißt etwa 600 km vom Brückenübergang von Rostow entfernt, dem sich die Russen südlich des Sal auf etwa 100 km genähert hatten. Wurde die schwache 4. Pz.Armee in diesem Raum durchbrochen, so waren die 1. Pz. Armee und die 17. Armee von jeder Landverbindung nach Westen abgeschnitten. Hitler trieb ein nervenzermürbendes Spiel, in dem nichts mehr zu gewinnen, aber sehr viel zu verlieren war. Seine Beweggründe waren und sind unbekannt. Man kann sie nicht nur als dilettantisch, auch nicht mit dem Schlagwort »verbrecherisch« bezeichnen, wohl eher als eine krankhafte Zwangsvorstellung, der er vermutlich seit den großen Erfolgen der Jahre 1939/40 unterlag.

Erstaunlich ist, daß Hitlers engste militärische Berater, Jodl und Keitel, aber auch sein Adjutant Schmundt, anscheinend auch nicht mehr in der Lage waren, die Dinge sachlich zu beurteilen. Mit Recht »verdammt« Eddy Bauer das »vom OKW praktizierte operative Verfahren«[56].

Die 4. Panzerarmee deckt den Rückzug der Heeresgruppe A aus dem Kaukasus

So hatte wieder einmal die Fronttruppe die Last der harten Kämpfe unter schwierigen Bedingungen und Zeitdruck zu tragen. Gegen den weit überlegenen Feind deckte die geschwächte 4. Pz.Armee unter ihrem bewährten Oberbefehlshaber Generaloberst Hoth (mit dem 57. Pz.Korps mit der 17. und 23. Pz.Div., dann auch mit der SS-Div. [mot] »Wiking« und später noch mit der 16. I.D. [mot]) den Rückzug der 1. Pz.Armee und ihren Übergang über den Don bei Rostow sowie den Rückmarsch der 17. Armee mit acht Inf.Divisionen und drei rumänischen Divisionen beiderseits des Kuban in den neu befohlenen »Kuban-Brückenkopf«, dessen rückwärtige Verbindungen über Kertsch zur Krim liefen. Über die sehr harten Kämpfe berichtet die Geschichte der 23. Pz.Division[57]. Die russische Oberste Führung beabsichtigte, auch südlich des Don auf Rostow durchzubrechen, wozu sie die 28., 51. und die 2. Gardearmee einsetzte. Allein die beiden letzteren Armeen umfaßten ein Pz.Korps, drei mot. mech. Korps, drei Schützenkorps und ein Kav.Korps. Damit müssen die deutschen Mannschafts- und Waffenzahlen verglichen werden, die in ihrer Schwäche zuweilen grotesk wirken. Dazu kam Mangel an Treibstoff und Munition, sowie Schnee und Eis, die alle Bewegungen stark behinderten. Es ist fast unglaublich, was Offizier und Soldat geleistet und an Opfern gebracht haben. Daher gelang es, bis zum 16. Januar 1943 auf dem Ostufer des unteren Manytsch, und vom 21. Januar bis 2. Februar beiderseits der Bahn von Salsk nach Rostow Stützpunkte zu halten und einen Brückenkopf südlich von Rostow zu bilden.

Durch diese harten Kämpfe wurde der Uferwechsel der schnellen Divisionen der 1. Pz.Armee am 31. Januar 1943 bei Rostow ermöglicht. Sie wurden eine Trumpfkarte in der Hand von Mansteins, jedoch ohne die 13. Pz.Division, die Hitler in letzter Minute dem Kuban-Brückenkopf zuteilte. Damit verstieß er erneut gegen den erprobten Grundsatz, die Panzerkräfte zusammenzuhalten. Das Heeresgruppenkommando A und die 17. Armee hatten befehlsgemäß auf diesen Brückenkopf auszuweichen, der mit elf Inf.Divisionen und der 13. Pz.Division als operative Bedrohung des Kaukasus gehalten werden sollte, aber nie zur Auswirkung kam. Dagegen fehlten diese zwölf Divisionen bei den harten Kämpfen nördlich des Asowschen Meeres und belasteten durch den weiten und erschwerten Transportweg über See die ohnehin schon überlastete Nachschuborganisation.

Die 4. Pz.Armee wurde Anfang Februar ebenfalls hinter den Don zurückgenommen. Ihr Oberkommando sollte in den kommenden Gegenangriffen von Mansteins erneut eine entscheidende Rolle übernehmen.

Die schnellen Divisionen der beiden Pz.Armeen kamen gerade noch rechtzeitig, um zunächst die zwischen Don und Mius schwer bedrängte Armeeabteilung Hollidt zu stützen und später die Träger der neuen Operationsabsicht von Mansteins zu werden.

Stalingrad

Der Kessel von Stalingrad aber mußte – allen Gegenvorstellungen zum Trotz – auf Befehl Hitlers stehen bleiben, nachdem er versäumt hatte, die starke 6. Armee mit ihren sechs schnellen Divisionen rechtzeitig zurückzunehmen und operativ zweckmäßig einzusetzen, anstatt sie auf engem Raum an eine operativ wertlose Stadt zu binden und dabei allein aus Prestigegründen so zu handeln. Nun aber war die Lage durch seinen starren Befehl zum Stehenbleiben so weit fortgeschritten, daß der Armee mittlerweile zwangsweise die Aufgabe zufiel, durch ihr Ausharren starke russische Kräfte zu binden und diese von der Entscheidung bei Rostow fernzuhalten.

Was wäre wohl geschehen, wenn die russischen Einschließungsarmeen mit rund 90 großen Verbänden freigeworden und Anfang Januar beiderseits des Dons auf Rostow angetreten wären? Mit Wahrscheinlichkeit wäre der gesamte deutsche Südflügel bis zur Linie Kursk-Woronesch vernichtet worden und der Weg der Russen nach Nordwesten in den Rücken der gesamten deutschen Ostfront frei gewesen. Zu dieser zuweilen umstrittenen Frage des Ausharrens von Stalingrad schreibt Eddy Bauer[58]:

»... Die Gerechtigkeit verlangt festzustellen, daß dies der 6. Armee ... gelang und Generaloberst Paulus hundertmal den Marschallstab verdient hatte ...«

Feldmarschall von Manstein und Generaloberst Hoth sind derselben Auffassung, übrigens auch die sowjetischen Generale Jeremenko und Tschuikow, die damals Paulus eingeschlossen hatten.

Die dritte Phase des russischen Angriffs

Am 12. Januar waren die Russen südlich von Woronesch zur dritten Phase ihrer Winteroffensive über den Don angetreten, die mit der Fortführung ihrer Angriffe gegen die Donez-Front und mit der seit Mitte

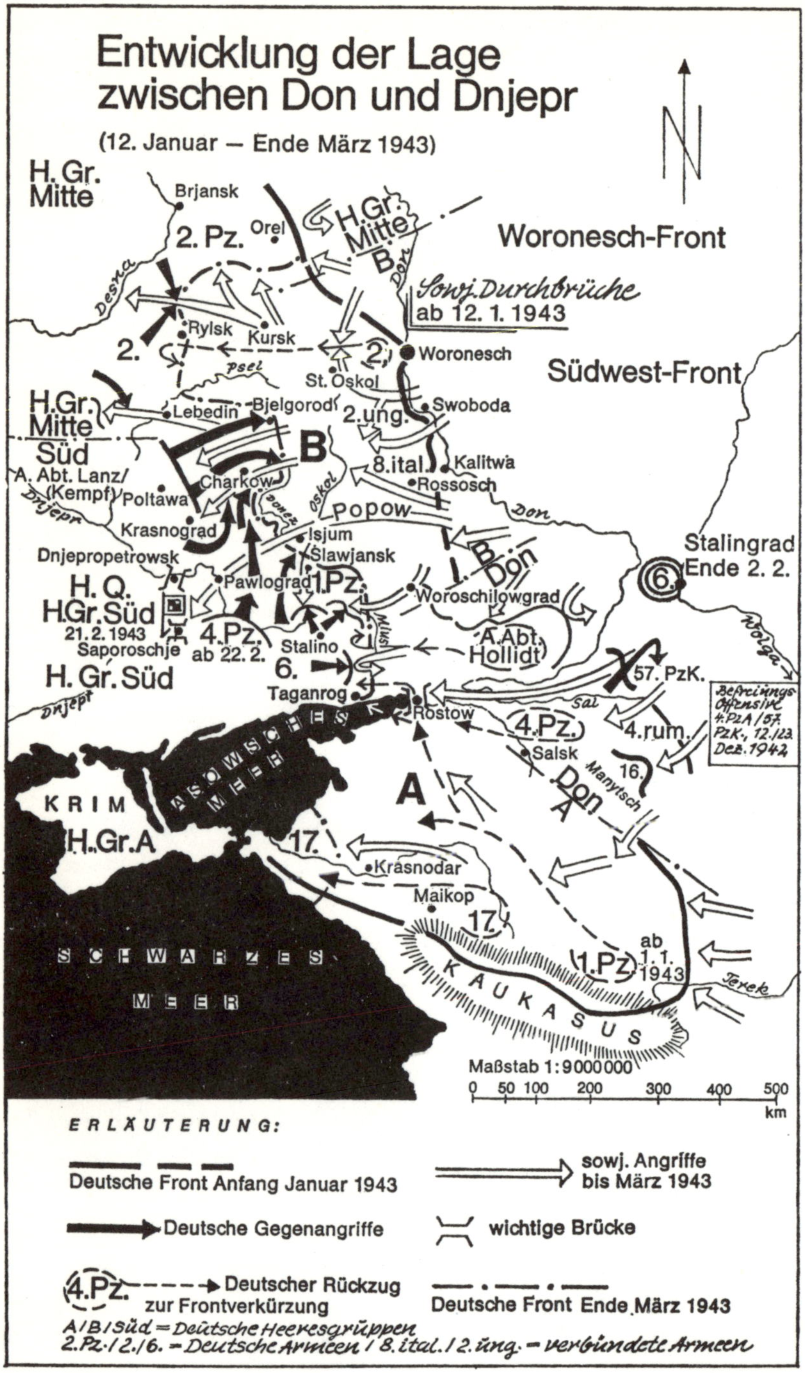
Entwicklung der Lage zwischen Don und Dnjepr
(12. Januar – Ende März 1943)
N
H. Gr. Mitte
Brjansk
2. Pz.
Orel
H.Gr. Mitte
B.
Don
Woronesch-Front
Desna
Sowj. Durchbrüche ab 12. 1. 1943
Rylsk
Kursk
2.
2.
Woronesch
Südwest-Front
Psel
St. Oskol
H.Gr. Mitte
Süd
Lebedin
Bjelgorod
2.ung.
Swoboda
B
A. Abt. Lanz/ (Kempf)
Charkow
8.ital.
Kalitwa
Rossosch
Dnjepr
Poltawa
Oskol
Donez
Popow
Don
Krasnograd
Isjum
Stalingrad Ende 2. 2.
Dnjepropetrowsk
Slawjansk
B Don
6.
H. Q. H.Gr.Süd 21. 2. 1943
Pawlograd
1.Pz.
Woroschilowgrad
Wolga
Saporoschje
4.Pz. ab 22. 2.
Stalino
Mius
A.Abt. Hollidt
H. Gr. Süd
6.
57. PzK.
Dnjepr
Taganrog
Befreiungs-Offensive 4.PzA/57. PzK., 12./23. Dez. 1942
Rostow
Sal
4.Pz.
4.rum.
Salsk
16.
KRIM
ASOWSCHES MEER
A
Don A
Manytsch
H.Gr.A
17.
Krasnodar
Maikop
17.
SCHWARZES MEER
KAUKASUS
1.Pz.
ab 1. 1. 1943
Terek
Maßstab 1:9000000
0 50 100 200 300 400 500 km
ERLÄUTERUNG:
Deutsche Front Anfang Januar 1943
sowj. Angriffe bis März 1943
Deutsche Gegenangriffe
wichtige Brücke
4.Pz. Deutscher Rückzug zur Frontverkürzung
Deutsche Front Ende März 1943
A/B/Süd = Deutsche Heeresgruppen
2.Pz./2./6. = Deutsche Armeen / 8. ital./2. ung. = verbündete Armeen

Dezember im Gange befindlichen Operation gegen die zurückgehende Heeresgruppe A im Kaukasus gekoppelt war. Die russische Oberste Führung glaubte mit Recht, damit die große Vernichtungsschlacht zwischen der Ukraine und dem Kaukasus erfolgreich beenden zu können. In diesen Überlegungen spielte eine frühzeitige Kapitulation von Stalingrad nach den Aussagen des russischen Belagerers, Generaloberst Jeremenko, eine wichtige Rolle.

Der russische Durchbruch erfolgte südlich des Ortes Kalitwa im Bereich der italienischen 8. Armee und beiderseits von Korotojak durch die Mitte der ungarischen 2. Armee und führte bei den Verteidigern zu einem Chaos, in das auch der Südflügel der deutschen 2. Armee hineingerissen wurde, ebenso das nicht unmittelbar angegriffene Alpinikorps und das Generalkommando des 24. Pz.Korps mit zwei deutschen Inf. Divisionen. Dieses Generalkommando verlor in den Winterkämpfen 1942/43 vier Kommandierende Generale (von Langermann, Wandel, Eibl und Jahr), ein Beweis, wie das deutsche höhere Führerkorps durch persönlichen Einsatz zu retten versuchte, was auf oberster Stufe verschuldet worden war.

Am 23. Januar 1943 mußte Woronesch von den deutschen Verbänden geräumt werden; am 4. Februar wurde Stary Oskol noch gehalten. Dann verlief die neue Front, die man behelfsmäßig mit Trossen, Alarmeinheiten und mit Urlauberkompanien zu verteidigen versuchte, etwa in Richtung Woroschilowgrad bis zur Donez-Front. Die Breite der aufgerissenen alten Front betrug 350 km.

Feldmarschall von Manstein berichtet hierüber anschaulich in seinem Buch »Verlorene Siege«[59].

Der große Entschluß Mansteins Mitte Januar 1943

Nur mit äußerster Kraftanstrengung gelang es der Armeeabteilung Hollidt in diesen schweren Wochen, nördlich des Don das feindliche Vorgehen auf Rostow unter Einsatz von Panzerdivisionen (6., 7., 11.) aufzuhalten und damit ein Abschneiden der beiden Pz.Armeen 1 und 4 südlich des Flusses zu verhindern. Etwa zur gleichen Zeit brach die ungarisch-italienische Front südlich von Woronesch zusammen. Damit entstand am Südflügel der Heeresgruppe B eine neue breite Lücke und damit erneut die Gefahr einer weitausholenden Umfassung für beide Heeresgruppen A und Don von Norden her.

In dieser Lage entschloß sich der Feldmarschall, die bisher südlich des

Don eingesetzten Kräfte der 4. Pz.Armee und der 1. Pz.Armee über Rostow an den mittleren Donez zu verschieben, um hier den nach Westen vorgehenden Feind von Süden her anzugreifen.

Das war ein großzügiger Lösungsvorschlag, der Guderians ständiger Forderung nach einem Panzerschwerpunkt entsprach. Der Vorschlag ähnelte dem Plan Hindenburgs und Ludendorffs in der Schlacht von Tannenberg 1914: eine hinhaltend ausweichende Mitte unter Heranführen starker Kräfte auf die Flügel zum Gegenangriff.

»Die Oberste Führung war aber noch keineswegs (der) Meinung (von Mansteins) ... war immer noch nicht gewillt, das Kaukasusgebiet endgültig aufzugeben ...«[60], wollte weiterhin »kleckern« und alles decken und dazu starke Teile der 1. Pz.Armee im befohlenen defensiven Kuban-Brückenkopf zurücklassen. Nach harten Auseinandersetzungen mit Hitler gelang es erst am 24. Januar, die Genehmigung zu erzwingen, die ganze 1. Pz.Armee, außer der 13. Pz.Division, über Rostow zurückzuführen. Damit war endlich eine Wendung eingetreten, die Hoffnung auf einen operativen Gegenangriff gab, der Erfolgsaussichten bot, zumal auch die Russen geschwächt sein mußten.

Mansteins Gegenangriff am 22. Februar 1943

Am 14. Februar wurde die Heeresgruppe Don in die Heeresgruppe Süd umbenannt. Die Führung behielt Feldmarschall von Manstein. Ihm wurden alle Verbände von der 4. Pz.Armee bis zum Südflügel der 2. Armee unterstellt, die selbst zur Heeresgruppe Mitte übertrat. Die Heeresgruppe Süd verfügte nun über die Armeeabteilung Hollidt (später die 6. Armee), die Armeeabteilung Fretter-Pico (später in die 1. Pz.Armee eingegliedert), die 1. Pz.Armee, die 4. Pz.Armee und die Armeeabteilung Kempf (später die 8. Armee), die den Raum von Charkow verteidigte. Alle fünf Großverbände waren sehr abgekämpft.

Zum gleichen Zeitpunkt lief die russische Gesamtoperation wieder an. Ihre örtlichen Ziele waren Charkow, das Donezbecken und die Dnjeprbrücken von Dnjepropetrowsk und Saporoschje, ihr operatives Ziel die Vernichtung der Heeresgruppe Süd, die man am Ende ihrer Kräfte vermutete.

Mittlerweile hatte die Heeresgruppe Don am 6. Februar die Genehmigung Hitlers erlangen können, die Armeeabteilung Hollidt auf die Mius-Stellung zurückzunehmen, wodurch die 4. Pz.Armee im Donezbogen frei wurde. Ebenfalls hatte Hitler der »Rochade« dieser Armee nach dem Raum zwischen Stalino und Saporoschje zugestimmt, der etwa Mitte Februar erreicht werden konnte. Die bereits vorgeworfene 1. Pz. Armee (3. Pz.Korps und 40. Pz.Korps) kämpfte inzwischen mit wechselndem Erfolg am mittleren Donez. Die Lage im Raum von Charkow, den die Heeresgruppe B verteidigte, entwickelte sich bedrohlich; doch waren Kräfte dorthin von Westen her im Anrollen.

Die Lage vor der Heeresgruppe Don beziehungsweise Süd wurde von Tag zu Tag kritischer, denn ihr Kräfteverhältnis zum russischen Angreifer war damals eins zu acht.

Am 16. Februar 1943 ging Charkow verloren; der Gegner erreichte Lebedin. Südlich von Charkow wurde die Front über Merefa bis beiderseits Krasnograd gehalten. Dafür aber war ab hier eine breite Lücke von 150 km zum linken Flügel der früheren Armeeabteilung Fretter-Pico, der jetzigen 1. Pz.Armee, aufgerissen worden, in der russische Panzerkräfte unter den Generälen Watutin und Popow nahezu ungehindert über Pawlograd auf Dnjepropetrowsk und am 19. Februar bis nahe vor Saporoschje vorstießen, wo sich der Gefechtsstand der Heeresgruppe Süd befand.

Am 19. Februar gab der Feldmarschall der 4. Pz.Armee den Befehl zum Angriff gegen die tiefe Flanke des auf den Dnjepr zielenden russischen Durchbruchs, während es für seine Ostfront am Mius unter Hollidt darauf ankam, zu halten und den Rücken der Operation abzudecken. Am 20. Februar ging die 4. Pz.Armee mit ihrem linken Flügel (48. Pz.Korps) auf Pawlograd vor, um zunächst die Bedrohung der lebenswichtigen Bahnlinie über Sitnikowo und der beiden großen Dnjeprbrücken auszuschalten. Ihr rechtes Pz.Korps (57.) griff in Richtung Isjum an. In seiner rechten Flanke kämpften die beiden Panzerkorps (40. und 3.) der 1. Pz.Armee. Aus dem Raum südlich von Charkow ging die SS-Pz.Division »Das Reich« gegen die Nordflanke der russischen 6. Armee vor, deren Anfänge den Bahnhof von Sitnikowo erreicht hatten. Die Armeeabteilung Kempf deckte die Operation mit dem Korps Raus gegen den Feind aus der Richtung von Charkow.

Die nächsten Tage brachten die erhofften Erfolge. Bis zum 2. März wurden die Armeen der feindlichen »Südwestfront« so geschlagen, daß sie nicht mehr angriffsfähig waren und hinter den Donez zurückgingen. Besonders gelitten hatten die russische 6. Armee, die Panzergruppe Popow bei Grischino und die 1. Gardearmee. Davon waren das 25. Pz. Korps und drei Schützendivisionen vernichtet, ferner drei Panzerkorps und vier weitere Verbände zerschlagen. Weitere zwei Panzerkorps und acht Schützendivisionen hatten Verluste erlitten. Es wurden 615 Panzer und 423 Geschütze erobert.

Damit war endlich wieder die Initiative auf die deutsche Seite übergegangen, wozu die Panzertruppe im taktischen und operativen Einsatz entscheidend beigetragen hatte. Die Zusammenfassung starker Panzerkräfte unter zielbewußter, geschulter Führung hatte sich wie in früheren Feldzügen hervorragend bewährt. Von Mansteins »Operieren aus der Nachhand«, von Hitler völlig abgelehnt, da es für ihn nur ein starres Halten gab, hatte seine große Wirksamkeit bewiesen.

In einer zweiten, anschließenden Operation zerschlug die 4. Pz.Armee bis zum 6. März südlich von Charkow, zusammen mit der von Südwesten angreifenden Armeeabteilung Kempf, eine starke Gruppe der feindlichen 3. Pz.Armee. Am 14. März wurde Charkow vom SS-Panzerkorps unter Obergruppenführer Hausser wiedergenommen und bald darauf Bjelgorod durch den Angriff der Pz.Gren.Division »Großdeutschland«. Unter dem Eindruck dieser Erfolge wichen die Russen klugerweise hinter den Donez aus. Damit war die gesamte Front der Heeresgruppe Süd wieder geschlossen worden.

Erneut hatte sich die Panzertruppe – und ebenso alle anderen Verbände – trotz aller Anstrengungen und Verluste der seit Mai 1942 ununterbrochen laufenden Frühjahrs-, Sommer- und Winteroffensiven glänzend bewährt. Die Panzertruppe fühlte sich trotz aller Rückschläge dem Feinde nach wie vor überlegen. Dazu war es aber notwendig, sich taktisch und waffen- wie gerätemäßig der ständig fortschreitenden Entwicklung anzupassen, was auch geschah; operativ mußte man aber die durch frühere Erfahrung und Überlegung entwickelte Taktik der Führung und Verwendung großer Truppenkörper beachten, deren Grundsätze sich auch durch neue Waffen nicht geändert hatten. Dagegen verstieß jedoch Hitler in primitivster Weise.

Zu dieser Situation schreibt Eddy Bauer: »... Hier tritt nun der Umschwung ein, und Feldmarschall von Manstein zeigt uns auf bewunderungswürdige Weise, was die Beweglichkeit und Feuerkraft der Panzerwaffe vermögen, wenn sie von einem Mann geführt wird, dessen von der Vernunft gezügelte Kühnheit das Außergewöhnliche nicht für das Unmögliche hält, der aber auch nicht Impulsivität mit Energie verwechselt ... Sicher ist aber, daß das deutsche Heer aus letzter Not gerettet war ...«[61].

Betrachtungen

Die deutsche Sommeroffensive 1942 bot der deutschen Panzertruppe trotz ihrer Schwächung durch den Feldzug von 1941/42 noch einmal die große Chance, sich im Sinne Guderians operativ entscheidend zu bewähren. Der Erfolg der großen Operation zwischen Donez und Don bis zum Wolgaknie bei Stalingrad erschien gesichert, wenn man die schnellen Verbände unter Beachtung der operativen Grundregeln auf das in der »Weisung 41« gesteckte erste Ziel, Vernichtung der russischen Don-Kräfte im Raum von Stalingrad, straff zusammengefaßt und zunächst beschränkt hätte. Am 28. Juni 1942 war die Ausgangslage nach den überragenden deutschen Erfolgen vom Mai 1942 im Raum von Isjum südlich von Charkow * tatsächlich so, daß man bei der von russischer Seite festgestellten »Zaghaftigkeit« der neu aufgestellten russischen Panzer- und Inf.Verbände zum Erfolg kommen konnte, sofern man schnell, zielbewußt und schwerpunktmäßig handelte, dabei aber den Gegner nicht unterschätzte und nicht entgegen allen militärischen Führungserfahrungen handelte.

Hatte man das erste vorgesehene Ziel erreicht, die feindlichen Kräfte entscheidend auszuschalten, so konnte man prüfen, ob nach Lage, Raum und Zeit nun auch der zweite Schritt zum Kaukasus erfolgversprechend war. Es wäre im übrigen schon bei der Konzipierung der »Weisung 41« zu überlegen gewesen, ob man nach dem erhofften großen Vernichtungssieg im großen Donbogen nicht Don-aufwärts, etwa über Lipezk auf Rjasan, nach Norden antreten sollte, um die ganze russische Front und ihre von Moskau anrückenden Reserven aufzurollen. Es wäre die klassische Lösung gewesen, die einem geschlagenen Gegner nicht die Möglichkeit gelassen hätte, sich wieder kampfbereit zu machen, sondern alles daransetzte, ihn zu vernichten und seine Führung zum Frieden zu zwingen. Im übrigen wäre es die Umkehrung der 1941 geplanten Umfassungsoperation über Leningrad nach Moskau gewesen, die damals nicht zur Ausführung kam. Wahrscheinlich hat oder hätte Hitler diesen neuen Vorschlag von vornherein abgelehnt, da er nicht seinem kriegswirtschaftlich und politisch eingestellten starrsinnigen Streben nach dem Kaukasus entsprach.

Statt dessen exzentrisch in den Kaukasus abzudrehen, ehe die Lage

* Es wurden über 239 000 Gefangene gemacht, über 1200 Panzer und über 2000 Geschütze vernichtet oder erbeutet.

am Don und bei Stalingrad völlig gesichert war, war eine operative Leichtfertigkeit, ein grober Führungsfehler, der sich bitter rächen mußte.

Das negative Ergebnis des Feldzuges von 1942 war bedrückend. Das deutsche Heer hatte große Verluste erlitten. Kurt von Tippelskirch schätzt, daß etwa 75 deutsche und verbündete Divisionen verloren gingen. Alle Opfer waren umsonst gebracht worden. Hitler hatte keines seiner Ziele erreicht. Im Gegenteil – seine Südfront stand nach neun Monaten Kampf nur mit Mühe wieder in der gleichen Ausgangslinie, aus der sie mit großen Hoffnungen angetreten war. Wiederum hatte Hitler eine Niederlage wie im Winter 1941/42 erlitten, von der das Heer »sich nie wieder erholen sollte«[62].

Der russische Gegner verdient Anerkennung. Klugerweise hatte er nach 1941 die erprobten Operations- und Führungsgrundsätze der deutschen Panzertruppe übernommen und es verstanden, fähige militärische Führerpersönlichkeiten einzusetzen und schon vor 1941 ausgezeichnetes Panzergerät zu konstruieren. Im Jahre 1942 war auch ein zahlenmäßiger Aufschwung seiner Luftwaffe im Gegensatz zur deutschen erkennbar und damit insgesamt eine Annäherung des russischen Heeres an Wert und Zustand der deutschen Wehrmacht. Mit einem Ausgleich im folgenden Kriegsjahr war zu rechnen, wobei die zahlenmäßige Überlegenheit auf russischer Seite gefährlich werden konnte. Außerdem lag die deutsche Oberste Führung in den Händen eines einzelnen Mannes, der in zwei Feldzügen nachgewiesen hatte, daß er die Eignung dafür nicht besaß.

Immerhin hatte auch der russische Gegner schwere Niederlagen und Verluste erlitten, die auch ihn zwangen, sich in seinen weitgesteckten Zielen zu beschränken oder auf sie zu verzichten.

Diese deutschen Abwehrerfolge sind ein Beweis für die große Leistung des ganzen deutschen Heeres, der ständig erneut eingesetzten Panzertruppe und der sie unterstützenden Luftwaffe.

In diese anerkennende Feststellung sind auch die Panzerdivisionen der Heeresgruppen Mitte und Nord eingeschlossen, die auf der 2000 km langen Front nach Art der »Feuerwehr« durch wechselnden Einsatz an den Brennpunkten des Kampfes erfolgreich mitgeholfen haben, diese Front im wesentlichen zu halten.

Sie alle hat Feldmarschall von Manstein in seinem Buch »Verlorene Siege«[63] gewürdigt: »... Die Wendigkeit unserer Panzerführung, die Überlegenheit unserer Panzerbesatzungen haben sich in jenen Tagen aufs glänzendste bewährt, ebenso wie die Tapferkeit der Panzergrenadiere und die Geschicklichkeit unserer Panzerabwehr... Ihr Abwehrkampf hätte jedoch niemals erfolgreich durchgestanden werden können, wenn nicht immer wieder unsere Panzerdivisionen rechtzeitig an den kritischen Punkten zur Stelle gewesen wären. Sei es, um zunächst der drohenden Gefahr einer Umfassung zu begegnen... wie späterhin einen drohenden Durchbruch des Gegners... aufzufangen. Sei es, indem die Panzerdivisionen... überraschend in feindliche Angriffsbereitstellungen hineinstießen und... einer drohenden Krise vorbeugten... Ebenso wäre die Führung dieses Winterfeldzuges niemals möglich gewesen, wenn nicht die Panzerdivisionen, mit unerreichter Wendigkeit fechtend, heute hier, morgen dort zuschlagend, sich in ihrer Wirkung vervielfacht hätten... Die deutsche Truppe hat – sich dem Gegner immer überlegen fühlend – die schwersten Krisen durchgestanden...«

IV. *Die Schlacht um Kursk im Juli 1943 (Operation »Zitadelle«)*

Die Vorgeschichte – Der Operationsbefehl Nr. 5 des OKH vom 13. 3. 1943 – Der Operationsbefehl Nr. 6 vom 15. 4. 1943 (»Der Führer«) – Der Zustand der deutschen Verbände – Die Lage beim Feind – Die Planung »Zitadelle« – Die Vorbereitungen für »Zitadelle« – Die Lagebeurteilungen durch die Armeen der Angriffsfront und durch die 2. Armee – Die Lagebeurteilung des OKH vom 15. Juni und vom 3. Juli – Besprechung bei Hitler – Die Schlacht – Russische Angriffe im Orel-Bogen – Das Abbrechen der Schlacht – Betrachtungen – Erwägungen über eine andere Lösung.

Die Vorgeschichte

Die nur mit Mühe erreichte Festigung der deutschen Front in der alten Ausgangsstellung vom Sommer 1942 zwang Hitler zur Prüfung der strategischen Frage, wie die gesamte Kriegführung weiterhin zu planen war, nachdem mit einer baldigen Landung alliierter Kräfte auf Sizilien beziehungsweise in Italien oder auch an einer anderen Küste Europas zu rechnen war. Dorthin waren bereits schnelle Verbände abgegeben und mußten weitere deutsche Verbände abgegeben werden, um dieser neuen Gefahr zu begegnen. Dazu kamen die riesigen Verluste in der Winterschlacht von 1942/43. Daher waren sich Hitler, sein OKW und das ihm gleichfalls persönlich unterstellte OKH darüber einig geworden, nunmehr im Osten zur strategischen Defensive überzugehen. Eine Tatsache, die Hitler durch seine Führungsfehler weitgehend selbst verschuldet hatte.

Unter dem Eindruck des sehr erfolgreichen Gegenangriffs des Feldmarschalls von Manstein im Februar und März 1943 bei der Heeresgruppe Süd faßte Hitler aber noch vor Beendigung dieser Teiloffensive den persönlichen Entschluß zu einer weiteren Operation mit ebenfalls begrenztem Ziel. Hitler wollte den Feind damit so nachhaltig schwächen, daß dieser mindestens im Sommer, möglichst auch im Winter nicht zu eigenen Großangriffen fähig wäre. Gleichzeitig wollte er damit die eigene Front verkürzen und dadurch Reserven für die beweglich zu führende strategische Verteidigung des von ihm besetzten Raumes gewinnen.

Darüber hinaus zwangen Hitler auch politische Gründe. Er wollte das bei Neutralen wie Verbündeten und auch im eigenen Volk schwindende Vertrauen zu ihm und in die militärische Lage durch einen weithin sichtbaren Erfolg wieder festigen. Finnlands Staatschef war bereits seit der Kapitulation Stalingrads der Meinung, »daß der Krieg einen definitiven Wendepunkt erreicht« habe und Finnland bald ausscheiden müsse[1], und Mussolini hatte schon Anfang Dezember 1942 davor gewarnt, den Krieg weiterzuführen.

Hitlers Entschluß zur begrenzten Offensive 1943 im Osten ergab sich also aus der Weltkriegslage und auch aus dem Zwang, im Rahmen der notwendig gewordenen strategischen Defensive seinem Hauptgegner noch einmal einen Schlag zu versetzen, um Rückenfreiheit für sein weiteres Handeln zu erlangen.

Der Operationsbefehl Nr. 5 des OKH vom 13. 3. 1943[2]

war das vorläufige Ergebnis seiner Überlegungen. Vor der Herausgabe dieser »Weisung für die Kampfführung der nächsten Monate« suchte Hitler die Oberbefehlshaber der Heeresgruppen Süd (von Manstein) und Mitte (von Kluge) am 10. und 13. März zur Aussprache über seine Pläne auf. Nach dem Unglück von Stalingrad schien er geneigt zu sein, die Ansichten seiner Frontoberbefehlshaber anzuhören und vielleicht auszuwerten.

Der Befehl Nr. 5 lautete im Auszug: »Es ist damit zu rechnen, daß der Russe nach Beendigung der ... Schlammperiode und nach einer gewissen Auffrischung ... seine Angriffe fortsetzt. Deshalb kommt es für uns darauf an, ... noch vor ihm anzugreifen und ihm dadurch – wenigstens an einem Frontabschnitt – das Gesetz des Handelns vorzuschreiben ... Die Vorbereitungen hierzu müssen ... sich besonders auf die personelle, materielle, körperliche und ausbildungsmäßige Auffrischung der Angriffsverbände ... erstrecken ...

Heeresgruppe Süd: ... Auf dem Nordflügel der Heeresgruppe ist sofort die Bildung einer starken Panzerarmee, deren Versammlung bis Mitte April beendet sein muß, in die Wege zu leiten, um nach Beendigung der Schlammperiode vor dem Russen zur Offensive antreten zu können. Ziel dieser Offensive ist die Vernichtung der Feindkräfte vor der 2. Armee durch Stoß nach Norden aus der Gegend von Charkow im Zusammenwirken mit einer Angriffsgruppe aus dem Gebiet der 2. Pz.Armee ...

Heeresgruppe Mitte: zunächst ist die Lage zwischen 1. und 2. Pz. Armee weiter zu bereinigen ... Sodann ist eine Angriffsgruppe zu bilden, die im Zusammenhang mit dem Nordflügel der Heeresgruppe Süd angreifen wird ...

Heeresgruppe Nord: ... Für die zweite Sommerhälfte (ab Anfang Juli) ist eine Operation gegen Leningrad beabsichtigt ...

gez. Adolf Hitler«

Die Heeresgruppe Süd meldete daraufhin am 22. März Einzelheiten über neue Gliederung wie Auffrischungsräume und ferner:

»Die Bildung einer starken Panzerarmee wird ... unter Pz. AOK 4 ... bis Mitte April im großen durchgeführt sein. Operationsfähig wird diese Armee jedoch nicht vor Anfang bis Mitte Mai sein, da die Auffrischung der Division zu voller Angriffsfähigkeit in größerem Umfang ... erst nach Verlegung der Divisionen in die rückwärtigen Auffrischungsräume anlaufen kann ... Die Versammlung dieser Panzerarmee für die ... spätere Operation wird aus Tarnungsgründen erst unmittelbar vor Operationsbeginn erfolgen dürfen ... wobei dieser Armee keine Inf.Divisionen als Ergänzung zur Verfügung gestellt werden kann.«

Diese Panzerarmee sollte dann aus folgenden Verbänden bestehen: dem 24. Pz.Korps (Nehring) mit der 16. I.D. (mot) (Graf von Schwerin) und der 23. Pz.Div. (von Vormann), dem 3. Pz.Korps (Breith) mit der 3. und 19. Pz.Div., dem 40. Pz.Korps (Henrici) mit der 7. und 17. Pz. Div. (von Senger) und SS-Pz.Gren.Div. »Wiking« (Gille), dem 57. Pz. Korps (Kirchner) mit der 6. und 11. Pz.Div. und der I.D. (mot) Großdeutschland, dem SS-Pz.Korps (Hausser) mit SS-Adolf Hitler, SS-Reich und SS-Totenkopf. Zusammen also fünf Pz.Generalkommandos mit sieben Pz.Divisionen, zwei I.D. (mot) und vier SS-Divisionen.

Ähnlich meldete die Heeresgruppe Mitte am 24. März, daß »für den Aufmarsch zur befohlenen Angriffsoperation aus dem Gebiet südlich Orel die 9. Armee (Generaloberst Model) mit folgenden Kräften vorgesehen ist«:

Angriffskorps: Gen.Kdo. 41., 46. und 47. Pz.Korps, Korps 2. Linie: Gen.Kdo. 23. Armeekorps, am Westflügel: Gen.Kdo. 20. Armeekorps.

Angriffsdivisionen: 2., 4., 9., 12., 18., 20. Pz.Div., 10. I.D. (mot), 78. Sturm-Div., 7., 86., 258., 292. I.D.

Die Heeresgruppe rechnete mit dem Aufmarsch dieser Armee bis zum 1. Mai.

Am 12. April 1943 reichte die Heeresgruppe Mitte dem OKH ihren »Operationsentwurf Zitadelle« ein.

In der »Feindbeurteilung« wurde eine Agentennachricht über einen von russischer Seite beabsichtigten Angriff gegen die 2. Pz.Armee mit operativer Richtung auf Gomel erwähnt. Die Heeresgruppe selbst rechnete im Fall des eigenen Angriffs mit russischen Gegenangriffen gegen die Ost- und Nordfront der 2. Pz.Armee. Der Feind würde nach allen vorliegenden Nachrichten den neugewonnenen Raum westlich der Linie Bjelgorod–Kursk–Trosna behaupten. »Er wird alles tun, um eine Einschließung der vor der 2. Armee stehenden Kräfte zu verhindern.«

Als frühester Angriffstermin wurde der 10. Mai vorgeschlagen, erwünschter sei jedoch der 15. Mai, weil die Panzer-Instandsetzung, die Panzeranlieferung und die Zuführung des personellen Ersatzes sonst nicht abgeschlossen sein könnte. Als Zeitbedarf für den Angriff selbst wurden bis zum Erreichen von Kursk, für etwa 70 km Luftlinie, sechs Tage gerechnet.

Die Heeresgruppe forderte bis zum 10. Mai zwei weitere Divisionen an, da »die zunächst in Ansatz gebrachten Kräfte für die zahlreichen Aufgaben ... nicht ausreichen werden«. Sie betonte nachdrücklich die »starke Schwächung und die weitgehende Entblößung gefährdeter Frontteile« bei der 2. Panzerarmee und der 4. Armee sowie die Tatsache der »nur notdürftig mit Panzerkampfwagen ausgestatteten Panzerdivisionen«. Weitere Sturmgeschütze und Panzer, »möglichst auch Tiger-Panzer«, wurden erbeten. Der bereits zugesagte »Mindestbedarf muß als unbedingte Voraussetzung für das Gelingen angesehen werden«. Da die Ausbildung des Ersatzes bis zum Beginn der Operation nicht abgeschlossen sein wird, sei die »Zuführung einer weiteren Menschen- und Waffenreserve« erforderlich. Weitere Punkte des Operationsentwurfs behandelten die Versorgungslage, die als zufriedenstellend angesehen wurde, und die Unterstützung durch die Luftwaffe, für die Stuka-Einheiten, Jäger sowie Treibstoff beim ObdL* beantragt werden sollten.

Der Operationsbefehl Nr. 6 vom 15. 4. 1943 (»Der Führer«)

Bereits am 15. April erließ Hitler unter dem Briefkopf »Der Führer« seinen Operationsbefehl Nr. 6, der im Auszug besagte:

»Ich habe mich entschlossen, sobald die Wetterlage es zuläßt, als ersten der diesjährigen Angriffsschläge den Angriff »Zitadelle« zu führen.

Diesem Angriff kommt daher ausschlaggebende Bedeutung zu.

Er muß schnell und durchschlagend gelingen. Er muß uns die Initiative für dieses Frühjahr und Sommer in die Hand geben... Der Sieg von Kursk muß für die Welt wie ein Fanal wirken. Hierzu befehle ich:

Ziel des Angriffs ist, durch... schnell durchgeführten Vorstoß je einer Angriffsarmee aus dem Gebiet Bjelgorod und südlich Orel die im Gebiet Kursk befindlichen Feindkräfte einzukesseln und zu vernichten.

Im Zuge dieses Angriffs ist eine... kräftesparende... Front zu gewinnen in der Linie: Neschega–Korotscha Abschnitt–Skorodnoje–Tim ostwärts Schtschigry–Sosna Abschnitt.

Es kommt darauf an das Überraschungsmoment... zu wahren... durch raschen Aufbau der neuen Front frühzeitig Kräfte, insbesondere schnelle Verbände für weitere Aufgaben freizubekommen.

H.Gr. Süd bricht . . . aus Linie Bjelgorod-Tomarowka antretend, über die Linie Prilepy–Obojan durch und stellt ostwärts und bei Kursk die Verbindung mit der Angriffsarmee der H.Gr. Mitte her. Zur Abdeckung nach Osten... nach Westen...

H.Gr. Mitte stößt mit der Angriffsarmee, ... aus Linie Trosna nördlich Malo–Archangelsk antretend, über die Linie Fatesch–Wereitenowo, Schwerpunkt auf dem Ostflügel, durch...

Die Bereitstellung der Kräfte beider Heeresgruppen hat ... weit abgesetzt von der Ausgangsstellung so zu erfolgen, daß vom 28. 4. ab am 6. Tage nach Befehlserteilung ... zum Angriff angetreten werden kann. Frühester Angriffstermin demnach 3. 5.... Die Märsche zur Ausgangsstellung... nur als Nachtmärsche unter... Tarnung...

* ObdL = Oberbefehlshaber der Luftwaffe.

Geheimhaltung[3] ... Es muß dieses Mal auf jeden Fall erreicht werden, daß nicht wieder durch Unvorsichtigkeit oder Nachlässigkeit etwas von den Absichten verraten wird ...

Die Angriffskräfte haben mit Rücksicht auf die ... räumlich bekannte Zielsetzung des Angriffs alle ... nicht unbedingt benötigten Fahrzeuge ... zurückzulassen. Alles andere ... kann den Angriffsschwung ... weitgehend beeinflussen.

Für das Gelingen des Angriffs ist es von ausschlaggebender Bedeutung, daß es dem Feind nicht gelingt, uns durch Angriffe an anderen Stellen der H.Gr. Süd und Mitte zum Verschieben von ›Zitadelle‹ oder zum vorzeitigen Abziehen von Angriffsverbänden zu zwingen.

Deshalb müssen beide Heeresgruppen ... die Abwehrschlacht ... planmäßig bis Ende des Monats ... vorbereiten ...

Im Endziel nach Schluß der Operation ist beabsichtigt: ... das Herausziehen sämtlicher schnellen Verbände aus der Front zu anderer Verwendung ...

gez. Adolf Hitler
Für die Richtigkeit:
Heusinger, Generalleutnant«

Der Zustand der deutschen Verbände

in jener Zeit wurde am 19. März durch eine Beurteilung des Pz.AOK 4 charakterisiert, in der es heißt, daß die Truppe seit Monaten im Kampf stehe und in Auslegung des Führerbefehls vom 9. März nach Abschluß der Operation um Charkow nunmehr eine gewisse Auffrischungspause erhoffe. Die Truppe sei erschöpft und teilweise apathisch, auch die Kraftfahrzeuglage verlange eine längere Reparaturpause[4].

Eine Auffrischung aller Verbände der Heeresgruppe Süd und Mitte war nach den großen Anstrengungen und Ausfällen vom Mai 1942 bis März 1943 dringend geboten. Sie war daher im »Operationsbefehl Nr. 5« vom 13. März noch während der laufenden Operation um Charkow ausdrücklich befohlen worden und umfaßte »die personelle, materielle, körperliche und ausbildungsmäßige Auffrischung der Angriffsverbände ...«, also alle für die Herstellung der Einsatzbereitschaft der Truppe in Betracht kommenden Voraussetzungen.

Ein klares Bild vom Zustand der Infanteriedivisionen der 2. Armee an der Westfront des Kursker Frontbogens geben Unterlagen von Anfang April. Danach hatte die Armee 54 200 Mann Fehlstellen, die sich bis zum

1. Juni nur um rund 6000 Mann verringerten. Die Zahl der Bataillone schwankte in den Divisionen zwischen vier und acht bei der 323. beziehungsweise der 327. Inf.Division. Von acht unterstellten Divisionen galt eine als »zum Angriff geeignet«, vier als »bedingt geeignet«, eine »zur Abwehr« und zwei sogar nur als »bedingt« dafür »geeignet«. Besonders nachteilig war der Fehlbestand von 119 leichten und 32 schweren Feldhaubitzen, wobei die Batterie nur mit drei Geschützen vorgesehen war[5]. Die Ursache für die schlechte Verfassung der Verbände lag darin, daß sie fast alle im schwierigen Rückzug von 1942/43 besonders stark gelitten hatten. Die 2. Armee konnte daher bei der Operation »Zitadelle« nur mit grundsätzlich defensiven Aufgaben betraut werden.

Bei der 9. Armee, die den »entscheidenden« Angriff von Norden her führen sollte, waren Ende April von den sechs vorhandenen Panzerdivisionen nur eine zum Angriff, drei zu begrenzten Angriffsaufgaben und nur zwei zur Abwehr geeignet. Bei den letzteren war das Pz.Gren. Rgt. 101 der 18. Pz.Division sogar nur pferdebespannt.

Es galt als Erfolg, daß der Armee am 23. April eine Pz.Abteilung mit 50 Panzern vom Typ IV aus dem Westen zugeführt wurde. Es war ein weiterer Erfolg, daß der Chef des Generalstabes des Heeres, Generaloberst Zeitzler, dem Generalobersten Model persönlich ankündigte, daß eine »Tiger«-Abteilung mit 20 »Tigern« und 25 Panzern vom Typ II, ferner eine Sturmgeschützabteilung mit 40 Rohren und Verbände vom Typ »Goliath« (ferngelenkte Sprengstoffträger) unterstellt werden würden.

Von den zehn Infanteriedivisionen der Armee war nur eine (86.) als »geeignet für jede Aufgabe«, sieben »geeignet für begrenzte Angriffsaufgaben«, eine »zur Abwehr voll«, eine »zur Abwehr nur bedingt geeignet« bezeichnet worden.

Der Fehlbestand an Personal betrug am 1. Mai 26442 Deutsche und 11507 Hilfswillige.

Diese Tatsachen veranlaßten Model, am 17. April Hitler im Führerhauptquartier um Abhilfe zu bitten. Er wies dabei auf den nicht ausreichenden Ausbildungsstand, auf den Mangel an Inf.Divisionen und an Munition hin. Auch betonte Model mit Recht den hohen Verteidigungsstand der feindlichen Front nach Ausbau und Truppenstärke.

Tatsächlich erreichte er gewisse Zusagen; auch verschob Hitler später den Beginn der Operation vom 30. April auf den 9. Mai.

Der 9. Armee wurde vom 25. April bis 18. Juli unter anderem zugeführt: 69 P III, 228 P IV, 11 P V (Panther), 47 Sturmgeschütze, 42 Haubitzen auf Panzerfahrgestellen, 18 Flammpanzer. Das war, gemessen an russischen Panzerzahlen und im Interesse des eigenen notwendigen Erfolges, ein zu geringer Bruchteil.

Die Lage beim Feind

Trotz aller Verluste auf russischer Seite, die die deutschen Verluste erheblich übertrafen, war es der Staatsführung gelungen, ihr Menschenpotential weiterhin in großem Umfang militärisch zu organisieren und ihre Kriegswirtschaft in erstaunlichem Umfang auszubauen – trotz des Ausfalls großer kriegswirtschaftlich sehr wichtiger Gebiete. Die im Teil II nach dem Stand vom 15. August 1942 angegebenen Verbände waren nach der Lagenkarte des Generalstabes des Heeres Operationsabteilung vom 25. März 1943 noch vermehrt worden.

Davon waren nach damaligen deutschen Unterlagen als operative Heeresreserven hinter der Front bereitgestellt: 89 Schützendivisionen, 55 Schützenbrigaden, 16 Kav.Divisionen, 124 Pz.Brigaden, 55 Pz.Regimenter, 32 mech. Brigaden.

Die gesamten Kräfte der russischen Westfront waren angeblich in elf Heeresgruppen (»Fronten«), 62 Armeen, drei Panzerarmeen, 20 Panzerkorps, acht mechanisierten Korps und sieben Kavalleriekorps zusammengefaßt *, wobei die Zahl von nur drei Pz.AOKs zu gering erscheint. Ferner gab es 13 Luftarmeen.

Die Sollzahlen an Panzern kann man heute mit etwa 15 000 errechnen, die Sollzahl bei den operativen Reserven etwa mit zwei Drittel davon. Es ergab sich also eine ungewöhnliche sollzahlenmäßige Überlegenheit gegenüber den deutschen Panzerverbänden. Die russische Monatserzeugung[6] im März 1943 hatte 1500 Panzerkampfwagen betragen, wozu noch 550 Stück von den Alliierten geliefert wurden. Legte man diese monatlichen Lieferzahlen und die letzten Verluste zugrunde, so war anzunehmen, daß bei einem deutschen Angriff Anfang Mai noch gute Aussicht auf Erfolg bestand, auch wenn die deutsche Produktion nicht so hoch war.

Neben der hohen zahlenmäßigen Überlegenheit des russischen Heeres war aber die Entwicklung der russischen Führungsgrundsätze für Pan-

* s. Anhang, S. (37) f.

zerverbände im Sinne der deutschen operativen Ansichten besonders gefährlich für die Zukunft.

Dieser operativen Entwicklung hatte sich auch die organisatorische in zweckmäßiger Weise angepaßt. Auch diese Leistungen auf russischer Seite sind unter den erschwerenden Bedingungen zweier unglücklich verlaufener Kriegsjahre besonders anerkennenswert.

Im allgemeinen hatte sich das deutsche OKH laufend ein erstaunlich zutreffendes Bild über seinen aktiven Gegner verschaffen können, der in den Monaten März und April 1943 genau wie die deutschen Verbände als »abgekämpft« anzusehen war. Über seine operativen Absichten nach Ablauf der Frühjahrsschlammperiode herrschte allerdings Unklarheit. Würde er nach Auffrischung seiner Verbände zum entscheidenden Angriff antreten, sich mit begrenzten Unternehmen begnügen oder sich bis zum Winter zurückhalten, um dann erst, voll ausgerüstet, »das Gesetz des Handelns« an sich zu reißen? Anscheinend hat das OKH die weitere Möglichkeit der Russen, im Anschluß an eine deutsche Offensive aus der Nachhand zu schlagen, erst später erwogen, obwohl sie doch bereits in ihrer großen Winteroperation von 1942/43 vom Don zum Donez ähnlich gehandelt hatten.

Die Planung »Zitadelle«

In den Winterkämpfen um Charkow im März 1943 war nördlich von Bjelgorod etwa an der Grenze zwischen den Heeresgruppen Süd und Mitte ein weit nach Westen bis Rylsk vorspringender Frontbogen in russischem Besitz geblieben, in dessen Mitte Kursk lag. Sein Frontumfang betrug etwa 500 km, seine Breite etwa 200 km und beanspruchte dadurch erhebliche Kräfte. Er stellte eine operative Bedrohung der Nordflanke der Heeresgruppe Süd und ebenso der Südflanke der Heeresgruppe Mitte dar. Andererseits galt eine ähnliche Bedrohung für den russischen Verteidiger des Bogens. Bei einem Zangen-Angriff beider Heeresgruppen auf Kursk bestand die Möglichkeit, starke feindliche Kräfte einzukesseln und durch eine Begradigung auf etwa 200 km Front eigene Kräfte einzusparen. Auch war es wahrscheinlich, daß der Gegner bei der Verteidigung des für ihn wichtigen Bogens seine ostwärts davon bereitgestellten Heeresreserven einsetzen würde, die man dann zerschlagen könnte.

Diese Überlegungen ähnelten in ihren großen Erfolgsaussichten der operativen Lage vor der Schlacht von Kiew im Jahre 1941; sie waren auch ähnlich umstritten. Es war zweifelhaft, ob man die erforderlichen

Kräfte schneller als der Russe bereitstellen konnte. Auch war der Plan so naheliegend, daß ihn wohl auch die russische Führung in ihre Überlegungen einbezog und ihre Gegenmaßnahmen getroffen hatte. Auch erinnerte er ein wenig an die 1916 um Verdun vorgesehene Abnutzungsschlacht mit ihren Gefahren und Nachteilen für den Angreifer, zumal der Gegner mit seinen vielen Menschen eine etwa 20 km tiefe, festungsartige Frontstellung mit mehreren rückwärtigen operativen Stellungen ausbaute. Zwar lagen andere taktische und waffentechnische Verhältnisse als damals vor, aber auch auf der Seite des Verteidigers, der außerdem noch über eine zahlenmäßige Überlegenheit verfügte. Vielleicht hätte man daher ein anderes Angriffsverfahren oder andere Angriffsrichtungen wählen sollen, die, auch wenn sie geringeren Erfolg versprachen, risikoärmer waren. Zweimal wurde der Angriff von Westen her beiderseits Rylsk erwogen, einmal vom Oberkommando der 2. Armee, das diese Operation wegen ungünstiger Geländeverhältnisse ablehnte, die vielleicht gerade deswegen Erfolg gehabt hätte (man denke an Mansteins und Guderians Angriff 1940 über Sedan).

Ein andermal von Hitler[7] persönlich, als es für eine Umgruppierung der Kräfte zu spät war.

Bei der Heeresgruppe Mitte und ihren unterstellten Armeebefehlshabern der 2. und 9. Armee und der 2. Pz.Armee erkannte man auch die große Gefahr, die ein gleichzeitiger russischer Gegenangriff auf den Bogen von Orel bedeutete, der von der eigenen 2. Panzerarmee (Generaloberst Rudolf Schmidt) nur mit schwachen Kräften verteidigt wurde. Ein etwaiger feindlicher Erfolg würde hier in die tiefe Flanke und in den Rücken des eigenen Angriffs in Richtung Kursk stoßen, wo fast alle Panzerkräfte der Heeresgruppe im Kampf nach Süden eingesetzt und damit gebunden waren. Es konnte dann zu schweren Krisen auf deutscher Seite kommen.

Eine ähnliche Gefahr bestand auf der 650 km langen Front der Heeresgruppe Süd bis hinab zum Asowschen Meer, weil der Frontverlauf einem Angreifer auch hier durch vor- und zurückspringende Bogen operativ wirksame Durchbruchsrichtungen bot.

Beide Heeresgruppen versuchten, dieser Gefahr durch Bau von Stellungen zu begegnen. Dabei wirkten sich die übergroßen Frontbreiten der Divisionen sehr nachteilig aus.

Trotz mancher Bedenken haben beide Heeresgruppen und ihre unterstellten Armeen nach Worten des Feldmarschalls von Manstein[8] »das

Äußerste getan, um durch möglichst hohen Kräfteeinsatz an der entscheidenden Stelle das Gelingen von ›Zitadelle‹ sicher zu stellen«. Allerdings wollten sie frühzeitig und schnell handeln, ehe die russischen Verbände voll angriffsbereit waren. Darauf wurde Hitler von vornherein hingewiesen.

Die Vorbereitung für »Zitadelle«

wurde aufgrund der Operationsbefehle Nr. 5 und 6 vom 13. März und vom 15. April 1943 und des ständigen mündlichen und schriftlichen Gedankenaustausches sowie zahlloser Vorlagen, Anforderungen, Besprechungen, Lagebeurteilungen, Befehlsentwürfe und Geländeerkundungen sehr sorgsam durchgeführt. Die Aktenstudie des Militärgeschichtlichen Forschungsamtes: »Das Gesetz des Handelns. Die Operation ›Zitadelle‹ 1943«[9] gibt einen eindrucksvollen Einblick in den großen Umfang geistiger und praktischer Arbeit, der von Truppen und Kommandobehörden geleistet worden ist, um einen erfolgreichen Ablauf dieser Operation sicherzustellen.

Der Zeitpunkt des Angriffs sollte für die Durchführung der Operation von großer Bedeutung werden. Wie vor dem Feldzug gegen Polen und gegen Frankreich verschob Hitler den Termin mehrfach. Zwar wirkte sich die Verschiebung für die personelle und materielle Reorganisation der Verbände vorteilhaft aus, brachte aber erhebliche operative Nachteile, da sie dem Gegner in gleicher Weise, bei seiner zahlenmäßigen Überlegenheit aber entsprechend mehr Vorteile brachte. Diese waren auf allen Gebieten der Vorbereitung zu finden, vorzugsweise aber im feindlichen Stellungsbau, der dadurch sehr gefördert wurde. Es war festzustellen, daß der Sowjetunion monatlich etwa 2000 Panzer zugeführt wurden, eine Zahl, mit der die deutsche Führung produktionsmäßig nicht Schritt halten konnte. Außerdem mußte sie mit ihrer Produktion die gesamte europäische Front und bis Mai 1943 auch Nordafrika beliefern.

Die russischen Panzerverbände erhielten also allein in den Monaten April bis Anfang Juli rund 6000 Panzerfahrzeuge aller Arten. Die Heeresgruppe Süd verfügte dagegen bei Angriffsbeginn über einen Gesamtbestand von nur 1137 Panzerkampfwagen, von denen 762 P III und IV, 200 P V (Panther, diese als Neukonstruktion nur bedingt) und 81 P VI (Tiger) einsatzfähig waren[10]. Die Heeresgruppe Mitte sollte bis zum 10. Juni mit 878 Panzern aller Typen ausgerüstet werden[11], so daß insgesamt 2000 Panzer verfügbar sein würden.

Da man sich auf deutscher Seite dieses großen Nachteils bewußt war, war der Beginn von »Zitadelle« möglichst frühzeitig vorgesehen worden. Am 15. April hatte Hitler den Anfang Mai dafür festgesetzt.

Tatsächlich hätte der Angriff zu diesem Zeitpunkt beginnen können, zumal auch die Schlammperiode zu Ende war. Gewisse Schwächen und Lücken in der Reorganisation waren in Kauf zu nehmen, da auch der Verteidiger nicht fertig sein konnte.

Aber bereits am 12. April hatte die Heeresgruppe Mitte in ihrer Meldung an das OKH auf die eigenen Lücken in ihrer Einsatzbereitschaft hingewiesen und dringende Anträge gestellt, ebenso auch den späteren Termin vom 15. Mai als erwünscht bezeichnet. Da hier keine umgehende Besserung eintrat, hatte Generaloberst Model als Führer der Angriffsarmee für den 27. April einen Vortrag bei Hitler erbeten.

Diese Aussprache hatte Hitler sehr beeindruckt, da ihr Inhalt seinen Anschauungen über den hohen Kampfwert der neuentwickelten Panzertypen entsprach. Auf einer Besprechung am 4. Mai kam Hitler zu der Schlußfolgerung, daß den von Model geschilderten Schwierigkeiten nur durch eine verstärkte Ausstattung mit den neuen Panzertypen »Panther« und »Tiger« begegnet werden könne, die im Juni bereitstehen würden. Trotz des Widerspruchs durch die Feldmarschälle von Manstein und von Kluge, durch den Chef des Generalstabes des Heeres Zeitzler[12] und den Chef des Generalstabes der Luftwaffe entschied sich Hitler für ein Hinausschieben des Angriffstermins zunächst auf den 12. Juni, einige Tage später dann auf den 20. Juni und schließlich auf den 5. Juli.

Für Hitlers Entschluß waren die Unterlagen[13] für Neuaufstellungen bis zum 31. Mai (je zwei Abteilungen »Panther«, »Ferdinand«, »Tiger« und »Hornissen«) und ferner eine Produktionsunterlage des Ministeriums für Rüstung und Kriegsproduktion maßgebend.

Letztere sah vor: im April 939, im Mai 1140, im Juni 1005 und im Juli 1071 gepanzerte Fahrzeuge aller Arten zu liefern, darunter im April 1943: 46 »Tiger«, im Mai 50 »Tiger« und 300 »Panther«, im Juni 60 und im Juli 65 »Tiger«, dazu 85 »Ferdinand« im April und Mai. Schließlich sollten noch im April 231 Panzer IV, im Mai 235 und im Juni 255 Stück dieses Typs geliefert werden. Über diese in Aussicht gestellten Fahrzeuge verfügte Hitler persönlich, obwohl er eigentlich als Staatsführer, als Oberbefehlshaber der Wehrmacht an allen Fronten und als Oberbefehlshaber des Heeres an der Ostfront mit wichtigeren Erwägungen und Entscheidungen hätte ausgelastet sein sollen.

Die Entscheidung Hitlers, den Beginn von »Zitadelle« vom 5. Mai auf den 12. Juni 1943 zu verschieben, ist von ihm gegen die Bedenken und Vorschläge der operativen Berater und Truppenführer gefällt worden. Er überschätzte dabei den Wert der reinen Zahl technischer Mittel zuungunsten des geschickten und erfahrenen Kämpfers an der Front und in den Führungsstäben[14].

Anscheinend glaubte er, den Menschen durch die Maschine »Panzerkampfwagen« ersetzen zu können. Das aber war ein gefährlicher Trugschluß. Die Stärke des Panzers lag und liegt im Wert seiner Besatzung und in seiner engen taktischen Verflechtung mit allen anderen Waffengattungen, die sich gegenseitig ergänzen.

Am 5. Juni wurde der Termin des 12. Juni erneut verschoben, da Schwierigkeiten in der Panzerfertigung eingetreten waren, und schließlich der 5. Juli endgültig festgelegt. Inzwischen waren seit der Kapitulation in Tunesien über sieben Wochen vergangen. Nach Hitlers früheren Feststellungen würden die Alliierten acht Wochen brauchen, ehe sie nach Sizilien übersetzen konnten. Diese Frist war also bald abgelaufen.

Die Lagebeurteilungen durch die Armeen der Angriffsfront und durch die 2. Armee

Die Armeeabteilung Kempf war im Mai der Auffassung, daß die Terminverschiebung sich nachteilig auswirken würde. »Die Vorbereitungen seien in ausreichendem Maße abgeschlossen.« General Kempf, sein Chef des Generalstabes, Generalmajor Speidel, und der Chef des Generalstabes der 4. Pz.Armee, Fangohr, waren über die Terminverschiebung »erschüttert«. »Generaloberst Model wollte den Angriff nicht«, schreibt General Kempf 1958.

Die 4. Panzerarmee (Generaloberst Hoth) urteilte am 20. Juni dahingehend, daß trotz starker russischer Panzerkräfte im Raum um Obojan–Kursk »eine erfolgreiche Durchführung der Operation ›Zitadelle‹ immer noch möglich sei. Sie wird jedoch ... längere Zeit dauern, als bisher angenommen werden konnte ...« Im Laufe der Kämpfe würde die Armee zur Unterstützung der Armeeabteilung Kempf nach Osten eingedreht werden müssen, um hier die sich entwickelnde Panzerschlacht ostwärts Kursk erfolgreich durchkämpfen zu können. Erst dann könne die Vereinigung mit der 9. Armee durchgeführt werden.

Es käme darauf an, starke feindliche Verbände zu vernichten, nicht aber darauf, (nach Osten) Boden zu gewinnen.

Generaloberst Model legte am selben Tage seine Lagebeurteilung der Heeresgruppe Mitte vor. Auch er betonte die lebhafte Transportbewegung in den Raum um Kursk, die eine feindliche Offensive gegen den Orel-Bogen oder in allgemein südwestlicher Richtung möglich erscheinen ließe. Das russische Stellungssystem unmittelbar vor der Front wäre sorgfältig ausgebaut und hätte eine große Tiefe mit starker Besetzung. Dahinter ständen starke gepanzerte Verbände. Nach erfolgtem Durchbruch werde mit »andauernden schweren Abwehrkämpfen zu rechnen sein«.

Die Durchführung des Angriffs wurde trotz der ungeklärten Lage vor dem Orel-Bogen als günstigste Lösung angesehen. Die Kräfte würden bei günstiger Entwicklung gerade ausreichen. Trotzdem wurde noch eine Reihe von Forderungen wiederholt, die schon vorher gestellt worden waren.

Bei einem Vergleich erscheint die Beurteilung der Armeeabteilung Kempf als optimistisch, die der 4. Pz.Armee als sehr sachlich und vorausdenkend, die des Generalobersten Model mit starken Vorbehalten und kritischer Einstellung abgegeben zu sein. Mit Recht beeindruckte ihn die undurchsichtige Lage vor dem Orel-Bogen und vielleicht auch seine innere Ablehnung der ganzen Operation.

Bereits am 16. Juni hatte der OB der 2. Armee, General der Infanterie Walter Weihs, der die Westseite des Kursker Bogens in einer Ausdehnung von über 160 km Luftlinie mit nur sieben »materiell und personell unvollständigen Divisionen ... ohne Luftwaffen- und Panzerunterstützung«[15] zu verteidigen hatte, seine Ansichten zur Lage gemeldet. »Es kommt bestimmt zu einer Schlacht größten Ausmaßes, die sich wohl über einen Monat erstrecken wird. ›Zitadelle‹ trifft nur einen Bruchteil der feindlichen Front. Es muß damit gerechnet werden, daß der Feind nach (unserem) gelungenen Angriff aus operativen Reserven und seinen nicht angegriffenen Fronten laufend Kräfte zu Gegenangriffen heranbringt. Die anschließende Abwehrschlacht kann der Feind ... lange Zeit, vielleicht zwei Monate hindurch, fortsetzen. ... Vom Standpunkt der Armee ist es dringend erwünscht, daß ›Zitadelle‹ spätestens Anfang Juli durchgeführt wird«, wobei allerdings der Auftrag der 2. Armee nach Ansicht des Generals aufgrund ihrer mangelnden Einsatzfähigkeit mehr oder weniger defensiv bleiben müßte.

Am 21. Juni rechnete die 2. Armee auch mit russischen Angriffen auf den Orel-Bogen, wobei sie Nebenangriffe wohl abwehren könne. Dagegen würde die Lage der Armee bei einer Offensive der Russen gegen den Raum von Charkow kritisch werden, wenn der Angreifer dazu im panzergünstigen Gelände zwischen Psel und Worskla über Sumy in die operative Tiefe stoßen würde.

Diese Möglichkeit hat die feindliche Führung ebenso erkannt und sie nach Beginn ihres großen Gegenangriffs Anfang August erfolgreich ausgenutzt.

Die Lagebeurteilungen des OKH vom 15. Juni und vom 3. Juli hatten die Stärke der feindlichen Großverbände im allgemeinen zutreffend festgestellt; die operativen Reserven waren vermehrt worden. Im Bereich der Heeresgruppe Süd wurde mit Angriffen gegen die 6. Armee und die 1. Panzerarmee in Richtung auf das Donezbecken und aus dem Raum um Kupjansk in Richtung auf Charkow gegen die tiefe Flanke der beiden Angriffsarmeen gerechnet. Im Bereich der Heeresgruppe Mitte wurden starke Angriffe gegen die Ost- und Nordflanke der 2. Panzerarmee in Richtung Orel erwartet, die in den Rücken der 9. Armee zielen würden.

Damit bestätigte sich die bisherige Lagebeurteilung seitens der Heeresgruppen und der Armeen. Auch war das OKH der Ansicht, daß das sowjetische Oberkommando (Stawka) sein Handeln im Benehmen mit den Alliierten abstimmen und aus der Nachhand schlagen würde.

Hitlers Terminverschiebung für den eigenen Angriff hatte für das russisch-alliierte Zusammenwirken zeitlich günstige Voraussetzungen geschaffen. Nun steuerten alle drei Termine aufeinander zu: die Operation »Zitadelle«, der erwartete russische Gegenschlag und die für Mitte Juli angenommene alliierte Landung in Sizilien. Dazu kamen für Hitler als Staatschef und Oberbefehlshaber der Wehrmacht die strategischen Niederlagen ab Mitte Mai beim U-Boot-Einsatz im Nordatlantik und bei den alliierten Luftangriffen auf deutsche Großstädte.

Besprechung bei Hitler

Hitler hatte die Oberbefehlshaber der an der Operation beteiligten Heeresgruppen und Armeen sowie eine Reihe der beteiligten Korpskommandeure für den 1. Juli in sein Hauptquartier in Ostpreußen bestellt, darunter auch den Verfasser als Kommandierenden General des 24. Panzerkorps, das als Reserve des OKH (hinter der H.Gr. Süd) erst im Höhepunkt der Schlacht zum Durchbruch eingesetzt werden sollte.

Die Besprechung glich einer Art von militärpolitischer Befehlsausgabe oder besser einem Monolog Hitlers. Die mehrfache Verschiebung des Angriffstermines wurde mit der Notwendigkeit der Zuführung von Ersatzmannschaften und mit Schwierigkeiten bei der Fertigung der neuen Panzertypen »Tiger«, »Panther« und »Ferdinand« begründet.

Bemerkenswert war die zurückhaltende Einstellung Hitlers gegenüber dem »Wagnis des Angriffs«, das er selbst so bezeichnete. Sein Auftreten war nicht überzeugend oder gar mitreißend, sondern völlig verschieden vom fordernden, befehlenden und drohenden Antrieb jener anderen historischen Ansprache am 23. November 1939 in der Reichskanzlei, nachdem die Führerschaft des Heeres durch ihren Oberbefehlshaber vor dem geplanten Angriff auf Frankreich gewarnt hatte.

Die Schlacht *

begann am Morgen des 5. Juli. Der Angriff führte in das bis zu etwa 20 km Tiefe gut ausgebaute Stellungsnetz der Front der russischen Armeen. Dahinter gab es weitere operative Stellungen der Heeresfronten (Heeresgruppen) bis hinter den Don. Das Rückgrat der Verteidigung bildete die Panzerabwehr. Dazu waren Panzerabwehrstützpunkte mit drei bis fünf Kanonen und einer kleinen Besatzung aller Waffen ausgebaut worden, die ihrerseits wieder zu Panzerabwehrräumen zusammengefaßt waren. Es schien, als habe man Rommels Erfahrungen im Stellungsbau von Alamein ausgewertet. Die offensive Verteidigung durch Gegenangriff fiel allen Reserven, vorzugsweise den gepanzerten Großverbänden zu, die im Kursker Bogen und ostwärts bereitgestellt waren. Auch hatte man zahlreiche kleinere Gruppen von Panzerkampfwagen ortsfest eingebaut.

Die Absicht der obersten russischen Führung bestand darin, den deutschen Angreifer und seine Reserven in diesem Stellungssystem sich abringen und erschöpfen zu lassen. Durch frühzeitigen Einsatz der eigenen Reserven sollte ein Durchbruch in das unbefestigte Hinterland verhindert werden. Nach Abnutzung der deutschen Kampfkraft sollte dann mit zahlenmäßiger Überlegenheit zum Gegenangriff aus der Nachhand in die operative Tiefe angetreten werden.

* Vgl. die sowjetische Darstellung in: »Geschichte des Großen Vaterländischen Krieges der Sowjetunion«, Deutscher Militärverlag, Berlin, 1964, Bd. 3, S. 283/328.

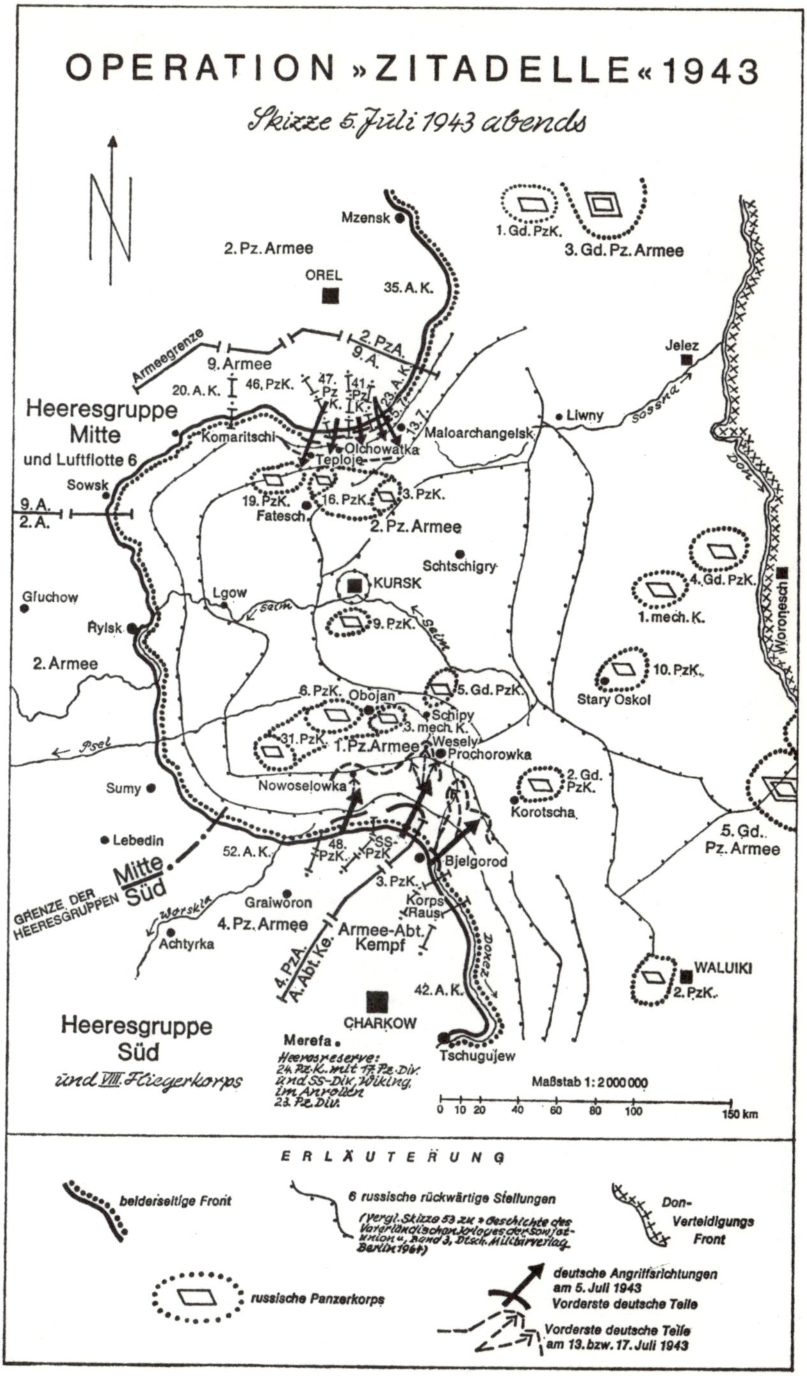
OPERATION »ZITADELLE« 1943
Skizze 5. Juli 1943 abends
Mzensk
2. Pz. Armee
OREL
35. A. K.
1. Gd. PzK.
3. Gd. Pz. Armee
Armeegrenze
2. PzA.
9. A.
9. Armee
20. A. K.
46. PzK.
47. Pz K.
41. Pz K.
23. A. K.
13. 7.
Heeresgruppe Mitte
und Luftflotte 6
Komaritschi
Olchowatka
Teploje
Maloarchangelsk
Liwny
Jelez
Sossna
Don
Sowsk
9. A.
2. A.
19. PzK.
16. PzK.
3. PzK.
Fatesch
2. Pz. Armee
Schtschigry
KURSK
4. Gd. PzK.
1. mech. K.
Woronesch
Gluchow
Lgow
Seim
9. PzK.
Rylsk
2. Armee
10. PzK.
Stary Oskol
6. PzK.
Obojan
5. Gd. PzK.
Schipy
3. mech. K.
31. PzK.
1. Pz Armee
Wesely
Prochorowka
Psel
Sumy
Nowoselowka
2. Gd. PzK.
Korotscha
5. Gd. Pz. Armee
Lebedin
52. A. K.
48. PzK.
SS-PzK.
Bjelgorod
Mitte
Süd
GRENZE DER HEERESGRUPPEN
3. PzK.
Korps Raus
Graiworon
Worskla
4. Pz. Armee
Achtyrka
Armee-Abt. Kempf
4. PzA.
A. Abt. Ke.
Donez
WALUIKI
2. PzK.
42. A. K.
CHARKOW
Heeresgruppe Süd
und VIII. Fliegerkorps
Merefa
Heeresreserve: 24. Pz.K. mit 17. Pz. Div. und SS-Div. Wiking, im Anrollen 23. Pz. Div.
Tschugujew
Maßstab 1: 2 000 000
0 10 20 40 60 80 100 150 km
ERLÄUTERUNG
beiderseitige Front
6 russische rückwärtige Stellungen
(vergl. Skizze 53 zu »Geschichte des Vaterländischen Krieges der Sowjetunion«, Band 3, Dtsch. Militärverlag, Berlin 1964)
Don-Verteidigungs Front
russische Panzerkorps
deutsche Angriffsrichtungen am 5. Juli 1943
Vorderste deutsche Teile
Vorderste deutsche Teile am 13. bzw. 17. Juli 1943

Der Auftrag der Armeeabteilung Kempf am rechten Flügel der Angriffsgruppe der Heeresgruppe Süd lautete, »die Gesamtoperation in offensiver Kampfführung nach Osten abzudecken«. Dazu hatte das 42. A.K. seine bisherige Donez-Front zu halten, das A.K. des Generals Raus mit zwei Inf.Divisionen die Donez-Übergänge zwischen Grafowka und Solomino zu erzwingen, während das 3. Pz.Korps mit der 6., 7. und 19. Pz.Division (mit zusammen 310 Panzerkampfwagen) und der 168. Inf.Division aus dem Brückenkopf Bjelgorod auf Korotscha und Skorodnoje vorbrechen sollte.

Um die Panzerverbände für die zu erwartenden Panzerschlachten in der Tiefe des Einbruchsraumes kampfkräftig zu erhalten, hatte die Armeeabteilung darauf hingewiesen, daß die Pz.Divisionen im allgemeinen erst gegen feindliche Panzerverbände einzusetzen seien.

Die 4. Pz.Armee hatte im planmäßigen Angriff die feindliche erste Stellung im Abschnitt der Höhen nordwestlich von Bjelgorod–Korowino zu durchbrechen. Die weitere Angriffsrichtung sollte dann durch die zweite Stellung, Obojan ostwärts umgehend, auf Kursk und ostwärts zielen.

Es sollten dazu angreifen:

Das SS-Pz.Korps über den Abschnitt Beresow-Sadelnoje, weiter auf die zweite feindliche Stellung zwischen Lutschki und Jakowlewo und später voraussichtlich nach Nordosten. Die Kampfgruppe 1/3 167. Inf. Division sollte die linke Flanke decken.

Das 48. Pz.Korps bereits am Nachmittag vorher ohne Panzereinsatz die Höhen um Butowo und Gerzowka, dann am 5. Juli weiter beiderseits des Weges Butowo, Dubrowa und später voraussichtlich in Richtung Schipy am Psel-Abschnitt. Die Inf.Divisionen 167 (2/3) und 332 wurden auf den Flanken eingesetzt.

Das 52. A.K. erst auf Sonderbefehl am Tage vorher mit dem rechten Flügel auf Dmitrijewka.

Es verfügten dazu:

Das SS-Pz.Korps (Hausser) über die SS-Pz.Divisionen »Leibstandarte Adolf Hitler«, »Das Reich« und »Totenkopf« (mit insgesamt 343 Panzerkampfwagen und 95 Sturmgeschützen) und über die Inf.Division 167 (1/3).

Das 48. Pz.Korps (von Knobelsdorff) über die 3. Panzerdivision, die Pz.Gren.Divison »Großdeutschland«, die 11. Pz.Division, die Masse der Inf.Division 167 (2/3) und über die Inf.Division 232. Ferner waren dem

Korps die neu zugeführte Panther-Brigade 10 mit 200 Kampfwagen unterstellt worden.

Alle Einzelheiten für den Angriff waren in den vorangegangenen Monaten eingehend vorbereitet und geprüft worden.

Die Aufgabe der Armeeabteilung Kempf war schwierig. Sie hatte die Operation »Zitadelle« durch angriffsweise Kampfführung nach Osten abzudecken. Dabei war am rechten Flügel ihr 42. Korps von vornherein in seiner bisherigen Verteidigungsfront festgelegt. Das Armeekorps des Generals Raus und das 3. Panzerkorps (Breith) mußten bei Angriffsbeginn den Donez im Kampf überschreiten, ohne den Zusammenhang mit dem 42. A.K. und später untereinander zu verlieren, wenn sie ihre Aufgabe erfüllen wollten. Es war gewissermaßen ein sich ständig dehnendes Band, dessen eines Ende festgenagelt war. Dazu standen vor der Front zwölf feindliche Schützendivisionen, dahinter weitere zwölf als taktische Reserven und hinter diesen starke operative Reserven.

Der Flußübergang sollte um 2.25 Uhr beginnen. Bereits ab 2.00 Uhr lagen die eigenen Bereitstellungsräume unter starkem feindlichen Artilleriefeuer. Anscheinend hatte der Gegner den Beginn des Angriffs erkannt oder vorher davon erfahren*.

Die Stimmung des Oberkommandos war nicht mehr so zuversichtlich wie früher, da sich der Feind in der Zeit seit der Verschiebung des Angriffstermins erheblich verstärkt hatte.

Die Aufgabe der 4. Pz.Armee charakterisierte sich als ein Angriff von Panzer- und Pz.Gren.Divisionen gegen eine im Verlauf von mehr als drei Monaten festungsartig ausgebaute, stark besetzte und tief gegliederte Feldstellung. Die Zuteilung von 1$^{3}/_{4}$ Inf.Divisionen war für diese schwierige Operation völlig ungenügend. Die Panzertruppe blieb auf sich selbst angewiesen, anstatt den Einbruch starker Infanteriekräfte zum Durchbruch zu erweitern. Die Aufgabe der Armee widersprach den bisherigen Grundsätzen und Erfahrungen der Führung von Panzerverbänden.

Es bestand die große Gefahr, die operativen gepanzerten Kräfte im Durchbruch durch ein engmaschiges Panzerabwehrsystem zu verbrauchen, ehe sie den entscheidenden Kampf mit den inzwischen herange-

* In der »Geschichte des Großen Vaterländischen Krieges ...«, a.a.O., wird in Bd. 3 auf S. 308 Verrat durch Gefangene und Überläufer angegeben.

holten gleichartigen feindlichen Heeresverbänden im freien Durchbruchsgelände aufnehmen konnten. Ein Ziel, das die feindliche Führung angestrebt hatte. Hitler kam ihren Wünschen mit seinen Maßnahmen entgegen.

Beim Oberkommando der 4. Pz.Armee bestand dennoch gewisse Zuversicht auf Erfolg; aber bereits am Abend des 5. Juli erkannte man, daß die Kampfmoral und Ausbildung der feindlichen Stellungsdivisionen entgegen den früheren Erfahrungen gut war. Ihre Führung hatte geschickt gehandelt. In den nächsten acht Tagen zeigte sich erneut der hohe Kampfwert des Verteidigers, insbesondere auch seiner zahlreichen Panzerverbände, wobei es dem deutschen Angreifer wiederholt nur mit Unterstützung der Luftwaffe, unter anderem erstmalig durch die neuen Panzerjägerstaffeln, gelang, Raum nach vorn zu gewinnen oder Panzerangriffe zu zerschlagen[16]. Auch starke Regenfälle und ausgedehnte Verminungen behinderten das schnelle Vorgehen.

Die Panzerbrigade 10 erlitt in einem Minenfeld schwere Verluste. Trotz aller Schwierigkeiten und trotz der harten Gegenwehr »nagten« sich beide Armeen nach Nordosten in Richtung Prochorowka* weiter durch. Um den drohenden Durchbruch der 4. Panzerarmee auf Obojan zu verhüten, griff General Watutin, der Oberbefehlshaber der Woronescher Front, am 6. Juli zu einem drastischen Mittel. Er befahl seiner 1. Panzerarmee (unter Generaloberst Katukow), ihre Panzerkampfwagen nach Art einer Panzerabwehrfront im Gelände fest einzubauen und hatte damit Erfolg. Marschall Schukow vom Stawka widersprach heftig, aber Stalin billigte Watutins Entschluß als einen Ausnahmefall[17].

Auf der Ostflanke der Armeeabteilung Kempf hatten ständig wiederholte russische Gegenangriffe alle Inf.Divisionen zur Abwehr gezwungen. Auch das 3. Pz.Korps war vor starkem feindlichen Widerstand von seiner befohlenen Richtung auf Korotscha in nördliche Richtung abgedrängt worden. Am 12. Juli früh nahm es den Donezübergang von Rschawez, wodurch General Watutin die Südflanke und den Rücken seiner 5. Garde-Panzerarmee so ernsthaft gefährdet sah, daß er die Armeereserve, die 26. Garde-Panzerbrigade und das 5. Garde-mechanisierte Korps, dagegen einsetzte. Trotzdem gelang es dem deutschen 3. Pz. Korps bis zum 15. Juli, den bisher zwischen ihm und dem SS-Pz.Korps

* Vgl.: »Geschichte des Großen Vaterländischen Krieges ...«, a.a.O., Bd. 3, S. 325/27.

stehenden Block des 48. Schützenkorps zu beseitigen. Damit standen nunmehr alle Panzerkorps der Heeresgruppe Süd mit Front nach Norden nebeneinander, wobei der Flügel des 3. Pz.Korps scharf nach Süden abknickte. Die langgedehnten Flanken dieses Panzerblocks, die nur mit schwachen Inf.Kräften abgedeckt waren, gaben einem motorisierten Feind gegenüber Anlaß zur Sorge, sofern man auf der Stelle verhielt.

Auch klangen die Nachrichten über die Entwicklung der Lage bei der Heeresgruppe Mitte nicht sehr beruhigend.

Welche Ereignisse hatten sich bei dem Angriff der 9. Armee der Heeresgruppe Mitte seit dem 5. Juli abgespielt?

Ihr Auftrag lautete, über die Linie Trosna (an der Straße von Orel nach Kursk) – nördlich Maloarchangelsk nach Süden auf Kursk durchzustoßen, um dort und ostwärts die Verbindung zur Angriffsarmee der Heeresgruppe Süd herzustellen.

Die Armee bestand aus dem

20. A.K. mit 4 Inf.Div.;

46. Pz.Korps mit 4 Inf.Div.;

47. Pz.Korps mit der 2., 9. und 20. Pz.Div. und der 6. Inf.Div., mit dem Pz.Brig. Stab 21, seiner Pz.Abt. 505 (Tiger) und der Pz.Kp. 312 (Flk *);

41. Pz.Korps mit der 18. Pz.Div., dem Pz.Jg.Rgt.Stab 656 mit seiner Pz.Jg.Abt. 653 und 654 (zu je 45 »Ferdinand«), der Sturm-Pz.Abt. 216 (45 schw. 15 cm-Haubitzen), der Pz.Kp. 313 und 314 (Flk) und mit 2 Inf.Div.;

23. A.K. mit 3 1/3 Inf.Div., dazu 2 Stu.Gesch.Abt. 185 und 189, der Pz.Pi.Kp. (G) 811 und 813.

Dahinter war als Heeresgruppenreserve bereitgestellt: die Panzergruppe von Esebeck mit der 4. und 12. Pz.Division und der 10. Pz. Gren.Division.

Die Armee hatte ihren Korps für die Durchführung des Auftrages sehr ausführliche Befehle erteilt. Der Grundgedanke der Operation bestand darin:

Das 47. Pz.Korps (Lemelsen) erzwingt als Schwerpunktgruppe den Durchbruch in seinem Abschnitt mit der 20. Pz.Division und der 6. Inf.-Division als vorderstem Treffen. Durch die gewonnene Lücke ist das zweite Treffen mit der 2. und 9. Pz.Division sofort auf das Höhenge-

* Funklenkpanzer als Sprengstoffträger.

lände nördlich von Kursk anzusetzen und die Verbindung zur 4. Pz. Armee herzustellen. Je nach der Lage kann ein Nachführen der Heeresgruppenreserve als drittes Treffen in Frage kommen;

das 46. Pz.Korps (Zorn) sichert die Westflanke des Panzerkeils durch den Angriff in Richtung Fatesch, das zu nehmen ist;

das 20. A.K. täuscht Angriffsabsichten vor, um den Gegner zu binden. Mit feindlichen Gegenangriffen muß gerechnet werden;

das 41. Pz.Korps (Harpe) hat zusammen mit dem 23. A.K. die Ostflanke des Panzerkeils zu decken und hierbei eine neue Abwehrfront in der Linie des Schtschigry–Sosna-Abschnittes zu gewinnen;

das 23. A.K. wirkt eng mit dem 41. Pz.Korps zusammen, greift beiderseits von Maloarchangelsk an, um die Linie Mokroje–Panskaja zu nehmen und zu halten.

Für die Armeeplanung war charakteristisch, daß die feindliche Front in einem ausgesprochen spitzen Angriffskeil unter offensiver Abdeckung der beiden Flanken durchbrochen werden sollte.

Als Keilspitze griff das erste Treffen an, das zweite sollte sofort durch die erwartete Durchbruchslücke in die Tiefe rollen und das dritte je nach Entwicklung der Lage folgen. Die zur Flankendeckung eingesetzten Korps erhielten verhältnismäßig weitreichende Aufgaben von etwa 20 bis 30 km Tiefe, um den erhofften Panzererfolg der Keilschneide möglichst weit gegen eine Flankierung durch feindliche gepanzerte Kräfte abzuschirmen.

Die Angriffsgliederung des 47. Schwerpunktkorps entsprach der Forderung nach genügender Tiefe der Angriffsgruppe im Schwerpunkt, um weit in den Feind hineinstoßen zu können, ehe sich die eigene Kraft dabei erschöpft. Nach Ansicht des Verfassers hätte die 9. Armee aber ihren Schwerpunkt im ersten Treffen des 47. Pz.Korps von vornherein mehr verstärken müssen, um zunächst erst einmal das taktische Tor zum operativen Erfolg ohne Zeitverlust aufzubrechen. Die Taktik war zunächst über die Operation zu stellen, wie Ludendorff vor der »Großen Schlacht in Frankreich 1918« in ähnlicher Lage urteilte.

Nur eine Pz.Division in vorderster Linie (die 20.), dazu die 6. Inf. Division, war wohl zu wenig. Von sechs schnellen Divisionen standen fünf in Reserve. Das waren zuviel. Zwar ist kein Kampf ohne Reserven zu führen; aber Reserven können auch Konserven werden, wie Guderian gelegentlich betonte. Es wäre zweckmäßiger gewesen, vorn zwei Pz. Divisionen vorzusehen, die auf die unmittelbare Gefechtsunterstützung von zwei Inf.Divisionen anzuweisen waren. Ein Verfahren, das sich gegen den eingebauten Verteidiger wahrscheinlich bewährt haben würde, da sich beide Waffengattungen ergänzen konnten.

Wahrscheinlich wäre es auch vorteilhaft gewesen, hier die 90 schweren Panzerjäger »Ferdinand« der Abteilungen 653 und 654, die 45 schweren 15 cm-Haubitzen der Sturmpanzerabteilung 216 und die beiden Fernlenkkompanien 312 und 314 unter dem Panzer-Brigadestab 21 zusammenzufassen, um ihren Munitionseinsatz einheitlich und planmäßig zur Wirkung zu bringen.

Andererseits darf nicht übersehen werden, daß die starke Tiefengliederung wohl auch der berechtigten ständigen Sorge des Oberkommandos der Heeresgruppe Mitte und der 9. Armee um die Gefährdung des Orel-Bogens entsprach.

Die Stärke des Feindes, die eigene Schwäche im Orel-Bogen und die sachverständige Beurteilung der operativen Lage auf beiden Seiten zwangen zu besorgter Aufmerksamkeit, um so mehr als Hitler zwei Monate kostbarer Zeit zur Aufrüstung und Ausbildung des Feindes verschenkt hatte.

Die Schlacht * begann am Morgen des 5. Juli mit gestaffelten Angriffszeiten zwischen 3.30 und 6.30 Uhr. Im Abschnitt des 41. Pz.Korps und des 23. A.K. räumten durch Funk ferngelenkte Ladungsträger Gassen durch die russischen Minenfelder.

Zunächst war der Widerstand schwach, versteifte sich aber bald. Am 6. Juli wurde das zweite Treffen des 47. Pz.Korps mit der 2. und 9. Pz. Division eingesetzt, konnte aber nur wenig Raum gewinnen. Nur mit Mühe konnte das 46. Korps starke russische Angriffe bei Gnilez gegen die Westflanke des 47. Pz.Korps abwehren. Am Ostflügel der 9. Armee wurde ähnlich hart gekämpft. Am Abend war Generaloberst Model klar geworden, daß die Kämpfe länger dauern würden, als im Operationsbefehl vorgesehen. Er forderte daher bei der Heeresgruppe die 4. Pz. Division an, »um ohne Verzug den Durchstoß ... auf Kursk fortzusetzen«.

Am 7. Juli wurden auf beiden Flügeln starke Angriffe abgewehrt, in der Mitte gab es geringen Geländegewinn. Bereits jetzt betrugen die Verluste der Armee 10 000 Mann. Der Verbrauch an Panzermunition

* Vgl. dazu Gefechtsbericht der 292. Inf.Div. vom 5. 7. 1943 bis 15. 7. 1943, Anhang, S. (36) f.

war überraschend hoch. Für den nächsten Tag wurde mit starken Gegenangriffen der Russen gerechnet.

Am 8. Juli nahm die aus den Panzern der 4. und 2. Pz.Division gebildete Pz.Brigade 21 die Höhe südlich von Teploje, wo sie von der 2. russische Panzerarmee aus Südwesten und Süden zum Stehen gebracht wurde. Es gelang dem Gegner im Laufe des Tages, den Angriff der 9. Armee auf der ganzen Front aufzuhalten. Die Truppe hatte in diesen vier Kampftagen empfindliche Verluste erlitten und war körperlich erschöpft. Model faßte daher den schweren Entschluß, am 9. Juli eine Angriffspause einzulegen, um den Angriff für den 10. Juli vorzubereiten.

Der Generaloberst ordnete für die Weiterführung des Angriffs eine »neue Panzertaktik« an. Von der Zusammenfassung[18] mehrerer Panzerabteilungen sei abzusehen. Der Ausbildungsstand reiche dafür nicht mehr aus, auch seien die Panzerzahlen zu gering. Der Einsatz der Panzerkampfwagen müsse in engster Verbindung mit den Panzergrenadieren durchgeführt werden. Der Kampf habe den Charakter einer »rollenden Materialabnutzungsschlacht« angenommen.

Feldmarschall von Kluge stimmte zu, betonte aber die Notwendigkeit, diese Schlacht durchzustehen, um die immer stärker werdenden feindlichen Reserven zu zerschlagen.

Die Ausführungen Models waren zutreffend, nur waren sie nicht neu; denn auf ihnen beruhte von Anfang an die Organisation der Panzertruppe: auf dem engen Zusammenarbeiten des Grenadiers mit dem Kampfwagen. Daher motorisierte man den Grenadier und setzte ihn sogar seit 1939 unter Panzerschutz auf den SPW (Schützenpanzerwagen) ein. Im übrigen war es wohl allen Panzerführern bei Beginn der Operation von »Zitadelle« klar, daß es sich hier nicht um Panzeroperationen nach dem Muster von 1940/41, sondern um harte Kämpfe im Infanteriebereich, also um Einsätze nach Art der Sturmgeschütze handeln würde. Ob dieser Einsatz zweckmäßig, notwendig oder gar unerläßlich war, mußte von der Obersten Führung entschieden werden. Der Generalinspekteur der Panzertruppen * hatte am 10. Mai 1943 davor gewarnt. Feldmarschall von Manstein sah die »Schwäche der Operation«[19] neben dem Mangel an Artillerie darin, daß aus Mangel an Infanteriedivisionen die Panzerdivisionen zum Durchbrechen des Stellungssystems in vorderster Linie eingesetzt werden mußten.

* Generaloberst Guderian, »Erinnerungen ...«, a.a.O., S. 281/84.

Am 10. Juli lief der Angriff wieder an. Ein Durchbruch wurde nicht erreicht. Das 47. Pz.Korps mußte auf seine Ausgangsstellung vom Morgen zurückgenommen werden.

Das Oberkommando der 9. Armee ordnete am 12. Juli an: »Es dürfen nur kurze Angriffsziele befohlen werden, um das Erreichen des (kurzgesteckten) Zieles um jeden Preis zu ermöglichen ...«

Praktisch bedeutete diese taktische Entscheidung den Verzicht auf eine schnelle operative Entscheidung. Bei der hartnäckigen Verteidigung der Russen war es aber geboten, sich »durchzufressen«.

Russische Angriffe im Orel-Bogen

Bereits am 11. Juli führten die Russen ihre ersten Teilangriffe gegen die 2. Pz.Armee im Orel-Bogen. Am Tage zuvor hatte das Oberkommando der Heeresgruppe erwogen, seine beiden letzten schnellen Divisionen, die 5. und die 8. Pz.Division, von seinen Flügelarmeen (4. Armee und 3. Pz.Armee) wegzuziehen, um sie über Trosna auf Kursk anzusetzen. Damit wären die letzten Panzerreserven verbraucht gewesen.

Am 10. Juli 1943 waren auch die Alliierten von Tunesien her auf europäischem Boden, in Sizilien, gelandet.

Am 12. Juli erweiterte der Feind die Angriffe auf den Bogen von Orel zum Großangriff. Mit seinen zahlenmäßig starken Verbänden war er dazu in der Lage, obwohl er sich zu gleicher Zeit mit starken Kräften im Kursker Bogen erfolgreich nach Süden * und nach Norden verteidigte und harte Gegenstöße führte.

Da fast alle Panzerkräfte und Reserven der Heeresgruppe Mitte zum Angriff »Zitadelle« zusammengezogen waren, gelangen den Russen an der daher nur schwach besetzten Front der 2. Pz.Armee tiefe Einbrüche, die gefährlich werden konnten. Daher mußte die 9. Armee noch am 12. Juli die 12. und die 20. Pz.Division und die 36. Inf.Division dorthin abgeben. Damit wurde die schon bisher nicht erfolgreiche Angriffskraft des nördlichen Angriffszangenarmes von »Zitadelle« erheblich geschwächt. Hierzu kam der entscheidende Umstand, daß die Gefährdung des Orel-Bogens sich auf die Nachschuborganisation der 9. Armee auswirkte, ohne deren gesicherte Arbeit sie nicht einsatzfähig war. Dar-

* Vgl.: »Geschichte des Großen Vaterländischen Krieges ...«, a.a.O., Bd. 3, S. 325/27: Panzerschlacht bei Prochorowka.

aus ergab sich im Bereich der Heeresgruppe Mitte zwangsläufig der endgültige Verzicht auf die Operation »Zitadelle«.

Die rechtzeitig vorgebrachten Bedenken von Kluges und Models hatten sich als stichhaltig erwiesen. Leider war es ihnen nicht gelungen, sie bei Hitler durchzusetzen.

Das Abbrechen der Schlacht

Bereits am 13. Juli entschloß sich Hitler aufgrund der operativen Lage im Bogen von Orel und der strategischen Lage im Mittelmeerraum, die Operation »Zitadelle« ganz einzustellen.

Feldmarschall von Manstein widersprach[20], da bei der Heeresgruppe Süd »die Schlacht jetzt auf dem entscheidenden Punkt angekommen sei. Nach den Abwehrerfolgen der letzten Tage gegen fast die gesamten in den Kampf geworfenen operativen Reserven des Gegners läge der Sieg in greifbarer Nähe . . .« Auch wäre noch das 24. Pz.Korps (Nehring) mit drei Pz.Divisionen (17., SS-Wiking, 23. Pz.Div.) südlich von Charkow einsatzbereit beziehungsweise die 23. Pz.Division im Anmarsch.

Hitler stimmte jedoch nur zu, die anscheinend günstige Lage der Angriffsgruppe von Manstein zu einem begrenzten Angriffsschlag gegen die ihr gegenüberstehenden Feindkräfte auszunutzen, um damit die Möglichkeit zum Herausziehen von Kräften für eine andere Verwendung zu schaffen.

Am 16. Juli ergingen dazu die Befehle der Heeresgruppe; aber bereits am 17. Juli befahl Hitler das sofortige Herauslösen des SS-Pz.Korps zu seiner Verfügung. Ebenso wurde das 24. Pz.Korps nach Süden in Marsch gesetzt. Damit wurde von Mansteins Absicht hinfällig.

Das SS-Pz.Korps verfügte noch über 4 Panzer II, 80 P III, 69 P IV, 3 P VI, 20 Pz.Befehlswagen, 11 T 34 (Beutepanzer) und 64 Sturmgeschütze; das 48. Pz.Korps über 42 P III, 56 P IV, 43 P V, 6 P VI, 12 Flammpanzer und 40 Sturmgeschütze. Gemessen am Stand vom 5. Juli waren erhebliche Panzerverluste eingetreten, die auf die Härte der Kämpfe und auf die Einsatzbereitschaft der Truppe schließen lassen.

Auch die personellen Verluste in der Heeresgruppe Süd mit rund 20000 Mann, davon 3300 Gefallene, waren kaum zu ersetzen[21].

Betrachtungen

Die Hoffnungen, die Hitler und wohl auch der Generalstabschef des Heeres, Generaloberst Zeitzler, als sein engster Mitarbeiter in der Führung des Ostheeres, auf die Durchführung der Operation »Zitadelle« gesetzt hatten, hatten sich nicht erfüllt. Generaloberst Guderian, der an der Operation nicht verantwortlich führend beteiligt war, die Dinge somit wohl objektiv gesehen haben dürfte, bezeichnete »das Mißlingen (als) eine entscheidende Niederlage«. Ähnlich urteilt General Warlimont[22].

Feldmarschall von Manstein war anderer Auffassung, da es gelungen sei, die operativen Reserven des Gegners zum großen Teil stark zu schwächen; auch sei die Schlacht auf Grund der strategischen Lage im Mittelmeerraum und des taktischen Mißerfolges der 9. Armee voreilig vor der Entscheidung abgebrochen worden.

Das Wort eines russischen Heerführers, »Zitadelle« sei der »Schwanengesang der deutschen Panzertruppe« * gewesen, trifft nicht zu; sonst hätte sie nicht noch fast zwei Jahre an allen Fronten recht erfolgreich Widerstand leisten können.

Auch war die Truppe und die mittlere Führung vom Abbrechen des Angriffs nicht so stark beeindruckt wie die Oberste Führung. Es dürfte feststehen, daß das spätere Absetzen des deutschen Heeres im September hinter den Dnjepr ohne die nachhaltige Schwächung der russischen Panzerverbände durch die Operation »Zitadelle« kaum in gleichem Maße gelungen wäre.

Der Fehlschlag von »Zitadelle« war keine verlorene Schlacht, die einen Wendepunkt des Krieges herbeigeführt hat; sie war vielmehr der markante Zeitpunkt, der den Ablauf einer wichtigen Entwicklung im strategischen Ablauf des Zweiten Weltkrieges festlegte. Der Krieg trat jetzt in ein neues Stadium ein. Die Phase der strategischen Offensiven Hitlers war vorüber. Diese ging jetzt an die Russen und die Westmächte über und überließ Hitler nur die Möglichkeiten der strategischen Defensive, die dieser jedoch nicht zu einem »Remis«, wie Feldmarschall von Manstein schreibt, zu einem »Unentschieden« auszunutzen verstand.

Für die Russen bedeutete »Zitadelle« eine erhebliche Steigerung ihres Selbstbewußtseins. Mit Recht hatte Hitler vor Beginn der Schlacht in seinem Tagesbefehl an die Kommandeure betont, daß ihr Ausgang »die Stimmung und Haltung der Sowjetsoldaten ... entscheidend beeinflussen« könne.

* s. »Geschichte des Großen Vaterländischen Krieges ...«, a.a.O., Bd. 3, S. 328: Urteil des Generals Konjew.

Diese Voraussage war nun – wenn auch in umgekehrtem Sinn – eingetreten; »Zitadelle« gab der russischen Truppe und ihrer Führung einen beachtlichen Auftrieb, der die schwere, noch vor ihnen liegende Aufgabe erleichterte.

Auf deutscher Seite war mit »Zitadelle« ein großer Aufwand an Zeit und Kraft, an Menschen und Waffen, an Hoffnung und Zuversicht nicht nur nutzlos vertan, sondern sogar mit großem Nachteil für die weitere Kriegführung vergeudet worden. Einzelheiten sind vorstehend erörtert worden. Einige Punkte sollen noch unterstrichen werden.

Für Hitler belastend war die Terminverschiebung um mehr als zwei Monate, die mit dem Warten auf die Zuführung neuer schwerer Panzer begründet worden war. In Wahrheit war es seine innere Unsicherheit, ob er die mühsam wiederhergestellte Kampfkraft des Heeres, vor allem anderen aber der Panzertruppe, für diesen einen großen Angriff aufs Spiel setzen sollte. Hitler spürte die Ablehnung der meisten seiner Heerführer. Nach seinen Worten zu Guderian am 10. Mai 1943 war ihm »bei dem Gedanken an diesen Angriff auch immer ganz mulmig« zumute[23].

Das Herauszögern des Angriffs erlaubte den festungsartigen Ausbau der russischen Front um Kursk, die überraschende Verbesserung der Ausbildung von Truppe und Führung, die Zuführung von Waffen und Gerät in nicht erwartetem Umfang *. Dieser Zeitverlust auf deutscher Seite war die Grundlage der erfolgreichen Verteidigung der feindlichen Front gegen die 9. Armee. Dieser harte Widerstand wiederum gestattete der russischen Obersten Führung, ausreichend starke Kräfte zum ebenfalls erfolgreichen Angriff auf den Orel-Bogen heranzuholen, womit die Operation »Zitadelle« zumindest auf ihrer Nordfront zusammenbrechen mußte.

Ein weiterer grundlegender Fehler Hitlers war seine Überschätzung der Wirkung der neuen schweren Panzertypen, die weder in ausreichender Zahl gefertigt und geliefert noch in verwendungsbereiten Einheiten zugeführt werden konnten. Es fehlte dafür an Zeit und an Besatzungen, die über Ausbildung und Kampferfahrung verfügten. Der von Hitler als Wunderwaffe betrachtete Panzertyp V »Panther« war noch nicht frontreif, da seine langwierigen technischen Erprobungen noch nicht abge-

* Vgl.: »Geschichte des Großen Vaterländischen Krieges ..., a.a.O., Bd. 3, S. 298 f.

schlossen waren. Guderian hatte sich bei der Besprechung bei Hitler am 4. Mai 1943 für eine Verschiebung der Operation »Zitadelle« (auf Dauer, nicht befristet) ausgesprochen. Er hielt die Operation für zwecklos und fürchtete, daß »die soeben vollzogene Auffrischung mit Panzern bei einem Angriff in der vorgesehenen Art« zerschlagen werde. Eine neue Auffrischung der Ostfront mit Panzern sei 1943 nicht mehr möglich. Auch müsse man »nun die Westfront mit neuzeitlichen Panzern versehen, um der Landung der Westmächte entgegentreten zu können«.

Am 16. Juni brachte er nochmals bei Hitler technische Bedenken gegen den Einsatz der »Panther« vor[24]. Bis zu diesem Tage waren von 200 Stück erst 65 als kraftfahrtechnisch brauchbar abgenommen worden. Guderian schlug vor, »dieses neue und wuchtige Kampfmittel« erst einzusetzen, wenn etwa 500 Stück auf einem Gefechtsfeld zur Wirkung gebracht werden können«.

Der Mißerfolg der »Panther-Brigade« im Einsatz ab 5. Juli sollte Guderians Bedenken bestätigen. Bereits am Abend des ersten Angriffstages waren nur noch 40 der eingesetzten 200 Stück, bis zum Abbrechen der Operation jeweils zwischen 16 und 40 »Panther« einsatzbereit. 162 Stück waren ausgefallen[25]. Beim späteren Rückzug fielen die meisten Panzer, da sie wegen der Reparaturarbeiten bewegungsunfähig waren, dem Feinde in die Hände.

Das Warten Hitlers auf die »kriegsentscheidende Waffe« der Panzer hatte nicht nur keinen Erfolg gebracht, sondern durch den Zeitverlust einen entscheidenden Nachteil. So hatte sich dann der Einsatz der bis dahin immer bewährten »Panzerwaffe« durch einen falschen Führerentschluß sogar in das Gegenteil verkehrt.

Auf der Besprechung Hitlers am 4. Mai hatte Guderian offen »den Angriff in der vorgeschlagenen Art« abgelehnt, womit er den Angriff von Panzerdivisionen nahezu ohne Infanterieunterstützung gegen die festen, minenverteidigten Stellungen der Russen meinte. Dazu waren neuzeitlich ausgerüstete Inf.Divisionen mit Sturmgeschützen erforderlich, die den Einbruch erzwingen konnten, der dann durch Panzerdivisionen unterstützt und ausgenutzt und in den erstrebten operativen Durchbruch verwandelt werden konnte. Diese Einbruchsdivisionen fehlten im Süden und im Norden. Die wenigen vorhandenen und zum größten Teil abgekämpften Inf.Divisionen genügten kaum, um ihre Stellungen zu halten und die Flanken der Panzerverbände notdürftig abzudecken.

Diese Schwäche des Angriffsverfahrens hatte Guderian erkannt; er konnte sie trotz seines Widerspruchs nicht ändern. Es gab eben zu wenig modern ausgerüstete und angriffsfähige Inf.Divisionen. Zwei schwere Kriegsjahre in Rußland hatten auch die Reihen der zu Fuß kämpfenden Soldaten stark gelichtet; ihre Verluste konnten nicht mehr ersetzt werden. Daher glaubte Hitler, sie weitgehend durch den Einsatz von Panzern ausgleichen zu können.

Dabei war Hitler durch seine Sachbearbeiter über die Lage beim Feind, über seine ungewöhnliche Stärke, seine starken Stellungen, seine Waffenerzeugung zutreffend unterrichtet; aber wie 1941 und 1942 lehnte er diese Erkenntnis als unzutreffend ab und handelte nach eigenen gefühlsmäßigen Überlegungen.

Noch unverständlicher ist seine Passivität gegenüber den drei auf ihn zukommenden Terminen: der eigene Angriff – der russische Angriff oder Gegenangriff – die alliierte Landung in Sizilien.

Je länger er wartete, um so gefährlicher wurde der strategische Zangenangriff von Osten und Westen her.

Hitlers Berater und Heerführer drängten ihn zu handeln, er aber verschob die Termine laufend, um einem Phantom von zweihundert unerprobten Kampfwagen nachzulaufen, das er in seiner Wirkung ebenso überschätzte wie auch seine anderen »Wunderwaffen«.

In diese Kämpfe von mehreren Tausend Panzern[26] beider Parteien griff die Luftwaffe zum letzten Mal erfolgreich mit hohen Einsatzzahlen erfolgreich ein.

Die Luftflotte 4 arbeitete mit der Heeresgruppe Süd zusammen. Das ihr unterstellte 8. Fliegerkorps (Seidemann) verfügte über rund 1100 Flugzeuge[27].

Für die Heeresgruppe Mitte war die Luftflotte 6 mit der 1. Fliegerdivision (Deichmann), der rund 730 Flugzeuge unterstanden, zuständig.

Der Angriff der Kampfverbände gipfelte in einem »Angriffswirbel« und sollte zugleich mit dem Einbruch der Panzer erfolgen. Anschließend an den Einbruch hatten Schlachtflugzeuge, Jäger und Aufklärer mit Bomben und Bordwaffen unterstützend einzugreifen.

Alle Maßnahmen für unmittelbare Unterstützung waren mit den Heeresverbänden sorgfältig abgestimmt.

Die erstmalig eingesetzten fünf Panzerjagdstaffeln unterstützten die Truppen als fliegende Panzerjäger nachhaltig im Kampf gegen feindliche Panzer[28].

Erwägungen über eine andere Lösung

Im »Operationsbefehl Nr. 5« vom 13. März 1943 wird die Notwendigkeit erwähnt, dem Gegner das »Gesetz des Handelns vorzuschreiben«. Dieser Feststellung war damals zuzustimmen. Feldmarschall von Manstein hatte dazu mehrfach den Gegenangriff aus der Nachhand vorgeschlagen, den Hitler aber ablehnte. Am 1. Juli führte Hitler zu diesem Thema erneut aus, daß »langes Warten kraftlos mache, außerdem sei man gebunden... Durch die Verluste wäre die Truppe schließlich nicht mehr operationsfähig. Es sei also besser, selbst die Initiative zu ergreifen und anzugreifen« [29]. Diese Aussage ist erstaunlich, wenn man an die Wartezeit von April bis Juli denkt.

Von Manstein[30] ist aber der Meinung, daß Hitler »der Wagemut fehlte oder das Vertrauen in seine Führungskunst oder die seiner Generale«. Jedenfalls wurde von Mansteins Vorschlag abgelehnt, da nach Hitlers damaliger Auffassung der Besitz des Donezbeckens für die Führung des Krieges unentbehrlich sei und nicht durch eine bewegliche Kampfführung in Frage gestellt werden dürfte. Vielleicht hatte Hitler mit dieser letzteren Behauptung – kriegswirtschaftlich gesehen – nicht unrecht; aber gab es nicht andere Möglichkeiten, um die Initiative zu behalten oder wieder zu ergreifen?

Die Angriffsrichtungen aus dem Raum von Charkow nach Südosten in Richtung Kupjansk boten sich an; sie hätten die Lage im Donezgebiet wesentlich festigen und die tiefe Flanke der russischen Verteidiger des Kursker Bogens bedrohen können. Die Möglichkeiten dafür wurden von allen beteiligten Kommandobehörden eingehend geprüft[31]. Man sah schließlich davon ab, weil die Operation »Zitadelle« geplant wurde und für beide Unternehmen nicht die erforderlichen Kräfte bereitgestellt werden konnten. Dabei ist rückblickend zu beachten, daß damals alle Operationen auf den Termin Ende April beziehungsweise den 3. Mai abgestellt waren. Durch Hitlers Terminverschiebungen bis zum 5. Juli änderten sich alle Voraussetzungen, die beim ersten Entschluß zur Operation »Zitadelle« im März durchaus zutreffend waren. »Zitadelle« ist das negative Musterbeispiel dafür, wie ein brauchbarer Operationsgedanke in das Gegenteil verwandelt wurde, weil die Oberste Führung die Wandlung der Voraussetzungen nicht erkannte oder nicht wahrhaben wollte, obwohl sie eingehend davon unterrichtet worden war.

Eine andere Möglichkeit hätte nach Ansicht des Verfassers darin bestanden, Ende April den Orel-Bogen etwa bis zu der bereits vorgesehenen »Hagen-Stellung« in der Linie Komaritschi–Brjansk–Kirow zu räumen und die nachdrängenden Russen mit den Panzerdivisionen in der Bewegung zu fassen und zu vernichten. Weitere Vorteile wären dabei gewesen: Die Begradigung und damit Verkürzung der Front, die eine erhebliche Einsparung an Kräften zur Bildung von Reserven brachte, die Ausschaltung der operativen Bedrohung der Südflanke der 2. Panzerarmee aus dem Kursker Bogen heraus und schließlich die Beseitigung der stark besetzten, weiträumigen Partisanenstützpunkte[32], die etwa in der neuen Frontlinie lagen. Ein gutes Beispiel für eine ähnliche Rückverlegung hatte die »Büffel-Bewegung« südlich von Rschew vom 1. bis 16. März 1943 gegeben. Es wurden dabei 230 km Frontlänge und 21 Divisionen eingespart, was neben anderen Maßnahmen überhaupt erst das Herauslösen des AOK 9 für den nördlichen Angriffsflügel der Operation »Zitadelle« ermöglichte.

Der Vorschlag einer frühzeitigen Räumung des Orel-Bogens ist aber anscheinend nicht gemacht worden, nachdem gerade erst Hitlers Widerstand gegen die Räumung von Demjansk, Rschew und Wjasma mit großer Mühe überwunden worden war.

Am zweckmäßigsten erscheint aber der Vorschlag des Wehrmachtführungsstabes (Jodl und Warlimont)[33] vom 18. Juni bei Hitler, »bis zur Klärung der Gesamtlage auf die ›Zitadelle‹ zu verzichten und statt dessen im Osten und gleichfalls in der Heimat eine starke operative Reserve der Obersten Führung bereitzustellen«. Dieser Vorschlag entspricht etwa den Erwägungen von Mansteins, aus der Hinterhand anzugreifen. Noch am gleichen Tage lehnte Hitler diesen Vorschlag seines eigenen Führungsstabes ab und legte den Angriffstermin für »Zitadelle« auf den 3. und dann schließlich auf den 5. Juli fest.

Damit soll das Kapitel »Zitadelle« abgeschlossen werden. Es ist ein tragisches Kapitel in der Geschichte der Panzertruppe. Es behandelt eine Aufgabe, die ihre Kräfte überstieg, die ihr Oberster Befehlshaber, aber auch ein Teil seiner Berater, nicht richtig einzuschätzen verstanden hatten[34].

Kapitel 4 · Abschliessende Betrachtungen 1939 bis 1945 Ausblick in die Zukunft

Es ist nicht die Absicht dieser Darstellung, die Gründe für den Verlust des Zweiten Weltkrieges, den Hitler gegen den Rat seiner Generäle angefangen und ausgedehnt hatte, aufzuzeigen. Wohl aber sollte in großen Zügen die entscheidende Rolle herausgestellt werden, welche die Schnellen Truppen in den »Jahren ohne Gnade«[1] von 1939 bis 1945 unter erschwerenden Umständen übernommen hatten.

Eines ist in diesen jahrelangen Kämpfen immer wieder festzustellen: Die Schnellen Truppen – und unter ihnen vorzugsweise die Panzerverbände – waren stets Rückhalt und Rückgrat der kämpfenden Fronten. Ihre Organisation, ihre operativen Grundsätze und ihre Taktik bewährten sich bis zum letzten Tage.

Die Panzerdivisionen der 1. Panzerarmee* kämpften am 8. Mai 1945 im mährischen Raum buchstäblich mit der letzten Ausstattung an Panzermunition und Treibstoff. Ebenso tapfer fochten das 4. SS- und das 3. Pz.Korps an den Südostgrenzen des Reiches, die 4. und die 7. Pz. Division um Danzig, die 12. und 14. Division auf verlorenem Posten in Kurland, die 5. und 24. Pz.Division in Ostpreußen, ohne die Kapitulation verhindern zu können. Doch hatte ihr Ausharren zusammen mit den anderen Waffengattungen den Erfolg, den Heimatvertriebenen hinter ihrer Front die Flucht nach Westen zu erleichtern und Süddeutschland vor dem Einbruch der Roten Armee zu bewahren, bis die Amerikaner einmarschiert waren.

Die Tragik der Panzertruppe drückt sich in Guderians Worten[2] vom 15. August 1944 aus, mit denen er Hitlers ungerechtfertigte Vorwürfe gegen sie in einer harten Auseinandersetzung zurückwies: »Die Tapferkeit der Panzertruppe allein ist nicht in der Lage, den Ausfall zweier Wehrmachtteile wettzumachen.«

Der Verfasser glaubt, daß das Wort von Sir Haig, dem britischen Oberbefehlshaber von 1918, über die britischen Tanks auch für die deutschen Schnellen Truppen gilt, wonach »die Panzer auf jedem Schlachtfeld eingesetzt wurden und die Wichtigkeit ihrer Rolle kaum übertrieben werden kann«.

* Stellenbesetzung der 1. Panzerarmee (Pz.AOK 1) in Mähren, s. Anhang, S. (24)–(26).

Bei den »operativen Betrachtungen« mußten auch die zahlreichen Führungsfehler Hitlers aufgezeigt werden, die eine dilettantische, gefühlsbetonte Führung mit umfassenden Machtbefugnissen mit sich brachte. Dabei erscheint es kaum verständlich, daß sich Hitlers militärische Mitarbeiter im Führerhauptquartier seinen nach operativen Begriffen oft unsinnigen Anordnungen gebeugt haben, obwohl sie diese als fehlerhaft erkannten. In der Front wunderte man sich darüber, hatte aber keinen Überblick und mußte sich mit der Annahme zufrieden geben, daß gewichtige Gründe dafür vorlagen. Wie unglaublich starr und fehlerhaft von Hitler geführt worden ist, hat sich erst nach dem Kriege herausgestellt.

Eine gewisse Erklärung für das Verhalten seiner Berater ergibt sich aus der historischen Atmosphäre jener Zeit, die heute für die Nachwelt nur noch schwer erfaßbar ist. Dazu genügt es nicht, die nüchternen Tatsachen aus Kriegstagebüchern und Akten einwandfrei darzulegen. Was persönlich oder telefonisch erörtert wurde, was zwischen den Zeilen gestanden hat, welche Ereignisse im Augenblick des Handelns sich auf den Entschluß und seine Ausführung auswirkten, welchen persönlichen Eindrücken der Betreffende unterlag – das alles bleibt oft ungeklärt und dem historischen Kritiker meistens verborgen. Besonders dann, wenn er die Arbeitsweise höchster Stäbe nicht miterlebt und sich selbst niemals in einer ähnlichen Lage befunden hat wie der Handelnde, den er kritisch betrachten will.

Einen Schlüssel zum Verständnis vieler Vorgänge, die heute unfaßbar erscheinen, geben Jodls Aufzeichnungen im Nürnberger Gefängnis. Jodl schrieb damals[3]: »... Er (Hitler) wollte keine andere Auffassung hören ... Für Soldaten unverständliche Konflikte entwickelten sich aus dieser fast mystischen Überzeugung seiner Unfehlbarkeit als Führer der Nation und des Krieges ...

Der Mann, dem es gelang, vor den Augen der meerbeherrschenden englischen Flotte Norwegen zu besetzen, und der mit unterlegenen Kräften in einem Feldzug von 40 Tagen Frankreichs gefürchtete militärische Macht zum Einsturz brachte wie ein Kartenhaus, war nach diesen Erfolgen nicht mehr gewillt, auf militärische Ratgeber zu hören, die vorher vor solchen Überspannungen der militärischen Macht gewarnt hatten. Er verlangte (jetzt) von ihnen nicht mehr als die technischen Unterlagen für seine Entschließungen und den reibungslosen Ablauf der militärischen Apparatur, um die Entscheidungen in die Tat umzusetzen ...

... (Hitlers) Entschluß war es, im Westen (1940) anzugreifen. Der Oberbefehlshaber des Heeres wollte es nicht ... Alle Generäle wehrten sich dagegen, keiner der nicht warnte; aber es nutzte ihnen nichts ... Dann zerbrach die Front ... Die Soldaten standen vor einem Wunder ...

Hitler bestimmte (auch) monatlich Ziel, Richtung und Umfang jeglicher Produktion an Waffen und Munition bis in alle Einzelheiten ...

Der Entschluß zum Feldzug gegen die UdSSR, der Plan ›Barbarossa‹, war sein und nur sein Entschluß ...

Der Militärputsch in Belgrad (März 1941): ... Hitler diktierte geradezu seine Entscheidungen den zusammengerufenen Oberbefehlshabern und dem Reichsaußenminister. Er ließ sich auf keine Erörterungen ein ...

Der große Scheinerfolg dieses Feldzuges (Operation ›Blau‹ 1942) endete mit der Katastrophe am Don und vor Stalingrad ... Hitlers Tätigkeit als Stratege war damit im wesentlichen zu Ende. Mehr und mehr griff er nun in die operativen Entscheidungen, oft bis in taktische Einzelheiten ein, um durch seinen unbändigen Willen zu erzwingen – was nach seiner Meinung die Generäle nicht begreifen wollten –, daß man stehen oder fallen müsse, daß jeder freiwillige Schritt zurück von Übel sei ...

Aber seine militärischen Ratgeber – hört man heute oft sagen – hätten ihm doch früher klarmachen müssen, daß der Krieg verloren sei. Welch ein naiver Gedanke! Früher als irgend ein Mensch in der Welt ahnte und wußte Hitler, daß der Krieg verloren war ...«

Bezeichnend für den Führungsstil Hitlers ist auch eine Beobachtung des Generalobersten Lothar Rendulic, die er in der »Wehrkunde«[4] schildert. Er war am 24. Juni 1944 in einer Führerbesprechung, in der eine nach seiner Ansicht unrichtige Entscheidung fiel. Nach der Besprechung fragte er den Generalobersten Jodl, wie er eine solche irrtümliche Lagebeurteilung zulassen könne. Jodl antwortete: »Wir haben zwei Tage mit dem Führer gerungen. Als er seine Argumente erschöpft hatte, sagte er: ›Lassen Sie mich. Ich verlasse mich auf mein Gefühl.‹ Was wollen Sie da machen?«

Das nachstehende Urteil des Generals der Panzertruppe Leo Freiherr Geyr von Schweppenburg[5] ist in diesem Zusammenhang von besonderem Interesse. »Die rückblickende Kritik kommt bei der Prüfung der Verantwortung nicht daran vorbei, daß es sich bei Hitler und der deutschen Wehrmachtführung[6] um eine Mischung von anmaßend überheblichem Laientum, Unkenntnis des Gegners und der Verhältnisse an der Front und um zu viele Jasager bei seiner fachlich geschulten militärischen Umgebung handelte. Unter mitverantwortlichen, charakterlich versagenden Militärs[7] konnte selbst eine in dieser Hinsicht einwandfreie Persönlichkeit wie Halder sich nicht durchsetzen.

Nicht nur die Politik, auch die Kriegführung ist eine Kunst des Möglichen. Hier wurde Unmögliches verlangt. Abgesehen von einer Überforderung der Kräfte einer kriegserfahrenen und treuen Truppe und von Unverständnis für das Material, waren die Operationen (1941) dem Nachschub weggelaufen. Der gleiche Vorgang sollte sich, trotz Warnungen von fachlicher Seite, 1942 wiederholen ... Endlich trennte und trennt weiterhin ein eiserner Vorhang in der geistigen militärischen Welt die Bürogeneräle und das Frontführertum mit Schlachtfelderfahrung. Armeen vieler Länder haben von jeher im Krieg und im Frieden dafür bezahlt; die deutsche Armee bis heute.«

Ein offenes Wort des Generalobersten Erhard Raus
sei diesen Ausführungen hier abschließend angefügt. Am 13. Februar 1945 hatte Generaloberst Raus in Gegenwart von Generalleutnant Kinzel im Waldlager Prenzlau eine Unterredung mit Heinrich Himmler, der damals Oberbefehlshaber des Heeresgruppe Weichsel war. Generaloberst Raus führte unter anderem aus[8]:

»Unsere Kriegführung hat seit Stalingrad Formen angenommen, die immer schwerere Bedenken bei Führern aller Grade auslösten und in den letzten Monaten überhaupt nicht mehr verstanden wurden.

Es war klar, daß der Vorstoß des deutschen Heeres bis an die Wolga und in den Kaukasus und der dadurch bedingte Abwehrkampf an einer 3000 km langen Front allein raummäßig betrachtet, die Leistungsmöglichkeit der deutschen Wehrmacht und der verbündeten Kräfte überstieg. Der Bogen wurde weit überspannt und mußte daher brechen. Die kräfteverzehrenden Kämpfe um Stalingrad haben in ihrer weiteren Ausstrahlung zu einer militärischen Niederlage gigantischen Ausmaßes geführt. Zwei Drittel der Ostfront kamen ins Wanken, die verbündeten Kräfte wurden zermalmt und hinweggefegt, ein totaler Zusammenbruch der Front zeichnete sich ab. Nur die Wunderleistung an Tapferkeit und Zähigkeit der deutschen Führer und Kämpfer hat mit dem Aufgebot der letzten Kraft die Katastrophe verhindert.

Die Oberste Führung hat daraus nicht die notwendigen Folgerungen gezogen, sondern mit zunehmender Hartnäckigkeit und Starrheit Befehle gegeben, die zur Ausschaltung oder Vernichtung zahlreicher großer und größter Verbände führte.

Dieser Raubbau hat uns an den Rand des Abgrundes gebracht, in den wir hineinzustürzen drohen, wenn nicht Wunder eintreten, wie sie dem Volke angedeutet wurden. Die Oberste Führung hat jedes Maß für Raum, Zeit- und Kräfteverhältnisse verloren und gängelt die unterstellten Heerführer dermaßen, daß sie nur noch mit gebundenen Händen und einem Strick um den Hals führen können, denn sie müssen die gegebenen Befehle bei Todesstrafe durchführen, um bei ungünstigem Ausgang mit Schande weggejagt und als Landesverräter verurteilt zu werden.«

Ausblick in die Zukunft

Aus den Panzererfahrungen der beiden ersten Kriegsjahre zogen alle im Kriege stehenden Großmächte ihre Lehren, vor allem die Sowjetunion, aber auch die USA und Großbritannien. Der Zweite Weltkrieg wurde auf der Erde ein Krieg der Panzer, deren zahlenmäßige Stärke auf der Industriekapazität der kriegführenden Länder beruhte und auf der Schiffstransportmöglichkeit der alliierten Streitkräfte[9].

Es ist wahrscheinlich, daß in einem (konventionell beginnenden) Dritten Weltkrieg, vor dem das Schicksal die Welt bewahren möge, die Panzer die gleiche umfassende Rolle wie 1917/18 und 1939 bis 1945 übernehmen werden, wenn auch mit der Einschränkung, daß beide Gegner nunmehr über gleichartige Panzerwaffen und eine sehr starke Panzerabwehr verfügen werden, die sich somit in ihrer Wirkung aufheben können.

Mit dieser Erwägung schiebt sich das Moment der beiderseitigen Führung, Erziehung und Ausbildung, der Organisation und der Zahl in den Vordergrund, wobei es eine der wichtigsten Voraussetzungen ist, über besseres kriegsverwendungsfähiges Kampfgerät[10] als der Gegner zu verfügen, wie wir es in den letzten Kriegsjahren in den hervorragenden Panzertypen »Königstiger« und »Panther« neben dem ständig bewährten Panzer IV besaßen.

Ein Heer ohne Panzertruppe ist genauso wenig verteidigungsbereit wie ohne ausreichenden Schutz in der Luft, was wir in den Jahren 1944 bis 1945 bitter empfunden und entscheidend gespürt haben, und heute auch ebensowenig ohne nukleare Abschreckungswaffen der verbündeten Atommächte im Hintergrund. Brauchbare Panzer-Großverbände erst bei

Kriegsbeginn aufzustellen, ist schwierig und langwierig und wohl nur in Übersee oder in der Tiefe eines Kontinents denkbar. Man wird daher darauf bedacht sein, die Masse des stehenden Heeres in operativen Panzerverbänden (Brigaden, Divisionen und Korps) und den Rest in Großverbänden motorisierter Infanterie zusammenzufassen, um jederzeit starke, einsatzbereite und leicht verschiebbare Verbände zum Schutz der bedrohten Landesgrenze zur Verfügung zu haben.

Die Kosten für dieses neuzeitliche Heer, das der Erhaltung des Friedens durch das Moment der effektiven Abschreckung dienen soll, sind hoch; die Kosten für einen Krieg – noch dazu für einen verlorenen – aber viel höher[11].

Vergessen wir nicht die Worte aus dem Militärischen Testament Friedrichs des Großen von 1768:

»Bedenkt vor allem, daß die Grenzen offen sind und daß wir nur solange existieren, als wir eine gute Armee haben. Ihr werdet dann begreifen, daß alles, was sie betrifft, für uns eine Ehrensache sein muß und daß wir nicht nachlassen dürfen, sie auf einem trefflichen Stand zu erhalten...«

Feldmarschall Graf Helmuth von Moltke unterstützt die Ansicht des Großen Königs in seinen »Denkwürdigkeiten« mit den Worten:

»Ein Bündnis ist gewiß sehr wertvoll, aber es ist schon im gewöhnlichen Leben nicht gut, sich auf fremde Hilfe zu verlassen. Unsere beste Sicherung beruht daher in der Vorzüglichkeit unserer Armee.«

ANHANG

I. ORGANISATION, AUSBILDUNG UND KAMPFWEISE DER PANZERTRUPPE 1935 bis 1945

ORGANISATION

a) *Angaben zur Kriegsgliederung der Panzer- und Panzergrenadierdivision*

Die wechselnde Gliederung der Panzerdivision und Panzergrenadierdivision (seit 19. Mai 1943 so genannt, statt bisher Inf.Division [mot.]) ergibt sich aus den zeichnerischen Darstellungen, die in allen Standardwerken über das Deutsche Heer, bei Guderian »Erinnerungen eines Soldaten« und in den einschlägigen Truppengeschichten abgedruckt worden sind. Deshalb sollen hier nur einige grundlegende Hinweise zusammengefaßt werden:

Die Panzerdivision von 1935 war nur sehr bescheiden ausgestattet. Nur die Panzerkampfwagen und Panzerspähwagen waren gepanzert. Schützenpanzer (SPW) fehlten ganz. An Schützen (mot. Infanterie) waren nur 3 Bataillone, an Artillerie nur 2 Abteilungen, an Pionieren nur 1 Kompanie auf Radfahrzeugen vorhanden.

Die Gliederung 1940/41 brachte eine wesentliche Verbesserung, jedoch war die Division damit auch weniger handlich geworden. Die Panzertypen waren stärker (P II, III und IV kurz), die Schützen um ein bis zwei Bataillone vermehrt, desgleichen die Artillerie um eine schwere Art.-Abteilung, die Pioniere auf ein teilgep. Bataillon aufgestockt worden.

Sogar eine Flak-Abteilung (teilweise von der Luftwaffe abgestellt) und eine Flieger-Nahaufklärungsstaffel waren hinzugekommen.

Nach den erheblichen Materialverlusten im Winter 1941 waren für 1942 die Vermehrung auf 5 Bataillone Schützen und eine Verminderung auf nur eine Panzerabteilung infolge ungenügender Produktion von Panzerkampfwagen charakteristisch. Fliegerstaffel und Flakabteilung entfielen in den meisten Fällen.

Die Pz.Division hatte dadurch an Kampfwert verloren und glich mehr einer Panzergrenadier- als einer Panzerdivision.

Die »Panzerdivision Typ 1944« hatte sich erneut gewandelt. Die 1943/44 erheblich gesteigerte Panzererzeugung erlaubte eine gute Ausstattung mit den ausgezeichneten Panzertypen P IV lang und P V (Panther), Jagdpanzern IV, mit einem Bataillon Panzergrenadiere und der Aufklärungsabteilung auf Schützenpanzerwagen und einer leichten Artillerieabteilung zu 18 Haubitzen auf Selbstfahrlafetten. Damit war die Division wieder ein operativer Verband von hoher Schlagkraft geworden. Es ist nur fraglich, wann und wieviel Panzerdivisionen tatsächlich so gut ausgestattet worden sind bzw. wie lange die Ausrüstung infolge der ständigen harten Kämpfe vorhanden war.

Die neue »Grundgliederung der Panzer- und Panzergrenadier-Division 1945« vom 25. 3. 1945 sah aufgrund der durch die Kriegsereignisse zwangsläufig eingeschränkten Produktionsmöglichkeiten wieder nur eine Panzer- und eine schwere Jagdpanzer-Abteilung vor, dazu ein Panzergrenadier-Bataillon auf SPW sowie 4 Panzergrenadier-Bataillone (mot.) auf geländegängigen Fahrzeugen und die übrigen Waffen. Die operative Angriffskraft war damit gegenüber einem Gegner, der über ständig sich vermehrende gepanzerte Kräfte und eine den Luftraum beherrschende Luftwaffe verfügte, stark gemindert.

Die Kopfstärken hatten sich von 13 213 auf 11 422 Mann um etwa 15 % verringert, die Zahl der Panzer aber von 165 auf nur 54, die Zahl der Schützenpanzerwagen von 288 auf nur 90. Unverändert blieben die Anzahl der Jagdpanzer mit 22 und der Panzerspähwagen mit 16. Die Zahl der übrigen Kraftfahrzeuge (für Beförderung von Mannschaften, als Führungsfahrzeuge, Gefechtstroß, Nachschub) war um nur 10 % auf 2171 gesenkt worden, das heißt, sie war im Verhältnis zu den stark verminderten Panzerzahlen zu hoch geblieben. Eine Tatsache, die sich während des Krieges bei Verminderung der Zahl der kämpfenden Einheiten ständig nachteilig herausgestellt hat.

Beachtlich war bei dieser angeordneten Gliederung, die aber nicht mehr ganz zum Tragen gekommen ist, die Absicht, aus der Panzerabteilung und dem SPW-Bataillon ein »Gemischtes Panzer-Regiment« zu bilden. Damit wurde die an der Front seit Jahren einsatzmäßig üblich gewordene »Gepanzerte Kampfgruppe« nunmehr organisatorisch eingegliedert. Wie schon die Bezeichnung der Gliederung vom 25. 3. 1945 erkennen läßt, hatten sich die früher so unterschiedlichen Divisionstypen von 1939 »Panzerdivision« und »Infanteriedivision (mot.)«, letztere seit 1943 Panzergrenadierdivision genannt (obwohl ungepanzert), sehr angenähert und glichen sich durch Zuteilung von Grenadieren auf der einen Seite und von gepanzerten Kräften auf der Grenadierseite in ihrer Struktur und ihren Aufgaben weitgehend an. Die Gliederung war, entsprechend der Kriegslage von 1945, zwangsläufig defensiv geworden.

Zwischen 1939 und 1945 gab es insgesamt: 49 schnelle Verbände, das heißt, etwa 25 % der Gesamtwehrmacht; ein Verhältnis, das bei neuzeitlich ausgestatteten, voll verwendungsfähigen Divisionen wohl genügt hätte.

b) *Weitere Angaben über operative Panzerverbände*

1. Die selbständige Panzerbrigade 1944

Im Spätsommer 1944 bildete man nach den großen Verlusten als Notlösung aus vorhandenen Truppenteilen 13 selbständige Panzerbrigaden, die nach Art der gepanzerten Kampfgruppen gegliedert waren. Sie bewährten sich organisatorisch nicht, da sie zersplittert und ohne Anlehnung an den festen Führungs- und Versorgungsrahmen einer Panzerdivision eingesetzt wurden. Sie waren daher schnell verbraucht und wurden bald in Divisionen eingegliedert.*

2. Das Panzerkorps

Während des Krieges wurden den Generalkommandos zum Einsatz ständig wechselnde Divisionen unterstellt. Ende 1944 wurden ver-

* Vgl. Kriegsgliederung Panzerbrigade 1944, S. (16).

suchsweise mehrere ständig zusammengefaßte Panzerkorps gebildet, so das 24. Panzerkorps des Verfassers aus 16. und 17. Panzerdivision, das 40. Panzerkorps aus 19. und 25. Panzerdivision und das Panzerkorps »Feldherrnhalle« aus den beiden gleichnamigen Divisionen »Feldherrnhalle« I und II (ehem. 13. Pz.Div.), wie es bei den Panzerkorps »Großdeutschland« und »Hermann Göring« bereits der Fall war. Grundgedanke war, die Kampfkraft zweier »verkleinerter« Divisionen zusammengefaßt einzusetzen, um wieder eine gewisse operative Angriffskraft zu schaffen und außerdem an Verwaltung und Nachschubverbänden zu sparen, indem die rückwärtigen Dienste beider Divisionen gemeinsam vom Generalkommando des Korps geführt werden sollten. Es war für diese Versuche zu spät. Man befand sich in der Defensive und mußte den neugebildeten Verband ständig neu zerreißen, um »als Feuerwehr« gefährliche taktische Löcher in der Front zu stopfen. Im Grunde genommen war der Gedanke richtig; ein Großverband mit wendigen, kleinen Divisionen oder eine übliche Division mit sehr wendigen Kampfgruppen.

In den Jahren 1939/1945 bestanden folgende Generalkommandos* für schnelle Truppen:

a) *Im Heer:*
3 – 4 – 5 und 7 (1945) – 12 (zeitweilig 1943?) – 14 – 15 – 16 – 19 – 22 – 24 – 39 – 40 – 41 – 46 – 47 – 48 – (54?) – 56 – 57 – 58 – 59 – (66?) – 76 – 90 (Nov./Dez. 1942 Tunesien) – Deutsches Afrikakorps (DAK) – »Großdeutschland« – »Feldherrnhalle«.

b) *In der Waffen-SS:*
5 Gen.Kdos = 1 – 2 – 3 – 4 und 6.

c) *In der Luftwaffe:* Gen.Kdo für FallschirmPz.Kps »Hermann Göring«.

Die für Führung von Panzer- oder Inf.Divisionen (mot.) gegliederten Armeekorps bzw. ihre Generalkommandos führten hinter ihrer Dienstbezeichnung bis 1941/42 den Zusatz (mot.). Dann erhielten sie die vorgesetzte Bezeichnung »Panzer«, also z. B. »14. Pz.Korps« bzw. »Generalkommando 14. Pz.Korps«. Im Laufe der weiteren Kriegsjahre verwässerte sich der Begriff des Panzerkorps mit dem Schwinden seiner Aufgabe, größere Panzerverbände zu führen. Nur wenige Generalkommandos blieben für diese Aufgabe nachrichtentechnisch und fahrzeugmäßig voll ausgestattet (so z. B. 3., 4. Pz.Kps bei H.Gr. Süd; 24., 56., 57. Pz.Kps bei H.Gr. A/Mitte).

3. Die Panzergruppe

Im Frühjahr 1940 wurden die »Panzergruppen von Kleist«, »Guderian« und »Hoth« für bestimmte operative Aufträge gebildet; aber bereits im September 1939 hatte die Heeresgruppe Nord (v. Bock) vier schnelle Divisionen als Panzergruppe unter Guderian zur überholenden operativen Umfassung auf Brest Litowsk zusammengefaßt.

Der große Vorteil der Panzergruppe war, daß sie nur aus schnellen Verbänden bestand und nicht mit territorialen Aufgaben belastet war.

* Korps und ihre Generalkommandos werden grundsätzlich mit römischen Ziffern bezeichnet. Der besseren Lesbarkeit wegen sind hierfür jedoch in diesem Buch arabische Zahlen gewählt worden.

Sie konnte sich völlig auf ihren Kampfauftrag einstellen. Ein behebbarer Nachteil war die gewisse Abhängigkeit in bezug auf Straßen und Nachschub von dem örtlich führenden Armeeoberkommando, in dessen Raum die Panzergruppe eingesetzt war oder werden sollte, wodurch Reibungen entstehen konnten.

Aus diesem Grunde wurden damals »Panzerstraßen« oder »Panzerrollbahnen« festgelegt, die ihr Vorziehen erleichterten und dem Nach- und Abschub der schnellen Verbände dienten.

4. Die Panzerarmee

Da sich die Panzergruppen 1940 bewährt hatten, wurden 1941 vier Gruppen vorgesehen und eingesetzt. Im Winter dieses Jahres wurden die Panzergruppenstäbe jedoch in Panzerarmee-Oberkommandos umbenannt und umgewandelt, denen nunmehr auch Infanteriekorps und alle territorialen Einrichtungen unterstellt wurden. Der Begriff der artreinen schnellen Verbände wurde verwässert, wenn er auch in der Offensive von 1942 in Südrußland und in Nordafrika vorübergehend noch einmal zum Tragen kommen sollte. In späteren Jahren gab es Panzerarmeen und auch Panzerkorps, denen nur wenig oder gar keine Panzerverbände unterstellt waren.

Die Panzergruppen 2 und 3 wurden zur Entlastung der Heeresgruppe Mitte (v. Bock) vom 26. 6. bis zum 28. 7. 41 dem AOK 4 (v. Kluge) unterstellt, dessen Inf.-Korps ein anderes AOK übernahm. Damit war bereits damals eine wirkliche Panzerarmee, und zwar wieder auf Initiative des Feldmarschalls v. Bock, geschaffen worden. Der Gedanke war durchaus richtig, um die Träger der Operation im Bereich der Heeresgruppe operativ einheitlich einsetzen zu können. Er scheiterte leider an der unbefriedigenden Durchführung auf allen Führungsebenen, vor allem an den hin und her schwankenden Operationszielen Hitlers. Die Unterstellung der Panzergruppen wurde daher aufgehoben.

Folgende Panzerarmee-Oberkommandos (Pz.AOK) haben außerdem bestanden:

Pz.AOK 1 (aus Generalkommando des 22. Pz.Korps gebildet),
Pz.AOK 2 (aus Gen.Kdo. des 19. Pz.Korps),
Pz.AOK 3 (aus Gen.Kdo. des 15. Pz.Korps),
Pz.AOK 4 (aus Gen.Kdo. des 16. Pz.Korps),
Pz.AOK 5 (aus Gen.Kdo. des 90. Pz.Korps/Tunis),
Pz.AOK »Afrika« (aus der Panzergruppe Afrika),
Pz.AOK 5 (zweite Aufstellung aus der Panzergruppe West),
SS-AOK 6,
Pz.AOK 11 (dieses vom 28. 1. bis 5. 3. 45 [?] an der Ostfront).

c) *Der Generalinspekteur der Panzertruppen*

Seit Beginn des Krieges hatte General Guderian das 19. Panzerkorps*, die Panzergruppe »Guderian« und 1941 die 2. Panzerarmee mit großem Erfolg geführt. Mit Befriedigung hatte er dabei feststellen können, daß sich seine Panzertruppe überragend bewährt und ent-

* offiziell A.K. (mot.) genannt.

scheidend zu den Erfolgen der Jahre 1939/1941 beigetragen hatte. Da Generaloberst Guderian (am 19. 7. 1940 dazu befördert) in den schweren Winterkämpfen im Dezember 1941 aber anderer operativer Auffassung als Hitler gewesen war, wurde er von seiner Stellung als Armeeführer brüsk abberufen und nicht weiter verwendet.

Unter dem Eindruck der schweren Niederlagen vom Herbst 1942 / Anfang 1943 entschloß sich Hitler nach langem Zögern, auf Guderian zurückzugreifen, um die Schlagkraft der Panzertruppe wiederherzustellen und zu verbessern. Dazu wurde am 28. 2. 1943, mit Wirkung ab 1. 4. d. J., die neue Waffengattung »Panzertruppen« unter Auflösung der bisherigen Waffengattung »Schnelle Truppen« geschaffen und Guderian zu ihrem Generalinspekteur mit der Stellung eines Armeeoberbefehlshabers ernannt. Damit war eine zentrale Dienststelle mit umfassenden Befugnissen gebildet worden, die geeignet schien, die Panzertruppe nachhaltig zu fördern. Chef des Stabes bis zum Kriegsende wurde der spätere Generalleutnant Thomale.*

Die Aufgaben des Generalinspekteurs umfaßten Organisation, Ausbildung und technische Entwicklung seiner Waffe in enger Verbindung mit dem Reichsminister für Bewaffnung und Munition.

Zu den Panzertruppen gehörten jetzt:

1. Panzer, Panzerjäger, schwere Pz.Jägereinheiten (jedoch nicht die Sturmgeschützeinheiten), Panzeraufklärung, Eisenbahnpanzerzüge (Waffenfarbe rosa).
2. Panzergrenadiere (Waffenfarbe grün).
3. Grenadiere (mot.) (Waffenfarbe weiß).
4. Pz.Rgt., Pz.Gren.Rgt. und Pz.Aufklär.Abt. der 24. Pz.Div. (ehem. 1. Kav.Div.), aber mit der alten Waffenfarbe Goldgelb der Kavallerie.

Die bisher zu den »Schnellen Truppen« gehörenden Reiter- und Radfahreinheiten traten zur Waffengattung »Infanterie« über. Ihre Waffenfarbe blieb aber auch goldgelb.

Guderians Tatkraft und die hohen Produktionszahlen gepanzerter Fahrzeuge aller Art aufgrund der erfolgreichen Tätigkeit des Ministers Speer wirkten sich für die Panzertruppen sehr positiv aus; aber es war zu spät. Der Kulminationspunkt der deutschen Kriegführung war überschritten.

d) *Die Nachrichtenverbindungen*

waren das Nervensystem der Panzertruppe. Seit Jahren hatten General Lutz und Oberst Guderian ständig die Forderung nach einer vorzüglichen Optik für die Waffen und nach einer gesicherten Funkverbindung innerhalb der Panzertruppe gestellt, die beide entscheidende Kampf- bzw. Führungsmittel wurden und geblieben sind.

Folgerichtig forderte Guderian daher als Divisionskommandeur 1935 von Major Praun**, dem Kommandeur seiner Nachrichtenabteilung, die Erziehung seiner Männer zu einer gleichberechtigten Kampftruppe und sodann die Lösung der Aufgabe der »ununterbrochenen Verbindung in

* Bis 1968 Präsident des Verbandes der Automobilindustrie.

** Vgl. A. Praun, »Soldat in der Telegraphen- und Nachrichtentruppe«, Selbstverlag, Würzburg 1967.

der Bewegung für seine Führung und zwischen allen seinen Waffen«.

Das war eine klare Anweisung im Stil Guderians. Die Funkverbindung mußte zum Hauptnachrichtenmittel einer neuartigen Führung werden, die es bisher nicht gegeben hatte. Aus Netzverkehr und Kreisverkehr mußte man auf die Funklinie abkommen und den Funkverkehr in getarnter oder chiffrierter Form geradezu exerziermäßig drillen, um Guderians Forderung gerecht zu werden. Ihre spätere Erfüllung verschaffte den deutschen Panzerdivisionen eine außerordentliche Überlegenheit über den Gegner.

General Guderian hatte 1939 als erster Kommandierender General den gepanzerten Befehlswagen eingeführt, um seine Panzer auf dem Gefechtsfeld begleiten und sofort eingreifen zu können. Der Wagen war mit Funkgerät ausgestattet und stellte die ständige Verbindung zum Chef seines Generalstabes, Oberst Nehring, und zu den unterstellten Divisionen sicher, so daß seine persönliche Führung jederzeit gewährleistet war. Sein Beispiel regte an, und ab 1940 war der allgegenwärtige, Funksprüche diktierende oder auch telefonierende General Schneller Truppen eine Selbstverständlichkeit geworden.

Die Frequenzstabilisierung erlaubte durch hervorragendes Gerät schon damals eine saubere Darstellung aller Funkbänder, so daß in einer einzigen Panzerdivision etwa 500 Funkgeräte – mehr als 1914 das gesamte deutsche Heer besaß – störungsfrei nebeneinander arbeiten konnten. Guderians umfassende Forderung von 1935 war damit erfüllt. Diese Tatsache stellt der Nachrichtentruppe sowie der Industrie ein hervorragendes Zeugnis aus. Es ist eine Pflicht der mit der Waffe kämpfenden Truppe, festzustellen, daß die Nachrichtentruppe einen ganz wesentlichen, mitentscheidenden Anteil an ihren großen Kampferfolgen hatte.

Analog dem Verfahren der höheren Führung wurde in der untersten Einheit, der Panzerkompanie, gehandelt. Jeder Panzer verfügte über ein Funksprechgerät und war somit jederzeit ansprechbar. Die Führung im Gefecht war damit straff und wendig und gab der Truppe das Gefühl der Überlegenheit über den Feind, obwohl dieser meist zahlenmäßig und oft materiell überlegen war.

Der Dreiklang des Fahren, Funken, Schießen war unter Guderian für den Mann im Panzerwagen ein fester Begriff geworden.

e) *Die Instandsetzungsdienste*

Die Pz.Instandsetzungs- und Nachschubdienste waren für die Panzertruppe von besonderem Wert. Lutz und Guderian hatten ihre Bedeutung schon im Frieden erkannt und eine gründliche Organisation vorbereiten lassen. Im Frieden bestanden in den Unterkünften der Panzertruppe truppeneigene ortsfeste Werkstätten. Sie wurden von Truppeningenieuren (Ingenieuroffizieren) und Werkmeistern geleitet und waren mit Zivilhandwerkern besetzt, die im Mobilmachungsfall zu den Werkstatteinheiten des betreffenden Truppenteils traten.

Bei den Kompanien wurden aus Soldaten mit entsprechender beruflicher Vorbildung Instandsetzungstrupps und bei den Abteilungen bzw. Bataillonen I-Staffeln für kleinere Reparaturen gebildet. Umfangreiche Instandsetzungen führte die Werkstatt-Kompanie durch, die für überschlagenden Einsatz aus zwei Zügen bestand. Als dritter Zug besaß sie den Panzer-Bergezug zum Abschleppen beschädigter Panzer.*

Die Leistung der Männer aller Dienstgrade des I- und B-Dienstes verdient höchstes Lob. Von ihrem schnellen und zuverlässigen Arbeiten hing die Einsatzbereitschaft ihrer Truppe ab. Es war erstaunlich, was unter primitivsten Verhältnissen bei schlechter Witterung und unter feindlichem Beschuß an allen Fronten geschafft worden ist. Die Instandsetzungsdienste bedeuteten eine wesentliche Kraftquelle der Truppe, ohne die ihre Kampfkraft nicht zu erhalten gewesen wäre.

Die Panzernachschubdienste müssen in diesem Zusammenhang in gleich anerkennender Weise genannt werden. Die Instandsetzung wäre in vielen Fällen nicht durchführbar gewesen, wenn nicht die Organisation dieser Nachschubdienste (unter ihnen beispielsweise Oberst Aster, Major Hothan, Hauptmann Körtge) frühzeitig und damit rechtzeitig die notwendigen Ersatzteile in den Panzerersatzteillagern, den Panzernachschublagern und den Gleiskettenlagern bereitgelegt und die Panzerinstandsetzungsgruppen eingesetzt hätten. Sie beeinflußten durch ihre unermüdliche Arbeit hinter der Front nachdrücklich das Geschehen an der Front.

Alle Kämpfer des Zweiten Weltkrieges kannten die großen Sorgen um die Beschaffung der notwendigen Ersatzteile aller Art, wie Motoren, Getriebe, Waffenteile und vieles andere. Man hatte in der Heimat zwar die Produktion neuer Fahrzeuge ab Frühjahr 1942 ganz erheblich gesteigert, nicht aber den dafür unerläßlichen Prozentsatz von Ersatzteilen sichergestellt.

Anmerkungen zum Kampfwagenbau

1. Stellenbesetzung des Heereswaffenamtes (H Wa A) (Auszug)

Chefs des Heereswaffenamtes waren:

Vor 1928: Gen.Lt. Wurtzbacher (– 1. 2. 1926, †), dann Gen. d. Art. Max Ludwig (– 31. 5. 1929); Gen. d. Art. Alfred von Vollard Bockelberg (1. 6. 1929–31. 12. 1933); Gen. d. Inf. Liese (1. 1. 1934–4. 2. 1938); Gen.Lt. Karl Becker (5. 2. 1938 bis 1. 3. 1940, †); Gen. d. Art. Emil Leeb (16. 4. 1940–31. 1. 1945); (ab 1. 2. 1945 neu: Wehrmachtwaffenamt – Chef Gen. d. Inf. Walther Buhle, zugleich Chef der Wehrmachtrüstung).

Chefs des Prüfwesens 6 (Wa Prüf 6) waren:

Oberstlt. Oswald Lutz (etwa 1925/27); Oberst Geissert (etwa 1927/1930); Oberst Georg Kühn (Ende 1930–31. 1. 1934); Oberstlt. Dipl.-Ing. Wilhelm Philipps (1. 2. 1934–30. 9. 1937); Oberst Sebastian Fichtner (11. 10. 1937–15. 9. 1942); Oberst Friedrich Wilhelm Holzhäuser (16. 9. 1942–8. 5. 1945).

Panzerreferenten bei *Wa Prüf 6* waren:

a) *Offiziere:*

Major Pirner (1925/28); Major Dörffer (1928/30); Major Streich

* vgl. »Geschichte der 3. Pz.Division«, S. 360

(Gruppenleiter, Sommer 1930–30. 9. 1935); Major Stenglein, Dipl.-Ing.; Hptm. von Wilcke (1. 4. 1934–31. 10. 1936 und 1. 11. 1940 bis 31. 5. 1943); Major Dr. Ing. Olbrich (1. 4. 1934–1940); Oberst Ing. W. Esser (Leiter der Versuchsstelle Kummersdorf); Hptm. Dipl.-Ing. Crohn.

b) *Beamte und Angestellte:*

Min.-Rat Dipl.-Ing. Kniepkamp (1925/26–Kriegsende); Prof. Dr. Ing. Franke (etwa 1933/43); Oberbaurat Dipl.-Ing. Theodor Blasberg (1931/36); Professor Dipl.-Ing. Augustin (1933/45); Dr. Ing. Heck († 1943); Dipl.-Ing. Dincklage (etwa 1930/36); Ing. Boes; Dipl.-Ing. Hans Jaeger; Baurat Dipl.-Ing. Rau; Dipl.-Ing. Henning Teltz.

Es bearbeiteten etwa die folgenden Arbeitsgebiete:

Panzer I–IV (bis Ende 1936):

Fahrgestelle: Streich – Blasberg – von Wilcke – Boes

Aufbauten und Waffen: Olbrich – Crohn

Panzer V und VI und Sonderentwicklungen (etwa seit 1934/36):

Fahrgestelle: Kniepkamp – Jaeger – Franke

Aufbauten und Waffen: Olbrich (bis 1940), dann von Wilcke

Panzergehäuse I–VI: Rau

2. Einige Zahlen zur Panzerfertigung

a) *Geforderte Panzerfertigungszahlen 1940/1944:**

1940 Produktionsziel des OKW: Monatlich 600 Pz.Kpfwg. einschl. StuGesch.

Tatsächliche Fertigung: Unter 200 Panzerkampfwagen.

1941 Forderung des OKH beim Reichsminister f. Bewaffnung: mtl. 1250 Panzerkampfwagen einschl. StuGesch.

Abgelehnt!

Daher Ziel: 600 Panzerkampfwagen einschl. StuGesch.

1942 (Januar) erneute Forderung OKH: mtl. 1250 Panzerkampfwagen einschl. StuGesch.

Zeitliche Verschiebung der Fertigung durch Hitler, der am Wert der Panzerkampfwagen zu zweifeln begann (29. 11. 1941).

Juli 1942 Entscheidung Hitlers: mtl. 1450 Pz.Kpfwg. einschl. StuGesch.

b) *Tatsächliche Fertigungszahlen gepanzerter Fahrzeuge 1940/1944:*

Lt. Speer-Bericht:

Stückzahl: 1940 = 2154; 1942 = 9287; 1944 = 27 340 Fahrzeuge

Gewicht (t): 1940 = 37 235; 1942 = 140 454; 1944 = 622 322 Tonnen

c) *Verluste an gepanzerten Fahrzeugen* (Pak, Pz.Art., s.Inf.Gesch., Pz.Spwg.) vom 1. 12. 1943 bis 30. 12. 1944**:

1. 12. 1943–30. 6. 1944	=	3 631	Stück
–31. 7. 1944	=	4 674	Stück
–30. 9. 1944	=	5 569	Stück
–31. 10. 1944	=	5 463	Stück
–30. 11. 1944	=	5 626	Stück
insgesamt	=	24 963	Stück

* nach Mueller-Hillebrand, in: »Das Heer 1939/1945«, Bd. II.

** nach »Feldgrau«, H. 3, 1964

d) *Gesamte US-Produktion an gepanzerten Fahrzeugen aller Art 1939 bis 1945:*

I/ 88 000 Panzerkampfwagen (Pz.Kpfwg.)
davon 57 027 mittlere Typen Pz.Kpfwg.
davon 49 234 »Sherman M 4« Pz.Kpfwg.
(30–34 t Gewicht, Kal. 7.62, 10.5 cm)

II/ Jahresproduktion 1944 allein ca. 90 000 gep. Kraftfahrzeuge aller Arten.

Ein Vergleich vorstehender Zahlenreihen spricht für sich selbst.

*Personelle Stärke des Kriegsheeres 1939/40**

im Mob.Heer 1939/40 (OKH, Gen.St.d. H/2. Abt. III B, Nr. 6591/39 g.K.) 3 754 104 Mann (Feld- und Ersatzheer).

a) Verwendungsbereich

Inf. Div. (mot.)	65 896 Mann
Leichte Div.	43 642 Mann
Panzer-Div.	58 319 Mann
Inf.Div. (1. bis 4. Welle)	1 305 766 Mann

b) Gliederung nach Dienstgrad und Waffengattung

Infanterie: (anscheinend einschl. Inf. [mot.])		1 367 911 Mann
	dabei	35 781 Offiziere
Kavallerie und Aufklärung: (anscheinend einschl. leichte Div.)		98 339 Mann
	dabei	2 901 Offiziere
Panzertruppe: (anscheinend nur Panzerwaffe)		32 605 Mann
	dabei	1 207 Offiziere

ungefährer Vergleich:
1 Pz.-Besatzung (5 Mann) : 15 Mann Kav. : 200 Mann Infanterie.

Zwei Aussagen von Lehrgangsteilnehmern über »KAMA« und den Kampfwagenbau 1925–1933

I. Gedächtnisnotizen über persönliche Eindrücke vom »Lehrgang Kama« 1933, von Generalmajor a. D. Theo Kretschmer, aufgez. vom Verf.

1. *Dauer des Panzer-Lehrgangs in der UdSSR 1933*
   a) Anfang Januar 1933 bis Mitte Mai 1933: Vorbereitungskursus beim Kraftfahr-Lehrkommando in Berlin, Moabit.
   b) Mitte Mai 1933 bis Ende August 1933: Lehrgang an der Kampfwagenschule in Kasan/Wolga, UdSSR (»Kama«). Ende August 1933 wurde der Kursus aus politischen Gründen abgebrochen.
   Die vorher abgewickelten Lehrgänge dauerten etwa zwei Jahre, wobei – einschließlich des zusammengefaßten Jahresurlaubs – in Berlin theoretische Ausbildung betrieben wurde.

2. *Organisation und Durchführung*
   a) Taktische Ausbildung in »Kama« im Rahmen einer Panzerkompanie/-Abteilung im ersten Kursusjahr.

* Zahlen nach Keilig, »Das deutsche Heer 1939/45«, Podzun Verlag, 1956.

Taktiklehrer waren Conze und Baumgart (†). Themen: Taktische Ausbildung im Hörsaal, Planübungen, Geländebesprechungen. Nachrichtentechnische Ausbildung durch Köhn (†).
Darüber hinaus russischer Sprachunterricht sowie Unterricht in Landeskunde und über die Gepflogenheiten des Gastlandes, mehr auf »politische Art«. Wurde als recht wichtig und bedeutend empfunden.

b) Der Vorbereitungslehrgang in Berlin war gut organisiert, entsprechend auch die Ausführung. Fehler früherer Lehrgänge, von denen berichtet worden war, hatte man jetzt ausgeschaltet. Man kam anschließend mit guten technischen Kenntnissen zum praktischen Teil des Lehrgangs nach »Kama«. Kommandeur (Stationsleiter): »Direktor« (Major) Harpe.

3. *Im praktischen Kursusteil* lag der Hauptwert auf der praktischen Ausbildung zum Panzerspezialisten und -Experten (Mitte Mai bis Ende August). Als Lehrgangsausrüstung waren 2 Panzerkampfwagen »Krupp« sowie 1 Panzerkampfwagen »Rheinmetall« vorhanden. An ihnen wurde praktische Fahrausbildung, Panzerwartung in allen Einzelheiten, Panzerschießen auf dem Übungsplatz, Kleinkaliberschießen im Lager und taktisch richtiges Fahren betrieben. Ferner eine intensive Ausbildung als Pz.Kommandant, Fahrer, Funker, Richt- und Ladeschütze. Dazu technische Ausbildung an den Fernmeldegeräten.
Da die Lehrgangsteilnehmer nur während des vorgesehenen ersten Kursusjahres in »Kama« waren, gab es keine Übung in Zusammenarbeit mit russischen Panzereinheiten, wie es in den vorhergehenden Lehrgängen während des 2. Kursusjahres der Fall war.
Sehr vorteilhaft war der praktische Ausbildungsdienst im und am Panzerkampfwagen, vor allem in technischer Hinsicht, wie er zu Hause in ähnlicher Form mit Offizieren kaum hätte durchgeführt werden können. Wir wurden voll ausgebildete Panzersoldaten.
Dies machte sich bemerkbar, als wir nach Rückkehr von »Kama« beim Kraftfahrlehrkommando Zossen, anschließend in Ohrdruf, zuerst als Lehrpersonal für die neuaufzustellenden Panzereinheiten eingesetzt wurden. Oder z. T. – wie ich selbst beispielsweise – Kompanien aufstellten, die dann von Offizieren übernommen wurden, die nicht an dem Kursus in »Kama« teilgenommen hatten. Die damals als »Lehrtrupps« getarnten ersten Panzereinheiten waren ja vom Panzerwesen noch völlig »unbeleckt«. Das galt auch für die meisten Offiziere.
Auch die technische Ausbildung der »Kama«-Kursanten hat uns später für die Aufstellung der Panzerverbände erhebliche Vorteile gebracht.

4. *Nutzen des Kursus in »Kama« für die Russen*
In unserem Kursus »Kama« (1933) waren nur drei bis vier sowjetische Offiziere. Sie nahmen auch am Taktikunterricht teil. Ob aufgrund ihrer unterschiedlichen Sprachkenntnisse mit Erfolg, ist schwer zu beurteilen.
Im praktischen Dienst waren die sowjetischen Offiziere sehr eifrig,

besonders auch an der Ausbildung am Fm(Nachrichten)-Gerät interessiert. (Das Fm-Gerät blieb übrigens in seiner Gesamtheit damals in »Kama« zurück.)
Auch unsere Panzerbewaffnung interessierte die Sowjets sehr: Festeingebautes MG, während die Russen in ihren Panzerkampfwagen Aufhängevorrichtungen für die MG benutzten. Unsere Panzerkanone war 1933 noch nicht berückend.

5. *Verhältnis zu den Russen*
Das Verhältnis zu den sowjetischen Gastgebern war im Ausbildungsdienst wie auch im Kasino kameradschaftlich und nett. Ob wir allerdings je die richtigen Namen unserer russischen Kameraden erfahren haben, muß bei der sowjetischen Art, viel Wert auf Geheimhaltung zu legen, bezweifelt werden. Bei uns hieß im übrigen der deutsche Stationsleiter, der spätere Generaloberst und Panzerbefehlshaber Harpe, »Direktor Hacker«. Was unseren militärischen Status betrifft, so waren wir deutschen Lehrgangsteilnehmer sozusagen »verabschiedet«. Trotzdem standen wenige Tage nach unserem Eintreffen in Kasan unsere Namen in einer britischen Zeitschrift, in einem Artikel mit der Überschrift »Die Zugvögel sind wieder da«. Und zwar mit unserem letzten Truppenteil, Dienstgrad etc. und allem, was man sonst noch wissen wollte.
Russischer Teilnehmer unseres Lehrgangs, die 1941/45 in führenden Stellungen der Roten Armee eingesetzt gewesen wären, erinnere ich mich nicht mehr.

6. *Allgemeine Feststellungen*
Das Ende unseres Panzer-Lehrgangs »Kama« im August 1933 wurde von den uns bekannten Russen eigentlich einhellig als sehr betrüblich bezeichnet. Sie hatten sich offenbar noch viel von einer weiteren Zusammenarbeit im oben angeführten Sinne versprochen ...
Als Soldaten schätzten sie uns; das haben mir viele Gespräche gezeigt. Auch die Russen haben damals wohl mit einem festen militärischen Zusammengehen gerechnet. Ich erinnere mich derartiger Unterstellungen aus Gesprächen mit dem nach außen hin so auftretenden »General Jereschenkow«, der vermutlich ein Parteifunktionär oder Polit-Offizier war ...

II. Persönliche Erinnerungen an den Panzerbau und an »Kama« 1929/33, berichtet von Ing. Jakob Engel (Fa. Rheinmetall – 1929/33 zur In 6 versetzt) aufgrund persönlicher Aufzeichnungen.

A. *1925* erhielten die nachstehenden Firmen den Auftrag des Heereswaffenamtes, einen Panzerkampfwagen zu entwickeln:
1. Fa. Rheinmetall (Dir. Dipl.-Ing. Remberg; Ob.-Ing. Gaunitz; Ing. Engel).
2. Fa. Krupp/Essen (Dir. Müller; Reg.-Bmstr. Hagerloch; Dipl.-Ing. Wölfert).
3. Fa. Daimler-Benz (Dr. F. Porsche; Dipl.-Ing. R. Mertz).

Unterlagen waren keine vorhanden; ebenso keinerlei Erfahrungen. Das Heereswaffenamt stellte genaue Forderungen auf, so unter anderem:

Gesamtgewicht 20 t; Länge über alles ca. 6 m; Mindestgeschwindigkeit 3 km/h; Höchstgeschwindigkeit 40 km/h; Breite über alles ca. 2,60 m; Kletterfähigkeit = 1 m; Watfähigkeit 80 cm; Gasdichtigkeit gegen Kampfgase; spez. Bodendruck 0,5 kg/cm²; Höhe über alles ca. 2,350 m; Schwimmfähigkeit.

Dazu wurde ein naturgetreues Modell des »Großtraktors« im Maßstab 1:10 angefertigt. Die errechnete metazentrische Höhe und die Konstruktions-Wasserlinie wurden am Modell gekennzeichnet.

Dieses Modell wurde von der Technischen Versuchsanstalt Hamburg erprobt und die zweckmäßigste Wasserschraubenform bestimmt. Zwei Wasserschrauben, abkuppelbar eingerichtet, zum Lenken.

(Sachbearbeiter: Hptm. Pirner; Amtschef: General von Vollard Bockelberg).

1927: Streng geheime Montage aller entwickelten Fahrzeuge in Hallen der Fa. Rheinmetall in Unterlüß. Dabei als Vertreter der In 6: Major Ritter v. Radlmaier.

Ende 1929: Erste »Großtraktoren« (Tarnbezeichnung) aller Firmen fertiggestellt. Gewicht 20 t in Eisenausführung, alle Fahrzeuge unerprobt, 7,5-cm-Kanone und MG 15 vorn, Drehturm 360°, MG-Turm am Heck (MG wassergekühlt). 6 Mann Besatzung: Kommandant, Fahrer, Richtschütze, Ladeschütze zgl. Funker, 2 MG-Schützen.

Alle 6 Fahrzeuge wurden zur Erprobung und Ausbildung getarnt nach »Kama« gebracht.

B. *KAMA 1929*

Erster Direktor der Kampfwagenschule »Kama« war Oberstlt. a. D. Mahlbrand. Ihm folgten 1930 Ritter von Radlmaier, 1931 Josef Harpe. Kursusleiter war Friedrich Kühn (†), dann Brunn, dann Lendle. Schießlehrer: Oblt. a. D. Baumgart (†). Technischer Versuchsleiter: Pirner, später Dipl.-Ing. W. Esser (Daimler-Benz). Ingenieure: Ing. Walter (Krupp); Dipl.-Ing. Mertz (Daimler-Benz); Ing. Engel. Lehrer für Funktechnik: Ing. W. Burkhardt.

Kursanten 1929/30: 10
Hennig, Kraeber, Linnarz, Materne, Niepmann (†), Reinhardt, Schanze, Stephan (†), Teege (†), Wagner (†).

Kursanten 1931/32: 11
Conze, Ebert, Gebauer, Goerbig, Koll, Köhn (†), Lendle, von Köppen, Seitz (†), Volckheim, Gerth.

Kursanten 1933: 9
Bonatz, Haarde jr., Kretschmer, Martin (†), Mildebrath, Claus Müller, Nedtwig (†), Stoeckl, Thomale.

Ab 1929: Intensive technische Erprobung der »Traktoren«

Am 30.10.29 verunglückte ein »Traktor« der Fa. Rheinmetall beim Prüfen seiner Schwimm- und Watfähigkeit, wobei Werkmeister Kerres ertrank.

Wertvolle Erfahrungen wurden auf allen technischen Gebieten, vor allem auch bei der Erprobung der Ketten, des Laufwerkes mit Antrieb des Motors und Getriebes, sowie des Lenkgetriebes gewonnen. Mitarbeiter in Kama war auch der Hauptwerkmeister Franz Hahne,

der später mit dem Ritterkreuz des Kriegsverdienstkreuzes ausgezeichnet wurde.
Ab 1930 wurden auch »Kleintraktoren« erprobt
Gewicht 8 t, Kanone von 3,7 cm Kaliber, MG in Turmblende gelagert, Drehturm 360°.
1933: Auflösung der Panzerschule Kama
Im Hochsommer 1933 wurde die Schule mit allen vorhandenen Panzerfahrzeugen nach Deutschland zurückgeführt.* Ihre Überholung wurde im Heereszeugamt Spandau bzw. bei Daimler-Benz in Berlin-Marienfelde unter Leitung durch Dipl.-Ing. W. Esser (H.-Waffenamt) und Ing. Engel (Rheinmetall) durchgeführt. Anschließend wurden sie der Panzerschießschule (Schießlehrer Hauptmann Dipl.-Ing. Baumgart) in Altgartz/Wustrow zur Verfügung gestellt.

Zu ergänzen (durch den Verfasser) ist:
1. Generalmajor von Blomberg, damals Kommandeur der 1. Division in Ostpreußen, besuchte und inspizierte die Station 1928. Er beurteilte sie als Ergebnis seiner Überprüfung als zweckmäßig.
2. Anscheinend ist bereits 1928 technischer und taktischer Unterricht an sowjetischem Kampfwagengerät erteilt worden.
   Namen der Lehrer und Kursanten sind nicht mehr festzustellen.

Auskunft des Verfassers vom 9. 4. 1967
auf Fragen eines Offiziers des Bundesheeres vom 24. 3. 1967
betreffend den *Aufbau der Panzertruppe bis 1939***

... eine Aussprache zu Ihrer Anfrage wäre wohl besser als einige schriftliche Hinweise, die nur Bruchstücke bleiben werden. Immerhin gebe ich Ihnen gern einige Unterlagen, die Sie vielleicht auswerten können, und hoffe, Ihnen damit ein wenig zu nutzen.
Gestatten Sie bitte die Form von Stichworten:
1. *Thema: 1936/39:*
a) Die grundsätzliche Entwicklung war im Oktober 1935 abgeschlossen, als Guderian aus Berlin »herausgelobt« wurde, nämlich die Form der operativen Panzerdivision, die sich dann ab 1939 im Felde bewährte – sei es als operativer Verband, sei es als »Feuerwehr« ab Sommer 1943.
b) Nach Guderians Fortgang setzte die Gegenbewegung ein: Beck verfolgte sein Ziel »Panzerbrigade«; die Kav. Inspektion organisierte 4 (unbrauchbare) »Leichte Divisionen«, die nach 1939 aufgrund negativer Erfahrungen in Polen in Panzerdivisionen umgebildet werden mußten. General Fromm stand auf seiten der Kav. Inspektion.
c) Guderians Nachfolger Oberst Paulus war nicht geeignet, Guderians Linie zu vertreten, was die Gegner der op. Pz.Truppe erkannt hat-

* Nach Rudolf Absolon, in: »Die Wehrmacht im Dritten Reich«, Harald Boldt Verlag, Boppard/Rh., 1969, Bd. I, S. 32ff, wurde dem Generalleutnant von Vollard Bockelberg im Frühsommer 1933 während seines Besuches in Moskau die Absicht der Russen angekündigt, die deutschen militärischen Einrichtungen in der Sowjetunion zu schließen.

** vgl.: Senff, Hubertus, »Die Entwicklung der Panzerwaffe im deutschen Heer zwischen den beiden Weltkriegen«, Verlag E. S. Mittler, Frankfurt/M., 1969.

ten. Paulus war klug, aber im Entschluß abhängig von Gen.St.Chef Beck, auch nicht so mit Guderians Idee verwachsen, daß er sich überzeugend dafür einsetzen konnte.

d) Der Kdr. General des Kdos der Pz.Truppe, General Lutz, war ein sehr kluger und tüchtiger Fachmann. Er brauchte aber einen energischen Partner wie Guderian, den er wiederum seinerseits gegen die oberen Führungskreise des Generalstabes und der Kav. Inspektion abzudecken verstand. General Lutz und Oberst Guderian ergänzten sich hervorragend.

e) Gen. Lutz war zugleich Inspekteur für Heeresmotorisierung geblieben. Dadurch hatte er auch nach seiner Ernennung zum Inspekteur der Kraftfahrkampftruppen, der eine Truppendienststellung war, immer noch Einfluß im Rw.Min., der Guderian, seit der Bildung des Kdos der Kf.Kampftruppen, fehlte. Guderian war dann nur noch Chef des Gen.-Stabes einer Truppenbehörde und konnte nur durch seine Persönlichkeit wirken. Er wurde aber bereits 1935 als Oberst Kommandeur der 2. Pz.Div. und damit aus Berlin herausversetzt.

2. *Überlegungen zur Auswirkung:*

a) Guderian war überzeugter operativer Panzermann. Er wollte für sein Land die nach seiner Überzeugung wirksamste Verteidigungsarmee schaffen und erkannte als nahezu einzelner den Weg, den man dazu gehen mußte. An einen Angriffskrieg hat vor Sommer 1939 niemand im Heer gedacht. Es wäre absurd, Guderian solche Erwägungen zu unterschieben. Er tat, was jeder Offizier zu tun hat, nämlich darüber nachzudenken, wie man die Verteidigungsfähigkeit seines Landes stärken könne.

b) Beck dachte zweifellos genau dasselbe; nur zog er andere Schlüsse und wollte die Infanterie durch Inf.-Panzer stärken, was ebenfalls richtig war (siehe die späteren Sturmgeschütze). Damit behielt die Inf. aber ihr Schrittempo bei. Es konnte nicht zu der seit Jahrhunderten angestrebten operativen Schnelligkeit kommen.

c) Guderian glaubte, daß man wegen der Kosten nicht beide Projekte durchführen könne. Er war daher überzeugt, daß der operative Pz.-Verband zweckmäßiger wäre: Kampfkraft – Panzerschutz – Beweglichkeit taktisch und operativ – operative Schnelligkeit – operative Verwendungsmöglichkeit. Mit den gleichen Kosten erzielte man den mehrfachen Nutzeffekt, sei es in der Verteidigung zum Gegenstoß und Gegenangriff, sei es im operativen Einsatz (Flanke, Flügel, Durchbruch, Umfassung, Lösen vom Feinde usw).
Selbstverständlich mußte die Inf. später auch Panzer erhalten (siehe Anregung Manstein/Sturmgeschütze). Man hatte ja Zeit, ein von deutscher Seite aus beabsichtigter Krieg erschien völlig ausgeschlossen (keine Reserven, keine Unterführer, keine Offiziere, keine modernen Waffen, keine Luftwaffe, keine Kriegsindustrie).
Guderian stimmte in seinen Ansichten mit Liddell Hart und de Gaulle (»l'armée de métier!«) überein.

d) Beck befürchtete wohl, wie ich glaube gehört oder gelesen zu haben, daß eine moderne Armee Hitler zum Angriffskrieg verleiten könne. Ob man das schon 1933/34 voraussehen konnte, ist sehr zweifelhaft. Zu Pfingsten 1934 wurden aber bereits die Weichen gestellt. Damals erging der Befehl, die drei ersten Pz.Div. aufzustellen, für die nahezu nichts vorhanden war: weder Personal noch Gerät noch Ausbildungsunterlagen.

e) Man wollte und mußte schnell verteidigungsfähig werden. Das konnte man mit dem vorläufigen Bluff der 3 Pz.-Div. besser, als wenn man die gleiche Anzahl Panzer auf die vorhandene bzw. erst neu aufzustellende Inf. aufgeteilt hätte. Ich betone: ein Gedanke an einen Angriffskrieg mit drei Pz.-Divisionen wäre idiotisch und völlig absurd gewesen.
Wenn Hitler damals schon an einen Angriffskrieg gedacht haben sollte, dann hätte er ihn auch mit einer Inf.-Armee geführt, auch ohne eine operative Panzertruppe, zumal deren Wesen und Erfolgsmöglichkeiten damals in allen Generalstäben der Welt – nicht nur im deutschen – stark umstritten waren und daher abgelehnt wurden.

f) Ob man einem Oberbefehlshaber einer Wehrmacht (z. B. 1934 dem Gen.-Obersten Frhr. v. Fritsch) zumuten durfte, diese von sich aus so aufzubauen, daß sie nur beschränkt einsatzfähig war und dabei zum Nachteil der Truppe auf wichtige Waffen und eine zweckmäßige Organisation zu verzichten, war selbstverständlich abzulehnen, zumal schon damals die Grenzen zwischen Verteidigungs- und Angriffswaffen verwischt waren. Auch zur Verteidigung brauchte man alles das, was man für den Angriff benötigte. Ein besonderes Beispiel dafür gab Frankreich 1940, dessen Wehrordnung meines Wissens dem General Beck vor 1938 als Muster vorschwebte.
Daraus haben nach 1945 alle modernen Wehrmächte ihre Lehren gezogen.

gez. Nehring

Ergänzende Angaben über Aufstellung und Einsatz der im Sommer 1944 behelfsmäßig aufgestellten Panzerbrigaden:

1. Aufstellung der Panzerbrigaden Nr. 101 bis 110 wurde 1944 befohlen. Laut A. Koch* soll jedoch die Aufstellung weiterer Panzerbrigaden – Pz.Brig. Nr. 111 bis 113 – angeordnet worden sein.
2. Die Panzerbrigaden Nr. 107, 111, 112, 113 wurden schon vor ihrer beendeten Aufstellung und Ausbildung in bestehende Pz.- oder Pz.Gren.Divisionen eingegliedert.
3. Über die Verwendung der folgenden Pz.Brigaden ist bekannt:
   – Pz.Brigade 105 kam später zur 9. Pz.Division
   – Pz.Brigade 111 kam zur 11. Pz.Division
   – Pz.Brigade 112 kam zur 25. Pz.Gren.Division.
4. Die Pz.Brigade 109 war 1944/45 im Verband der H.Gr.Süd eingesetzt und 1945 zeitweise dem 3. Pz.Kps. bzw. der 1. Pz.Div. unterstellt.
5. Eine Pz.Brigade (Nummer unklar) bildete den Stamm für die Auffrischung der (in der Sommeroffensive 1944 bei H.Gr.Mitte zerschlagenen) Pz.Gren.Div. »Feldherrnhalle« (Gen.Maj. Pape).
6. Die 150. Pz.Brigade (Tarnbezeichnung?) war teilweise mit Beute-Panzern ausgerüstet und wurde als »Sonderverband Skorzeny« u. a während der Ardennenschlacht, Dezember/Januar 44/45, eingesetzt.

(Vom Verfasser aus der Fachliteratur, aus Berichten und Vermerken entnommen und zusammengestellt.)

* Adalbert Koch, in: »Feldgrau«, Nr. 4/1954.

Kriegsgliederung der selbständigen Panzerbrigaden 101-113/1944

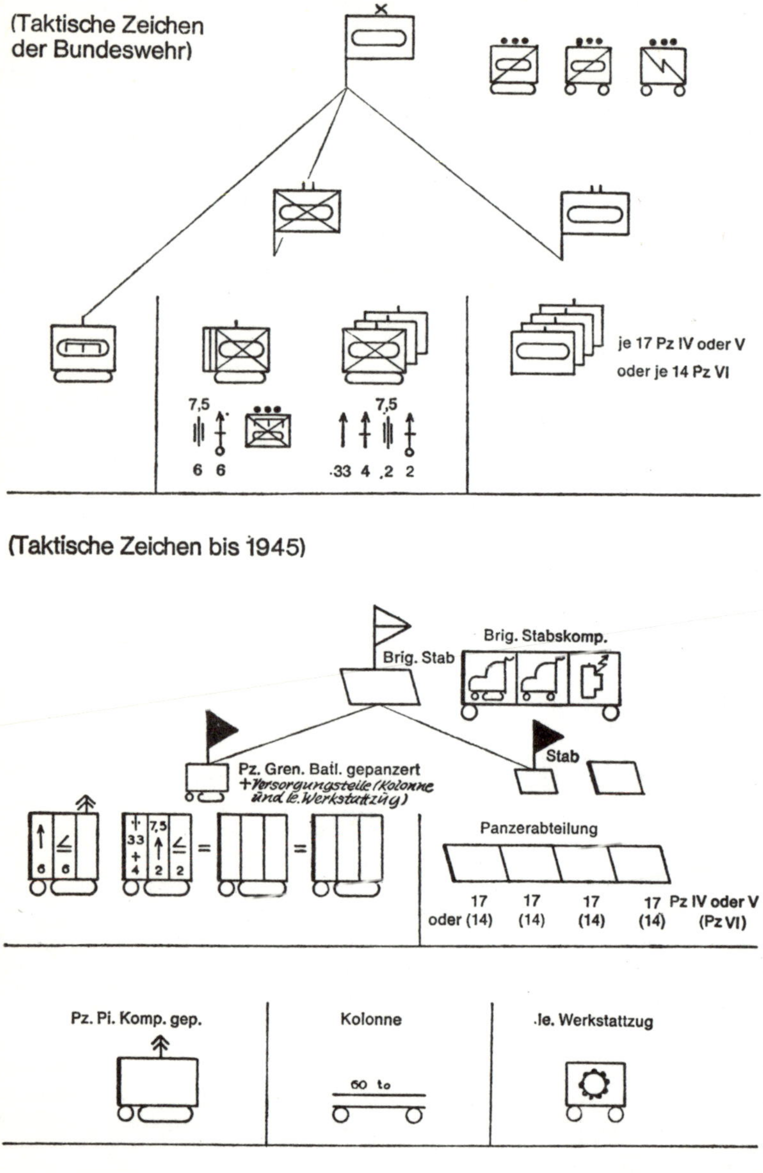

Quelle: Nachr. Blatt des Gen. Insp. der Pz. Truppen von 1944, Nr. 15

II. DIE FÜHRUNG DER REICHSWEHR UND WEHRMACHT

zwischen 1920 und 1945

Reichswehr- (ab 1. 6. 35 Reichs-kriegs-)Ministerium	Chef des Minister-amtes bzw. Wehrmachtamtes	Chef der Heeres-leitung, ab 1. 6. 35 Oberbefehlshaber des Heeres	Chef des Generalsta-bes des Heeres bis 30. 9. 19, dann Chef des Truppenamtes bis 31. 5. 35, dann Chef des Genst. des Heeres	Chef des Heeres-Personalamtes	Chef des Wehr-amtes, ab 1935: Allg. Heeresamt	Chef des Heeres-Waffenamtes
Dr. Gessler (26. 3. 20–19. 1. 28) Groener (20. 1. 28–30. 5. 32) v. Schleicher († 1934) (2. 6. 32–28. 1. 33) v. Blomberg (30. 1. 33–31. 5. 35) dann als Reichskriegsmin. (1. 6. 35–27. 1. 38) Danach Wegfall der Stellung des Reichskriegsmin. Hitler übernimmt Ober- befehl über die Wehrmacht (4. 2. 38–30. 4. 45†) Keitel († 1946) wird Chef des Ober- kommandos der Wehrmacht (4. 2. 38–8. 5. 45) Jodl († 1946) Chef des Führungs- stabes im Oberkom. der Wehrmacht (1938 u. dann vom Herbst 39 bis 8. 5. 45)	vor 2. 6. 32 v. Schleicher dann v. Reichenau (1. 2. 33–12. 2. 34) und danach als Chef des Wehrmachtamtes (13. 2. 34–30. 9. 35)	von Seeckt (18. 4. 20–6. 10. 26) Heye (7. 10. 26–31. 10. 30) Frhr. von Hammer- stein-Equord (1. 11. 30–31. 1. 34) Frhr. v. Fritsch (1. 2. 34–31. 5. 35) Danach Oberbefehls- haber des Heeres (1. 6. 35–27. 2. 38) v. Brauchitsch (4. 2. 38–19. 12. 41) Hitler (19. 12. 41–30. 4. 45 †)	von Seeckt (4. 7. 19–30. 9. 19) dann als Chef des Truppenamtes (1. 10. 19–26. 3. 20) Heye (28. 3. 20–Febr. 23) Hasse (Febr. 23–Okt. 25) Wetzell (Okt. 25–Dez. 26) v. Blomberg (Jan. 27–30. 9. 29) Frhr. v. Hammer- stein-Equord (1. 10. 29–31. 10. 30) Adam (1. 11. 30–30. 9. 33) Beck † 20. 7. 44 (1. 10. 33–31. 5. 35) Danach als Chef des Genst. des Heeres (1. 6. 35–31. 8. 38) Halder (1. 9. 38–24. 9. 42) Zeitzler (24. 9. 42–20. 7. 44) Guderian (beauftr.) (21. 7. 44–28. 3. 45) Krebs (beauftr.) (29. 3. 45–30. 4. 45 †)	Ritter von Braun (7. 12. 18–Febr. 23) Heye (Febr. 23–1. 11. 23) Reinicke (1. 11. 23–31. 1. 27) von Stülpnagel, Joachim (1. 2. 27–30. 9. 29) Frhr. v. Hammer- stein-Equord, Günth. (1. 10. 29–31. 10. 30) Frhr. v. dem Bussche (1. 11. 30–30. 9. 33) von Schwedler (bis 4. 2. 38) Bodwin Keitel (4. 2. 38–30. 9. 42) Schmundt (30. 9. 42–20. 7. 44 †) Burgdorf (20. 7. 44–30. 4. 45 †)	Boehm- Tettelbach (1.11.30–31.1.33) Fromm († 1945) (1. 2. 33 bis 20. 7. 44)	v. Vollard Bockelberg (1930–31. 12. 33) Liese (1. 1. 34–4. 2. 38) Prof. Dr. h. c. Becker (5. 2. 38–8. 4. 42 †) Leeb (1942–Jan. 1945) Buhle (Febr. 45–8. 5. 45)

GENERALOBERSTE IN DER PANZERTRUPPE

Lfd. Nr.	Name	Stamm-waffe	Patent	ge-boren	ge-storben	Bemerkungen
1.	Heinz Guderian OB 2. Pz.Armee (2. Pz.Div.)	Inf.	19. 7. 40 (8)	17. 6. 88	14. 5. 54	Schöpfer der Panzertruppe, entlassen 26. 12. 1941, Generalinspekteur ab 1. 3. 1943, ern. entl. 28. 3. 1945
2.	Hermann Hoth OB 3. Pz.Armee (15. A.K. [mot.])	Inf.	19. 7. 40 (9)	12. 4. 85	25. 1. 71	entlassen Herbst 1943
3.	Erich Hoepner OB 4. Pz.Armee (1.leichte=6.Pz.Div.)	Kav.	19. 7. 40	14. 9. 86	8. 8. 44	degradiert 8. 1. 42 hingerichtet (20.7.44)
4.	Rudolf Schmidt OB 2. Pz.Armee (1. Pz.Div.)	Inf.	1. 1. 42 (1)	12. 5. 86	7. 4. 57	entlassen 30. 9. 43, gest. nach Rückkehr aus russ. Gefangenschaft
5.	Hans G. Reinhardt OB 3. Pz.Armee (4. Pz.Div.)	Inf.	1. 1. 42 (3)	1. 3. 87	22. 11. 63	entlassen 25. 1. 45 als OB der Heeresgruppe Mitte
6.	Hans-Jürg. v. Arnim OB 5. Pz.Armee (17. Pz.Div.)	Inf.	3. 12. 42	4. 4. 89	1. 9. 62	13. 5. 43 in Tunesien in Kriegsgefangenschaft
7.	Gotthard Heinrici OB 1. Pz.Armee	Inf.	1. 1. 43 (1)	25. 12. 86	10. 12. 71	als OB Heeresgruppe Weichsel entlassen 29. April 1945 OB 1. Pz.Armee vom 19. 8. 44 bis 20. 3. 45
8.	Eberh. v. Mackensen OB 1. Pz.Armee (3. Pz.K.)	Kav.	6. 7. 43	24. 9. 89	19. 5. 69	OB der 14. Armee bis 6. 7. 44 (entlassen)
9.	Heinrich v. Vietinghoff (5. Pz.Div.)	Inf.	1. 9. 43 (1)	6. 12. 87	23. 2. 52	Kdr. Gen. 46. Pz.K., letzter OB Heeresgr. Südwest (Italien)
10.	Josef Harpe OB 4. Pz.Armee (12. Pz.Div.)	Inf.	1. 4. 44 (1)	21. 9. 87	14. 3. 68	Herbst 1934 Kdr.Kf. Lehrkdo. in Zossen = Keimzelle der Pz.Tr., spät.b.16.1.45 OB Heeresgr. Mitte/A
11.	Hans Valentin Hube OB 1. Pz.Armee (16. Pz.Div.)	Inf.	1. 4. 44 (2)	29. 10. 90	21. 4. 44	Absturz mit Flugzeug
12.	Erhard Raus OB 4., 1. und 3. Pz.Armee (6. Pz.Div.)	Inf.	15. 8. 44	8. 1. 89	3. 4. 56	bis 1938 österr. Bundesheer – entlassen Frühj. 1945

GENERALFELDMARSCHÄLLE IN DER PANZERTRUPPE

Lfd. Nr.	Name	Stamm-waffe	Patent	ge-boren	ge-storben	Bemerkungen
1.	Erwin Rommel (7. Pz.Div.)	Inf.	22. 6. 42	15. 11. 91	14. 10. 44	zum Freitod gezwungen
2.	Erich v. Lewinski gen. v. Manstein (56. Pz.Korps)	Inf.	1. 7. 42	24. 11. 87	10. 6. 73	Ende März 1944 entlassen
3.	Friedrich Paulus (Pz. A. A. 3)	Inf.	31. 1. 43.	23. 9. 90	1957	† nach Rückkehr aus russ. Gefangensch.
4.	Ewald v. Kleist (22. Pz.Korps)	Art./ Kav.	1. 2. 43 (1)	8. 8. 81	16. 10. 54	† in russ. Gefangenschaft
5.	Maximilian Reichsfreiherr v. Weichs z. Glonn (1. Pz.Div.)	Kav.	1. 2. 43 (2)	12. 11. 81	27. 9. 54	15. 10. 35 erster Kdr. der 1. Pz.Div.
6.	Walter Model (3. Pz.Div.)	Inf.	1. 3. 44	24. 1. 91	21. 4. 45	Freitod im Ruhrkessel

III. STELLENBESETZUNGEN IN DER PANZERTRUPPE WÄHREND DES ZWEITEN WELTKRIEGES

KRIEGSGLIEDERUNG UND STELLENBESETZUNG DER PANZERTRUPPE

am 1. 9. 1939

(Feldzug gegen Polen)

HEERESGRUPPE SÜD

Gen.Kdo. 22. A.K. (mot.)
Kdr. Gen.: Gen. d. Kav. z. V. v. Kleist
Chef: Oberst Zeitzler
Ia: Obstlt. Schwarz
2. Pz.Div.
Kdr.: Gen.Lt. Veiel
Ia: Major von Quast
5. Pz.Div.
Kdr.: Gen.Lt. v. Vietinghoff
Ia: Major Thunert
4. le.Div.
Kdr.: Gen.Maj. Dr. von Hubicki
Ia: Major Wagener

Gen.Kdo. 14. A.K. (mot.)
Kdr. Gen.: Gen. d. Inf. v. Wietersheim
Chef: Gen.Maj. v. Chappuis
Ia: Obstlt. Hildebrandt
1. le.Div.
Kdr.: Gen.Maj. v. Loeper
Ia: Obstlt. Schöne
13. Div. (mot.)
Kdr.: Gen.Lt. Otto
Ia: Obstlt. Fangohr
29. Div. (mot.)
Kdr.: Gen.Lt. Lemelsen
Ia: Maj. Franz

Gen.Kdo. 15. A.K. (mot.)
Kdr. Gen.: Gen. d. Inf. Hoth
Chef: Gen.Maj. Stever
Ia: Obstlt. Graf v. Sponeck
2. le.Div.
Kdr.: Gen.Lt. Stumme
Ia: Maj. Heidkämper
3. le.Div.
Kdr.: Gen.Maj. Kuntzen
Ia: Maj. Frhr. v. Elverfeldt

Gen.Kdo. 16. A.K. (mot.)
Kdr. Gen.: Gen. d. Kav. Hoepner
Chef: Obstlt. Heim
Ia: Obstlt. Chales de Beaulieu
1. Pz.Div.
Kdr.: Gen.Lt. Schmidt
Ia: Major Wenck
4. Pz.Div.
Kdr.: Gen.Lt. Reinhardt
Ia: Maj. Frhr. v. Schleinitz

HEERESGRUPPE NORD

Gen.Kdo. 19. A.K. (mot.)
Kdr. Gen.: Gen. d. Pz.Tr. Guderian
Chef: Oberst Nehring
Ia: Obstlt. v. d. Burg
3. Pz.Div.
Kdr.: Gen.Lt. Frhr. Geyr v. Schweppenburg
Ia: Maj. v. d. Borne
2. Div. (mot.)
Kdr.: Gen.Lt. Bader
Ia: Maj. Hax
20. Div. (mot.)
Kdr.: Gen.Lt. Wiktorin
Ia: Obstlt. Friebe
10. Pz.Div.
Kdr.: Gen.Maj. Schaal
Ia: Major Bayerlein

(Ostpreußen)

Pz.Div. Kempf (Pz.Verband Ostpr.)
Kdr.: Gen.Maj. Kempf
Ia: Obstlt. v. Bernuth

KRIEGSGLIEDERUNG UND STELLENBESETZUNG DER PANZERTRUPPE IN DER 1. PHASE DES FELDZUGES IN FRANKREICH

(Mai 1940)

PANZERGRUPPE VON KLEIST

(bisher Gen.Kdo. 22. A.K. [mot.])
Befehlshaber: General der Kav. v. Kleist
Chef des Gen.Stabes: Oberst i. G. Zeitzler

19. A.K. (mot.) (19. Pz.Korps) *
Kdr. General: Gen. d. Pz.Tr. Guderian
Chef des Gen.Stabes: Oberst i. G. Nehring

1. Pz.Div.
Kdr.: Generalmajor Kirchner
Ia: Major i. G. Wenck

2. Pz. Div.
Kdr.: Gen.Lt. Veiel
Ia: Maj. i. G. v. Quast

10. Pz.Div.
Kdr.: Gen.Lt. Schaal
Ia: Oberstlt. i. G. Freiherr v. Liebenstein

41. A.K. (mot.) (41. Pz. Korps)
Kdr. General: General d. Pz.Tr. Reinhardt
Chef des Gen.Stabes: Oberstleutnant i. G. Röttiger

6. Pz.Div.
Kdr.: Generalmajor Kempf
Ia: Hauptmann i. G. Staedtke

8. Pz.Div.
Kdr.: Generalmajor Kuntzen
Ia: Hptm. i. G. Berendsen

2. Inf.Div. (mot.)
Kdr.: Generalleutnant Bader
Ia: Major i. G. Hax

14. A. K. (mot.)
Kdr. General: Gen. d. Inf. v. Wietersheim
Chef des Gen.Stabes: Oberst i. G. Metz

13. Inf.Div. (mot.)
Kdr.: Generalmajor v. Rothkirch u. Panthen
Ia: Major i. G. Sosna

29. Inf.Div. (mot.)
Kdr.: Gen.Leutnant Lemelsen
Ia: Major i. G. Franz

KRIEGSGLIEDERUNG UND STELLENBESETZUNG DER PANZERTRUPPE IN DER 2. PHASE DES FELDZUGES IN FRANKREICH

8. 6. 1940

Bei Heeresgruppe B (bei 4. Armee):
15. A.K. (mot.) (General Hoth) mit 5. Pz.Div., 7. Pz.Div., 2. Div. (mot.)
bei 6. und 9. Armee):
Panzergruppe von Kleist (Chef des Gen.St. Oberst Zeitzler) mit
14. A.K. (mot.)
(General v. Wietersheim) mit 10. Pz.Div., 13. Div. (mot.), Inf.Rgt. (mot.) »Großdeutschland«
16. A.K. (mot.) (General Hoepner) mit 3. Pz.Div., 4. Pz.Div., SS-Verfüg.Div., SS-Leibstandarte »Adolf Hitler«

Bei Heeresgruppe A (im Raum der 12. Armee):
Panzergruppe Guderian (Chef des Gen.St. Oberst Nehring)
(bisher Gen.Kdo. 19. A.K. [mot.]) mit
39. A.K. (mot.) (General Schmidt) mit 1. Pz.Div., 2. Pz.Div., 29. Div. (mot.)
41. A.K. (mot.) (General Reinhardt) mit 6. Pz.Div., 8. Pz.Div., 20. Div. (mot.)

* Die A.K. (mot.) wurde bereits damals allgemein Panzerkorps genannt

Anmerkung: 1. Eine »Panzergruppe Hoth« bestand in der 1. Feldzugsphase vom 14. bis 30. 5. 1940 unter AOK 4.

2. Im Herbst 1940 wurden die Panzergruppen endgültig als neue Kommandobehörden gebildet. Es wurden damals:
   22. A.K. (mot.) die Panzergruppe 1 (v. Kleist)
   19. A.K. (mot.) die Panzergruppe 2 (Guderian)
   15. A.K. (mot.) die Panzergruppe 3 (Hoth)
   16. A.K. (mot.) die Panzergruppe 4 (Hoepner)
3. Um die Jahreswende 1941/42 wurden die vier Panzergruppen in die Pz.Armeen 1 bis 4 umgebildet (1 und 2 am 6. 10. 1941, 3 und 4 Anfang 1942).

GLIEDERUNG DER PANZERARMEE AFRIKA IM BRÜCKENKOPF TUNESIEN JANUAR 1943

Armee-Oberbefehlshaber	Feldmarschall Rommel
15. Pz.Div.	Generalmajor Borowietz
21. Pz.Div.	Generalmajor Hildebrand
90. Leichte Division	Generalleutnant Graf v. Sponeck
164. Leichte Division	Generalmajor Frhr. v. Liebenstein
Panzergrenadier-Regiment Afrika	Oberst Menton, Oberstleutnant Rangerhagen
Fallschirmbrigade Ramcke	Major der Res. Frhr. v. d. Heydte
Panzer-Division »Centauro«	General Calvi di Bergolo
Division »Trieste«	General La Ferla
Division »Pistoia«	General Falugi
Division »Spezia«	General Pizzolato
Division »GGFF«	General Sozzani
Gruppe »Sahara«	General Mannerini

DIE HEERESGRUPPE AFRIKA APRIL 1943

Gliederung und Stellenbesetzung

Oberbefehlshaber:	Generaloberst v. Arnim
Stellvertreter:	Generalleutnant Ziegler
Chef des Generalstabes:	Oberst i. G. Pomtow
5. Panzerarmee:	General der Panzertruppe v. Vaerst
Division »Manteuffel«	Generalmajor Hasso v. Manteuffel
334. ID	Oberst Weber / Generalmajor Krause
Division 999	Oberst Wolff
Jäger-Division »Hermann Göring«	Generalmajor Beppo Schmid
10. Pz.Div.	Generalmajor Fischer, gef. 5. 2. 1943 Generalmajor Frhr. v. Broich
20. Flak-Division	Generalmajor Neuffer
Fliegerkräfte:	Oberst Harlinghausen, später General der Flieger Seidemann
Fallschirmjäger-Regiment 5	Oberstleutnant Koch
schw. Panzer-Abteilung 501	Major Seidenstícker
1. Armee (deutsch-italienisch):	Generaloberst Giovanni Messe
Division »Jungfaschisten«	General Sozzani
Division »Trieste«	General La Ferla
90. Leichte Division	General Graf v. Sponeck
Division »Pistoia«	General Falugi
Division »Spezia«	General Pizzolato
164. Leichte Division	General Frhr. v. Liebenstein
Division »Centauro«	General Calvi di Bergolo
Gruppe »Sahara«:	General Mannerini
15. Pz.Div.	Generalmajor Borowietz, Vertreter Oberst Irkens

21. Pz.Div.	Generalmajor Hildebrand
19. Flak-Division	Generalleutnant Frantz
Panzergrenadier-Regiment »Afrika«	Oberstleutnant Rangerhagen (Oberst Menton)
Fallschirmbrigade Ramcke	Major der Res. Frhr. v. d. Heydte
Sektor Sfax	IR 34 (italienisch)
Sektor Gabes	IR 280 (italienisch)

DAS ALLIIERTE EXPEDITIONSKORPS NOVEMBER 1942
(1. Welle)

I. *Western Task Force* (Westgruppe):

Führung:	Generalmajor George S. Patton (USA)
dabei Combat Command A/2, amerikan. Pz.Div.	
Gesamtstärke:	35 000 Mann

II. *Center Task Force* (mittlere Gruppe):

Führung:	Generalmajor L. R. Fredenhall (England)
dabei Combat Command B/1, amerikan. Pz.Div.	Generalmajor Paul McDonald Robinett (USA)
Gesamtstärke:	39 000 Mann

III. *Eastern Task Force* (Ostgruppe):

Führung:	Generalmajor C. W. Ryder (USA)
Gesamtstärke:	33 000 Mann
Alliiertes Expeditionskorps	insgesamt: 107 000 Mann

DIE ALLIIERTEN STREITKRÄFTE MÄRZ 1943:
(nur gepanzerte Verbände)

18. Heeresgruppe:	General Sir Harold Alexander
1. amerikanische Pz.Div.	Generalmajor Harmon / Generalmajor Ward
6. britische Pz.Div.	Generalmajor C. Keightley
1. britische Pz.Div.	Generalmajor Briggs
7. britische Pz.Div.	Generalmajor Horrocks
2. neuseeländische Division (mot.)	General Freyberg

STELLENBESETZUNG DER HÖHEREN KOMMANDOBEHÖRDEN
während der Operation »Blau« beziehungsweise »Braunschweig« 1942

Oberster Befehlshaber der Wehrmacht:	Adolf Hitler
Chef des Oberkommandos der Wehrmacht (OKW):	Generalfeldmarschall Keitel
Wehrmachtführungsstab:	Generaloberst Jodl
Oberbefehlshaber des Heeres (ObdH):	Adolf Hitler
Chef des Generalstabes des Heeres:	
bis 24. 9. 42	Generaloberst Halder
ab 25. 9. 42	General der Inf. Zeitzler
Generalquartiermeister:	General der Art. Wagner
Oberbefehlshaber der Luftwaffe:	Reichsmarschall Göring
Chef des Generalstabes der Luftwaffe:	Generaloberst Jeschonnek
Heeresgruppe A:	
bis 10. 9. 42	Generalfeldmarschall List
vom 10. 9.–21. 11.	von Hitler unmittelbar geführt
ab 22. 11. 42	Generaloberst v. Kleist

Heeresgruppe B:	Generalfeldmarschall v. Bock
ab 15. 7. 42	Generaloberst Frhr. v. Weichs
Heeresgruppe Don:	
ab 28. 11. 42	Generalfeldmarschall v. Manstein
Heeresgruppe Süd:	
bis 8. 7. 42 (aufgelöst)	Generalfeldmarschall v. Bock (dann H.Gr. B)
Armeegruppe Hoth:	Generaloberst Hoth
Armeegruppe Ruoff:	Generaloberst Ruoff
Armeegruppe Weichs:	Generaloberst Frhr. v. Weichs
1. *Pz.Armee:*	
bis 21. 11. 42	Generaloberst v. Kleist
ab 22. 11. 42	General der Kav. v. Mackensen
2. Armee:	
bis 14. 7. 42	Generaloberst Frhr. v. Weichs
ab 15. 7. 42	Generaloberst v. Salmuth
4. *Pz.Armee:*	Generaloberst Hoth
6. Armee	General der Inf. Paulus (später Gen.Oberst u. Generalfeldm.)
11. Armee (Krim):	Generaloberst v. Manstein
17. Armee:	Generaloberst Ruoff
Armeeabteilung Fretter Pico:	General der Art. Fretter Pico
Armeeabteilung Hollidt:	General der Inf. Hollidt
14. *Pz.Korps:*	Gen. d. Pz.Tr. v. Wietersheim, dann Gen. d. Pz.Tr. Hube
24. *Pz.Korps:*	Gen. d. Pz.Tr. Frhr. v. Geyr bis 25. 6. 42, dann Gen. d. Pz.Tr. Frhr. v. Langermann (†) 3. 10. 42, dann Gen. d. Pz.Tr. v. Knobelsdorff ab 10. 10. 42 Gen. d. Art. Wandel (†) 1. 12. 42 Gen.Lt. Eibl († Jan. 43) Gen.Maj. Jahr († Jan. 1943)
40. *Pz.Korps:*	Gen. d. Pz.Tr. Frhr. v. Geyr ab 26. 6. 42 vorher Gen. d. Pz.Tr. Stumme
48. *Pz.Korps:*	Gen. d. Pz.Tr. Kempf, dann Generalleutnant Heim, dann Gen. d. Pz.Tr. v. Knobelsdorff (ab 1. 12. 42)
57. *Pz.Korps:*	Gen. d. Pz.Tr. Kirchner
Gruppe Wietersheim (14. Pz.Korps):	Gen. d. Pz.Tr. v. Wietersheim
Luftflotte 4:	Generaloberst Frhr. v. Richthofen
VIII. Fliegerkorps:	Generalleutnant Fiebig

1. PANZERARMEE (Pz. AOK 1) 1945
(in Mähren)

Oberbefehlshaber: General der Panzertruppe Walther K. Nehring
Arko: Gen.Lt. Josef Prinner
Chef des Generalstabes: Oberst i. G. Frhr. v. Weitershausen
Ia: Oberstlt. i. G. Sauerbruch
IIa: Oberst Bothe
Ungefährer Stand Anfang Mai 1945
Verpflegungsstärke: ca. 400 000 Mann

24. Pz.Korps:	General d. Art. Walter Hartmann (vorher [† 18. 4. 45] Gen.Lt. Källner)

Chef:	Oberst i. G. Binder
Arko:	Oberst Schaper
6. Pz.Div.:	Gent.Lt. Frhr. v. Waldenfels
46. I.D.:	Gen.Major Reuter
10. Fallsch.Jg.Div.:	Oberst v. Hofmann
Pz.Gren.Div. »Feldherrnhalle 1«:	Gen.Major Pape
29. A.K.:	General der Inf. Röpke (verw. 4. 5. 45)
Vertr.:	Gen.Lt. Philipp
Chef:	Oberst i. G. Mehring
Arko:	Oberst Schmidt
8. Jg.Div.:	(Gen.Lt. Philipp) Vertreter Oberst Berger
19. Pz.Div.:	Gen.Major Deckert
271. I.D.:	?
711. I.D.:	Oberst v. Watzdorf
72. A.K.:	Gen.Lt. Schmidt-Hammer
Chef:	Oberst i. G. Moeller
Arko:	?
15. I.D.:	Gen.Major Lengenfelder
76. I.D.:	Oberst Berner
153: I.D.:	?
49. Gebirgskorps:	Gen. d. Geb.Tr. Karl von le Suire
Chef:	Oberstlt. i. G. Vogl
Arko:	Oberst Bux
4. Geb.Div.:	Gen.Lt. Breith
3. Geb.Div.:	Gen.Lt. Klatt
97. Jg.Div.:	Gen.Major Bader (vorher Gen.Lt. Rabe v. Pappenheim)
320. V.G.D.:	Gen.Major von Kiliani
544. V.G.D.:	Oberst Lorch (Vertreter)
59. A.K.:	Gen.Lt. Sieler
Chef:	Oberst i. G. v. Groll († 8. 5. 45)
Arko:	Oberst Bernhard
68. I.D.:	?
304. I.D.:	Gen.Major Arning (vorher 75. Div. bzw. Kampfkdt. von Mähr. Ostrau)
253. I.D.:	Gen.Lt. Becker zuletzt Gen.Major Schwatlo-Gesterding
254. I.D.:	Gen.Lt. Schmidt
715. I.D.:	Oberst Spiethoff
371. I.D.:	Gen.Major Scherenberg
11. A.K.:	Gen.Lt. Hohn
Chef:	Oberst i. G. Schulze bzw. Oberstlt. i. G. Schirrmacher
Arko:	Oberst v. Mehlem
8. Pz.Div.:	Gen.Major Hax
78. V. Sturm-Div.:	Gen.Major Geissler
75. I.D.:	Oberst Mathiass
10. Pz.Gren.Div.:	Gen.Major Koßmann (vorher Gen.Lt. August Schmidt)
16. Pz.Div.:	Oberst Aschoff bzw. Oberst Treuhaupt (vorher Gen.Lt. Dietrich v. Müller)
17. Pz.Div.:	Gen.Major Kretschmer (zuletzt bei der 17. Armee)

Kommandant von Olmütz:	Gen.Major Poel
Korück 531:	Gen.Lt. v. Brauner
Div. z.b.V. 602:	Gen.Lt. Schartow
Div. z.b.V. 601:	Gen.Lt. v. Hartlieb
154. Ausb.Div.:	Gen.Lt. Rabe v. Pappenheim
158. Ausb.Div.:	Gen.Lt. August Schmidt

Anmerkung: 1. Die Panzer- und mot. Divisionen haben aufgrund ihrer Einsätze als »Feuerwehr« häufig die Zugehörigkeit zum Korps gewechselt. Irrtümer in obiger Aufstellung sind möglich.
Im Armeebereich waren auch noch eingesetzt: 1. Ski-Jägerdivision: Gen.Lt. Gustav Hundt, vermißt im April 1945 im Raum Troppau.
2. Der Einsatz der Korps vom rechten Flügel an entsprach der angegebenen Reihenfolge: 24. Pz.K. – 29. A.K. – 72. A.K. – 49. Geb.A.K. – 59. A.K. – 11. A.K.
3. Rechter Nachbar: 8. Armee (Heeresgruppe Süd Gen.Ob. Rendulic);
linker Nachbar: 17. Armee (17. A.K. General der Inf. Otto Tiemann; OB Gen. der Inf. Wilhelm Hasse, † 9. 5. 45).

IV. ANLAGEN ZUM KAMPF DER PANZERTRUPPE 1939 BIS 1945

(Dokumentarische Unterlagen)

Abschrift aus Akten der 60. I. D. (mot.)

JUGOSLAWISCHES KAPITULATIONSANGEBOT VOM 14. APRIL 1941

An Seine Excellenz den Befehlshaber der deutschen Streitkräfte gegen Jugoslawien

Herrn Feldmarschall LIST.

Im Oberkommando der kgl. Jugoslawischen Armee wurde heute, den 14. April um 9.30 Uhr, Veränderung vollzogen, indem das Oberkommando Armeegeneral Danilo Kalafatović übernommen hat.

Er hat mir folgenden Auftrag erteilt:

Den Herrn Befehlshaber der deutschen Streitkräfte gegen Jugoslawien zu ersuchen:

1. Um sofortigen Waffenstillstand,
2. Ort und Zeit für die Besprechungen der Delegaten bestimmen zu wollen,
3. Die Feindschaften sofort abbrechen zu wollen, insbesondere das Bombardieren aus der Luft.

Die Übermittlung dieses Ersuchens beehre ich mich durch die Parlamentäre, Herrn Armeegeneral Alexander Stojanović und Generalstabsoberst Zarko Verić, und Generalstabshauptmann Ignjatović zu überreichen.

Ich bitte um baldigste Beantwortung auf kürzestem Wege.

Mit dem Zeichen besonderer Achtung — Minister a. D.
(L S.) — Armeegeneral
14. April 1941 — Milan Nedić

Nachtrag: Ich beehre mich, mitzuteilen, daß wir ab heute keine Maßnahmen gegen die ruhmreiche deutsche Armee unternehmen werden.

15. April 1941, 01,32 — gez. Armeegeneral Stojanović
Oberst Zarko Verić
Hauptmann Rach. S. Ignjatović

WEISUNG DES OKH ÜBER GEFECHTSFÜHRUNG IM SOMMER 1941 (»ENGE KESSEL«)

Oberkommando der Heeresgruppe Süd
Ia Nr. 1461/41 geh.
H.Qu., 1. 8. 1941
über Panzergruppe 1
Abt. Ia Nr. 3161/41 geh.

Betrifft: Gefechtsführung.

Die im Ostfeldzug gemachten Erfahrungen, wonach der Russe gegen Flanken- und Rückenbedrohung nahezu völlig unempfindlich ist, zwingen dazu, die in der T. F. ausgesprochene und auf anderen Kriegsschauplätzen bewährte Warnung vor einem zu frühzeitigen Eindrehen gegen einen vor Nachbarabschnitten noch haltenden Feind für den Ostfeldzug zunächst fallen zu lassen.

OKH Gen.St.d.H. hat angeordnet, daß bei den augenblicklichen Kampfverhältnissen es Aufgabe der Führung sein muß, durch wechselseitiges scharfes Eindrehen den vor den Nachbarabschnitten haltenden oder angreifenden Feind – mit überholenden Kräften (Divisionen) – grundsätzlich zunächst zu vernichten, ungeachtet des Festhaltens an den Zielen und der allgemeinen Richtung im großen. Besonders an den Trennungslinien ist es Aufgabe der Kommandobehörden, durch enges gegenseitiges Einvernehmen sich bietende Gelegenheiten, durch beiderseitiges Eindrehen den Feind zu vernichten, nicht vorbeigehen zu lassen.

Für das Heeresgruppenkommando
Der Chef des Generalstabes
gez. Unterschrift

TRUPPENDISZIPLIN 1941

60. Infanterie-Division (mot.) Div.Gef.Stand, den 11. August 1941
Kommandeur
Nr. 178/41 geh.

Geheim!
Divisionsbefehl

1. Es mehren sich die Fälle, in denen durch Angehörige der Division den Landeseinwohnern in unerhörter Weise ihr Eigentum weggenommen wird, insbesondere Vieh, Kartoffeln und Obst, ohne vollwertige Bezahlung oder ordnungsmäßige Beitreibung durch Verpflegungsoffiziere.
2. Ich ersuche die Kommandeure, sämtliche Offiziere und Einheiten noch einmal eingehend darüber belehren zu lassen, daß ein derartiges Verhalten einen groben Verstoß gegen einen hochwichtigen politischen Befehl des Führers darstellt und damit das Interesse des deutschen Volkes verletzt.
3. Es ist Aufgabe der Vorgesetzten aller Dienstgrade, die Durchführung dieses Befehls zu überwachen und Verstöße, die sich in ihrem Bereich ereignen oder die ihnen durch Klagen der Landeseinwohner zu Kenntnis kommen, sofort zu untersuchen, um die Schuldigen zu ermitteln und der Bestrafung zuzuführen.
4. Ich werde in Zukunft alle derartigen Verfehlungen als Sabotage eines Führerbefehls betrachten und kriegsgerichtlich mit den schärfsten Strafen ahnden lassen.

5. Ich werde auch gegen die Einheitsführer, in deren Einheit Verfehlungen dieser Art vorkommen, gegen Vorgesetzte, die gem. Ziff. 3 nicht einschreiten, sowie gegen Verpflegungsoffiziere, die sich nicht streng an die gegebenen Bestimmungen halten, kriegsgerichtlich mit den schärfsten Strafen vorgehen.
6. Die Einheitsführer haben den Empfang dieses Befehls durch Unterschrift zu bestätigen und zu melden, daß sie ihre Einheit erneut ausdrücklich in diesem Sinne belehrt haben.
Nach Kenntnisnahme vernichten!

gez. Eberhardt

PANZERARMEEBEFEHL VOM 8. 10. 1941

Abschrift

Panzerarmeeoberkommando 1 — A.Gef.Std., den 8. 10. 41
Abt. Ia Nr. 1187/41 g.Kdos. — 12.30 Uhr

Geheime Kommandosache.
Panzerarmee-Befehl für die neue Operation nach Osten
(Pz.Armee-Befehl Nr. 2)
(Führungskarte 1 : 300 000)

1. Feind im Zurückgehen nach Osten.
Die von 1. Panzerarmee und 11. Armee eingeschlossenen Feindteile stehen vor der Vernichtung. Mit dem Versuch des Feindes, vor dem Industriegebiet eine Abwehrfront aufzubauen, ist zu rechnen.
2. Die Panzerarmee stößt weiter nach Osten vor und schlägt den zur Verteidigung des Industriegebietes eingesetzten Feind.
Die Ziele der Panzerarmee sind Taganrog, Rostow, Stalino.
Von großer Bedeutung ist es, bei Rostow für das weitere Vorgehen einen Brückenkopf zu bekommen.
3. Gliederung der Panzerarmee.
3. Pz.Korps mit 13., 14. Pz.Div., L.SS. A.H.*
14. Pz.Korps mit 16. Pz.Div. SS.Wiking, Slow.Schn.Div.
49. Geb.Korps mit 1. und 4. Geb.Div.
Ital. Exp.Korps mit Div. Pasuvio, Torino und Celere.
3. Rum. Armee mit Geb.Korps (1., 2., 4. Geb.Brig.) und Kav.Korps (5., 6., 8. Kav.Brig.).
60. I.D. (mot.) Armee-Reserve.
198. I.D. Armee-Reserve, später zu 49. Geb.Korps.
Stab Gen. d. Art. Eberth (Höh.Arko 301) z.b.V.
Inkrafttreten der neuen Unterstellungen wird einzeln befohlen.
4. Grenzen:
a) zwischen 3. und 14. Pz.Korps:
Alexejewka (3.) – Belmanka (3.) – Temrjuk (3.) – Tschermalik (14.) – Otradnyj (III.) – Lyssorskaja (14.) – Verlauf des Tuslow bis Most Nesswtaj.
b) zwischen 14. Pz.Korps und 49. Geb.Korps:
Turkenowka (49.) – Wesselaja (14.) – St. Majorskoje (49.) – Weliko-Anadol (14.) – Nowaja Ignatjewa (14.) – Nw. Jekaterinowka (14.) – Wegegabel 3 km nördl. Bhf. Kutejnikowo (14.) – Grigorjewka (14.) – Nagorno Tolowskij.
c) zwischen 49. Geb.Korps und Ital. Exp.Korps: ...

* Leibstandarte SS »Adolf Hitler«

5. Aufträge.
3. Pz.Korps stößt in seinem Streifen vor. Es ist von besonderer Bedeutung, durch überraschenden Vorstoß Taganrog bald in eigenen Besitz zu bekommen. Sodann ist es Hauptaufgabe des 3. Pz.Korps, den Don-Übergang bei Rostow in die Hand zu nehmen.
14. Pz.Korps hat in seinem Streifen das Vorgehen des 3. Pz.Korps zu begleiten. Seine Hauptaufgabe wird zunächst sein, die Nordflanke des 3. Pz.Korps immer so rechtzeitig zu sichern, daß das 3. Pz.Korps so schnell wie möglich nach Osten vorkommt. Nebenaufgabe ist Verbindunghalten mit dem links vorgehenden Geb.Korps. Im übrigen muß das Korps bereit sein, daß es sowohl in Kämpfe ostw. Mariupol als auch bei Stalino eingreifen kann.
49. Geb.Korps tritt sobald als möglich über die Linie Fjodorowka–Guljaj Pole auf Stalino an, schlägt den Feind westl. Stalino, nimmt und besetzt das Industriegebiet von Stalino.
Ital. Exp.Korps hat den Auftrag, die Nordflanke der Panzerarme zu sichern und Verbindung mit dem rechten Flügel der 17. Armee zu halten. Hierzu macht es zunächst die SS.Wiking bei Guljaj Pole frei und tritt dann, wenn 49. Geb.Korps die Linie Fjodorowka–Guljaj Pole überschreitet, ebenfalls nach Osten an und begleitet so das Vorgehen des 49. Geb.Korps.
198 I. D. wird nach Übernahme ihrer Sicherungsaufgaben durch Ital. Exp.Korps auf besonderen Befehl dem 49. Geb.Korps zugeführt werden.
3. Rum. Armee säubert das augenblickliche Kampffeld von versprengten Feindteilen bis zur Linie Berdjansk – Berestowoje – Ssemjonowka, sichert den Küstenstreifen von Molotschnoje bis Berdjansk und hält sich bereit, nach Abfließen des 3. Pz.Korps über Berestowoje auf Mariupol zu folgen und den weiteren Küstenschutz zu übernehmen.
60. I.D. (mot.) – Armee-Reserve – verbleibt zur Verfügung der Panzerarmee zunächst im Raum um Ssemjonowka.
6. Nachrichtenverbindungen:
Pz.Armee-Achse wird über Mariupol auf Rostow vorgetrieben.
14. Pz.Korps und 49. Geb.Korps halten mit Antreten in neuer Richtung zunächst Anschluß an P. V. Pologi.
Panzerarmee wird von Mariupol in Richtung Wolnowacha Querverbindung an vorhandenem russ. Gestänge bringen, um 14. Pz.Korps und 49. Geb.Korps neu anzuschließen.
Ital. Exp.Korps hält Anschluß an Ssineljnikowo.
Im Verlauf der Operation ist Bau einer Querverbindung zum 49. Geb. Korps vorgesehen. Dem 49. Geb.Korps und dem Ital. Exp.Korps werden hierzu Baukräfte zugeführt.
Die Führung wird bei der kommenden Operation häufig nur auf Funk angewiesen sein. Straffste Funkdisziplin, häufigste Meldeerstattung sind daher ebenso nötig wie schnellste Aushändigung der Sprüche.
Pz.Armee hält zu allen Korps und der 3. Rum. Armee die im Funkplan vorgesehenen Verbindungen.

gez. v. Kleist

ZUSTAND DER TRUPPE IM DEZEMBER 1941 IM RAUM VON TAGANROG-ROSTOW

Abschrift

Krad-Schützen-Btl. 160 — Btl.Gef.Std., den 3. 12. 41
Kommandeur

Dem Kommandeur des Infanterie-Rgt. 92

Wie bereits gestern dem Herrn Divisions-Kommandeur und Regimentskommandeur mündlich gemeldet, bedarf das Btl. dringend der Ablösung.

Das Btl. ist nunmehr seit 8 Tagen ununterbrochen eingesetzt, und zwar ohne die geringste Möglichkeit, auch nur vorübergehend oder mit Teilen unterzuziehen. Alle anderen Btle. der Division haben inzwischen Gelegenheit gehabt, ein bis zwei Tage Unterkunft zu beziehen, oder haben Stellungen gehabt, in denen Ortschaften lagen, so daß größere Teile wenigstens ein Dach über dem Kopf hatten.

Das Btl. ist hierdurch körperlich und psychisch in hohem Grad überanstrengt. Abgesehen von dem dadurch hervorgerufenen Zustand der allgemeinen Abstumpfung, wirkt sich das völlige Durchfrorensein – wie z. B. auch der Angriff auf die Gefechtsvorposten heute Nacht erwiesen hat – so aus, daß rein manuell die Handhabung der Waffen außerordentlich eingeschränkt ist.

Dazu kommt, daß die Kradschützen-Kompanien keinen Schutz durch die Fahrzeuge haben, auf dem Marsch nicht schlafen können, sondern sogar doppelt der Kältewirkung ausgesetzt sind.

Ferner war es nicht möglich, etwa 3–4 Tage lang dem Btl. warme Kost zuzuführen, da in dem Stellungsgelände des Btl. keinerlei Wasser zur Verfügung stand und außerdem die Feldküchen (Dieselfahrzeuge) für die vordringliche Aufgabe des Abschleppens wichtiger Fahrzeuge eingesetzt werden mußten.

Um die Gefechtskraft des Btl. aufrecht erhalten zu können, ist bisher bis auf ganz wenige schwere Fälle davon abgesehen worden, Kranke mit Erkältungserscheinungen und Frostschäden herauszuziehen. Nach Meldung des Truppenarztes ist dies jedoch bei weiterem Daueraufenthalt im Freien nicht mehr möglich, so daß ein hoher Krankenabgang heute oder morgen zu erwarten ist.

Endlich sind bei den Rückzugsgefechten und nächtlichen Märschen naturgemäß eine große Anzahl Versprengter aufgetreten, die in der augenblicklichen Gefechtslage schwer wieder einzugliedern sind.

Das Btl. verspricht sich von einem, wenn auch nur mehrtägigen, Aufenthalt in einer Ortsunterkunft eine bedeutende Erhöhung der Gefechtskraft, da dann die leichter Erkrankten bei der Truppe bleiben können, die Eingliederung der Versprengten möglich ist und ein wesentliches Anwachsen der körperlichen und moralischen Widerstandskraft erreicht wird.

Ich hätte mich zu dieser Meldung nicht entschlossen, wenn ich nicht der Überzeugung wäre, daß die Grenze der körperlichen und psychischen Leistungsfähigkeit erreicht ist. Um Rückschläge bei den bevorstehenden schweren Kämpfen zu vermeiden, fühle ich mich vielmehr zu dieser dienstlichen Meldung verpflichtet. gez. Boelsen

MILITÄRISCHE UND POLITISCHE URTEILE IM NOVEMBER/DEZEMBER 1941

Auszüge aus dem Bericht des Generalobersten H. Reinhardt* (am Nordflügel der Heeresgruppe Mitte 1941 vor Moskau)

Seite 2: »... die Pz.Gruppe 3 (meldete) – ähnlich wie es auch Generaloberst Guderian getan hatte – am 5. 11. 1941 ernste Bedenken vor Ope-

* »Panzergruppe 3 in der Schlacht von Moskau und ihre Erfahrungen im Rückzug«, in: »Wehrkunde«, München, Heft 9/1953.

rationen mit Schnellen Truppen im russischen Winter ... Am 16. November begann ... der 2. Akt der Schlacht vor Moskau ... Die Truppe ... ging mit der alten Zuversicht und dem unbedingten Gefühl der Überlegenheit in den Kampf. Die Parole ›Moskau‹ zog noch einmal alles in ihren Bann ...«

Seite 3: (Die Kämpfe verliefen verlustreich, aber immerhin erfolgreich) »... am 4. 12. ... verschlechterte sich sprunghaft die Lage. Der Feind ging ... zum Angriff über ... neuer Feind gemeldet ... Frostverschärfung ... brachte eine außerordentliche Erschwerung ... für die Truppe ohne Winterausrüstung ... Pz.Gruppe 3 sah sich deshalb gezwungen, am 5. 12. ihren Angriff selbständig einzustellen ...«
(Am 6. 12. befahl die Heeresgruppe den Rückzug. Sehr harte Rückzugskämpfe folgten.)

Seite 7: (Am 17. 12. gab Hitler den Befehl zum Halten des Lama-Abschnittes.)
»... Ein Aufatmen ging durch die Truppen, daß endlich dem Rückzug ein Ziel gesetzt wurde ...«

Generaloberst Guderian (am Südflügel der Heeresgruppe Mitte) urteilt ähnlich:* »... Die Kraft der Truppe hat nicht mehr genügt, um den Angriff auf Moskau siegreich durchzuführen, und so habe ich mich am 5. 12. abends ... entschließen müssen, den ... Kampf abzubrechen und in eine ... kürzere Linie zurückzugehen, die ich ... hoffe ... halten zu können ... Wir hatten eine böse Niederlage erlitten ...«

Mitte Dezember 1941 schrieb Winston Churchill** über die Bedeutung der Schlacht vor Moskau an Stalin:

»... (mein) Gefühl der Erleichterung über Ihre hervorragenden Siege an der russischen Front ... Ich fühlte mich noch nie so zuversichtlich hinsichtlich des Ausgangs des Krieges ...«

STATISTISCHE ANGABEN ***

(Feldzug gegen die Sowjetunion 1941/42)

1. Verluste bis 3.7.1941: 54000 Mann = 2,15 % von 2,5 Mill. Mann, davon gefallen 11098 Mann und 724 Offiziere, d. h. auf 15,3 Mann 1 Offizier, also sehr hohe Offiziersverluste;
   bis 13.8.: 389924 = 11,4 % des Ostheeres von 3,448 Mill. Mann, dabei Offiziere gefallen: 1 auf 20,5 Mann;
   bis 31.12.: 830903 = 25,96 % von 3,2 Mill. Mann, dabei Offiziere gefallen: 1 auf 20,34 Mann.
2. Kältegrade: 5. 12. 1941 bei Tula 36° (Mitte); 7. 12. bei Tichwin 30–35° (Nord); 8. 12. »Truppe leidet unter Kälte sehr« (Süd); 23. 12. »Keine hohen Frostgrade, aber starkes Schneewetter, welches Fliegereinsatz behindert.« 3. 1. 42 »Truppe hält bei Kältegraden über 30° einfach

* Heinz Guderian, »Erinnerungen eines Soldaten«, Vowinckel Verlag 1951, S. 235/36.
** »Der zweite Weltkrieg, Schriftenwechsel 1941–45«, Bd. I, Dok. Nr. 2, Akademie Verlag Berlin 1959.
*** Nach dem »Kriegstagebuch« des Generalstabschef des deutschen Heeres, Kohlhammer Verlag, 1964.

nicht mehr ... Bei Heeresgruppe Nord ist bei 42° Kälte die Gefechtstätigkeit erstarrt.«

3. 10.11. »Die besondere Winterausstattung wird bei H.Gr. Süd nicht vor Januar, bei manchen Teilen Mitte erst Ende Januar 1942 vorzubringen sein.«

4. Panzerlieferung: 12. 12. 1941: »Mit den jetzt in Aussicht gestellten Fertigungen können wir überhaupt nicht Krieg führen ... Die in Aussicht gestellten Fertigungen (an Sturmgeschützen) sind völlig unzureichend.« Vortrag des Gen.Maj. Buhle, Chef der Organisationsabteilung des OKH.

ANERKENNUNG FÜR DIE TRUPPE IM JANUAR 1942

18. Panzer-Division
Kommandeur

Div.Gef.Stand, 28. 1. 42

Divisionstagesbefehl Nr. 42

Erlaß des Führers!

Soldaten der Kämpfe um Suchinitschi!

Die russische Einkreisung unserer Kameraden in Suchinitschi ist gesprengt.

Unerschütterlich im Vertrauen auf die eigene Kraft hat sich eine Gefechtsgruppe 19 Tage unter ihrem Führer, Generalmajor Freiherr von und zu Gilsa, hartnäckig verteidigt. Diese Tat war für die Gesamtlage von größter Bedeutung.

Nun sind die Einheiten der 2. Panzer-Armee, insbesondere die 18. Panzer-Division und die 208. Division, meinem Appell zum Entsatz der Besatzung von Suchinitschi gefolgt. Sie haben in bewundernswertem Vorwärtsdrang die Gruppe von Gilsa aus ihrer Einschließung befreit.

Ich bin in dankbarer Anerkennung stolz auf Euch, Verteidiger und Angreifer von Suchinitschi!

Eure Leistung wird in die Geschichte eingehen, als Beweis dafür, daß deutsche Soldaten auch im russischen Winter zu kämpfen wissen.

gez. Adolf Hitler

Dieser Erlaß ist durch die Kompanieführer zu verlesen.

gez. (Nehring)
Generalmajor und Divisionskommandeur

LAGEBEURTEILUNG AUS NEUTRALER SCHWEIZERISCHER SICHT VOM 16. 8. 1942

Der Verfasser war der damalige schweizerische Hauptmann Hausamann, Leiter eines Nachrichtenbüros. Der nachstehende Auszug aus dem Originalbericht ist im Vergleich mit Hitlers intuitiver Beurteilung in jenen schicksalschweren Tagen besonders beeindruckend, zumal sich sein Inhalt als zutreffend erwiesen hat.

* Der Verfasser ist dem Eidgenössischen Militärdepartement und Herrn Major Hausamann für die liebenswürdige Überlassung der obigen Lagebeurteilung zu besonderem Dank verpflichtet.

Wortlaut des Auszuges:

Herrn
Oberstbrigadier R. Masson
Unterstabschef Gruppe I d
Armeekommando

Im Felde, den 16. August 1942

Herr Oberstbrigadier!

Ihr Brief vom 13. ct. gelangte in meinen Besitz. Gestatten Sie mir dazu die folgenden Darlegungen:

Die Meldungen, daß Timoschenko noch über mehrere Armeen kaukasischer Truppen im Kaukasus verfügt, daß noch über 90 mot., erstklassig ausgerüstete und ausgebildete Div. als strategische Reserve hinter der Wolga stehen, stammen aus verschiedenen und allerersten Quellen ...

Ebenfalls aus einer in Moskau weilenden Militärmission der Alliierten weiß ich (funktelegr. Meldung), daß seit Juni 1941 und bis zum heutigen Tage aus zentralrussischen Standorten ununterbrochen Division um Division nach europäisch Rußland heranrollt. Dazu wurde mir ergänzend berichtet, daß zufolge des dünnen Eisenbahn- und Straßennetzes im zentralrussischen Raum jede dieser Div. durchschnittlich 3 Wochen braucht, bis sie mit Troß, Munition und allem anderen, was sie braucht, an der Wolga verfügbar ist. Diese Transporte gehen auch jetzt noch laufend weiter, und man spricht von Heereseinheiten, die erst im Laufe des Jahres 1943 an der Wolga eintreffen können.

Abschließend verweise ich auf meine diversen Berichte, wonach die Russen auf ihre hinter der Wolga stehenden strategischen Reserven weder im Sektor Leningrad, noch im Sektor Moskau, aber auch im Südsektor nicht zurückgegriffen haben. Die bis heute tobenden Kämpfe sind von russischen Armeen bestritten worden, welche planungsgemäß für die Kriegführung in europäisch Rußland vorgesehen waren.

Vom russischen Oberkdo. ist immer wieder Wert darauf gelegt worden, den alliierten Wehrmachtmissionen gegenüber zu betonen, daß die im Laufe des Winters und Frühjahrs durchgeführten russischen Offensivaktionen (auch der Angriff Timoschenkos gegen Charkow) als »örtliche Operationen« aufzufassen seien und nicht als russische strategische Offensive. Die russische strategische Offensive hat noch nicht begonnen. Überall dort an der Ostfront, wo die Deutschen über die Linie Leningrad–Moskau–Woronesch–Stalingrad–Unterlauf der Wolga vorstoßen wollen, treffen sie auf erbitterten und erfolgreichen Widerstand der Russen. Wo die Russen nachhaltig abwehren wollen, sind die Deutschen nirgends über eine von diesen gezogene Linie hinaus vorwärts gekommen ...

Im Kampfgebiet von Woronesch kommen die Deutschen trotz riesigem Kräfteeinsatz nicht nur nicht vorwärts, sondern sie müssen erleben, daß die Russen sich wieder über den Don vorschieben. Vor Stalingrad opfern die Deutschen seit Wochen gewaltige Mengen an Kriegsmaterial, greifen sie mit enormen Verlusten nunmehr schon über einen Monat ununterbrochen an, ohne ihr Ziel zu erreichen. Vorwärts gekommen sind die deutschen Heere nur in Richtung Kaukasus.

Was hat Timoschenko bis jetzt gemacht? Er verstand es meisterhaft (auch nach deutschem Urteil), überall da, wo er nicht nachhaltig Widerstand leisten wollte, seine Kräfte den Umfassungsoperationen von Bocks immer wieder zu entziehen, das Gros seiner Armeen aus den Kesseln herauszuhalten, die deutsche Absicht, ihn zur Entscheidungsschlacht zu stellen, zu durchkreuzen. Genau wie bei Woronesch, bei Stalingrad, hätte Timoschenko auch bei Rostow dem deutschen Vordringen einen Riegel vorschieben können, wenn dies seine Absicht gewesen wäre. Timoschenko opfert jedoch Truppen nur, wenn dies nach seinem strategischen Konzept oder Zeitkalender sein muß – an der Wolga, diesem enorm wichtigen und leistungsfähigen Verkehrsstrang, der Verschiebungen größten Ausmaßes ermöglicht und auf dem keine Schienen unterbrochen werden können, ferner, wenn es gilt, auf den kommenden Winter hin Zeit zu gewinnen, die Deutschen in einen weiteren Kriegswinter zu zwingen.

Während die deutschen Armeen, vergeblich sich bemühend, Timoschenkos Heer zum Entscheidungskampf zu stellen, Richtung Kaukasus vorprellen, läßt Timoschenko das Gros seiner Truppen für die Deutschen quasi Spalier stehen. Was er in den Kampf schickt, wird geopfert, um die deutschen Verbände »abzunützen«. Dabei ist Timoschenko in der Ausgabe seiner Heereseinheiten äußerst haushälterisch. Er will das Gros seiner Armeen dann brauchen, wenn der Zeitpunkt gekommen ist, zuzuschlagen ...

Die Russen sind, kriegspolitisch und strategisch gesehen, keineswegs in bedrängter Lage. Sie sind es auch nicht wehrwirtschaftlich ...

Sie verfügen jedoch in innerrussischen Ölgebieten, die der deutschen Einwirkung entzogen sind, über genügend Reserven, um den Krieg weiterführen zu können. Ihre Fabriken sind aus europäisch Rußland erwiesenermaßen hinter Wolga und Ural verlegt und arbeiten dort bereits wieder.

Das Gesetz des Handelns liegt nach wie vor bei den Russen, wenn sie angreifen wollen, dann können sie es, können sie ihre strategischen Reserven in Marsch setzen. Die Russen marschieren jedoch nur für ihre eigenen politischen und militärischen Ziele ...

Eine Abschlagzahlung der Briten an die Russen erwarte ich in den nächsten Tagen in Nordafrika, wo Auchinleck voraussichtlich wieder zum Großkampf antritt ...

... Es erhebt sich die Frage nach den deutschen Vorhaben im Osten. Wird Hitler seine Heere gegebenenfalls durch den von Timoschenko mehr oder weniger freigegebenen Kaukasus nach dem Iran, Irak, bis zum Persischen Golf vorwärts stürmen lassen? Wird er die Flucht in Raum und Zeit fortsetzen? Den Russen könnte dies schlußendlich nur recht, mindestens einerlei sein. Denn sie erreichen so oder so ihr kriegspolitisches Ziel. Die Frage ist, ob im Führerhauptquartier jene Männer sich durchsetzen, welche die russische Denkweise ergründet haben und dringend davon abraten, der russischen quasi Einladung durch den Kaukasus zu folgen, oder ob wieder jener andere Kreis obenauf schwingt, der auf rücksichtslose Offensive plädiert.

Die deutsche Heeresleitung steht vor schwierigsten Entscheidungen ...

... So oder so hat Deutschland kriegspolitisch nichts Entscheidendes gewonnen und kann es nichts mehr gewinnen als immer wieder Raum, Raum und nochmals Raum, der Kräfte frißt, in dem sich die deutschen Heere verlieren, der keinen Gewinn einbringt. Andererseits aber immer dichtere Luftangriffe der Angelsachsen auf deutsche Städte, ohne Möglichkeit, diese zu bremsen, im Westen eine »zweite Front«, in Afrika keine Möglichkeit, Rommel die Luftstreitkräfte und terrestr. Truppen zu geben, deren er bedürfte, um die Engländer aus den östlichen Mittelmeerländern zu vertreiben, im Süden einen wackligen Achsenpartner, in allen Ländern des europäischen Kontinentes unzufriedene Völker, deren Niederhaltung gewaltige Kräfte absorbiert.

Für die deutsche Reichsführung ist die Lage ausweglos! Sie kann nichts anderes mehr, als sich zu Tode siegen. Kommt es in diesen Wochen zur Bildung einer »Zweiten Front« im Westen, dann tritt der Zusammenbruch früher ein, bleibt die »zweite Front« im Westen aus, dann später. Und dies alles nicht zuletzt deshalb, weil die Russen die Nerven gehabt haben, einen strategischen Plan strikte einzuhalten, Land zu opfern und ihre strategischen Reserven aufzusparen, für das Jahr 1943 oder gar 1944 – wie die Russen mit stoischer Ruhe sagen, für die russische strategische Offensive.

So, Herr Oberstbrigadier, sehe ich, in ein paar Sätzen zusammengefaßt, gestützt auf alle hier vorliegenden Informationen, bei ständigem sorgfältigem Studium der Zusammenhänge, die Lage und den weiteren Ablauf des Geschehens. Ich hoffe, Ihnen mit meinen Darlegungen gedient zu haben.

Stets Ihr erg.

Hausamann (handschriftlich gez.)

BEFEHLSGLIEDERUNG DER DEUTSCH-ITALIENISCHEN STREITKRÄFTE IN NORDAFRIKA, NOV./DEZ. 1942

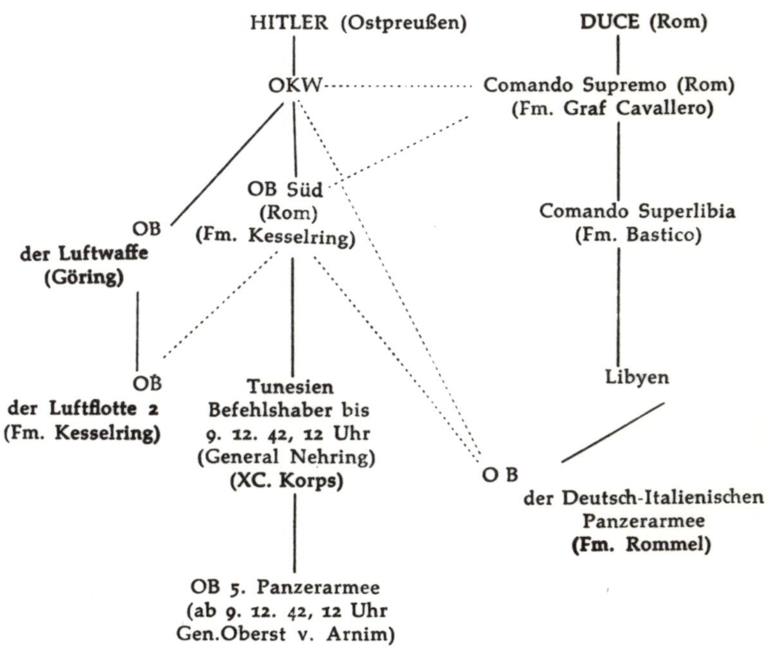

Erläuterung

- - - - auf Zusammenarbeit angewiesen

——— unterstellt

OPERATION »ZITADELLE« IM RAHMEN DER 9. ARMEE

1943

*Wörtliche Auszüge aus Berichten der 292. Inf.Division**

5. 7. 43 Um 1.10 Uhr begann der Feind mit einem stetig an Heftigkeit zunehmenden Störungsfeuer auf Hauptkampflinie, Waldstücke und das Hinterland bis zur Linie Glebowo-Kamenka, das bis 2 Uhr andauerte ...

Nach Überläuferaussagen wurde das Feuer dadurch ausgelöst, daß dem Russen der Angriffsbeginn bekannt war, daß Pioniere beim Minenräumen beobachtet worden waren und daß die Front zu ruhig war, während im Hinterland zuviel Fahrzeuglärm gehört wurde.

Um 3.30 Uhr beginnt unser Feuerschlag.

Auf den feindlichen Gräben liegen die Einschläge hageldicht. Leider verpuffte unser Vorbereitungsfeuer dorthin fast wirkungslos, weil der Russe den vorderen Graben bis auf wenige Verschleierungsposten geräumt hatte. Unsere Infanteristen und Pioniere verlassen siegeszuversichtlich den Graben. Das Gren.Rgt. 508 erreicht die ersten Ziele, gerät dann aber in ein Minenfeld und bleibt liegen. Schon um 9 Uhr muß das II./Gren.Rgt. 508 einen starken Gegenstoß abwehren.

Das Pz.Gren.Rgt. 101 der 18. Pz.Div. dringt zwar in Oserki ein, kann dann aber nichts mehr unternehmen, da es durch zusammengefaßtes Granatwerferfeuer zu hohe Verluste erleidet.

Im Laufe des Nachmittags stoßen die der Division zugeteilten Sturmgeschütze bis dicht vor Alexandrowka durch und zwingen die dort stehende feindliche Artillerie zum überhasteten Stellungswechsel. Daraufhin ergreift auch die russische Infanterie in hellen Scharen die Flucht und verläßt ihr Stellungssystem bei Punkt 243,9 und im Bunkerwald ...

Der Feindeindruck des ersten Angriffstages ist: Massierte, in die Tiefe gegliederte Artillerie, die feindliche Infanterie verteidigt sich zäh, teilweise im Handgranatenkampf. Die an diesem Tage nur vereinzelt auftretenden feindlichen Panzer wurden fast alle von den Sturmgeschützen erledigt.

In der Nacht zum 6. Juli setzt der Russe außerordentlich viel »Nähmaschinen« ein, die zwar eine Menge Bomben abwerfen, aber nur geringen Schaden anrichten ...

6. 7. Der feindliche Widerstand verstärkt sich an diesem Tag von Stunde zu Stunde. Dennoch gelingt es dem Gren.Rgt. 508 trotz stärksten feindlichen Artilleriefeuers bald Alexandrowka und Rschawez zu nehmen. Dabei muß das rechte Flügelbataillon (I.) stets mit offener Flanke kämpfen, da die 6. Inf.Division nicht nachkommt.

Um 10.50 Uhr weicht der Feind auf Nordteil Ponyri aus. Als rechter Nachbar wird die 9. Pz.Div. eingeschoben ...

Ponyri, ein sich über viele Kilometer hinstreckender und aus vielen Teilen bestehender großer Ort, sollte eine am heißesten umkämpfte **Ortschaft des Ostfeldzuges werden!**

*** In der Zeitschrift »Alte Kameraden«, Stuttgart, Ausgaben 10/11 1963; mit frdl. Genehmigung der Schriftleitung und des Traditionsverbandes (Oberst a. D. Saekel) der ehem. 292. Div. Diese Division gehörte mit der 18. Pz.Div., der 10. Inf.Division (mot.) und der 86. Division zum 41. Panzerkorps.**

Am Abend werden Teile der Artillerie weit vorgezogen, I./AR. 292, II./Mörser-Abt. 604, II./Werfer-Rgt. 53 und I./Flak-Rgt. 26 beziehen Stellungen in und bei Ponyri 1, nur zwei Kilometer hinter der vorderen Linie . . .

7. 7. Der Feind verteidigt sich sehr zäh . . .
Die auf die Höhe 253,5 angesetzten »Ferdinands« – zwar gewaltig gepanzerte und mit einer 8,8-cm-Kanone auch stark armierte Sturmgeschütze, aber mit einem zu schwachen Laufwerk – können nicht entscheidend in den Kampf eingreifen, da sie alle bald wegen Kettenschäden diesseits der Höhe liegenbleiben. (Sie wurden später alle abgeschleppt.) . . .

ab 8.7. In der auf unsere letzten Angriffe am 7. Juli 1943 in Beressowyj Log und Maja folgenden Woche bis zum Beginn der gewaltigen russischen Gegenoffensive ähnelte unser neu aufgezwungener Stellungskrieg den Materialschlachten des Ersten Weltkrieges. Das stellte für unsere Division eine Belastungsprobe ohnegleichen dar. Die russische Artillerie war zahlenmäßig weit überlegen – deren Feuerleistung ließ allerdings nach wie vor zu wünschen übrig – und mit unerschöpflich scheinenden Munitionsmengen ausgerüstet. Auch die feindlichen Flugzeuge flogen pausenlos Angriffe, erbittert angegangen von unseren an Zahl unterlegenen Jägern und wirksam von der zahlreichen Flak bekämpft, die sich auch im Erdeinsatz bewährte . . .
Im Laufe des 8. Juli führt der Russe elf Angriffe durch, die aber im wesentlichen abgeschlagen werden können. Unsere Infanteristen und Panzerjäger leisten Heldenhaftes in dieser Materialschlacht. Unsere Batterien unterstützen wirksam durch zusammengefaßtes und beobachtetes Feuer.

11. 7. Gegen Abend rollt ein russischer Angriff auf breiter Front. Als unser Abwehrfeuer alle Waffen einsetzt, erscheinen auch unsere Stuka und Bomber in mehreren Wellen, etwa 200 Maschinen, und bombardieren die angreifende Infanterie und die Panzer vernichtend. In der Senke ostwärts der Maschinen- und Traktoren-Station zerschlagen sie eine starke Panzerbereitstellung. Die russische Artillerie schweigt vollständig. Unsere Infanteristen stehen auf dem Grabenrand und atmen für einen Augenblick befreit auf. Ein weiterer Angriff des Feindes erfolgt an diesem Tage nicht mehr . . .

12./14. 7. (sind ruhiger).

15. 7. (neue Angriffe, die aber abgewiesen werden).

DIE SOWJETISCHE TRUPPENORGANISATION IM FRÜHJAHR UND SOMMER 1943 *

Panzerarmee: Operativer Schwerpunktverband der Front. Meist zwei Panzerkorps und ein mechanisiertes Korps oder auch drei Panzerkorps. Unterstellung weiterer Verbände nach Bedarf.

Panzerkorps: Unterstellung unter Panzerarmee oder Heeresfront (Heeresgruppe).
Drei Panzerbrigaden, eine mot. Schützenbrigade, ein Aufklärungsbataillon usw., Artillerieverbände fallweise. Stärken: 7600 Mann, 141 Panzerkampfwagen, 46 Panzerspähwagen, 54 Granatwerfer, 24 Geschütze mit 76 mm Kaliber. Kampfkraft sollmäßig schwächer als eine deutsche Panzerdivision.

* Annäherungswerte nach E. Klink: »Das Gesetz des Handelns«.

Mech. Korps: Unterstellung wie Panzerkorps.
Drei mech. Brigaden, zwei selbständige Panzerregimenter oder eine Pz.Brigade. Stärkere Korpstruppen für weiträumige Aufgaben. Stärken: etwa 17000 Mann, 200 Panzerkampfwagen, 240 Granatwerfer, 68 Geschütze mit 76 mm Kaliber.
Panzerbrigade: Unterstellung im Pz.Korps oder mech. Korps oder selbständiger Verband zur Unterstützung der Schützenverbände.
Meist zwei Panzerbataillone, ein mot. Schützenbataillon usw. Stärken: etwa 1100 Mann, 65 Pz.-Kampfwagen, 3 Panzerspähwagen, 4 Geschütze mit 76 mm Kaliber, 6 Granatwerfer. (Sollstärke also etwa wie deutsche Panzerabteilung, Gliederung aber wendiger.)
Panzerregiment: drei bis vier Pz.-Kompanien mit etwa 40 Panzern bzw. mit 24 schweren Panzern für Inf.-Unterstützung (Garde-Pz.Rgt.) Etwa 400 Mann.
Mech. Brigade: Unterstellung unter mech. Korps. Stärken: etwa 4000 Mann, drei mot. Schützenbataillone, ein Pz.Rgt. usw.
Mot. Brigade: Unterstellung unter Pz.Korps, aber ohne Panzer-Einheit.

SOLLSTÄRKE DER SOWJETISCHEN ARMEE AN PANZERVERBÄNDEN AM 1. 4. 1945 *

25 Panzer-Korps mit 5000 Kw.Kan.
13 mech. Korps mit 2600 Kw.Kan.
bis 60 Panzer-Brigaden mit 4140 Kw.Kan.
bis 160 Sonder-Panzer-Regimenter mit 6400 Kw.Kan.
zus. 18140 Kw.Kan. in Panzern

Sowjetische Produktion im Jahresdurchschnitt 1941/45:
30000 Panzer (nach Ansicht des Verfassers stark übertrieben)

KÄMPFE IM RAUM VON TSCHERKASSY IM FEBRUAR 1944

Der Oberbefehlshaber
der 1. Panzerarmee

Armeegef.Std., den 25. 2. 1944

Tagesbefehl

Mit dem heutigen Tage wird das schwere Panzerregiment Bäke aufgelöst. Die zugeführten Teile treten zu ihren Einheiten zurück. Damit endet eine Zeit hervorragender Bewährung für das Regiment. Zusammengestellt für die Mitte Januar beginnende Durchbruchsschlacht** mit der Aufgabe, nach Einbruch der Infanterie in die vorderste feindliche Stellung den schweren Angriffskeil zu bilden, warf das Regiment von Britzköje antretend den Feind weit zurück. Es schlug sodann die von Norden herbeigeeilten stark überlegenen feindlichen Panzerkräfte zusammen und ermöglichte den Infanteriedivisionen den weiteren Durchbruch, um in den nächsten Tagen im kühnen Vorstoß die Angriffsspitze

* nach: »Wehrwissenschaftliche Rundschau«, Heft 12/1967, S. 689; auf Grund sowjetischer Quellen.

** Zusatz des Verfassers: Das Regiment bestand aus je einer Abteilung »Tiger« und »Panther«. Kommandeur war Oberst der Reserve Franz Bäke, einer der vielen hervorragenden Reserveoffiziere der Panzertruppe wie auch Oberst Mummert (†) und Generalmajor Graf Strachwitz.

zu übernehmen. So stellte das Regiment als erste die Verbindung zu den aus Osten vorstoßenden eigenen Panzern her. Damit waren die südlich stehenden Feindkräfte abgeschnitten und gingen ihrer Vernichtung entgegen.

Aber nicht genug damit, stieß der tapfere Kommandeur aus eigenem Entschluß in die sich nördlich Oratow bereitstellenden neuen russischen Panzer kräftig hinein und warf auch diese unter schweren Verlusten zurück.

Wenige Tage später, nach erfolgter Umgliederung, galt es, zu den eingekesselten Teilen des 11. und 42. A.K. vorzustoßen. Auch hier lag bei dem schweren Panzerregiment Bäke der Schwerpunkt. In überraschendem, kühnen Stoß durchbrach es den Feind und riß die feindliche Front bis Kutschowka auf, um wiederum zwei Tage später nach Umgliederung zu dem Stoß auf Gutschanka anzusetzen. Mühselig sich durch den Schlamm wühlend, durch wetterbedingte Ausfälle immer schwächer werdend, erkämpfte sich das Regiment den Übergang über die Lyssjanka und hielt nur mit wenigen Panzern gegen immer stärker werdende Übermacht die Angriffsspitze.

Bis auf 8 km an die eingekesselten Teile herankommend, ermöglichte das Regiment in seinem Rahmen den Durchbruch der Eingekesselten.

In Anerkennung dieser hohen Leistung, die an manchen kritischen Tagen schlachtentscheidend war, verlieh der Oberste Befehlshaber dem tapferen Führer die Schwerter zum Eichenlaub, damit ihn und sein ganzes Regiment ehrend.

Ich selbst gedenke dankbar der Taten des Regiments. Sie werden in der Geschichte der 1. Panzerarmee unvergeßlich bleiben. Dem tapferen Führer und allen Angehörigen des schweren Panzerregiments Bäke meine besten Wünsche für die Zukunft.

gez. Hube
General der Panzertruppe
und Oberbefehlshaber der 1. Panzerarmee

F. d. Richtigkeit
gez. Wenck
Gen.Lt. u. Chef
des Generalstabes
der 1. Panzerarmee

F. d. richtige Abschrift
Lappe
Oberleutnant u. Adjutant
Panzerregiment 11

AUSZUG AUS DEM NACHRICHTENBLATT DER PANZERTRUPPE

Nr. 15 / September 1944

I. *Abschnitt Ost*

Gegenstoß und Gegenangriff
Erfahrungen einer Panzerdivision aus dem Osten

1. Sofortiger Gegenstoß unmittelbar nach dem Feindeinbruch führt immer zum Erfolg. Gegner hat keine Zeit zum Ausbau und zur Gliederung seiner schweren Waffen (Aufbau von Pakfronten und Artillerie).
2. Örtliche Reserven (Panzer, Sturmgeschütze und SPW gemeinsam mit Infanterie) sind hierzu hinter der HKL so bereitzustellen, daß Angriff in allen Richtungen jederzeit möglich ist.
3. Zum Gegenstoß muß auch dann sofort angetreten werden, wenn zunächst keine Unterstützung durch Artillerie und schwere Waffen erfolgen kann. Ausschlaggebend ist die Überraschung!
4. Gegenstöße bei Nacht mit Panzern bzw. Sturmgeschützen und aufgesessener Infanterie verlaufen fast immer erfolgreich, da der Gegner auf solche Unternehmen nicht gefaßt ist und die feindliche Infanterie stark verwirrt wird. Aufgesessene Infanterie schützt die Panzer gleichzeitig gegen Panzervernichtungstrupps.
5. Bei Tag darf die Infanterie nicht auf Panzern aufsitzen, sondern muß abgesetzt von den gepanzerten Fahrzeugen kämpfen. Sie hat sonst hohe Verluste, weil die Panzer das Feuer aller Waffen auf sich ziehen.
6. Vor einem planmäßigen Gegenangriff ist der Truppe genügend Zeit zur Vorbereitung zu geben, denn sie stößt auf einen voll abwehrbereiten Gegner, der Zeit gehabt hat, eine Verteidigungsfront aufzubauen, wobei Pakfronten von 30 bis 40 Pak keine Seltenheit sind.
7. Bei einem auf diese Weise durchgeführten planmäßigen Gegenangriff ist es zweckmäßig, die feindlichen Infanteriestellungen mit eigener Infanterie und mit Pionieren bereits vor Hellwerden zu durchstoßen. Minensperren und Hindernisse werden dabei geräumt. Erst dadurch wird die Möglichkeit zu einem Vorstoß mit Panzern geschaffen.
   Hauptaufgabe der Panzer ist es, in die Tiefe des Feindes durchzustoßen und das befohlene Angriffsziel zu erreichen, nicht aber im Gelände herumstehende Pak zu vernichten. Diese Aufgabe fällt der unterstützenden Infanterie zu.
8. Zum Gelingen eines solchen Gegenangriffs ist die Überraschung ausschlaggebend (Geheimhaltung aller Angriffsvorbereitungen, Vorsicht bei Ferngesprächen, Aufklärungen und Erkundungen, Bewegungen nur bei Nacht. Funktarnung!).

Stellungnahme des Generalinspekteurs der Panzertruppen:

Aus diesen Erfahrungen, die nur unterstrichen werden können, ergeben sich ganz klare Forderungen:

1. Es gibt nur einen sofortigen Gegenstoß *oder* einen planmäßig vorbereiteten Gegenangriff.
   Eine dritte Möglichkeit darf es nicht geben. Ein verspäteter Gegenstoß führt genauso sicher zum Mißerfolg wie ein überstürzter Gegenangriff, da der Gegner äußerst schnell seine Abwehrbereitschaft herstellt.
2. Die Notwendigkeit des sofortigen Gegenstoßes führte im Osten zwangsläufig dazu, kleine Panzergruppen, nach Möglichkeit verstärkt

durch Panzergrenadiere auf SPW, unmittelbar hinter der HKL aufzustellen.

KÄMPFE BEI LAUBAN IM MÄRZ 1945

Der Oberbefehlshaber der Heeresgruppe Mitte

H.Qu., den 7. März 1945

Tagesbefehl

In der fünftägigen Schlacht um Lauban (vom 2.–6. 3. 45) haben Panzerverbände, Volksgrenadiere und Flakartilleristen, hervorragend unterstützt trotz schwierigster Wetterbedingungen durch Schlacht- und Jagdflieger des VIII. Fliegerkorps, die feindliche 3. Garde-Panzer-Armee geschlagen und ihr schwere Verluste beigefügt. Die feindliche Armee ist dadurch für längere Zeit nicht mehr kampffähig.

Ich spreche allen Offizieren, Unteroffizieren und Soldaten aller Waffengattungen und den zur Abschirmung der Flanken eingesetzten Volkssturmmännern meinen Dank und meine Anerkennung für diese gewonnene Schlacht aus. Der fünftägige Kampf um Lauban zeigt, daß wir trotz aller Schwierigkeiten der derzeitigen Lage, trotz härtester Wetterbedingungen und verbissenstem Feindwiderstand den Feind schlagen können, wenn wir den Willen dazu haben und jeder einzelne bereit ist, sich voll für den Sieg einzusetzen. Der Sieg von Lauban soll allen Soldaten der Heeresgruppe Mitte Ansporn sein, sich ebenso einzusetzen wie die Kämpfer von Lauban.

gez. Schörner*

V. WERTURTEILE

Ein Urteil des Militärsachverständigen Adelbert Weinstein

in der »FAZ« vom 25. 1. 1956 über Guderians Aufbauarbeit in der neuen Wehrmacht, das der Armee und ihrer Führung sowie Guderians modernen Ideen gerecht wird.

»... Der Motor und die einzigartige Schulung zur Selbständigkeit der Unterführer ... kamen der Konzeption dieser modernsten Form des Krieges entgegen. Beweglichkeit und Mechanisierung, kühle Planung und Kühnheit in Entschlüssen ... befähigten die Wehrmacht, die klassischen, weitreichenden Operationen zu verwirklichen, die die gesamte Welt in Erstaunen setzten ... die Armee war ... stark genug, die modernen Ideen über einen Panzerkrieg, wie sie von Guderian vertreten wurden, weitgehend zum Zuge kommen zu lassen. Klassisches militärisches Denken aus der alten Schule und modernes Denken einer bestimmten fortschrittlichen Führungsgruppe der Reichswehr ergab für 1939 in Verbindung mit dem Stand der Motorisierung in Deutschland eine Lage, die einzigartig war. Im damaligen Stadium des Aufbaues der Armee hätte man von der Truppe nicht viel mehr verlangen dürfen, aber das, was man in der Ausbildung und materiell erreichen konnte, genügte, um alle vorhandenen Armeen des Westens zu überrennen und

* Vgl. Walther Nehring, »Die Schlacht bei Lauban«, in: »Deutsches Soldatenjahrbuch 1970«

selbst die Sowjetunion an den Abgrund der militärischen Vernichtung zu stoßen...

Voraussetzungen waren Panzer, die Erringung der Luftherrschaft und das Vorhandensein von Raum... Als Erfahrung des letzten Krieges ist für alle Zeiten geblieben: Der Sieg wird durch den Bewegungskrieg errungen...«

Stellungnahme von F. M. von Senger und Etterlin

»Der Aufbau der deutschen Panzertruppe ist vor allem mit dem Namen Guderian verbunden. Dieser weitblickende und energische Offizier besaß die Gabe, verwickelte Probleme mit Hilfe einfacher Formeln zu lösen. Er erkannte frühzeitig, daß die vorerwähnten Grundrichtungen der Entwicklung – Panzer als Infanterieunterstützungswaffe, reinrassige Panzerverbände zu operativer Verwendung und leicht gepanzerte, mechanisierte Kavallerieverbände – den technischen Möglichkeiten nicht gerecht würden und einzelne Faktoren der Kampfführung zu einseitig betonten. Er forderte daher den zu allen Kampfarten befähigten, aus allen Truppengattungen gemischten Panzerverband.«

(in: »Jahrbuch der Bundeswehr«, 1958.)

Aufzeichnung des Generals der Bundeswehr a. D. Hans Speidel

»Wie mir nach dem Kriege bekannt wurde, hat sich Generaloberst Heinz Guderian nach meiner Verhaftung und Einlieferung in den Albrechtkeller der Gestapo im Zuge der Ereignisse des 20. Juli 1944 bei der Verhandlung vor dem sogenannten »Ehrenhof« in kameradschaftlicher und mutiger Weise für mich eingesetzt.

Er trat in scharfer Form dem ehemaligen Generalfeldmarschall Keitel gegenüber, der behauptete, Hitler habe meine Mitschuld am Attentat des 20. 7. 44 erklärt.

Generaloberst Guderian hat sich in einer 20 Minuten dauernden Debatte mit Keitel vor mich gestellt. Danach gab er sein Votum für mich ab.

So ist ihm mit zu verdanken, daß eine Verurteilung durch den sogenannten ›Volksgerichtshof‹ nicht erfolgt ist.«

(in: »Soldat und Volk«, Nr. 9/1965, Bonn)

BIBLIOGRAPHIE

Alman, Karl, »Panzer vor« (18 Biographien), Pabel Verlag, Rastatt, 1967

Aschenbrenner / Freiherr von Steinaecker, »Als Soldat und Diplomat in Rußland« (vor 1934), in: »Hannoversche Allgemeine Zeitung« vom 14./18. 1. 1953

Ayling, S. E., »Portraits der Macht« (aus dem Englischen), Wunderlich Verlag, Tübingen, 1962

Bauer, Eddy, »Der Panzerkrieg«, Verlag Offene Worte, Bonn, 1965 (Deutsche Ausgabe), Band I und II; »Grandeur et décadence de la Panzerwaffe«, in: »Revue de Défense Nationale«, Februar, 1954

Beck, Ludwig, »Studien«, hrsg. von Hans Speidel, K. F. Koehler Verlag, Stuttgart, 1955

Bénoist-Méchin, I., »Geschichte der Deutschen Militärmacht 1918 bis 1946«, (Deutsche Ausgabe) Stalling Verlag, Oldenburg, 1965

Berndorf, H. R., »General zwischen Ost und West«, Hoffmann und Campe Verlag, Hamburg, 1951

Beumelburg, Werner, »Sperrfeuer um Deutschland«, Stalling Verlag, Oldenburg, 1929;

»Bilanz des Zweiten Weltkrieges«, Stalling Verlag, Oldenburg, 1953

Birkenfeld, W., »Der synthetische Treibstoff 1933–1945«, Musterschmidt-Verlag, Göttingen, 1964

Buchheit, Gerd, »Der Führer ins Nichts. Eine Diagnose Adolf Hitlers«, Grote'sche Verlagsbuchhandlung, Rastatt, 1960

Buckreis, Adam, »Die Politik des 20. Jahrhunderts 1901/22«, Verlag Hans Riegler, Stuttgart, 1955

Buhr, Martin, »Entstehung und Einsatz der Sturmartillerie«, in: »Wehrkunde«, Heft 4 und 5/1953

Burdick, Charles Fr., »Die deutschen militärischen Planungen gegenüber Frankreich 1933–1938«, in: »Wehrwissenschaftliche Rundschau«, Heft 12/1956

Carell, Paul, »Die Wüstenfüchse«, Nannen Verlag, Hamburg, 1958; »Unternehmen Barbarossa. Der Marsch nach Rußland«, Verlag Ullstein GmbH, Frankfurt/Main, 1963; »Verbrannte Erde. Schlacht zwischen Wolga und Weichsel«, Verlag Ullstein GmbH, Frankfurt/Main, 1966; »Der Rußlandfeldzug. Fotografiert von Soldaten«, Verlag Ullstein GmbH, Frankfurt/Main, 1967

Cartier, R., »Les cinq journées qui ont decidé du sortie de la guerre«, »Paris Match«, 13. 5. 1940

Carius, »Tiger im Schlamm. Die 2. schwere Pz.Abteilung 502 vor Narva und Dünaburg«, Vowinckel Verlag, Neckargemünd 1967, 3. Aufl.

Chales de Beaulieu, Walter, »Der Vorstoß der Panzergruppe 4 auf Leningrad bis 1941«, Scharnhorst Buchkameradschaft, Neckargemünd, 1961; »Generalobert Erich Hoepner«, ibid., 1969

Churchill, Winston, »Der Zweite Weltkrieg«. Band I, Verlag Toth, 1949

Cochenhausen, von, »Die Truppenführung. Ein Handbuch für den Truppenführer und seine Gehilfen«, Verlag E. S. Mittler, Berlin, 1924

»Crisis in the Desert«, siehe Union War Histories

»Die 3. Panzerdivision«, Verlag Günter Richter, Berlin, 1967

Eich, Hermann, »Die unheimlichen Deutschen«, Econ-Verlag, Düsseldorf, 1962
Eimannsberger, Ludwig Ritter von, »Der Kampfwagenkrieg«, Lehmanns Verlag, München, 1934
Eisgruber, Heinz, »Achtung – Tanks!«, Vorhut-Verlag Otto Schlegel, Berlin, 1939
Erfurth, Waldemar, »Die Überraschung im Kriege«, Verlag E. S. Mittler u. Sohn, 1938; »Der Vernichtungssieg«, E. S. Mittler Verlag, Berlin, 1939; »Die Geschichte des deutschen Generalstabes von 1918 – 1945«, Musterschmidt Verlag, Göttingen, 1957

»Feldgrau – heereskundliche Mitteilungen« – Hrsg. Friedrich Schirmer und Dr. Fritz Wiener, Burgdorf/Hannover
Foerster, Wolfgang, »Generaloberst Ludwig Beck«, Isar Verlag, München, 1953
Freytag-Loringhoven, Freiherr von, »Folgerungen aus dem Weltkrieg«, E. S. Mittler Verlag, Berlin, 1917

de Gaulle, Charles, »Vers l'armée de métier«, Verlag Berger-Levrault, Paris, 1934. Deutsche Ausgabe: »Frankreichs Stoßarmee«, Voggenreiter Verlag, Potsdam, 1935; »Der Ruf 1940/42«, Verlag S. Fischer, Frankfurt/M. (frz. Originalausgabe »L'appel 1940/42«, 1954)
Gebauer, Werner, »Die deutsche Wiederaufrüstung vor dem Zweiten Weltkrieg«, in: »Der Arbeitgeber« vom 5. 3. 1955
»Geschichte des Großen Vaterländischen Krieges der Sowjetunion«, Deutscher Militärverlag, Berlin, 1964
Geyr von Schweppenburg, Leo Freiherr, »Gebrochenes Schwert«, Verlag Bernard u. Graefe, Berlin, 1952, 2. Auflage; »Elemente der operativen und taktischen Führung von schnellen Verbänden«, in: »Wehrwissenschaftliche Rundschau«, Heft 2/1962; »Erinnerungen eines Militärattachés«, Deutsche Verlagsanstalt, Stuttgart, 1949
Goebbels, Josef, »Tagebücher«, Atlantis Verlag, Zürich, 1948
Görlitz, Walter, »Der deutsche Generalstab«, Verlag der Frankfurter Hefte, 1955, 2. Auflage; »Kleine Geschichte des deutschen Generalstabes«, Verlag Haude und Spener, 1967; »Generalfeldmarschall Keitel – Verbrecher oder Offizier?«, Musterschmidt-Verlag, Göttingen, 1961
Gordon, Harold L., »Die Reichswehr und die Weimarer Republik 1919 bis 1926«, Verlag Bernard u. Graefe, Frankfurt/Main, 1959
Guderian, Heinz, »Achtung Panzer!«, Union Deutsche Verlagsgesellschaft, Stuttgart, 1937; Nachdruck 1943: »Die Panzerwaffe«, ibid.; »Erinnerungen eines Soldaten«, Verlag Kurt Vowinckel, Heidelberg, 1951; »Panzer – Marsch!« (bearbeitet von Oskar Munzel), Schild-Verlag, München, 1956; »Kraftfahrkampftruppen« (Heft 1/1936); »Die Panzertruppe und ihr Zusammenwirken mit anderen Waffen«, in: »Militärwissenschaftliche Rundschau«, E.S. Mittler Verlag, Berlin, Heft 5/1936 (1936 im selben Verlag als Buch erschienen, 1943, 4. Auflage); »Schnelle Truppen einst und jetzt«, in: »Militärwissenschaftliche Rundschau«, 1939, E. S. Mittler Verlag, Berlin, 1939
Günther, H., »Das Auge der Division«, Vowinckel Verlag, Neckargemünd, 1967

Halder, Franz, »Kriegstagebuch«, 3 Bde, Kohlhammer Verlag, 1964
Haupt, Werner, »Sieg ohne Lorbeer – Der Westfeldzug 1940«, Gerdes-Verlag, 1965
Heiber, Helmut, »Lagebesprechungen im Führerhauptquartier«, Deutscher Taschenbuch Verlag, München, 1963; »Adolf Hitler«, Colloquium Verlag, Berlin, 1960
Hermann, Carl, »Deutsche Militärgeschichte – Eine Einführung«, Bernard u. Graefe Verlag, Frankfurt/Main, 1966
Hesse, Kurt, »Der Geist von Potsdam«, v. Hase und Koehler Verlag, Mainz, 1967
Hillgruber, Andreas, »Japan und der Fall ›Barbarossa‹«, in: »Wehrwissenschaftliche Rundschau, Heft 6, 1968
Hillgruber/Hümmelchen, »Chronik des Zweiten Weltkrieges«, Bernard u. Graefe Verlag, Frankfurt/Main, 1966
Howard, Michael, »Nutzen und Mißbrauch der Militärgeschichte«, in: »Wehrwissenschaftliche Rundschau«, Heft 8/1962
Hubatsch, W., »Hitlers Weisungen für die Kriegführung«, Deutscher Taschenbuch Verlag, München, 1965

Jacobsen, H. A., »Motorisierungsprobleme im Winter 1939/40«, in: »Wehrwissenschaftliche Rundschau«, Heft 9/1956; »Hitlers Gedanken zur Kriegführung im Westen«, in: »Wehrwissenschaftliche Rundschau«, Oktober 1955; »1939/1945 Der Zweite Weltkrieg«, Verlag Wehr und Wissen, Darmstadt, 1959; »Dokumente zur Vorgeschichte des Westfeldzuges 1939/1940«, Musterschmidt Verlag, Göttingen, 1956
Jaquet, Nicolas, »Panzerangriff und Panzerabwehr«, Verlag Helbing und Lichtenhahn, Basel, 1951; »Gedanken über die schweizerische Landesverteidigung im Zeichen neuzeitlicher Waffentechnik«, Verlag Helbing und Lichtenhahn, Basel, 1955; »Die deutsche Industrie im Kriege 1939/45«, Verlag Duncker u. Humblot, Berlin, 1594
Justrow, Karl, »Der technische Krieg«, Verlag Wehrfront, R. Claassen, Berlin, 1938

Kabisch, Ernst, »Der schwarze Tag«, (8. 8. 1918), Vorhut-Verlag, 1933
Kauffmann, »Panzerkampfwagenbuch«, Verlag »Offene Worte«, Berlin, 1938/39
Keilig, Wolf, »Das Deutsche Heer 1939/45«, (Organisation), Podzun-Verlag, Bad Nauheim, 1956;
»Rangliste des deutschen Heeres 1944/45«, Podzun-Verlag, Bad Nauheim, 1955
Klink, Ernst, »Das Gesetz des Handelns – Die Operation ›Zitadelle‹ 1943«, Deutsche Verlagsanstalt, Stuttgart, 1966
Koch, Horst Adalbert, »Die organisatorische Entwicklung der deutschen Panzerwaffe«, in: »Feldgrau«, ab Juli-Heft 1954, Burgdorf/Hannover
Körtge, Karl, »Panzernachschubdienste«, in: »Deutsche Soldatenzeitung« vom 4. 3. 1954
Kuhl, Hermann von, »Der Weltkrieg 1914/18«, Verlag Tradition Wilhelm Kolk, Berlin, 1929
Kurowski, Franz, »Die Panzer-Lehr-Division«, Podzun-Verlag, Bad Nauheim, 1964; »Brückenkopf Tunesien«, Maximilian-Verlag, Herford, 1967

Leeb, Emil, »Die Technik in der Organisation des Heeres«, in: »Wehrwissenschaftliche Rundschau«, Heft 6/1955; »Aus der Rüstung des Dritten Reiches« (Das Heereswaffenamt 1938 bis 1945), Beiheft 4, Wehrtechnische Monatshefte, Mai 1958, Frankfurt/Main
Liddell Hart, B. H., »Deutsche Generale des Zweiten Weltkrieges«, Econ-Verlag, Düsseldorf, 1964; »Lebenserinnerungen«, Econ-Verlag, Düsseldorf, 1966; »Das Buch vom Heer«, Verlagshaus Bong, Berlin, 1940
Lucke, Chr. von, »Panzer-Regiment 2«, Selbstverlag, 1953
Ludendorff, Erich, »Meine Kriegserinnerungen 1914/18«, E. S. Mittler Verlag, Berlin, 1919

MacLean, »Panzerinstandsetzung im Wüstenkrieg«, Studie, Masch. geschr.
Mackensen, E. von, »Vom Bug zum Kaukasus. Das III. Panzerkorps im Feldzug gegen Sowjetrußland 1941/42«, Kurt Vowinckel Verlag, Neckargemünd, 1967
Manstein, Erich von, »Verlorene Siege«, Athenäum-Verlag, Bonn, 1955; »Aus einem Soldatenleben 1887/1939«, Athenäum-Verlag, Bonn, 1958
Meier-Welcker, H., und W. von Groote, »Handbuch zur deutschen Militärgeschichte 1648–1939«, Bernard und Graefe Verlag, Frankfurt/M., 3. Lieferung 1968, Edgar Graf von Matuschka: »Organisationsgeschichte des Heeres 1890 bis 1918«
Mellenthin, F. W. von (unter Mitarbeit von Rolf Stoves), »Panzerschlachten«, Kurt Vowinckel Verlag, Neckargemünd, 1962
Merker, »Das Schlachtfeld wurde plötzlich leer«, (Aufbau des Reichsheeres), in: »Alte Kameraden«, Stuttgart, 1963
»Militärwochenblatt« 1931/37, E. S. Mittler Verlag, Berlin
Miksche, F. O., »Blitzkrieg«, Editions Pingouin, Paris, 1937
Model, Hans Georg, »Der deutsche Generalstabsoffizier«, Verlag Bernard u. Graefe, Frankfurt/M., 1968
Moll, Otto, »Die deutschen Feldmarschälle 1935–1945«, Pabel-Verlag, Rastatt, 1961
Morretta, Rocco, »Wie sieht der Krieg von Morgen aus?«, Verlag Rowohlt, Berlin, 1934
Moser, Otto von, »Das Wichtigste vom Weltkrieg«, Verlag Belser, 1927
Mostowenko, W. D., »Panzer gestern und heute«, Deutscher Militärverlag, Berlin, 1961
Mueller-Hillebrand, Burckhard, »Das Heer 1939/45«: Band I »Das Heer bis zum Kriegsbeginn«; Band II »Die Blitzfeldzüge«, Verlag E. S. Mittler, Frankfurt/M., 1954/1956
Munzel, Oskar, »Die deutschen gepanzerten Truppen bis 1945«, Maximilian Verlag, Herford, 1965; »Panzertaktik«, Kurt Vowinckel Verlag, Neckargemünd, 1959, Scharnhorst Buchkameradschaft

Nehring, Walther K., »Kampfwagen an die Front!«, Verlag Detke, Leipzig, 1933; »Heere von Morgen«, Verlag Voggenreiter, Potsdam, 1934; lin, 1936/41; »Panzer und Motor« (Bildband), Verlag Voggenreiter, Potsdam, 1936; »Betrachtungen über Fragen der Heeresmotorisierung«, in: Allgemeine Schweizerische Militärzeitung, 1937, Nr. 4; E. S. Mittler Verlag, Berlin, 1936; »Panzervernichtung«, E. S. Mittler Verlag, Berlin, 1936/37; »Die Panzerwaffe von A bis Z«, in: »Die Wehrmacht«, Heft 22/1938; »Der Feldzug in Nordafrika

1942«, Manuskript; »Die deutsche Kraftfahrkampftruppe«, in: »Jahrbuch des deutschen Heeres«, Verlag Breitkopf und Härtel, Leipzig, 1936; »Der Kampf um Tobruk 1942«, in: »Deutscher Soldaten-Kalender«, Schild Verlag, München, 1962; »Das Ende der 1. Panzerarmee«, ibid., 1960; »Die 18. Panzerdivision 1941«, ibid., 1961

Petter, Erich, »Kampfwagenabwehr«, Sonderdruck, Berlin, 1932

Philippi/Heim, »Der Feldzug gegen Sowjetrußland 1941/45«, Kohlhammer Verlag, Stuttgart, 1962

Plehwe, F. K. von, »Schicksalsstunden in Rom«, Propyläen Verlag, Berlin, 1967

Plettenberg, M., »Guderian«, a-b-c-Verlag, Düsseldorf, 1950

Ploetz, A. G., »Geschichte des Zweiten Weltkrieges 1939/45«, Verlag A. G. Ploetz, Würzburg, 1960, 2. Auflage

Podzun, H. H., »Das deutsche Heer 1939« (Rangliste), Podzun Verlag, Bad Nauheim, 1953

Praun, Albert, »Führungstechnik und Führungskunst«, in: »Wehrwissenschaftliche Rundschau«, Heft 12/1954; »Soldat in der Telegraphen- und Nachrichtentruppe«, Selbstverlag, Würzburg, 1967

Prochorkov, J. und V. Trussov, »Die Raketenartillerie im Großen Vaterländischen Kriege«, in: »Wehrwissenschaftliche Rundschau«, Heft 9/1968, E. S. Mittler Verlag, Berlin

Rabenau, Friedrich von, »Seeckt«, Verlag Gesellschaft der Freunde der deutschen Bücherei, Leipzig, 1942

Ranglisten des Reichsheeres 1924, 1929, 1930, 1932, E. S. Mittler Verlag, Berlin

Rangliste des Deutschen Heeres 1944/45, hrsg. von Wolf Keilig, Podzun Verlag, Bad Nauheim, 1953

Riebicke, »Was brauchte der Weltkrieg«, Kyffhäuser-Verlag, 1938

Robertson jr., J. J., »Der amerikanische Sezessionskrieg 1861–1865«, in: »Wehrwissenschaftliche Rundschau«, Heft 4/1961

Rommel, Erwin, »Krieg ohne Haß«, Verlag Heidenheimer Zeitung, 1950, 2. Auflage

Schaub, Oskar, »Das Schützenregiment 12«, Privatdruck

Schaufelberger, P., »Gedanken zum Problem Panzer und Panzerabwehr«, Sonderabdruck der A.S.M.Z., Genf, Nr. 20/1954

Scheibert, Horst, »Zwischen Don und Donez«, Die Wehrmacht im Kampf, Kurt Vowinckel Verlag, Neckargemünd, 1968

Scheibert, H. und Wagner, C., »Die Deutsche Panzertruppe 1939–1945, Eine Dokumentation in Bildern«, Podzun Verlag, Bad Nauheim, 1966

Schell, Adolf von, »Grundlagen der Motorisierung und ihre Entwicklung im Zweiten Weltkrieg«, in: »Wehrwissenschaftliche Rundschau«, Heft 4/1963

Schickel, Alfred, »Hat Deutschland den Zweiten Weltkrieg durch Verrat verloren?«, in: »Wehrwissenschaftliche Rundschau«, Heft 5/1968, E. S. Mittler Verlag, Frankfurt/M.

Schneider, J., »Wege und Wagen«, Kassel, 1888

Schramm, Percy W., »Hitler als militärischer Führer«, Athenäum-Verlag, Frankfurt/M., 1962

Schwab, Otto, »Vom Rang der Technik in der Landesverteidigung«, in: »Deutsche Soldatenzeitung«, Nr. 8/1953

Schwarte, Max, »Geschichte des Weltkrieges«, Etthofer-Verlag, Berlin, 1932
Seeckt, Hans von, »Gedanken eines Soldaten«, Verlag K. F. Koehler, Berlin, 1929, Leipzig, 1935
Senff, Hubertus, »Die Entwicklung der Panzerwaffe im deutschen Heer zwischen beiden Weltkriegen«, E. S. Mittler Verlag, Frankfurt/M., 1969
Senger und Etterlin, F. M. von, »Die deutschen Panzer 1926/45«, Lehmanns Verlag, München, 1959; »Panzergrenadiere«, Lehmanns Verlag, München, 1961
Sheppard, E. W., »Tanks im nächsten Kriege«, Verlag Albert Nauck, Berlin, 1940 (Englische Originalausgabe 1938)
Siegler, Fritz Freiherr von, »Die höheren Dienststellen der deutschen Wehrmacht 1933–45«, München, 1953
Speer-Bericht 1944 (damals »Geheime Reichssache!«) – Umdruck
Steets, E., »Gebirgsjäger bei Uman«, Kurt Vowinckel Verlag, Neckargemünd, 1955
Stoves, Rolf, »Die 1. Panzerdivision 1935–1945«, Podzun Verlag, 1962
Straub, »Die ersten Panzer fuhren Schritt«, in: »Der deutsche Soldat«, Nr. 7/1956, Presse-Verlag, Flensburg
Strutz, Georg, »Die Tankschlacht bei Cambrai 1917«, Verlag Stalling, 1929
Studer, E., »Unsere Armee braucht Panzer«, in: »Schweizerische Handelszeitung«, Zürich, vom 7. 2. 1956

»Tagebuch der Sturmgeschützbrigade 190« (Privatdruck)
»Taktische Zeichen von Wehrmacht und Bundeswehr«, Kurt Vowinckel Verlag, Neckargemünd
»Die Tankschlacht und die Angriffsschlacht bei Cambrai«, Feldpressestelle des A.O.K. 2, 1918
»Taschenbuch für den Winterkrieg« vom 1. November 1942, Verlag Erich Zander, Berlin, 1942
Teltz, Henning, »Versuchsschießen auf Panzerkampfwagen«, in: »Wehrtechnische Hefte«, Nr. 5/1954, Verlag E. S. Mittler, Frankfurt/M.
Tessin, Georg, »Formationsgeschichte der Wehrmacht 1933/39«, Harald Boldt Verlag, Boppard/Rh., 1959
»Tigerfibel« D 656/27 vom 1. 8. 1943, Hrsg.: Generalinspekteur der Panzertruppen
Thomale, Wolfgang, »Eine Gedenkstunde für Generaloberst Guderian« am 17. 6. 1963, in: »Kampftruppen« Nr. 4/1963, Maximilian-Verlag, Herford
Thomée, Gerhard, »Der Wiederaufstieg des deutschen Heeres«, Verlag Die Wehrmacht, Berlin, 1939
»Truppenführung« (T. F.), H.Dv. 300/1 vom 17. 10. 1933
Tschuikow, W. J., »Anfang des Weges«, Deutscher Militärverlag, Berlin 1968, 3. Auflage (russische Originalausgabe 1959)

Union War Histories, Agar-Hamilton and Turner »The Side Rezeg Battles 1941«, Cape Town, 1951; »The Crisis in the Desert May-July 1942«, Cape Town, 1952

»Vierteljahreshefte für Zeitgeschichte, Neue Dokumente zur Geschichte der Reichswehr 1930/33«, Sonderdruck aus Oktober- und Juli-Heft 1954, Deutsche Verlagsanstalt Stuttgart

Volckheim, Ernst, »Die deutschen Kampfwagen im Weltkrieg«, Verlag E. S. Mittler, Berlin, 1922; »Der Kampfwagen in der heutigen Kriegführung«, Verlag E. S. Mittler, Berlin, 1924; »Die deutsche Panzertruppe im Weltkriege«, in: »Die Wehrmacht«, Heft 22/1938

Volkmann, Erich Otto, »Der Große Krieg«, Verlag Reimar Hobbing, Berlin, 1922

Vormann, Nikolaus von, »Der Feldzug 1939 in Polen«, Prinz-Eugen-Verlag, Weißenberg, 1958

Wacker: »Technisches Lehrbuch über Kettenfahrzeuge und Kettenfahrschule«, E. S. Mittler Verlag, Darmstadt, 1962

Wagener, Carl, »Heeresgruppe Süd«, Podzun Verlag, Bad Nauheim, 1967; »Moskau 1941«, Podzun Verlag, Bad Nauheim, 1966

Warlimont, Walther, »Im Hauptquartier der deutschen Wehrmacht 1939–1945«, Verlag Bernard u. Graefe, Frankfurt/M., 1962; »The War in North Africa«, Part 1/2, US Departement of Military Art and Engineering, 1943/45

Die Wehrmacht Nr. 22/1938, »Unsere Panzerwaffe«, Berlin, 1938 (Ing. Essers, Guderian, Graf von Kielmansegg, Nehring, Volckheim)

»Der 2. Weltkrieg« (sowjetische Darstellung), Akademie-Verlag, Berlin, 1959

Wiener, Fritz, »Sturmgeschützeinheiten«, in: »Feldgrau«, Heft 1/1954; »Die Armeen der Warschauer-Pakt-Staaten«, Verlag Carl Ueberreuter, Wien, 1967

Wiener, Fritz und W. J. Spielberger, »Die deutschen Panzerkampfwagen III und IV mit ihren Abarten 1935–1945«, J. F. Lehmanns Verlag, München, 1968

ANMERKUNGEN

ERSTER TEIL

Eine neue Waffe betritt das Schlachtfeld

1. Vgl. Nehring, Walther K., »Panzer und Motor«, Voggenreiter Verlag, Potsdam 1935 (bebilderte Broschüre des Verfassers, in wenigen Exemplaren noch bei einigen Spezialbibliotheken vorhanden).
2. Nehring, Walther K., »Kampfwagen an die Front«, Verlag Joh. Detke, Leipzig 1934, S. 4, 28, 30.
3. Nehring, Walther K., »Heere von Morgen«, Voggenreiter Verlag, Potsdam 1934, S. 10.
4. Ayling, S. E., »Portraits der Macht«, Rainer Wunderlich Verlag, Tübingen 1962, S. 457.
5. Sheppard, E. W., »Die Tanks im nächsten Krieg«, Verlag Nauck u. Co., Berlin 1940, S. 86.
6. Vgl. Fuller, J. F. C., »Die entartete Kunst Krieg zu führen 1789–1961« (Conduct of War), Verlag Wissenschaft und Politik, Köln 1964, S. 163 ff.
7. Vgl. Bauer, Eddy, »Der Panzerkrieg«, Bd. I, Verlag Offene Worte Bodo Zimmermann, Bonn 1965, S. 17.
8. Vgl. Alman, Karl, »Panzer vor!«, Erich Pabel Verlag, Rastatt 1966, S. 12 f.
9. Fuller, J. F. C., a. a. O., S. 193.
   Heute noch lebender Zeuge für den ersten britischen Tankeinsatz ist der Generalmajor (Bw) a. D. Richard Schimpf, Düsseldorf – am 16. 9. 1916 Kompanieführer im Kgl. Bayr. 9. Inf.Rgt. Seine Kompanie wurde unmittelbar vom britischen Tankeinsatz betroffen. Ihre erfolglose Abwehrmaßnahme bestand in geleitetem Infanteriesalvenfeuer auf die einzelnen Tanks. Entlastung erhielt sie dann durch die im Galopp offen in der Infanteriefront auffahrende, pferdebespannte leichte Batterie des Hauptmanns Ritter von Heiligbrunner (Kgl. Bayr. 2. Artl.Rgt.), die die Tanks im direkten Richtverfahren vernichtete oder zum Abdrehen zwang (Mittlg. von Generalmaj. a. D. Schimpf an den Verfasser).
10. Fuller, J. F. C., a. a. O., S. 194.
11. Beumelburg, Werner, »Sperrfeuer um Deutschland«, Stalling Verlag, Oldenburg 1929.
12. Giese, Franz, »Reserve-Infanterie-Regiment 227 im Weltkrieg 1914–1918«, Selbstverlag des Vereins ehem. Angehöriger des Res.Inf.Rgt. 227, Halle/Saale, 1931, S. 502 ff.
13. Fuller, J. F. C., a. a. O., S. 194.
14. Ludendorff, Erich, »Meine Kriegserinnerungen 1914–1918«, Verlag E. S. Mittler, Berlin 1919, S. 560.
15. ibid., S. 462, 551, 558, 560
16. Petter, Erich, »Kampfwagenabwehr im Weltkrieg 1914/1918«, Sonderdruck Berlin 1932 / Im Auszug abgedruckt in: Nehring, Walther K., »Panzerabwehr«, Verlag E. S. Mittler, Berlin 1936.
17. Sheppard, E. W., a. a. O., S. 80 f.

18. Vgl. Volkmann, E., »Der Große Krieg 1914–1918«, Verlag Hobbing, Berlin, 1922, S. 237.
19. Vgl. Kuhl, Hermann von, »Der Weltkrieg 1914–1918«, Verlag Tradition Wilhelm Kolk, Berlin, 1929, S. 460.
20. Sheppard, E. W., a. a. O., S. 34.
21. Vgl. Zimmermann, Hermann, »Der Schwarze Tag von Amiens am 8. 8. 1918«, in: »Kampftruppen«, Maximilian Verlag, Herford, Nr. 4/1968;
vgl. auch Nehring, Walther K., »Panzervernichtung« (vorher: Pz.-Abwehr), Verlag E. S. Mittler, Berlin 1936/37 und 1941.
22. Sheppard, E. W., a. a. O., S. 102.
Vgl. dazu nachstehende Feststellung über deutsche Maßnahmen zur Panzerabwehr:
»... Im Januar 1917 folgten 50 Nahkampfbatterien zur Tankabwehr mit 200 Geschützen. Ferner sind 200 Tankabwehrkanonen 2 cm (Ehrhardt und Becker), 600 Tankabwehrkanonen 3,7 cm auf 4-t-LKW als Tankabwehrkanonen noch an der Front verwendet worden.«
Diese Zahlen sind der Arbeit »Das Gerät der leichten Artillerie vor, in und nach dem Weltkrieg« (IV. Teil, S. 84) von Gen.Lt. a. D. Alfred Muther entnommen und in der Zeitschrift »Feldgrau«, Heft 2/1966, abgedruckt.
23. Volckheim, Ernst, in: »Die Wehrmacht«, Nr. 22/1938; vgl. Larsen, Th., »Deutsche Panzer 1918«, in: »Soldat im Volk«, 9/1967; vgl. dazu auch Sheppard, E. W., a. a. O., S. 47, 49.
24. Klietmann, in: »Feldgrau«, Heft 6/1967, Verlag die »Ordenssammlung«.
Vgl. hierzu auch Graf von Matuschka »Organisationsgeschichte des Heeres 1890 bis 1918«, in: »Handbuch zur Deutschen Militärgeschichte 1648–1939« (3. Lieferung, 1968), der zu dem Ergebnis kommt, daß die deutsche oberste Heeresführung 1914/18 die Mammutarmee organisatorisch zwar »im Griff« hatte, die Entwicklung und den Einsatz von Tankfahrzeugen optimal jedoch nicht gelöst habe. Vgl. die Besprechung in »Wehrwissenschaftliche Rundschau«, H. 9/1968, S. 518.
25. Sheppard, E. W., »Tanks in the next war«, deutsche Ausgabe, S. 70, 76.
26. Fleischmann, Max, in: Liszt/Fleischmann, »Das Völkerrecht«, 12. Aufl., Julius Springer Verlag, Berlin 1925, S. 475, Anm. 9.
27. Fleischmann, Max, a. a. O., S. 56.
28. Fuller, J. F. C., a. a. O., S. 247.

ZWEITER TEIL

Aufbau und Organisation der deutschen Panzertruppe nach dem Ersten Weltkrieg, 1926 bis 1945

1. Hermann, Carl H., »Deutsche Militärgeschichte – Eine Einführung«, Bernard u. Graefe Verlag, Frankfurt/Main 1966, S. 363.
2. Vgl. Görlitz, Walter, »Kleine Geschichte des deutschen Generalstabes«, Verlag Haude und Spener, 1967, S. 249, 269.

3. Craig, Gordon J., »Die preußisch-deutsche Armee 1640–1945«, 1960, S. 430 f.
4. Seeckt, Hans von, »Gedanken eines Soldaten«, Verlag K. F. Koehler, Leipzig 1935, S. 101.
5. ibid., S. 58.
6. de Gaulle, Charles, »Vers l'armée de métier«, Verlag Berger-Levrault, Paris, 1934.
7. Hermann, Carl H., a. a. O., S. 399 f.
8. Vgl. Craig, Gordon J., a. a. O., S. 445 ff.
9. Hermann, Carl H., a. a. O., S. 400.
10. Speidel, Helm, »Reichswehr und Rote Armee«, in: »Vierteljahreshefte für Zeitgeschichte, 1953, S. 9 ff.
11. Vgl. Alman, Karl, a. a. O., S. 23 f.
vgl. dazu auch: Munzel, Oskar, »Die deutschen gepanzerten Truppen von 1939/45«, Maximilian Verlag, Herford und Bonn, 1965; Stoves, Rolf O. G., »Die 1. Panzerdivision 1935–1945«, Podzun Verlag, Bad Nauheim, 1965.
12. Generalmajor a. D. Kretschmer in einem Bericht an den Verfasser, vgl. Anhang, S. (9) ff., vgl. auch Bericht Engel, ibid.
Lt. Rudolf Absolon, in: »Die Wehrmacht im Dritten Reich«, Bd. I, Harald Boldt Verlag, Boppard/Rh., 1969, S. 32/34, soll die Kündigung des Unternehmens »Kampfwagenschule Kama« nicht allein auf deutsche politisch fundierte Gründe zurückzuführen sein. Absolon gibt an, daß die UdSSR dem General von Vollard Bockelberg bei dessen Rußlandbesuch im Frühsommer 1933 die Absicht angekündigt habe, die deutschen militärischen Einrichtungen in der Sowjetunion zu schließen.
Vgl. zum Komplex Kama auch: Castellau, Georges, »Le Réarmement Clandestin du Reich 1930–35«, Paris, 1954. Diese Arbeit beruht auf sehr genauen Unterlagen des polnischen Nachrichtendienstes (Rittmstr. Sosnowski) über das Vorhaben der In 6 in »Kama«, die auf Landesverrat durch weibliche Angestellte des Reichswehrministeriums zurückzuführen sind.
13. Vgl. deutsche Übersetzung in: »Kampftruppen«, Nr. 5/1967, Maximilian Verlag, Herford und Bonn.
14. Vgl. Mueller-Hillebrand, »Das Heer 1933–1945«, Bd. I, Verlag E. S. Mittler, Frankfurt/Main, 1954, S. 17.
15. Liddell Hart, B. H., »The other side of the Hill«, Phantom Book Ed. 1956, S. 17 f.
16. »Vierteljahreshefte für Zeitgeschichte«, Oktober-Heft 2/1954.
17. Gordon, Harold J., »Die Reichswehr und die Weimarer Republik«, Verlag Bernard u. Graefe, Frankfurt/Main, 1959, S. 373, 380.
18. Angabe von Hauptmann a. D. A. Vetter an den Verfasser.
Vgl. auch Larsen, »KoKampf« in »Kampftruppen«, H. 2/1968.
19. Vgl. Liddell Hart, B. H., »The Liddell Hart Memoirs«, Vol. I, Verlag Cassell & Company Ltd., London, 1965, S. 174 ff.
20. Hermann, Carl H., a. a. O., S. 365 f.
21. Bénoist-Méchin, »Geschichte der deutschen Militärmacht 1918 bis 1946«, Stalling Verlag, Oldenburg, 1967, Bd. II, S. 349.
22. »Feldgrau«, H. 1/1966, S. 11.
23. Mitteilung von Generalleutnant a. D. Chales de Beaulieu an den Verfasser vom 6. 4. 1963.

24. Bénoist-Méchin, »Histoire de l'armée allemande 1918–1945«, Edition Albin Michel, Paris, 1938, S. 380.
25. Guderian, Heinz, »Erinnerungen eines Soldaten«, Vowinckel Verlag, Heidelberg, 1951, S. 18.
26. ibid., S. 21 f.
27. Eigenes Erleben des Verfassers als Komp.Chef in der Kf. 6.
28. Liddell Hart, B. H., »The other side of the Hill«, London, 1956, S. 87 f.
29. Schweden vertrat, lt. Mitteilung eines schwedischen Offiziers an den Verfasser, die Ansicht, daß im Hinblick auf seine großen Waldgebiete beim Panzerbau kurze, wendige Rohre mit Rücksicht auf Engen, schmale Waldwege usw. vorzuziehen seien (Mittlg. Hptm. d. Res. H. Fleege, Malmö, an den Verfasser).
30. Mellenthin, F. W. von (unter Mitarbeit von Rolf Stoves), »Panzerschlachten«, Kurt Vowinckel Verlag, Neckargemünd, 1963, S. 64, Anm. 4.
31. Vgl. Mitteilung von Gen.Lt. a. D. Johannes Streich an den Verf.
32. Vgl. Donat, Gerhard, in: »Wehrwissenschaftliche Rundschau«, H. 6/1967, S. 333, betr. »Rüstungsindustrie im Zweiten Weltkrieg«.
33. Vgl. Senger und Etterlin jr., F. M. von, »Die Panzergrenadiere«, J. F. Lehmanns Verlag, München, 1961.
34. Vgl. Guderian, Heinz, a. a. O., S. 23 ff.
35. ibid., S. 30 f.
36. Senff, Hubertus, »Die Entwicklung der Panzerwaffe im deutschen Heer zwischen den beiden Weltkriegen«, E. S. Mittler Verlag, Frankfurt/M., 1969, S. 28.
37. zit. bei Foerster, Wolfgang, »Generaloberst Ludwig Beck«, Isar Verlag, München, 1935, S. 37.
38. Manstein, Erich von, »Aus meinem Soldatenleben«, a. a. O., S. 51; vgl. ibid. Mansteins ungewöhnlich anerkennende Worte über das Wirken Guderians: »Sicher bleibt, wie gesagt, daß das deutsche Heer vornehmlich der Dynamik und der kämpferischen Kraft Guderians seine Panzerwaffe zu verdanken hat, wie dieser auch als Panzerführer im Kriege in allererster Linie steht.«
39. Senff, Hubertus, a. a. O., S. 29. Zu diesem Thema äußerte sich der Generalleutnant a. D. Chales de Beaulieu 1963 gegenüber dem Verfasser: »... Generaloberst Freiherr von Fritsch hatte in seinem Generalstabschef (Beck) keinen besonderen Befürworter der Panzerwaffe ... Das Truppenamt hat Guderian nicht unterstützt, geschweige denn seine Gedanken und Absichten gefördert. Kennzeichnend hierfür war Guderians Abmeldung bei Beck, als er – von Berlin weggelobt – am 15. 10. 1935 noch als Oberst die Führung der 2. Panzerdivision übernahm. Er hat mir als seinem Ia in Würzburg diesen Vorgang geschildert: Beck: ›Na, Guderian, nun haben Sie ja Ihre drei Panzerdivisionen!‹ Guderian: ›Nicht drei, sondern dreißig müssen wir haben, Herr General!‹ Beck, den Zeigefinger hebend: ›Sie Utopist!‹ Worauf Guderian die Abmeldung als abgeschlossen ansah und das Zimmer verließ. Guderian hatte seine guten Gründe für diese Empfindlichkeit. Vom Truppenamt, vom Personalamt, immer wurden ihm Steine zwischen die Füße geworfen. Die ›T 1‹ (Operationsabteilung) unter Oberst von Gossler war völlig desinteressiert. Die ›T 2‹ (Organisationsabtei-

lung) hat ihm auch nicht geholfen. Man kann daher verstehen, daß er für seine Panzerwaffe glaubte ›kämpfen‹ zu müssen. Viele Leute warfen ihm Sturheit vor. Das war jedoch nicht der Fall; Guderian war nur hinsichtlich der ›Panzerwaffe‹ allen seinen Kontrahenten nach Wissen und Urteil so überlegen, daß er sie ›abservieren‹ konnte – und das vertrugen viele Menschen nicht . . .«

40. Beck bei Speidel, Hans, »Studien . . .«, a. a. O., S. 59.
41. Beck, ibid., S. 82 ff.
42. Heiber, Helmut, »Adolf Hitler«, Colloquium Verlag, 1960.
43. Jacobsen, Hans Adolf, »Adolf Hitlers Gedanken zur Kriegführung«, in: »Wehrwissenschaftliche Rundschau«, H. 10/1955.
44. Manstein, Erich von, a. a. O., S. 238.
45. Nehring, Walther K., »Militär-Wochenblatt«, Nr. 47/1932 und Nr. 1, 2/1933.
46. Vgl. »Vierteljahreshefte für Zeitgeschichte«, Heft 3/1954.
47. Gen.Oberst a. D. Hans Reinhardt in einem Schreiben an Rolf Stoves, Bearbeiter der Truppengeschichte der 1. Pz.Div. (Heer), Podzun Verlag, 1962.
48. ibid.
49. Guderian, Heinz, a. a. O., S. 32.
50. Vgl. Hubatsch, W., »Hitlers Weisungen für die Kriegführung«, Dtsch. Taschenbuchverlag, 1965, und Praun, in: »Wehrkunde«, 1955, S. 436; vgl. auch »Jahrbuch des deutschen Heeres«, 1940, zum Einsatz deutscher Panzer, S. 83, 93.
51. Vgl. hierzu: Hermann, Carl H., a. a. O., S. 459 ff.
52. Nehring, Walther K., in: »Heere von Morgen«, a. a. O., S. 20.
53. Kielmansegg, Johann Adolf Graf von, in: »Die Wehrmacht«, Heft 22/1938.
54. Nehring, Walther K., ibid.
55. Vgl. auch Nehring, W. K., in: »Heere von Morgen«, a. a. O., S. 67.
56. Nehring, W. K., »Kampfwagen an die Front«, S. 30.
57. Vgl. Eich, H., »Die unheimlichen Deutschen«, Econ-Verlag, Düsseldorf, 1962, S. 102.
58. Vgl. »Wehrwissenschaftliche Rundschau«, 1967, S. 333.
59. Vgl. Wiener/Spielberger, »Die deutschen Panzerkampfwagen III und IV mit ihren Abarten 1935–1945«, J. F. Lehmanns Verlag, München, 1968.
60. Vgl. hierzu auch Mellenthin, F. W. von, »Panzerschlachten«, a. a. O., S. 64 ff.
61. ibid.
62. Vgl. »Feldgrau«, H. 2/1963.

DRITTER TEIL

Die Panzertruppe im Rahmen des Zweiten Weltkrieges, 1939 bis 1945

Kapitel 1

Zusammenfassende Übersicht zum Einsatz der Panzertruppe

1. Vgl. Eich, H., a. a. O., S. 101 und Warlimont, W., »Im Hauptquartier der Deutschen Wehrmacht 1939/45«, Verlag Bernard u. Graefe, Frankfurt/M., 1962, S. 50.

2. Guderian, »Erinnerungen«, a. a. O., S. 73.
3. Vgl. die amtliche Aussage des damaligen niederländischen Militär-Attachés in Berlin, Oberst Sas; siehe auch W. Haupt, »Sieg ohne Lorbeer«, Gerdes Verlag, 1965, S. 72/73.
4. Liddell Hart, B. H., »The other side of the Hill«, a. a. O., S. 136.
5. Vgl. hierzu auch Stoves, Rolf, »Die 1. Panzerdivision 1935 bis 1945«, a. a. O., S. 121 f.
6. Vgl. Tippelskirch, Kurt von, »Geschichte des 2. Weltkriegs«, 2. neubearb. Aufl., Bonn, 1956, S. 94.
7. So Tippelskirch, a. a. O., S. 109.
8. Vgl. Vortrag Jodl am 7. 11. 1943 vor den Gauleitern sowie Schramm, Percy W., »Hitler als militärischer Führer«: Jodls Notizen in Nürnberg, 1946.
9. Vgl. »Die Befreiung von Suchinitschi«, Deutsches Soldatenjahrbuch 1967, S. 52, Schild-Verlag, München.
10. Gen.Oberst a. D. von Mackensen schildert die Kämpfe vom 17. bis 28. 5. 1942, dann weiter bis zum 26. 6. 1942 im Raum von Woltschansk und Kupjansk, eingehend in seinem Buch: »Vom Bug zum Kaukasus«, Vowinckel Verlag, 1967.
11. Guderian, »Erinnerungen«, a. a. O., S. 296.
12. Hillgruber/Hümmelchen, »Chronik des Zweiten Weltkrieges«, Verlag Bernard u. Graefe, Frankfurt/M., 1966, S. 97.
13. Manstein, Erich von, »Verlorene Siege«, a. a. O., S. 511, 531.
14. Bauer, Eddy, »Panzerkrieg«, a. a. O., Bd. II, S. 16.
15. Manstein, Erich von, a. a. O., S. 615.
16. Vgl. »Wehrwissenschaftliche Rundschau«, H. 3/1964.
17. Vgl. Nehring, Walther K., »Der wandernde Kessel«, in: Möller-Witten, »Männer und Taten«, J. F. Lehmanns Verlag; sowie Tippelskirch, Kurt von, a. a. O., S. 616/21.
18. Guderian, a. a. O., S. 373 f.
19. Vgl. Nehring, Walther K., »Das Ende der 1. Panzerarmee«, in: »Deutscher Soldaten-Kalender 1960«, Schild-Verlag, München.

Kapitel 2

Operative Einzelbetrachtungen zum Einsatz der deutschen Panzertruppe

1. Vgl. Vormann, Nikolaus von, »Der Feldzug 1939 in Polen«, Prinz-Eugen-Verlag, Weißenburg, 1958, S. 58 f.
2. Vgl. hierzu Stoves, Rolf, »Die 1. Panzerdivision ...«, a. a. O., S. 51 f.
3. Vgl. Chales de Beaulieu, Walter, »Generaloberst Erich Hoepner«, Neckargemünd, 1969, Scharnhorst Buchkameradschaft.
4. Dutord, Jean, in einem Zeitschriftenaufsatz: »Les Taxis de la Marne«, Paris, 1956
5. Wortlaut von Befehlen u. a. aus: »Dokumente zur Vorgeschichte des Westfeldzuges 1939/40«, Musterschmidt-Verlag, Göttingen, 1956.
6. Jacobsen, H. A., »Dokumente ...«, a. a. O., S. 28 f, 31 f.
7. Vgl. Truppengeschichte der 1. Pz.Div., a. a. O., S. 101 ff.
8. KTB XIX. A.K. mot., Ia, vom 24.–29. 5. 1940, Auszug 22. 5. 40 (Bl. 8), Auszug bei Mil.-Archiv des Bundesarchivs Freiburg/Brsg.

9. KTB 1. Pz.Div. / vgl. Truppengeschichte 1. Pz.Div., a.a.O., S. 119ff.
10. Vgl. Liddell Hart, a. a. O., S. 134.
11. KTB XIX. A.K. mot. und 1. Pz.Div., a. a. O.
12. KTB XIX. A.K. mot., a. a. O.
13. KTB 1. Pz.Div. Auszug nach »1. Pz.Div. – Einsatz West, 1. u. 2. Teil« (Ex. Nr. 3 – im Besitz des damaligen Ia 1. Pz.Div.).
14. Halder, Franz, in: »Generaloberst Halder-Kriegstagebuch«, Bd. I, W. Kohlhammer Verlag, Stuttgart, 1964, S. 318 ff.
15. Vgl. Jacobsen, H. A., »Dünkirchen«, Neckargemünd, 1958, S. 227, Anm. 25.
16. ibid., S. 205 ff.
17. ibid., S. 204, 208 – im Gegensatz zu Meier-Welcker, H. und anderen, vgl. Meier-Welcker, H., in: »Vierteljahresschrift 1954«.
18. Bauer, Eddy, »Der Panzerkrieg«, Bd. I, a. a. O., S. 84.
19. Jacobsen, H. A., »1939/1945 – Der Zweite Weltkrieg«, Verlag Wehr und Wissen, 1959, S. 202 ff.
20. Vgl. Mellenthin, F. W. von, »Panzerschlachten«, a. a. O., S. 32 ff.
21. Eine gute Charakteristik Rommels bringt Kurt Hesse in: »Der Geist von Potsdam«, Hase und Koehler Verlag, Mainz, 1967.
22. Vgl. Nehring, Walther K. mit gleichem Thema in: »Deutscher Soldaten-Kalender«, 1962, Schild-Verlag, München.
23. Gefechtsbericht Reißmann, vgl. »Oase«, Zeitschrift des Deutschen Afrikakorps, Nr. 12/1967.
24. »Crisis in the Desert«, Union War Histories, Cape Town, 1952, S. 13 f, 22, 25, 30, 44 f, 48, 62 f, 66.
25. ibid., S. 13 ff, 22, 25, 30, 44 f, 62 f.
26. Nach Angaben des Generals der Flieger Seidemann an den Verfasser.
27. Schramm, Percy W., a. a. O., S. 91 f.
28. Vgl. Rommel, Erwin, »Krieg ohne Haß«, Heidenheim, 1950, 2. Aufl., S. 276 f.
29. Vgl. Kurowski, Franz, »Brückenkopf Tunesien«, Maximilian Verlag, Herford, 1967.
30. Vgl. ibid.
31. Goebbels, Josef, a. a. O.
32. Vgl. zu den Betrachtungen zum Afrika-Feldzug weiter:
Plehwe, H. von, »Schicksalsstunden in Rom«, Berlin, 1967;
Union War Histories, »Crisis in the Desert«, Cape Town, 1952;
Als Quellen dienten weiter persönliche Erlebnisse des Verfassers als Kdr. General des Dt. Afrikakorps und als erster Befehlshaber in Tunesien 1942/43, sowie Berichte von zahlreichen Informanten der Panzerarmee Afrika aller Dienstgrade.

Kapitel 3

Operative Einzelbetrachtungen zum Einsatz der Panzertruppe im Feldzug gegen die UdSSR 1941/43

1. Vgl. Chales de Beaulieu, W., »Der Vorstoß der Panzergruppe 4 auf Leningrad«, Scharnhorst Buchkameradschaft, Neckargemünd, 1961, S. 15 f.
2. ibid., S. 67.

3. Vgl. Warlimont, W., »Im Hauptquartier ...«, a. a. O., der die »dauernde Unschlüssigkeit an den obersten Stellen« auf den Seiten 196/203 eingehend schildert.
4. Nach Guderian, »Erinnerungen ...«, a. a. O., S. 342 sagte Hitler: »Ich habe ... alle Aufmarschpläne Schlieffens gelesen.«
5. Vgl. Warlimont, W., a. a. O., S. 200 f.
6. Vgl. die sowjetische amtliche Arbeit »Geschichte des Großen Vaterländischen Krieges der Sowjetunion«, Deutscher Militärverlag, Berlin, 1964.
7. Vgl. Mackensen, E. von, »Vom Bug zum Kaukasus« (Das 3. Pz.-Korps 1941/42), Vowinckel Verlag, Neckargemünd, 1967; ferner: Steets, E., »Gebirgsjäger bei Uman«, Neckargemünd, 1955; Munzel, O., »Panzertaktik«, Neckargemünd, 1959.
8. Halder, Franz, »Kriegstagebuch ...«, a. a. O., Bd. III, S. 170.
9. Persönliche Mitteilung des Generals Olbricht (gef. 20. 7. 1944) von Anfang Februar 1942 in Berlin an den Verfasser; dies ist aber auch durch andere Quellen hinreichend belegt.
10. Schukow schildert 1966 die Ereignisse von damals in der sowjetischen »Kriegsgeschichtlichen Zeitschrift«, Abdruck in: »Die Welt« vom 16. 11. 1966.
11. Vgl. »Wehrwissenschaftliche Rundschau«, Heft 5/1968, S. 248 ff.
12. Vgl. ibid.
13. Bauer, Eddy, a. a. O., Bd. I, S. 138 (Kältegrad-Diagramm).
14. Vgl. den Bericht »Panzergruppe 3 in der Schlacht von Moskau« von Generaloberst a. D. Hans Reinhardt, in: »Wehrkunde«, H. 9/1953, der Entwicklung und Ablauf der Krise sehr anschaulich schildert.
15. Vgl. hierzu W. Chales de Beaulieu, »Generaloberst Erich Hoepner«, a. a. O., S. 236 ff; s. auch Paul Carell, »Unternehmen Barbarossa«, a. a. O., S. 300.
16. Nach Mitteilung des damaligen Leutnants Rolf Stoves der 3. Komp. Pz.Rgt. 1 (1. Pz.Division/Pz.Gruppe 3) vom März 1968 an den Verfasser besaß die 3. Komp. – d. h. eine Komp. der zusammengelegten zwei Einsatz-Kompanien des Regiments – damals: 8 Pz. III (5 cm KwK/kz.) und 2 Pz. IV/kz.
17. »Wehrwissenschaftliche Rundschau«, H. 5/1968, S. 251.
18. Schramm, Percy W., »Hitler als militärischer Führer«, a. a. O., 1962, S. 67.
19. Vgl. Guderian, »Erinnerungen ...«, a. a. O., S. 172; ebenso zahlreiche Arbeiten des Verfassers vor 1939.
20. Vgl. Jacobsen, H. A., »1939/45 – Der Zweite Weltkrieg«, a. a. O., S. 211.
21. Vgl. Greiner, »Die Oberste Wehrmachtführung«, Limes Verlag, 1951, S. 318.
22. Guderian, »Erinnerungen ...«, a. a. O., S. 172.
23. Warlimont, a. a. O., S. 201.
24. Vgl. Philippi, Alfred, »Der Feldzug gegen Sowjetrußland 1941/45«, Kohlhammer Verlag, Stuttgart, 1962, S. 138.
25. Guderian, a. a. O., S. 128.
26. Vgl. ibid., S. 148, 215.
27. Bauer, Eddy, a. a. O., Bd. I, S. 126.
28. Vgl. Manstein, Erich von, »Verlorene Siege«, a. a. O., S. 173.

29. Hoth, Hermann, »Panzeroperationen«, a. a. O., S. 42.
30. Guderian, a. a. O., urteilt: »... dieses war der beste Plan ...«, S. 136.
31. Frhr. Geyr von Schweppenburg, Leo, in: »Die Dritte«, a. a. O., Nr. 1/1967.
32. Hubatsch, »Hitlers Weisungen für die Kriegführung 1939/45«, Deutscher Taschenbuchverlag, 1965.
33. Greiner, a. a. O., S. 400, 402.
34. Hillgruber, A., »Chronik des Zweiten Weltkrieges«, a. a. O., S. 57.
35. Kriegstagebuch OKW (Oberst Scherff) vom 4./5. 4. 1942 sowie Warlimont, a. a. O., S. 243.
36. Vgl. die zusammenfassende Übersicht: »Der Feldzug 1942« in diesem Teil und Tippelskirch, Kurt von, »Geschichte des Zweiten Weltkrieges«, S. 279 f sowie Mackensen, E. von, »Vom Bug zum Kaukasus«, a. a. O.
37. Vgl. Greiner, a. a. O., S. 401.
38. Vgl. Philippi/Heim, »Der Feldzug gegen Sowjetrußland«, Kohlhammer Verlag, 1962.
39. ibid., S. 135.
40. Vgl. Doerr, Hans, »Der Feldzug nach Stalingrad«, S. 24.
41. Vgl. Tschuikow, »Anfang des Weges«, Deutscher Militärverlag, Berlin, 3. Auflage 1968, S. 29–35.
42. Philippi, a. a. O., S. 140.
43. Manstein, Erich von, a. a. O., S. 322 f.
44. Carell, Paul, »Unternehmen Barbarossa«, Ullstein Verlag, 1963, S. 446.
45. Bauer, Eddy, a. a. O., Bd. I, S. 223.
46. Doerr, Hans, a. a. O., S. 29.
47. Nach Greiner, H., a. a. O., S. 401.
48. Doerr, Hans, a. a. O., S. 28.
49. »Wehrwissenschaftliche Rundschau«, H. 9, 10/1966.
50. Vgl. Philippi/Heim, a. a. O., S. 141; S. 143 ff.
51. Greiner, H., a. a. O., S. 402.
52. Nach Mitteilung von Oberstlt. Stoves, vom März 1968 an den Verfasser, befindet sich dieser Vorschlag im KTB der Heeresgr. B. Vgl. auch Philippi, a. a. O., S. 166 f.
53. Vgl. Philippi, a. a. O., S. 168.
54. Carrel, Paul, »Unternehmen Barbarossa«, a. a. O., S. 506 f.
55. Nach Doerr, Hans, a. a. O., S. 56 und Greiner, H., a. a. O., S. 402.
56. Bauer, Eddy, a. a. O., Bd. I, S. 234 und Doerr, a. a. O., S. 70.
57. Rebentisch, E., »Zum Kaukasus« (Truppengeschichte der 23. Pz. Div.), Esslingen, 1963.
58. Bauer, Eddy, a. a. O., Bd. I, S. 237.
59. Vgl. dazu Manstein, »Verlorene Siege«, a. a. O., S. 384.
60. ibid., S. 423.
61. Bauer, Eddy, a. a. O., Bd. I, S. 240, 242.
62. ibid., S. 342.
63. S. 360, 420, 472.

Die Schlacht um Kursk im Juli 1943 (Operation »Zitadelle«)

1. Klink, Ernst, »Das Gesetz des Handelns – Die Operation »Zitadelle«, 1943, 7. Bd. der »Beiträge zur Militär- und Kriegsgeschichte«, herausgegeben vom Militärgeschichtlichen Forschungsamt der Bundeswehr, Freiburg/Brsg., Deutsche Verlagsanstalt, 1966, S. 20.
2. Klink, E., a. a. O., S. 277.
3. Vgl. Carell, Paul, »Verbrannte Erde«, Ullstein Verlag, Frankfurt/M., 1966, S. 82/101; Praun, Albert, »Soldat in der Nachrichtentruppe«, Selbstverlag Würzburg 1967, S. 221 f, 229; Schickel, Alfred, »Hat Deutschland den Zweiten Weltkrieg durch Verrat verloren?«, in: »Wehrwissenschaftliche Rundschau«, H. 5/1968.
4. Klink, a. a. O., S. 60.
5. ibid., S. 176.
6. Nach E. Klink, a. a. O., S. 52.
7. Vgl. Klink, a. a. O., S. 141, 176.
8. Vgl. Manstein, »Verlorene Siege«, a. a. O., S. 485.
9. Verfasser Ernst Klink, a. a. O.
10. Klink, a. a. O., S. 209.
11. ibid., S. 142.
12. Vgl. aber Warlimont, W., »Im Hauptquartier . . .«, a. a. O., S. 348, der von Zeitzler vermutet, Hitler beeinflußt zu haben, die Operation »Zitadelle« doch durchzuführen.
13. Klink, a. a. O., S. 142 f.
14. Vgl. auch Manstein, a. a. O., S. 526.
15. Klink, a. a. O., S. 179, 182.
16. Vgl. Carell, Paul, »Verbrannte Erde«, a. a. O., S. 64.
17. Vgl. Carell, a. a. O., S. 83 und Heinrici, Gotthard, »Zitadelle«, in: »Wehrwissenschaftliche Rundschau«, 10/1965, S. 590, Anm. 78, vgl. dazu: »Geschichte des Großen Vaterländischen Krieges der Sowjetunion«, a. a. O., Bd. 3, S. 320 f., 324.
18. Klink, a. a. O., S. 258.
19. Manstein, a. a. O., S. 487.
20. ibid., S. 502.
21. ibid., S. 504.
22. Warlimont, a. a. O., S. 348.
23. Guderian, »Erinnerungen«, a. a. O., S. 281; Warlimont, W., »Im Hauptquartier . . .«, a. a. O., S. 348 über Hitlers, Jodls und Zeitzlers Ansichten.
24. Guderian, a. a. O., S. 275, 284 und Klink, E., a. a. O., S. 140 ff, 163 ff, 241.
25. Vgl. hierzu auch Spaeter, Rolf, »Geschichte des Pz.Korps ›Großdeutschland‹«, Bd. II, Selbstverlag, zu den Kämpfen 1943, und Carell, Paul, »Verbrannte Erde«, a. a. O., S. 44 ff.
26. Vgl. »Wehrwissenschaftliche Rundschau« H. 10/1963 (Bericht Heinrici) S. 597, Anm. 91, wo andere Zahlen errechnet werden.
27. ibid., S. 602, dritter Absatz: Im Höhepunkt der Kämpfe bei HGr. »Süd« verschob Hitler am 10. 7. 43 ein Drittel der Fliegerkampfkräfte zur H.Gr. »Mitte«.
28. Carell, Paul, »Verbrannte Erde«, a. a. O., S. 64.
29. Klink, a. a. O., .S 197.

30. Manstein, a. a. O., ab S. 480.
31. Klink, a. a. O., S. 70 f.
32. Vgl. auch Karte 62, »Partisanen im Hinterland November 1942 bis Dezember 1943, Anlage zu »Geschichte des Großen Vaterländischen Krieges der Sowjetunion«, Bd. 3.
33. Warlimont, W., »Im Hauptquartier . . .«, a. a. O., S. 347.
34. Der Wortlaut von Befehlen und Dokumenten ist dem 7. Band der »Beiträge zur Militär- und Kriegsgeschichte«, herausgegeben vom Militärgeschichtlichen Forschungsamt der Bundeswehr, Freiburg/Brsg. unter dem Titel: »Das Gesetz des Handelns – Die Operation ›Zitadelle‹ 1943«, Verfasser: Ernst Klink, entnommen worden.

Kapitel 4

Abschließende Betrachtungen 1939 bis 1945

1. Beumelburg, Werner, »Jahre ohne Gnade«, Stalling Verlag, Oldenburg, 1952.
2. Guderian, »Erinnerungen . . .«, a. a. O., S. 335
3. Schramm, Percy W., »Hitler als militärischer Führer«, S. 145, 147, 154.
4. Rendulic, Lothar, »Wehrkunde«, Heft 7/1964.
5. Geyr von Schweppenburg, Leo Freiherr, in: »Die Dritte« (ehem. 3. Pz.Div.), H. 7/1967, Berlin.
6. Guderian, »Erinnerungen . . .«, a. a. O., S. 342.
7. Vgl. auch Warlimont, W., a. a. O., S. 243, Anm. 11; S. 245, S. 255 f, 257.
8. Manuskriptauszug mit Unterschrift des Gen.Obersten Raus befindet sich im Besitz des Verfassers (Kopien auch u. a. bei den Akten des Mil.Archivs des Bundesarchivs, Freiburg/Brsg. sowie beim Mil.Gesch.F.A. BWehr).
9. Vgl. Nehring, Walther K., »Heere von Morgen«, 2. Auflage, S. 62.
10. Vgl. die sehr beachtenswerten Beiträge zu diesem Thema in der Zeitschrift: »Kampftruppen«, Maximilian Verlag, Herford, in: Nr. 3/67 von Willikens, Filla, Spiehs-Reitmeyer und Hermenau; Nr. 4/67 von Willikens und Jung; Nr. 6/67 von Carganico und Jung.
11. Der Verfasser vertrat diese Binsenwahrheit bereits 1938 in seinem Aufsatz »Die Panzerwaffe von A bis Z«, in: »Wehrmacht«, Nov. 1938.

PERSONENREGISTER

Die Geschichte der deutschen Panzerwaffe